영성과 사회복지실천

– 영성 이론과 사례 중심–

David S. Derezotes 지음
김용환, 김승돈, 정현태, 최금주 옮김

Spirituvally Oriented Social Work Practice

Authorized translation from the English language edition, entitled SPIRITUALLY ORIENTED SOCIAL WORK PRACTICE by DEREZOTES, DAVID, published by Pearson Education, Inc, publishing as Pearson, Copyright © 2006 by Pearson Education, Inc.

All Rights reserved. No part of this book may be reproduced or transmitted in any form or by any means, electronic or mechanical, including photocopying, recording or by any information storage retrieval system, without permission from Pearson Education, Inc.

Korean language edition published by Press of Sharing House, Copyright © 2011

Korean language rights arranged with Pearson Education, Inc., publishing as Pearson through Bestun Korea Agency, Seoul, Korea.
All rights reserved.

이 책의 한국어 판권은 베스툰 코리아 에이전시를 통하여
저작권자인 Pearson Education Inc.와 독점 계약한 나눔의집에 있습니다.
저작권법에 의해 한국 내에서 보호를 받는 저작물이므로
어떠한 형태로든 무단 전재와 무단 복제를 금합니다.

서언

'영적인 지향성을 지닌 사회복지실천'은 영적인 내용을 자신의 실천업무에 적용하기 원하는 사회복지사들에게 정보를 제공하고, 지지와 도움을 줄 수 있을 것이다. 내가 믿기에, 모든 사람, 살아 있는 생명체 그리고 생태계는 신성한 것으로 여기며, 그리고 우리 조상들의 최고선Highest Good을 지지할 뿐만 아니라 우리의 최고 행복은 오늘 살아있음을 행운으로 여기며, 지지를 보내는 사회를 공동창조하려는 우리 인류에 관하여 희망을 느낀다. 또한 나는 점차적으로 나 자신의 이야기를 회고하기를 희망하며, 이 책을 쓰는 것이 특히 나로 하여금 이러한 일을 하도록 요구하고 있다.

감사의 말

우주 안에, 적어도 지구상에, 새로운 것은 아무것도 없다. 이 책은 내가 연구하고, 가르치고, 내 자신의 일로 통합한 영적인 실천방법methods of spiritual practice들을 적절하게 범주화하고, 요약하며, 간단하게 설명하려는 시도라고 볼 수 있다. 나는 우리 앞에 살았던 사람들, 우리의 위대한 도시, 마을 그리고 농장을 세웠던 사람들뿐만 아니라, 오늘날 여전히 정보를 제공해 주는 많은 학문의 전통을 창조하고 있는 모든 세대의 사람들에게 감사를 표한다. 나는 또한 현재 세상의 영적인 발달을 촉진하기 위해 일하고 있는, 오늘날의 증가하고 있는 많은 사람들에게도 감사의 말씀을 전한다.

원고나 논평으로 도움을 제공해 준 아래의 평론가들에게도 감사의 글을 보낸다. Ann Conrad, Catholic University School of Social Service; Dennis T Haynes, University of Texas, San Antonio; Hugo Kamya, Boston College; and Robin Russel, Binghamton University, State University of New York.

차례

서언 / 3

제1부 영성 지향적 사회복지실천의 기초적 방법 · 7

제1장 개요 / 9

제2장 영성 사정하기 / 29

제3장 영적인 변형(Transformation)의 방법 / 53

제4장 영적인 힘 / 73

제5장 깨어있는 일상생활 / 99

제6장 가슴과 함께하는 영 / 121

제7장 종교적 자아 / 143

제8장 생물의식(Bioconsciousness) / 165

제9장 집단의식 / 187

제10장 생태의식(Eco-consciousness) / 207

제2부 사회복지 인구와 함께하는 영적인 지향성을 지닌 진보적 실천 • 229

    제11장 아동, 청소년과 가족을 위한 영적인 지향의 실천 / 231

    제12장 성인 및 노인과 함께하는 영적인 지향의 실천 / 247

    제13장 정신건강 분야에서 영적인 지향의 실천 / 269

    제14장 신체건강 분야에서의 영적인 지향의 실천 / 287

    제15장 범죄인 재판 분야에서의 영적인 지향의 실천 / 307

    제16장 공공사회서비스 분야에서 영적인 지향의 실천 / 323

    제17장 커플을 위한 영적인 지향의 실천 / 341

    제18장 가족과 집단에 대한 영적인 지향의 실천 / 367

    제19장 개인적 변형에서 영적인 지향의 진보적 실천 / 387

    제20장 집단적 변형에서 영적인 지향의 진보적 실천 / 409

옮긴이의 글 / 428

참고문헌 / 431

찾아보기 / 433

01 개요
02 영성 사정하기
03 영적인 변형(Transformation)의 방법
04 영적인 힘
05 깨어있는 일상생활
06 가슴과 함께하는 영
07 종교적 자아
08 생물의식(Bioconsciousness)
09 집단의식
10 생태의식(Eco-consciousness)

1

영성 지향적 사회복지실천의 기초적 방법

CHAPTER **01**

개요

목적 및 내용

목적

이 책을 저술한 목적은 사회복지사들에게 개인, 부부, 가족, 집단, 기관, 그리고 지역 및 글로벌 공동체 및 생태체계ecosystems에 있어서 영적인 지향성을 지닌 실천업무를 위한 실천이론 및 기초 조사방법론을 제공하는 데 있다.

논문의 2단계

사회복지학, 심리학, 간호학 및 의학과 같은 분야에서 지난 20년에 걸쳐 급속히 확대된 영성에 관한 논문은 업무에 있어 영성의 활용을 위한 기본적 이론 및 연구 토대를 만드는 데 도움을 주었다. 이러한 연구 및 이론발달은 영성과 실천에 있어, 논문의 첫 단계라 부를 수 있는 부분을 구성한다. 이 단계에서, 학자들과 예술가들은 영성이 사람들을 치유시켜 주거나, 최적의 삶의 질 향상에 기여할 수 있음을 보여주고 있으며, 과학은 모든 생리심리사회적biopsychosocial 환경 문제 및 과제들의 병인학etiology과 관련된 영적인 요소들이 있음을 알려주며, 영적인 접근이 우리의 현 문제 및 과제들을 다루려는 시도에 대해서 상당히 효과적으로 기여할 수 있음을 보여준다.

지난 10년 동안, 영성에 관한 증가하는 전 지구적 관심은 교회 협력에 필적할 만큼 전 세계적으로 증가해 왔다. 영성과 종교성religiosity에 있어, 이러한 두 큰 추세 사이의 구분이 뚜렷해지고 있으며, 이러한 구분은 상호 간 두려움과 불신에 의해 강화된다. 한편으로 새로운 영성에 대해서 비평가들은 이러한 움직임이 과도한 자기중심적인 면을 촉진하지 않을까 하는 의문을 던지고 있는데, 왜냐하면 사람들은 지역사회 및 종교의 교리, 의식 및 신념보다는, 그들 자신의 경험과 흥미에 보다 더 초점을 맞추기 때문이다. 다른 한편으로 신흥종교에 대한 비평가들은 아동, 여성, 성적 소수자들, 그리고 그밖에 권한을 가지지 못한 사람들의 권리와 웰빙을 위협하는 일부 교회들의 신권정치적인 창시자들의 특성에 대해 우려하고 있다.

비록 양측의 염려가 근거가 없지는 않다고 하더라도, 영성과 종교성은 상호 배타적이지 않으며, 영성과 종교성 사이의 차이는 개인 및 집단 수준에서 화해될 수 있다. 사회복지사들은 영적 및 종교적 신념과 실천의 다양성을 넘어서 클라이언트와 함께 활용할 수 있는 실천적인 방법을 필요로 한다. 그러한 방법들은 개인적이며, 영적인 성장에 관한 자유로운 표현 및 탐구를 촉진시키는 것임에 틀림이 없을 것이다.

전문적 도움professional helping 부문에 있어 영성 분야에서 지금 필요한 것은 논문의 두 번째 단계라 불리는 것인데, 이것은 영적인 차원의 실천에 사용될 수 있는 이론 및 연구에 기초한 방법들을 고안하기 위한 첫 단계의 토대 위에서 확립된다. 사회복지사들은 이제 영성을 특정 집단과 문제를 지닌 자신들의 실천과 통합하는 기법을 알고 싶어 한다.

이러한 영성의 두 번째 단계는 개인적 영성 성장뿐만 아니라, 개인적 변화와 관계가 있는데, 이것은 개인의식의 변화뿐만 아니라 그들 가족, 사회 그리고 생태계의 복지에 대한 책임 증가로 이어진다. 따라서 영적인 발달은 서비스에 대한 책임을 증진시키고, 개인의 영성 및 서비스는 그들 자신이 서로 관계되고 서로 관련되어 있다는 의식을 증진시킨다.

이론과 실천에 대한 포괄적-통합적 접근

이 교재에서는 영성에 관한 포괄적 견해를 다루고 있다. 영적인 문헌의 첫 단계에서 많은 부분은 영성 관련 이론들과 많은 다른 과학 분야 학문 및 인문학에 영향을 받은 다른 실천이론들을 통합하지 못하고 있다. 사회복지사들은 영성에 관한 다수의 이론과 방법들을 알고 있지만, 사정, 개입, 평가에 관한 전통적 방법과 연계한 영적인 방법을 사용하는 기술은 부족하다.

이 책에서 영성은 모든 다른 인간적 경험, 발달차원, 그리고 환경과 서로 관련되고 분리할 수 없는, 하나의 인간적 경험, 발달 및 환경차원으로 개념화된다. 가장 선구적 이론은 가장 포괄적이고 통합적이므로, 영적인 실천에 관한 이론들은 기존의 이론들을 대체하지 못하며, 이러한 이론들과 함께 포함된다.

따라서 영spirit은 인간세계의 모든 것에 영향을 주기 때문에, 영적인 과업은 생리심리사회적-영적-환경적Biopsychosocial-spiritual-environmental, BPSSE 관점에서 가장 잘 실천될 수 있다. 이 책은 영적인 평가 및 개입을 실시하는 데 있어서 신체적, 정서적, 인지적,

사회적 그리고 환경 수준을 포함하는 기법을 보여준다. 개인의 영적인 발달 문제들_{예로, 외상경험 또는 다른 유형의 고통스런 기간 동안 그에 따른 개인적 변화}, 또한 총체적 인간성장 문제_{예로, 글로벌 웰빙과 생존에 대한 위협 그리고 우리의 자연 생태계에 대한 위협에 반응하는 집단적 변화}와 연계되어 있다.

영적인 실천 행동의 모든 수준은 그것의 범위를 넘어서 서로 연계되고 서로 분리할 수 있는 것으로 보이며, 따라서 개인, 부부, 가족, 그리고 집단_{미시적 실천}과의 직접적 행동뿐만 아니라 리더십, 행정, 감독 그리고 기관, 지역사회, 생태체계와 글로벌 공동체_{거시적 실천}와의 행동주의 이 모두는, 각각의 수준에서 활동에 정보를 제공할 수 있는 공통된 영적 요소들을 갖고 있다. 다시 말해서, 미시적 수준의 실천_{microlevel practice}은 항상 거시 수준의 영향력_{macrolevel impact}을 갖는 것으로 개념화되며, 거시적 수준의 실천은 늘 미시적 수준의 실천을 갖는 것으로 개념화된다.

자기 자신의 개인의식에서 자기-일_{self-work}의 경로와 그리고 보다 큰 공동체의 안녕에 기여된 서비스의 경로_{path of service} 모두는 함께 연계되어 있다. 따라서 전문가와 클라이언트가 자의식을 높임에 따라, 클라이언트는 자기 자신의 가족, 기관, 사회, 자연환경의 안녕에 보다 더 반응할 수 있게 된다.

영성과 종교성 사이의 차이점과 연관성 모두가 조사되며, 종교성과 함께 사정 및 개입방법들이 기술된다. 이 책은 또한 생리심리사회적-영적-환경적 웰빙을 촉진하기 위해 종교와의 교류방법을 제시하게 될 것이다.

영성에 관한 여러 관련 견해들

영성 지향의 사회복지사는 영성을 다양하고 상호 관련된 관점에서 바라보며, 이러한 모든 관점에서 한 가지 공통된 주제는, 영성은 사회복지사로 하여금 뚜렷한 양자apparent dualities를 이어주는 데 도움을 줄 수 있는 하나의 연결하는 힘connecting force이라는 생각이다. 예컨대, 영성은 사람들과 사람들의 환경 사이에, 그리고 과학과 종교 사이에, 다른 종교 간 또는 문화 사이에서 발견되는 각각의 차이점을 완화시키는 데 도움을 줄 수 있다.

사랑이 깃든 관계loving connection로서의 영성

인간의 영성은 가장 단순하게 무엇에 대한 바람으로, 그리고 모든 것과의 사랑이 깃든 관계로서의 표현으로 이해될 수 있다. 따라서 영성에 대한 가장 기본적인 표현은 자기 자신이나 다른 사람들, 다른 살아있는 것들 그리고 모든 삶을 지탱하고 있는 생태계에 대한 사랑이 깃든 호의이다.

영성과 종교

실천에 있어서 사회복지사는 영성을 종교와 구별하는데, 왜냐하면 사회복지사는 영성이 다른 종교들 사이 그리고 종교와 과학 사이에 차이를 연결하는 데 도움을 줄 수 있는 일련의 믿음, 의식 그리고 언어를 제공할 수 있다고 생각하기 때문이다. 사회복지사나 클라이언트들은 사회복지사 자신의 종교와 다른 종교적 신념, 의식, 언어에 대해 부정적으로 반응할 수 있다고 생각한다.

영성은 삶의 전반에 걸쳐 발달하는 연결, 의미, 평화, 의식, 목적 그리고 봉사와 관련한 개인의 분별력으로 보일 수 있으며, 이와 대조적으로 종교성은 개인의 영적 발달을 뒷받침하고 촉진하거나 또는 그렇지 않을 수 있는 사회적으로 공유된 의식,

신조, 신념으로 보일 수 있다.

창조적 영: 모든 것을 만드는 것

대부분의 사람들은 모든 것의 계속적 창조 뒤에는 어떠한 목적, 힘 또는 권력이 있다는 믿음을 공유하는데, 즉 이것은 '창조적 영creative spirit'이라 불릴 수 있다. 이러한 관점에서, 창조적 영은 단지 오래전에 일어난 것이 아니라, 아마도 천문학자들이 빅뱅*이라 부르는 것부터라고 볼 수 있다. 많은 물리학자들은, 우리의 우주는 사실 계속해서 창조되고 그리고 아마도 거대한 다우주multiuniverse에서 파괴되는 많은 우주 가운데 단지 하나일지 모른다고 믿는다. 마찬가지로, 우리의 현실은 거대한 다우주에서 부단히 재창조되고 있고, 인간은 그러한 창조과정의 동반자이다. 창조적 영은 자명한 일로서, 거대하고 복잡하며 신비스러운 것이다. 창조적 영은 어떤 한 사람에 의해서는 완전히 알려질 수 없다고 본다. 그러므로 어떤 공동체의 사람들이 그 공동체 내에서의 어떤 한사람의 개인보다는 공동적으로 생각할 때 보다 더 창조적 영에 대해서 잘 알 수 있다.

신과 영성

미국 사람들의 대다수는 비록 그들 자신이 신을 믿는다고 생각할지라도, 신God이 의미하는 것에 관하여 종교와 개인에 걸쳐 다양성을 가지고 있다. 예를 들면, 어떤

---

* 빅뱅이론(Big-bang model, 대폭발이론): 우주는 적어도 100억 년 전에 일어난 대폭발이라는 극히 높은 온도와 밀도를 가진 상태에서 시작되었다고 본다. 대폭발 이전의 우주는 에너지만으로 가득 차 있었고, 거품 같은 형태의 에너지가 대폭발을 일으켰다는 것이다. 빅뱅이론의 핵심은 현재 우주는 팽창하고 있으며 과거에는 물질과 에너지의 밀도가 높아 불덩어리였고, 그보다 더 이전에는 대폭발이 일어나 현재의 팽창을 시작하였다고 본다. - 역자 주.

사람들은 신을 남성적 에너지를 지닌 것으로 보며, 또 어떤 사람들은 여성적 에너지를 나타내기 위해 여신이란 말을 사용하기를 좋아하며, 많은 다른 사람들은 신을 남성적이면서 여성적인 존재로 본다. 신을 믿지 않는 종교들 또한 존재한다. 각 종교 내에서뿐만 아니라, 신을 믿지 않는 사람들 모두에 있어 믿음의 다양성에 대해 민감함으로써, 이 책에서 창조적 영이란 용어는 때때로 대다수 사람들이 공유하는 궁극적인 것의 경험을 묘사하기 위해 사용될 것이다. 어떤 경우, 신God 또는 여신Goddess이란 말을 사용하기도 할 것이다.

영적인 관점: 최대 관점

영적인 관점은 공간과 시간 모두에 걸쳐 취할 수 있는 가장 큰 관점이며, 인체의 크기는 가장 작다고 알려진 입자의 극소 크기infinitesimal size와 다우주의 엄청난 크기 사이의 중간 어디쯤에 있다. 사람들은 또한, 과거와 미래 시간의 영원의 세계 사이에 현재의 순간에 있다. 영적인 치유는 인간적 경험과 행동이 그러한 관점에서 보일 때 일어날 수 있다.

원형으로서, 의미 만들기 과정으로서의 영성

인간은 의미를 만드는 포유동물이며, 우리의 영성은 부분적으로 흔히 상징언어를 통해서 행해진 의미를 만드는 과정meaning-making process이라고 할 수 있다. 시詩처럼 영적인 경험은 흔히 틀림없는 사실로 이해되는 것이 아니라, 그 대신에 다른 의미가 부여될 수 있는 은유 또는 원형archetypes으로 작용될 수 있다. 영적인 원형spiritual archetypes은 사람들을 진단 또는 수준으로 '축소'시키는 대신에, 그들은 풍부하고 끝없는 다양한 의미의 원천의 원형으로 확장시킨다.

따라서 영성은 하나의 살아있는 이야기story, 설화이고, 우리의 선대로부터 아이들에 이르기까지 우리의 선조에 의해 전해진 설화처럼 영은 각 개인에 의해, 각각의 가족, 문화, 세대에 의해 재해석되고 새로운 의미를 부여받는다. 기록된 언어, 책, 저널 그리고 지금의 정보기술의 시대에, 영적인 전통은 더 이상 환경조건의 변화로 재해석될 수 없는 신조doctrines, 교의가 될 수 있다.

신비한 경험으로서의 영성

영적인 경험은 신비한 경험이며, 단순히 영성은 '지금 그리고 여기에서' 경험할 수 있음을 의미한다. 비록 의식意識은 삶 전체에 걸쳐 심오하게 확장할 수 있겠지만, 영성이라는 사랑과 친밀의 경험은 일상日常의 지금 그리고 여기 이 순간에 모든 인간에게서 유용하다.

창의적 및 개인적 영 사이의 시냅스synapse로서의 영혼

세상의 많은 지혜의 전통들은 파괴할 수 없고 심지어 불멸하는, 때때로 영혼이라 불리는 모든 사람의 본질적 내면을 묘사한다. 영적인 지향성을 지닌 사회복지사는 또한 영혼을 사람과 창조적 영, 또는 신 사이에 연결체 또는 시냅스로서 볼 수도 있다. 이 책에서 영혼이란 말은 사람의 그 같은 본질을 묘사하기 위해 사용될 것이다.

변형transformation하는 경험으로서의 영성

영성은 궁극적으로 변형하며, 이것은 사람의 의식에 있어서 깊고 영속적인 발달적 변화를 한다는 것을 의미한다. 전 생애적 관점에서, 모든 사람은 자신의 삶 동안 점진적으로 어떤 정체성또는 가면을 발전시키며, 궁극적으로 아마도 죽음에 직면하여 그 가면을 넘어선 궁극적 변형을 경험한다. 영적인 경험은 죽음 이전의 변형을 지지할 수 있다.

영적 및 보편적 다양성의 공동체

영적인 관점에서 모든 형태의 인간의 다양성은 창조적 영과 유사하고 신성하고 아름다운 표현이다. 모든 것은 창조적 영의 신성한 표현으로 여겨지기 때문에 영성 또한 인간을, 다른 인간 이외의 생명과 재연결하고 그리고 다우주의 모든 다른 것과 재再연결시킨다.

종교란 말은 문자 그대로 "to bring together결합시키는 것, 함께하는 것"을 의미하며, 종교는 흔히 사람들을 모으지만, 흔히 다른 사람들일반적으로 믿지 않는 사람들을 그들의 공동체로부터 배제한다. 하나의 종교는 단지 어떤 특징, 믿음, 또는 행동을 가진 일부 사람이 아닌, 그리고 단지 어떤 특정 부족 사람의 구성원이 아닌 모든 사람을 동등하게 그 가치를 인정하고 신성한 구성원으로서 함께 할 때, 영적 다양성을 가진 하나의 공동체라고 할 수 있다.

보편적 공동체는 모든 동물, 식물, 바위, 다른 물질, 에너지를 포함하며, 전 우주 안에 있는 모든 것을 포함한다. 종교는 모든 요소들, 즉 동물, 식물, 물질 및 에너지와 함께 인류의 다양성뿐만 아니라, 다우주의 다양성을 신성한 것으로 가치를 부여할 때 비로소 보편적 다양성의 공동체라고 할 수 있다.

영적인 실천

개인 치유 업무로서의 영적 실천

영적인 관점에서, 오늘날 대부분의 사람들은 그들 누군가의 "부분들"로부터 깊이 단절된 채로 살아간다. 예를 들면, 어떤 사람은 그 자신의 육체, 마음, 정신, 또는 영과의 친밀함을 잃어버릴 수 있는데, 그런 상황에서 그 사람은 더 이상 몸, 마음, 영 사이의 내면적 대화가 가능한 "부분들"parts 모두와의 어떤 관계를 가질 수 없을 것이다. 그 대신에, 그 자신의 하나의 '부분'이 불안 또는 다른 과도한 정신적인 활동을 통해 몸, 마음, 영의 나머지 부분을 침묵시키는, 아마도 외피outer cortex를 지배할 것이다. 영적 실천은 치유행위라고 할 수 있는데, 이것은 우리로 하여금 다시 우리의 육체, 마음, 영, 그리고 영혼과 다시 연결된 전체적 존재whole beings가 되도록 돕기 때문이다. 그러한 일은 궁극적으로 자신에 대한 사랑과 돌봄에 대한 인식으로 이끌게 된다.

사회적 분할divide의 가교로서의 영적인 행위

오늘날의 사람들은 다른 사람들로부터, 심지어 그들 자신의 가정과 공동체 안에 살고 있는 사람들과 깊게 연결되어 있지 않다는 것을 느낀다. 예를 들면, 사람들은 다른 사람들과의 관계를 다양한 종교적, 정치적, 도덕적, 또는 경제적 입장과 관련된 갈등으로 인하여 철회할지도 모른다. 그러한 갈등은 그 자체로 건강하지 못한 것은 아니며, 사람들은 불가피하게 어떤 논쟁에 대해 의견을 달리할 수 있다. 사람들을 관계와 대화로부터 벗어나 폭력의 독백monologue으로 이동시킬 수 있는 것은 그러한 갈등이 관리되는 방식이다.

단절은 흔히 한쪽이 다른 쪽을 지배하려 할 때 강화되고, 그리고 갈등을 극복하는 것은 관계 안에 머물러 있는 것보다 더 중요하다. 영적인 실천방법은 사람들로 하여금 다른 사람과의 관계 및 대화로 되돌아 가도록 도울 수 있다. 그러한 일은 또한 궁극적으로 향상된 웰빙의 느낌 그리고 다른 사람과의 애정이 깃든 봉사로 가득한 삶으로 이어질 수 있다.

삶을 지탱하는 다른 생명체와 생태계에 대한 봉사로서의 영적인 실천

대부분의 사람들은 자기 자신과 다른 사람들뿐만 아니라 다른 생명체와 생태계로부터 단절되어 있으며, 영적인 실천은 사람들로 하여금 다우주에 존재하는 모든 것과 다시 연결 짓는 데 도움을 줄 것이다. 특별한 느낌과 소외의 고통 모두가 완화될 수 있다. 궁극적으로, 그러한 심오한 관계deep-felt connection는 살아 있는 존재들, 그리고 모든 생명을 유지하는 생태계에 대한 책임의식으로 이어지며, 그리고 그것들에 대한 사회적·종교적 책무의 삶으로 이어진다.

보다 높은 자신의 의식적 활용

성과outcome에 관한 수많은 연구는 사회복지사들로 하여금 실천에 있어 원조관계의 근본적 중요성을 이해시키는 데 도움을 주고 있다. 사회복지사가 관계를 형성하는 능력은 사례 성과case outcomes를 예측하는 데 있어 어떤 실천기법 또는 클라이언트의 특성보다 훨씬 더 중요하다. 전통적 관계 형성 도구는 '자신의 의식적 사용conscious use of self'인데, 이것은 클라이언트와의 원조관계를 공동 창조하는 데 있어 사회복지사의 의도적 관여를 수반한다. 전형적으로, '자신의 의식적 활용'은 대화치료의 활용을 수반하는데, 여기에서 사회복지사는 클라이언트와 생각을 공유하고 때때로 느낌도 공유하게 된다.

영적인 실천에서 사회복지사는 이러한 생각을 더 자세히 말하고 그리고 원조관계에 있어 자신의 모든 요소들을 사용하고, 또한 역점을 두면서 다룬다. 따라서 '자신의 의식적 활용'은 원조관계의 재창조에 있어 신체적, 정신적, 인지적, 사회적, 그리고 영적인 차원의 의도적 사용을 수반한다. 각 회기에서 사회복지사는 신체적, 정서적, 인지적, 사회적, 영의 수준에서 클라이언트를 관련시키려 시도한다. 마찬가지로 사회복지사는 마치 그들이 모두 그들 자신의 몸, 두뇌, 영혼뿐만 아니라 다른 사람, 살아있는 것, 그리고 생태계와 연결된 몸-정신-영-환경적인 존재인 것처럼 클라이언트와 관계를 맺는다. 점차적으로 클라이언트는 희망적으로 그의 '부분들' 모두를 소중히 사용하는 것을 배울 것이다.

'보다 높은 자신의 의식적 활용conscious use of higher self'을 사용할 때, 사회복지사는 자신의 사정assessment과 평가에 있어서 과학적 지식습득 방법과 직관적인 지식습득 방법 모두를 활용하여 해석한다. 과학적 지식습득 방법은 주로 두뇌의 외피를 이용하는 반면, 직관적인 지식습득 방식은 몸-정신-영-환경 전체를 이용한다. 예를 들면, 직관력이 있는 사회복지사는 때때로 그의 마음속에서 우러나는 '직감直感적인' 느낌을 통하여, 또 다른 때는 그의 몸속의 감각을 통하여 클라이언트를 느낄 수 있을 것이다. 경험 많은 사회복지사는 자신의 과학적 지식으로 자신의 직관을 점검하고, 자신의 직관으로 자신의 과학적 지식을 점검한다.

'보다 높은 자신의 의식적 활용'은 의식의 유동적, 의도적 사용을 수반하며, 이러한 수준은 세상의 주요 종교적, 영적인 전통에 의해 묘사되며, 점차적으로 과학적인 연구에 의해 확인되고 있다(〈표 1-1〉 참조).

전인격적 의식prepersonal consciousness, 인격 형성 이전의 상태를 말함은 이성 또는 지성보다 일시적 충동을 강조하지만, 또한 기쁨의 경험을 참작하는, 우주에 대한 어린아이 같은 시야childlike view가 특징이다. 인격적인 의식은 다른 사람들, 공동체, 생태계의 요구에 대해 보다 큰 초점을 두는 것과 동기를 사용하는 데 보다 큰 책임감을 갖는 것이 특징이며, 그리고 그 자신의 모습을 면밀히 조사하고, 목표를 성취하기 위해 기쁨을 뒤로 미루는 능력이 특징이다. 초인의식transpersonal consciousness은 어린아이의 쾌락주의로부터 그리고 부모의 의무로부터는 확인되지 않기 때문에 따라서 영혼을 직접 경험하는 것이 자유롭다.

사회복지사는 모든 수준에서 자기 자신의 의식을 활용하여 클라이언트를 돕기 때문에, 사회복지사는 또한 클라이언트를 위해 그러한 유동성을 모델로 삼는다. 따라서 영적인 지향성을 지닌 사회복지사는 자신이 설교한 것을 실천하며, 의식 수준

표 1-1 초인이론(Transpersonal Theory)에서의 의식 수준

의식 수준	세 가지 자아상태의 상대적 크기	성격 특성에 대한 상대적 강조
전인격적(prepersonal) 수준	· 어버이 자아: 비교적 약함 · 자기관찰: 비교적 약함 · 어린이 자아: 비교적 강함	· 책임과 동기: 비교적 약함 · 비동일성(비일체화): 비교적 약함 · 자발적 충동: 비교적 강함
인격적(personal) 수준	· 어버이 자아: 비교적 강함 · 자기관찰: 비교적 약함 · 어린이 자아: 비교적 약함	· 책임과 동기: 비교적 강함 · 비동일성: 비교적 약함 · 자발적 충동: 비교적 약함
초인적(transpersonal) 수준	· 어버이 자아: 비교적 약함 · 자기관찰: 비교적 강함 · 어린이 자아: 비교적 약함	· 책임과 동기: 비교적 약함 · 비동일성: 비교적 강함 · 자발적 충동: 비교적 약함

※ 주: Wiber의 의식 수준(2000).

들 사이의 유동성은 그 자신의 보다 높은 자신의 의식 활용과 클라이언트에 대한 자신의 궁극적 목표 모두의 일부라고 볼 수 있다.

영적인 지향성을 지닌 사회복지사는 건강과 치유가 전체성wholeness을 의미하는 인간의 총체성에 관한 것이라 믿고 있으며, 건강한 사람은 건강과 치유를 신성한 자기와 자기 자신의 최고의 선을 위해서 현명하게 사용한다. 치유는 고통을 제거하는 것이 아니라, 몸-마음-영-환경 전체에 대한 사랑스런 돌봄에 있다고 본다.

단순한 증상 감소보다는 최고선善

영적인 지향성을 지닌 사회복지사는 자신의 클라이언트에 의해 최고선에 이를 것이라는 의도를 견지한다. 어떤 사람의 웰빙은 다른 사람, 생명체들 그리고 생태계의 안녕과 서로 연결되어 있고, 떼어 놓을 수 없기 때문에 최고선은 개인적, 집단적 웰빙과 관련된다.

사회복지사들은 또한 비록 그들은 최고선에 대한 의도를 견지하고 있다 하더라도, 어떤 관여의 정확한 결과는 반드시 알려지는 것은 아니라고 생각한다. 전문 조력자들은 그들의 실무에서 최선의 사정과 평가를 하려고 노력한다. 그러나 그것들은 또한 실제로는 '신성한 미스터리sacred mystery'의 역할을 절실히 느끼는데, 이는 흔히 경외심, 존경, 호기심, 경의reverence 그리고 경이驚異, wonder 같은 인간적 반응에 동반된 모든 경험의 알려지지 않은 초이성적인 일면들이다.

완벽하게 되기보다는 인간적이 되기

많은 사회복지사들은 영적인 실천을 하는 것이 마치 지구상의 가장 진화한 사람만이 실제로 영적인 차원을 사용할 자격이 있는 것처럼 충분히 완벽하지 않다고 염려한다. 하지만 클라이언트는 완벽한 사회복지사들을 필요로 하지는 않는다. 다시 말해서 클라이언트는 사회복지사들이 그들 자신의 불완전함을 인지하고 받아들이는 것을 필요로 하는 만큼 완벽할 필요는 없다. 이것은 부분적으로 대부분의 클라이언트들은 자신의 불완전함을 매우 잘 인식하고 있기 때문이다. 흔히 클라이언트는 비자발적으로 사회복지사에게 의뢰되는데, 아마도 그들은 어떤 행동 때문에 곤경에 처한 상태에서 법원에 의해 의뢰된다. 흔히 클라이언트는 자기 자신에 대해 상당히 부끄러워하는 마음을 동반한다.

클라이언트는 인간적인 사회복지사와 가장 잘 일체감을 가질 수 있으며, 인간적인 사회복지사는 그의 '부분' 모두를 가지고 있고, 자신의 삶을 영위할 때 이들 부분 모두를 표현하거나 통제할 능력이 있는 사회복지사가 될 수 있다. 인간적이 된다는 것은 사회복지사가 모든 해답을 알아야 하고, 클라이언트를 주의 깊게 대하고 늘 안정되게 하고, 현명한 것을 말해야 한다거나 또는 사회복지사가 우연하게 '완벽함'을 대표한다고 생각하는 다른 어떤 것을 해야 한다고 생각하지 않는 것을 의미한다. 그 대신에 사회복지사는 자신의 강점과 불완전함을 인식하고 받아들인다. 사회복지사는 자기 자신을 충분히 훌륭한 사회복지사(반드시 '최고'라기보다는)로서 꾸준하게 발전하는 존재로 본다. 그는 순수한 의도를 갖고 있는데, 이것은 그가 받는 그의 외부 모습과 인식 그리고 보상보다는 그의 내적 발전과 다른 사람과 환경에 대한 봉사에 더 관심이 있음을 의미한다.

사회복지사는, 그러한 개방성이 클라이언트에게 이익이 될 것이라 생각할 때, 그 자신에 관하여 기꺼이 솔직하려고 애쓴다. 예를 들면, 전형적으로 '영혼의 어두운 밤dark night of the soul*'을 거치고 있는 어떤 한 클라이언트와 함께 할 때, 사회복지사는 자신이 수년 전에 클라이언트와 유사한 경험을 성공적으로 극복했다고 공감할 것이다.

사회복지사는 창조적 영 또는 신과 협력하면서 일한다

영적인 지향성을 지닌 사회복지 활동에서 담당자는 그 자신을 치료사로 본다. 그러나 가장 깊은 치료는 영적인 수준에서 일어난다고 생각하며, 그는 그 도움과정에서 창조적 영creative spirit과 동반자가 될 때 가장 효과적이라 믿는다. 그 자신을 향정신성 약물과 치료법 같은 치료용 약물을 제공하는 의사로 보는 오늘날의 전형적인 전문 조력자와는 대조적으로, 영적인 지향성을 지닌 사회복지사는 자신을 클라이언트와 창조적 영을 가지고 일하는 치료과정에서의 동반자로 여긴다.

오늘날 전문 조력자는 흔히 클라이언트와 수직 관계를 갖는데, 여기에서 조력자는 자신의 '조력자helper'의 등장인물과 일체가 되지 않을 수 없고, 또한 전문 조력자는 그 자신을 상급자로 보며 심지어 클라이언트에게 없어서는 안 될 사람으로 여긴다. 영적인 지향성을 지닌 사회복지사는 자신의 클라이언트들과의 관계를 수평적으로 발전시키는데, 이때 치료사와 클라이언트 모두 동등한 동반자이며, 치료와 변화를 위해 창조적 영을 가지고 함께 일한다. 예를 들면, 그러한 사회복지사는 하늘, 공기, 땅과 물의 '자연 외부' 세계 또는 몸, 마음, 영의 '자연 내부' 세계는 흔히 궁극적으로 클라이언트에 있어 가장 강한 의약품이라 생각한다.

오직 목표에 초점을 두기보다는 과정에 초점을 둔다

사회복지사는 클라이언트 자신의 영적 과정spiritual process을 궁극적으로 최고의 '약藥'

---

* '영혼의 어두운 밤'이란, 생의 고통이나 아픔이 영혼을 정화하고 단련하여 성숙을 가져온다는 개념으로, 좀 더 자세히 알고 싶다면, 제랄드 메이 지음, 신선명 옮김(2006), 『영혼의 어두운 밤』, 아침영성지도연구원이나 십자가의 성요한 지음, 최민순 옮김(1993), 『어둔 밤』, 성바오로출판사를 참조. - 역자 주

으로 생각하며, 클라이언트의 일련의 과정은 자신의 몸-마음-영-환경에서 일어나고 있는 것에 대한 그 자신의 신비롭고, '지금-여기'의 경험으로 본다. 영적인 지향성을 지닌 사회복지사는 사람들을 자신의 경험에서 개인적 그리고 신성한 중요성을 찾기를 바라는 의미를 만드는meaning-making 동물로 본다.

영적인 일의 성과는 항상 불확실하므로, 사회복지사는 설정된 목표들을 둘러싸고 그가 관여하는 모든 것을 내세우려고 하지는 않는다. 비록 영적인 지향성을 지닌 사회복지사는 어떤 다른 전문적 도움뿐만 아니라 행동의 고정된 목표를 기술할 수도 있겠지만, 클라이언트의 과정은 사정, 개입 그리고 평가를 수행하는 데 있어 목표만큼이나 중요하다고 믿는다.

단순한 기법보다는 존재

영적인 지향성을 지닌 사회복지사는 단순한 기법보다는 존재를 강조한다. 비록 사회복지사가 변화를 촉진할 수 있는 자신의 기법을 연마함으로써 지속적으로 자신의 업무를 실천하려고 노력한다 하더라도, 사회복지사는 또한 동등하게 변화에 대한 어떤 기대도 없이 자신의 클라이언트와 '지금-여기'의 순간에 완전히 의식하려는 자신의 능력을 존중하고 실천한다. 그러한 존재 모델링modeling of presence은 또한 클라이언트에 있어 '지금-여기'의 순간에 어떻게 존재하는가를 학습하는 데 도움을 줄 수 있을 것이다.

영적인 언어의 유동성

영적인 실천가들은 각 클라이언트, 가족, 그리고 사회공동체가 영성을 묘사하기 위해 어떤 유일한 언어를 사용한다는 의미에서 유창하게 말할 필요가 있다. 사람들은 흔히 강한 정서적 또는 인지적 '부담'을 가진 그들의 말에 상당한 중요성을 부여할 수 있다. 따라서 현명한 실천가들은 가능하면 클라이언트의 언어 내에서 일한다. 각 세대는 전통언어traditional words와 말씨(표현)의 개정판이라고 할 수 있는데, 영성의 언어에 새롭고 보다 날카로운 의미를 부여할 수 있다. 그러한 개정판은 또한 새로운 세기의 실천가들로 하여금 영적인 문제를 다룰 때 정서적, 인지적 부담으로부터 비교적 자유로운 그 자신의 언어를 개발하는 데 도움을 줄 수 있다. 다음에서는 이 책에서 사용된 용어들에 대한 이해를 돕기 위해 몇몇 정의를 소개하고자 한다.

급진적이고 변형적 서비스로서의 영적인 작업 Spiritual Work as Radical and Transformational Service

영적인 작업은 인간의 의식, 고통 그리고 변형의 뿌리와 직접 관련되기 때문에 실천에 대한 급진적인 접근방법radical approach이라고 여길 수 있다. 영적인 작업은 개인과 공동체가 자신의 세계에서 보고, 살고 있는 방식에 근본적 변화를 창조하는 데 초점을 둔, 변형하는 실천방법이다.

영적인 작업은 개인적 실천이며, 사회적 행동주의이다. 영적인 실천은 자신을 다른 사람에 대한 상위 및 하위책임 사이에 균형잡힌 방식으로 그 자신의 의식의 개발을 위해 반응할 줄 아는 능력을 가질 때 나타난다. 영적인 실천은 개인이 점차 자신이 다른 모든 것과 연계됨을 알게 될 때, 그리고 실천과 행동주의가 필연적으로 동전의 양면임을 이해할 때 영적인 실천주의로 이어진다. 영적인 작업은 사람들이 그들의 가족, 공동체 그리고 생태계의 최고선을 촉진하도록 하는 데 있어 증가하는 반응능력을 취함으로서, 영적인 실천주의spiritual activism가 된다. 영적인 실천주의는 개인이 점차로, 계속하여 다른 사람에게 효과적으로 봉사하기 위해 그 자신을 움직여야 한다는 것을 알게 될 때, 영적인 실천을 촉진하게 된다.

이 책에서, 사회복지사와 실천가란 용어는 클라이언트에 봉사하는 전문조력자를 일컬으며, 클라이언트란 용어는 실천가가 돌보는 개인, 부부, 가족, 또는 집단을 말한다. 비록 실천가는 흔히 어떤 종류의 비용, 그리고/또는 조력자로서의 인식을 받고 있을지라도, 이들 모두 도움관계에서의 동반자란 인식이 있다. 다른 말로 하면, 클라이언트 역시 자신의 변화와 봉사에 대한 책임이 있다는 것이다.

| 연구 질문 |

1. 영적인 문헌의 첫 번째 단계는 무엇에 관한 것인가? 두 번째 단계는 어떤 것을 포함하는가?

2. 영적인 지향성을 지닌 실천에서, 포괄적 또는 통합적 접근방법에는 어떤 것이 있는가?

3. 영성과 종교 사이의 관계는 어떠한가? 어떻게 유사하고 또한 다른가? 여러분 자신의 삶에서, 영성과 종교는 어떻게 관련되어 있는가?

4. 창조적 영(creative spirit)이란 무엇인가? 여러분은 이 개념에 대해 어떤 말(언어)을 사용하기를 선호하는가?

5. 영혼(soul)이란 말은 무엇을 의미하는가? 여러분은 영혼을 갖는다는 것에 일체감을 갖는가? 영혼의 기능은 무엇인가?

6. '영적인 다양성을 지닌 공동체(Community of Spiritual Diversity)'를 설명하시오. 이 개념이 사회복지에서 왜 중요한가? 여러분은 지금까지 그런 공동체의 일부분이었는가? 어떠했는가?

7. 보편적 다양성을 지닌 공동체(Community of Universal Diversity)를 설명하시오. 이 개념이 사회복지에서 왜 중요한가? 여러분은 지금까지 그런 공동체의 일부분이었는가? 어떠했는가?

8. '최고선'이란 말은 무엇을 의미하는가? 최고선이 무엇인가를 어떻게 알 수 있는가?

9. 여러분은 지금까지, 여러분이 어떤 클라이언트를 돕고자 할 때, 창조적 영 또는 신(神)이 당신의 동반자였다고 생각하는가? 그 상황을 설명하시오.

10. 의식의 세 가지 수준은 무엇인가? 이들 수준에서 '유동성 있는'이란 무엇을 의미하는가?

11. 영적인 언어에서 유동성이 왜 중요한가? 어떤 종류의 영적인 언어에서 여러분은 최대한으로 그리고 최소한으로 유동적인가?

자료

Wilber, K. (2000). *Sex, ecology, spirituality: The spirit of evolution*. Boston: Shambhala.
    This book includes
        1. Descriptions of prepersonal, personal, and transpersonal consciousness
        2. Descriptions of quadrants of ways of knowing
        3. Wonderful reference list

영성 사정하기

이론적 가정 사정 유도하기

이 장에서는, 영성 지향적 실무에 있어서 사정 및 평가방법들을 다룰 것이다. 이 방법들은 최근의 활용방법에 있어서 기존의 사정 전략을 대체하는 것이 아니라 기존 전략에 추가한 것이다. 기존 전략들의 기초가 되는 이론적 가정들을 다음에서 요약하여 소개한다.

방대하고 복잡한 원인들

영성에서 실천가들은 어떠한 인간적 경험 및 행위의 궁극적 '원인'은 모든 것이라고 가정한다. 다른 말로 하면, 모든 인간적 경험과 행위는 다우주Multiuniverse의 전체와 연계되어 있고, 그의 많은 부분들 모두 사이에 복잡한 상호작용과 연계되어 있다.

다양한 지식 습득 방법 multiple ways of knowing

21세기의 실천가는 다우주 전체를 사정할 수 없으므로, 최고의 사정방법은 현재의 이용 가능한 지식 습득 방법 The ways of knowing 을 활용해야만 한다. 사회복지사들은 변화하는 복잡한 수준에서 사정을 하게 되므로, 초이성적이며, 합리적인 기법 모두를 사용하여 접근할 수 있다. 합리적 지식습득 방법에는 과학적이며, '증거-기반 evidence-based' 실천 방법들을 포함하며, 초이성적인 지식습득 방식에는 직관적이고, 다른 멋진 실제 방법들의 활용을 포함한다. 〈표 2-1〉에 제시된 것처럼, 각각의 기법들은 장단점을 갖고 있다.

가장 좋은 사정방법은 지식 knowing 을 조합하는 방법인데, 여기에서 실천가는 능숙

표 2-1 복잡함 수준을 넘어선 두 가지 지식습득 방식들

	복잡성 수준 1: 개인의 심적 내부 평가	복잡성 수준 2: 개인 간 및 환경 평가
초이성적 지식습득방법	· 보기: 클라이언트의 정서 상태에 관한 직관 · 장점: 보다 포괄적 평가, 모든 심리 내면적 요소들을 포함한다. · 단점: 역전이 문제들과 다른 선입관은 정확성을 감소시킬 수 있다.	· 보기: 클라이언트의 환경에 있어 프랙탈 패턴(Fractal patterns)*에 관한 직관 · 장점: 보다 포괄적 사정, 모든 환경적 요소들을 포함한다. · 단점: 역전이 문제와 다른 선입관은 정확성을 감소시킬 수 있다.
합리적 지식습득방법	· 보기: 공식적 심리검사, 단일-사례연구 · 장점: 클라이언트의 인식과 관찰할 수 있는 행동에 대한 수학적 또는 표준화된 자료를 제공한다. · 단점: 지나치게 단순화된 요소들로 복잡한 심리내적 원인론을 감소시킬 수 있다.	· 보기: 프로그램 평가, 지역사회욕구사정 · 장점: 기관과 지역사회에 관한 수학적 또는 표준화된 자료를 제공한다. · 지나치게 단순화된 요소들로 복잡한 환경적 원인론을 감소시킬 수 있다.

하게 다른 지식방법을 가지고 한 가지 지식방법에 기초한 가설을 확인하거나 부정하는 식이다. 예컨대, 한 아동의 정서상태에 대한 직관은 공식적인 심리검사도구의 결과와 아동의 학교 선생님의 독립된 보고서에 의해 확인되거나 또는 무효로 된다.

초이성적 지식습득 방법 Transrational ways of knowing

초이성적 지식습득 방법은 직관력intuition을 이용하는 것이다. 직관은 뇌와 인지과정cognitive process 뿐만 아니라, 몸-마음-영의 전체를 수반한다는 점에서 초이성적이라고 할 수 있다.

따라서 직관은 흔히 비언어적이고 그리고 자주 자발적이고 즉시적인 것으로 경험되며, 각 개인은 직관을 달리 의식하는 것으로 보여진다. 예를 들면, 아버지는 자신이 내면의식으로 자녀에 대해 '본능적 직감gut feeling'을 가질 수 있다. 커다란 조직의 최고경영자인 한 여성은 그녀의 가장 민감한 기관-체계organ-system로 인하여, 자신

---

* 프랙탈 패턴(Fractal patterns): 차원분열도형이라고도 하며, 자기유사성을 갖는 복잡한 기하도형의 한 종류를 말한다. 프랙탈이란 말은 "영국 해안선의 길이 측정"문제를 냈던 프랑스의 만델브로트가 만든 용어로, '파편의', '부서진'이라는 뜻의 라틴어 fractus에서 유래하였다. 프랙탈은 4각형·원·구 등의 고전기하, 즉 유클리드 기하학과는 다르다. 이들은 유클리드 기하 구성 성분으로 설명할 수 없는 자연의 고르지 않은 현상이나 여러 불규칙 형태의 사물을 묘사할 수 있다. 1975년에 소개된 이래 이 도형의 개념은 새로운 기하학 체계를 일으켜 수학뿐 아니라 물리화학·생리학·유체역학에 큰 영향을 끼쳤다. 프랙탈은 작은 구조가 전체 구조와 비슷한 형태로 끝없이 되풀이 되는 구조를 말한다. 즉, 부분과 전체가 똑같은 모양을 하고 있다는 "자기유사성(self-similarity)"과 "순환성(recursiveness)"이라는 속성을 기하학적으로 푼 것으로, 프랙탈은 단순한 구조가 끊임없이 반복되면서 복잡하고 묘한 전체 구조를 만들어 낸다. 자기유사체란 구성 부분이 전체와 닮은 것이다. 불규칙적인 세뉴나 무늬가 점차적으로 더 작은 크기로 반복되고 순수하게 추상적인 것의 경우 무한히 계속 반복하여 각 부분의 부분을 확대하면 전체 물체와 근본적으로 같게 된다. 실제로 자기유사체는 크기를 바꾸어도 변하지 않는다. 즉, 크기에 대해 대칭을 이룬다. 프랙탈 현상은 눈송이와 나무껍질 같은 물체에서 쉽게 볼 수 있다. 겉으로는 불규칙해 보이는 현상에서도 자세히 관찰해보면 어떤 규칙성을 찾을 수 있다는 것이 카오스이론이고, 그 혼돈된 상태의 공간적 구조로 기하학적이고도 규칙적으로 나타난 모형이 프랙탈 구조로서, 프랙탈은 혼돈계의 불규칙성과 비예측성을 기술하고 분석할 수 있는 새로운 기하학으로 볼 수 있다. 자기유사 및 비정수 차원의 개념이 있는 프랙탈 기하는 통계역학이나 임의적인 특성을 지닌 물리계에서 응용된다. 프랙탈 모의실험은 우주의 은하계 집단분포를 나타내거나 유체 난류에 관한 문제 연구에 이용되며, 컴퓨터 그래픽에도 크게 기여했다. 프랙탈 알고리즘으로 울퉁불퉁한 산의 지세나 정교한 나뭇가지와 같이 매우 복잡하고 불규칙한 자연물을 실물 그대로 그려낼 수 있게 되었다. - 역자 주.

의 마음으로 사업적 결정에 대한 직관을 가질 수 있다.

어떤 학자들은, 직관을 자신들이 살고 있는 복잡한 환경을 재빨리 사정하는 방식으로 동물그리고 아마도 식물들에서 발달하는 것이 아닌가 추측한다. 직관은 특히 프랙탈Fractal을 감지하도록 진화하는데, 이는 모든 복잡한 자연체계에 존재하는 패턴이다. 'Fractal'이란 용어는, 학자들에 의해 자연 전체에 걸쳐 발견되는 질서를 묘사하기 위해 사용되는데, 예를 들면, 마치 하나의 작은 나뭇가지 구조가 전체의 보다 큰 구조패턴을 암시하는 것처럼, 어떤 사람의 행동 및 경험구조는 그의 가족내력, 현재의 문화 환경과 생애의 발달경로라는 "환경프랙탈ecofractal" 패턴이라 불리는 것을 나타낸다.

분명하게, 모든 살아있는 유기체들은 위험을 피하고, 생태계를 항해하고, 일상 및 계절 변화를 예측하고, 짝을 찾고, 식량 및 다른 원료source를 찾기 위한 어떤 방식을 진화시켜야 했다. 우리의 현 세계에서, 인간은 생존을 위해 직관을 이용할 동일한 강렬하고 "자연스런" 필요를 갖지 못할 수도 있다. 그러나 우리는 상점에서 식료품을 선택하고, 사회적 관계를 다루고, 운전하는 동안 의사결정을 하는 것과 같은 도전적 과제들을 통과하면서 일상적으로 직관을 사용한다.

최근에, 직관은 아마도 인류생활의 복잡한 원인론에 중요한 행동근거를 노출시키는 데 도움을 줄 수 있는 환경프랙탈Ecofractals을 감지하는 데 있어 가장 중요한 도구이다. 비록 직관은 종종 현실의 일면들을 감지하는 데 있어 과학적 지식습득 방식보다 더 잘 작용한다는 것이 놀랍고 또는 심지어 모순적으로 보일지라도, 아인슈타인Einstein은 자신의 가장 유명한 공식 $e=mc^2$를 개발하는 데 직관을 이용했다고 말했다. 많은 다른 과학적 발견과 이론들 또한 직관을 통해 개발되었다. 유능한 실천가들은 자신들의 직관을 믿으며, 평생에 걸쳐 직관을 추가적으로 발달시키려고 노력하고, 그리고 그들 자신의 느낌과 신념이 방해될 때, 직관이 때때로 보다 덜 정확할 수 있음을 인식한다. 학생들은 흔히, 다양한 상황에 자신들의 몸 전체가 어떻게 반응하는가를 인지함으로써 직관을 사용하는 방법을 배운다.

합리적 지식습득 방법 rational ways of knowing

그러나 영성을 갖고 일하는 실천가는, 과학적 지식습득 방식을 버리지 않으며, 비록 직관적 과정이 일반적으로 합리적 과정보다 더 신속히 작용하고 그리고 보다 "자연스럽게" 보일지라도, 우리의 보다 높은 인식과정 또한 어떤 목적을 위해 진화 발전하여 왔다. 어떤 학자들은 우리의 보다 합리적 인식과정이 적어도 부분적으로 우리로 하여금 본능적이고 직관적 과정을 "조사확인" 하는 것을 돕도록 발달하였다고 믿고 있다. 비록 합리적 사고과정이 흔히 상대적으로 신중하고 무의식 또는 초이성적 정신과정보다는 느릴지라도, 이것은 인간에게 아마도 생존을 위한 계속되는 전투에서 경쟁하는 다른 동물보다 "강점"이 되는 또 다른 지식습득 방법을 제공한다. 학생들은 흔히 쓰기 또는 말하기 언어를 통해 자신들의 판단을 설명함으로써 합리적 사고를 이용하는 방법을 학습한다.

오늘날 많은 사람들은 과학이 우리 인간에게 환경파괴, 폭력행위, 전쟁을 통해 우리 자신을 파괴할 능력을 가져오기 때문에 도움이 되는 과정이 아니라고 믿는다. 그러나 실천가들은, 과학적 지식 습득방식은 때때로 우리의 직관을 다듬거나 고치는 데 도움을 줄 수 있다고 생각하는데, 이는 직관이 역전이 반응과 문화적 편견과 같은 다른 인식과정에 의해 유용하지 못할 경우에 특히 그러하다.

어떤 종류의 과학적 지식습득 방법이 영적인 평가에 도움이 되는가? 다양한 사정도구들이 개발되어 실천가들로 하여금 영성 및 종교성의 요소들을 측정하는 데 도움을 주고 있다. 이 도구들은 실무를 안내하고 정보를 제공하는 데 도움을 줄 수 있을 것이며, 이에 더하여, 과학적 방법들이 영적 개입의 효과성을 측정하기 위해 사용될 수 있다.

영적인 평가에 있어 초학문적 렌즈Transdisciplinary Lenses의 사용

어떤 인간의 경험 및 행위의 궁극적 '원인'은 모든 것이므로, 그리고 모든 과학학문 분야들은 제한된 시각에서 다우주의 단지 몇몇 일면들만 탐구하므로, 어떤 하나의 과학 학파나 학문 분야가 인적 행동과 경험의 원인론을 적절히 묘사할 수는 없다. 오늘날의 다학문적 관점은 단지 일부 학문만이 전형적으로 포함되기 때문에 그

표 2-2 과학적 평가의 수준들

과학적 사정 수준	수준의 관점 및 수준의 보기	장점과 단점
단일학문 내의 단일학파	· 일반적인 신조(교의) 및 방법에 대한 강조 · 보기: 인지심리학(신념은 정서와 행동의 주요한 원인이다)	· 가장 좁고 배타적인 초점을 갖는다. · 학문 분야 내의 불필요한 이중성과 갈등을 만든다.
단일 학문적	· 어떤 특정 학문 분야로서의 이론적 견해(입장)에 강조점을 둔다. · 보기: 심리학(마음과 행동의 과학)	· 좁고 배타적인 초점을 갖는다. · 학문 분야들 사이에 불필요한 이중성과 갈등을 만든다.
다학문적 (다학제)	· 한 개 이상의 이론적 입장을 포함한다. · 보기: 발달심리학(생물학을 진화과학과 연계시킨다)	· 보다 넓고 보다 포괄적인 관점을 갖는다. · 사정에서 다른 요소들의 상호작용에 대한 강조가 불충분하다.
초학문적	모든 이론적 입장을 종합한다.	· 가장 광범위하고 포괄적 관점을 갖는다. · 사정에서 모든 요소들의 복잡한 상호작용을 강조한다.

리고 이들 학문적 시야의 종합이 이루어지지 않기 때문에 영성을 사정하는 데 있어서 부적절할 수 있다. '종합synthesis'이란 여기서, 다른 학문적 시야가 전체 관점 속에 합쳐지거나 또는 전체의 환경프랙탈로서 합쳐지는 하나의 진행적 과정을 말한다. 〈표 2-2〉에 묘사된 것처럼, 초학문적 렌즈는 단일학파, 단일학문 분야, 그리고 다학문적 관점을 넘어선다.

사정에 있어 신비적 요소를 평가하기

실무자의 기술에 상관없이, 항상 모든 사정에서는 신비적인 요소와 알려지지 않는 요소가 있다. 신비적 요소를 단지 어떤 한계로 보기보다는 실무자는 사정의 불가피한 알려지지 않은 부분을 수용하는 것과 함께하는 것의 장점을 인식한다. 실무자가 모든 것을 알고 있다는 어떤 착각은 부서지고 있을 뿐만 아니라, 클라이언트는 삶의 신비적 요소에서 살아갈 수 있는 방법을 배울 수 있도록 허가 받을 수 있다.

의식 수준을 사정하기

영성은 정서 또는 인지기능처럼 출생부터 사망 시까지 존재하면서도, 또한 평생에 걸쳐 발전할 수 있다. 〈표 1-1〉에서 묘사한 것처럼, 영적인 발달은 어떤 한 과정으로 보일 수 있는데, 여기에서 개인은 점차 의도적으로 인간에게 가능한 어느 의식 수준으로 이동할 능력을 개발한다. 어떤 개인은 어느 한 의식단계에 "고정"될 수 있고, 그가 세상에서 생각하고 행동하는 방식에 있어 관찰할 수 있는 불균형을 발전시킬 수도 있다. 〈표 2-3〉에 요약된 것처럼, 실무자는 행동 및 사고패턴의 관찰을 통하여 어느 의식 수준에서 클라이언트가 역할을 다할 수 있는가 그리고 어느 수준에 클라이언트가 고정되어 있는가를 사정할 수 있다.

의식 수준을 사정하는 데 있어서 특히 중요한 것은, Wilber(2000)가 전초오류pre-trans fallacy; PTS*라 부르는 것이다. 우리 문화에서, 그리고 아마도 대부분의 문화에서의 역사를 거슬러, 많은 사람들은 전인격 의식 및 초인적 의식의 본질을 혼동하고 있는데, 이러한 혼동의 단순한 이유는 두 의식 수준 모두 실재 현실consensus reality로부터 동떨어진 어떤 전환을 수반하기 때문이다.

우리 문화에서 실재 현실은 지적인 통제, 과제 및 해법 중심 활동, 생산성, 재료 소비, 속도, 부富, 자기중심주의, 힘, 미美 같은 목표들을 강조한다. 두 의식 수준들 사이의 차이는 아마도 보다 미묘하다.

전인격적 기능Prepersonal functioning은 책임을 최소화하고, 즉시적 욕구충족, 개인경험, 그리고 자유로운 표현을 강조함으로써 일치된 현실로부터 벗어난다. 그러한 의식은, 그들 행동의 모든 결과에 관하여 그리고 그들의 경험과 행동의 모든 근원적 이유에 관하여 좀처럼 반성하지 않는 어린아이들에서 전형적으로 나타난다. 아이는 자기와 다우주에 대한 합리적이고 책임있는 이해력을 발전시킬 필요를 느끼지 못할 수 있다.

따라서 전인격적 기능은 또한 전이성적 기능prerational functioning이다. 전인격적 의식Prepersonal consciousness에 있을 때, 어떤 사람은 놀이를 통하여 현실의 어떤 일면을 회피한다. 비록 놀이는 좋지도 나쁘지도, 옳거나 틀리지도 않을지라도, 놀이에 대한 균형 잡히지 않은 강조는 초인적 상태transpersonal states를 흉내낼 수 있는 중독행위로 이어질 수 있다.

---

* '전초오류'란 전(pre, 前)과 초(trans, 超)라는 말 그대로 아직 단계를 넘어서지 못한 것과 이미 넘어선 것을 혼동하는 상태에 빠진다는 말이다. 예를 들면, 미성숙한 아이 같은 성인을 나이만 보고 성숙한 어른의 수준을 지닌 존재로 판단해버리는 오류를 말한다. 전초오류의 대부분은 뭘 잘 모르는 사람이 진짜로 아는 척하는데 사람들이 이것을 구분해내지 못하기 때문에 생긴다고 볼 수 있다. - 역자 주

표 2-3 건강한(유동적) 의식 수준과 고정된 의식 수준 사이를 구별하기

의식 수준	의도적으로 선택되는 수준이 될 때, 관찰 가능한 건강한 역할 수행	'고정'되는 수준이 될 때, 관찰 가능한 건강치 못한 역할 수행
전(前)인격 의식	1. 저녁을 먹고, 부부관계를 하고, 일출을 보고, 산책하는 것과 같은 "동물적" 행동을 즐길 수 있다. 2. 춤, 미술, 시, 노래 같은 행위를 통해 자기를 자발적으로 표현할 수 있다.	1. 다른 사람의 결점에 비난의 초점을 둠으로써 부끄러움을 다루고, 개인적 한계점을 부인한다. 2. 다른 사람, 다른 살아있는 것, 생태체계의 욕구보다는 자신의 즉시적 욕구를 강조한다.
인격 의식	1. 비용 지불을 위해 돈을 절약하는 것과 같은 최고선을 위해 즉시적 욕구 충족을 연기할 수 있다. 2. 다른 사람, 다른 살아있는 것들 그리고 생태체계에 공감하고 참석할 수 있다.	1. 자신의 한계를 부끄러워하고 다른 사람의 한계를 최소화함으로써 부끄러움의 문제를 다룬다. 2. 자신의 요구보다는 다른 사람, 다른 살아있는 것들, 생태체계의 요구에 대한 의무적 고려를 강조한다.
초인 의식	1. 죽음에 직면했기 때문에, 매 순간을 마치 마지막 순간처럼 충실하게 살아간다. 2. 자신, 다른 사람, 다른 생물체, 생태체계에 대한 영적인 사랑의 능력이 있으며, 이것은 봉사할 의식적 선택사항/의도이다.	1. 다이어트, 운동, 수면, 성적 관심, 연고관계를 무시함으로써 자신의 '동물본성'을 최소화한다. 2. 비록 자신으로부터 일체성(귀속의식)은 줄었을지라도, 이것은 영적 발달에서의 성공과 함께, 명민한 일체성으로 대체된다.

이와는 대조적으로, "Beyond the mask of personality"성격의 가면을 넘어서란 문구로 정의된 초인격적 기능 수행은 단지 어떤 사람의 초월Transpersonal functioning은 실재현실consensus reality의 목표로부터 비동일시를 위해 의도적, 합리적 선택을 통하여 실재의식으로부터 방향전환을 한다는 것이다. 따라서 초인적 기능은 의식혼미무아상태로 이어질 수 있는데, 이것은 문자 그대로 "stand beside oneself"자신 곁에 서있는 것를 의미한다. 어떤 사람이 초인격적 의식에 있을 때, 그는 현실reality을 회피하지 않으며, 관찰하는 자기observing self

로부터 현실을 "주시"하거나 경험하며, 그래서 기쁨과 고통 속에서 창조적 영을 가지고 자신 옆에 서있게 된다.

그러므로 인격적 의식Personal consciousness은 초인적 의식의 선행조건이며, 이것은 어떤 사람이 자신을 구성할 때 일어난다. 비록 초인주의적 관점에서, 자신은 하나의 환영幻影일지라도, 각자는 성격 또는 가면mask을 구성하며, 이것은 그의 일생 동안 그의 영혼을 담는 완벽한 그릇container이다. 따라서 성격은 개인의 영이 출생 시 기어오르거나 죽을 때 떠나는, 몸-마음의 그릇과 같다. 인격적 의식은 가족, 단체, 그리고 살고 있는 공동체의 불가피한 것에 몰두하게 되는 책임 있는 성인의 의식이다. 책임 있는 성인은 그 자신의 그림자를 주시할 수 있는데, 이는 부끄러움과 가치 없음에 의해 압도됨이 없이 그 자신의 한계를 조사할 수 있음을 의미한다.

의식 수준의 어느 것도 다른 것들보다 더 낫거나 나쁘지 않으며, 건강한 사람은 융통성 있는 사람이며, 의도적으로 흔히 하루에도 여러 번 한 수준에서 다른 수준으로 이동할 수 있다.

발달의 모든 차원들에 대한 통합

영성은 발달의 모든 다른 수준과 관련된 그리고 분리할 수 없는 인적 발달의 한 차원으로 여겨진다. 따라서 개인 영성은 생리심리적-영적-환경적BPSSE 사정의 일부분으로서 가장 잘 평가된다. 영성은 사정에 추가될 뿐만 아니라, 클라이언트의 영성 그리고 모든 다른 BPSSE 요소들 사이의 상호관계가 또한 포함된다. BPSSE 사정은 개인적 요인들, 환경 요인들, 그리고 프랙탈 분석을 포함한다.

개별 요인들

개인은 서로 관련된 영적, 육체적, 정서적, 인지적, 사회적 차원들을 따라 평생에 걸쳐 발달하는 존재로서 평가된다.

'영적 성숙SPM'에는 자신과 신성한 자신에 있어 최고선을 촉진하기 위해 의식의 모든 수준들 사이에 유연하게 움직일 수 있는 능력의 증진을 포함한다. 앞에 묘사된 것처럼, 이러한 의식 수준들에는 전인격적아동 중심, 인격적부모 중심, 그리고 초인적자기 관찰 중심인 면들을 포함한다. 영적인 성숙에는 또한 자신에 있어서 그리고 다른 사람들에 있어서 영적인 다양성의 수용을 수반한다.

신체적 성숙PHM에는 자신과 신성한 자신에 있어 최고선을 촉진하는 방식으로 신체를 받아들이고, 귀 기울이고 돌볼 수 있는 능력의 증진을 포함한다.

정서적 성숙EMM에는 정서를 이해하고 받아들이며, 의식적으로 표현할 수 있는 능력의 증진을 수반한다. 인지 성숙OM에는 이원적 사상가dualistic thinker들로부터 숨겨진 다우주의 복잡함을 볼 수 있는 능력의 증진을 수반한다. 여기에는 또한 다우주를 관찰할 때 모든 지식의 습득방법을 소중히 하고 그리고 유연하게 사용할 수 있는 능력을 포함한다.

사회적 성숙SOM에는 다른 사람들, 비인간의 삶, 그리고 다우주의 무생물 부문과 친밀할 수 있는 능력을 포함한다수평적 친교. 여기에는 또한 수직적 친교의 발달을 수반하는데, 이것은 홀로 설 수 있을 능력, 그리고 동시에 자신 및 신성한 자신과 친밀할 수 있는 능력이다. 마지막으로, 사회적 성숙은 사람들과 영적인 행동주의spiritual activism를 수행할 수 있는 능력을 수반한다.

환경 요인들

한 개인의 환경은 가족, 친구, 그리고 기타 비공식적 사회체계들을 포함하는 많은 복잡하고, 진화된, 그리고 상호 관련된 수준들을 갖게 되는데, 즉 제도 및 다른 공식적 사회체계, 지역 및 글로벌 공동체, 지역 및 글로벌 생태체계, 다우주, 그리고 인적 신비요소들이다.

가족, 친구, 그리고 다른 비공식 사회시스템에는 개인의 삶에 있어 가장 친밀한 사람들을 포함하며, 비공식 사회체계에는 또한 개인이 그의 사회적 요구를 만족시키기 위해 창조하는 일상적 관계를 포함한다.

제도 및 다른 공식 사회체계에는 개인이 자신의 개인적 욕구를 충족시키기 위해 이용하는 학교, 교회, 기관, 헬스센터 그리고 그 외 프로그램 및 센터들을 포함한다.

지역 및 글로벌 공동체에는 그 사람이 그 안에 살고 있는 모든 정치적, 문화적 조직들을 포함하는데, 이웃, 마을, 도시, 군, 구, 국가, 그리고 지구촌을 포함한다.

지역 및 글로벌 생태계에는 그 사람이 그 곳에 살고 있는 모든 자연환경을 포함하며, 이것은 흔히 지역 및 지구공동체의 문화적, 정치적, 그리고 경제적 경계를 넘어선다. 여기에는 땅, 물, 대기시스템과 그 시스템이 지탱하는 동식물들을 포함한다.

다우주에는 우리의 가정 우주home universe와 보다 작고 보다 큰 세계를 포함하며, 물질과 에너지로 구성되는 다른 모든 것을 포함한다.

인적 신비요소들에는 인간이 개별적으로 또는 집단적으로 아직도 완전히 감지하거나 이해하지 못하는 다우주에 있는 모든 것이다.

2-1 개인적 환경프랙탈(Ecofractals)

영적인 프랙탈	전인격적, 인격적, 또는 초인적 초점, 또는 평화의 느낌, 의미, 또는 연고와 같은 개인의식의 패턴
신체적 프랙탈	한 개인이 자신의 신체와 함께 갖는 관계에서의 패턴, 즉 운동, 휴식, 다이어트, 신체증상, 수용, 그리고 자기보호
정서적 프랙탈	분노, 감사, 그리고 두려움 같은 개인감정 패턴, 또는 걱정, 부끄러움, 우울증 같은 거짓 느낌(psuedo-feeling) 패턴
인지적 프랙탈	개인이 그의 삶에 관해 갖는 인식패턴인데, 자아상, 가치체계, 세상에 대한 태도가 포함
사회적 프랙탈	개인이 다른 사람들과 또는 동물, 식물, 생태계와 갖는 상호작용 패턴

※ 주: 각 개개의 환경프랙탈은 개인, 커플, 가족, 기관, 공동체, 그리고/또는 다우주 수준에서 사람의 현재적 특성과 내력의 패턴을 반영할 수 있다.

프랙탈 분석 Fractal Analysis: 개인과 환경 사이에 상호작용 패턴 인식하기

비록 클라이언트 세계는 분명히 방대하고 극도로 복잡할지라도, 관찰할 수 있는 환경프랙탈ecofractals, 또는 개인과 환경 사이의 작용 패턴은 통상적으로 확인할 수 있다. 〈2-1〉과 〈2-2〉에서 확인된 이들 환경프랙탈들 각각은 실무자에게, 한 개인의 BPPSE 내력, 내부 및 외부세계와 가능한 미래방향 사이의 관계에 관한 자료를 제공해 줄 것이다. 여러 환경프랙탈들이 서로서로 관련 있거나 또는 갈등을 보일 때, 실무자는 추가적인 협력적 증거collaborating evidence를 제공하는 '프랙탈 패턴'을 갖는다.

프랙탈 분석은 클라이언트의 내력과 현재 생활 및 환경에 있어 패턴에 관한 체계적 재검토라고 볼 수 있다. 이들 패턴은 다른 복잡한 수준들인데, 여기엔 클라이언트 자신의 사고 및 행동패턴에서부터, 예를 들면, 그 클라이언트의 개인적 양상을 "반영"할지 모르는 인적 사고 및 행동에 대한 총체적 양상global pattern에까지 이른다.

예를 들면, 한 나이든 여성이 평생을 어떤 고립된 농촌지역에 살았고 지금은 홀로 살고 있으며, 우울증과 불안을 불평하고 있다. 남편은 5년 전에 사망했으며, 그녀는 XYZ 종교에 의지해 재기했고, 지금도 여전히 매우 분별 있고 징벌적인 남성신male God을 믿고 있다. 이러한 영적 프랙탈은 그 여성이 가부장적 종교의 교리뿐만 아니라 권위직authority position에 있는 대주교 남성에 노출되었을지도 모른다는 것을 시사한다. 그러한 가능성과 그 외의 것들은 추가로 조사될 수 있으며, 그 여성은 또한 피로, 위장병, 관절염과 같은 신체문제들에 대해 빈번히 불평하며, 그의 주치의가 관심을 갖지 않거나 또는 유능하지 않다고 생각하고 있다. 이러한 신체적 프랙탈은 또한 많은 요인들과 연관되어 있을 수 있는데, 그녀의 노화과정, 자신의 몸에 관한 그녀의 감정, 의료모델에 대한 실망, 그리고 그녀의 가계혈통관계family of origin가 그녀의 유년시절 질환에 반응하는 방식들을 예로 들 수 있다.

그 여성은 또한 우울하고 걱정스런 느낌에 관하여 이야기하며, 지금은 모두 결혼했고 성공적으로 살고 있는 건강한 여러 명의 자식을 둔 어머니임에도 불구하고, 자신의 삶이 실패했다고 생각한다. 이러한 정서적 프랙탈은 아마도 여성과 집안일에 대한 사회의 저평가와 연관이 있거나, 어린 시절의 성적인 마음에 대한 상처를 다

2-2 노인 클라이언트에 있어 개인 환경 프랙탈 패턴의 보기

영적인 프랙탈	분별 있고 징벌적인 신(God)에 대한 불신의 두려움
신체적 프랙탈	육체적 고통 및 의술에 대한 신뢰 부족
정서적 프랙탈	우울 및 불안, 타인에 대한 신뢰 없음
인지적 프랙탈	일하지 않을 때, 그가 가치 있는 존재임을 불신
사회적 프랙탈	그가 사랑하고 있다거나 또는 사랑이 존재한다는 것에 대한 신뢰가 없음
교차 프랙탈 패턴	자신의 자기-가치에 대한 신뢰가 거의 없고, 다우주가 친근하다는 데 대한 신뢰가 거의 없음

루기 위한 불안의 사용use of anxiety과 연계되거나, 우리가 지금 우울증이라 부르는 것에 쉽게 걸리도록 만드는 생물-유전적 요소들과 연계되어 있을 수 있다. 여성은 치료사에게, 가족 중에 아무도 진정으로 자신에 관해 더 이상 관심을 갖지 않는다고 말하고, 그들은 단지 자신과 시간을 보내기를 원하는 척한다고 말한다. 그녀는 또한 어떤 육체적인 일을 할 수 없어서 가치가 없고 그리고 애교도 없다고 믿는 것처럼 보인다. 이러한 인지 프랙탈은 많은 요소들과 관련이 있을 수 있는데, 즉 그녀의 확대가족 내에서 책임에 대한 강조, 보다 큰 사회에서 생산적이 되라는 강조와 정서적 방임이라는 그녀 자신의 어린 시절의 경험이다.

그 여성은 또한 친구가 거의 없으며, 홀로인 것에 대해 불평하지만 사회화를 위해 성인 대상 건강관리 프로그램에 데려가려는 가족의 시도를 거부한다. 그녀는 외출할 수 있을 때 더 없이 행복을 느낀다고 말하며, 모든 환경 프랙탈처럼 이들 사회적 프랙탈은 그녀의 삶에 있어 있을 수 있는 많은 이슈들과 경험을 암시해준다. 예를 들면, 아마도 그녀는 자신이 원하는 것보다 더 많이 홀로 있다고 느꼈고, 그리고 그 고통을 증가된 사회적 움츠림으로 대처했을 것이다. 아마도 그녀의 자연과의 연계는 그녀가 어릴 적에 농촌에 살았을 때 시작되었을 것이다. 이러한 가능성과 그 밖의 것들 모두는 추가 조사될 수 있을 것이다. 마지막으로 이러한 환경 프랙탈 사례들은 교차 프랙탈 패턴cross-fractal pattern에 반영된 것처럼 보이는데, 이것은 여성의 삶에 있어 일반적 주제들이다. 〈2-2〉에 예시된 것처럼, 환경 프랙탈들은 그녀 삶에 있어 여러 흔한 교차 프랙탈 패턴들을 시사하고, 그녀는 자신의 가치에 대한 그리고 신의 친근함에 대한 신뢰를 상실한 여성임을 암시해준다.

관찰할 수 있는 환경 프랙탈은 또한 사람들 집단 내의 상호작용에서 발견할 수 있다. 〈표 2-4〉에 예시된 것처럼, 이들 공동 환경 프랙탈들은 실무자에게, 어떤 집단의 모든 구성원들이 보유한 BPPSE 내력에 관한 자료를 제공해 줄 것이다. 〈표 2-4〉

의 칼럼 3은 환경 프랙탈 유형의 예시이며, 각 환경 프랙탈은 개별, 부부, 가족, 제도, 공동체, 그리고/또는 다우주 수준에 한 부부의 내력과 현재 모습에서의 패턴을 반영하고 있다.

예를 들면, 첫 번째 줄에서 한 커플은 커뮤니케이션과 친밀함의 문제를 보고한다. 실무자는 많은 수준에서 이러한 프랙탈이 어떻게 패턴을 반영하는가를 알 수 있으며, 개별 수준에서 사람들은 아이들처럼 커뮤니케이션과 친교기술을 학습하지는 않는다. 커플 수준에서 그들은 모두 상처 입을 때마다 서로로부터 추가로 위축됨으로써 고통에 반응하는 것으로 보여진다. 가족 수준에서 그들의 부모 어느 누구도 좋은 커뮤니케이션과 친교를 모델로 하고 있지 않다. 제도 수준에서는, 그들의 학교와 종교는 효율적인 커뮤니케이션과 친교기술과 가치기준에 관한 교육 내용을 포함하는 것을 소홀히 하고 있다. 지역사회 수준에서는, 그들이 아는 대부분의 다른 부부들은 실제적으로, 그들이 공개적으로 행동하는 것보다 덜 친밀하다.

글로벌 커뮤니티 수준 global community level에서 결혼의 목표는 경제적 이익에서 친교로 너무나 급속하게 바뀌는 바람에 현 세대의 대부분 사람들은 아직 일생에서 이러한 목표에 어떻게 이를지에 대해 배우지 못하고 있다.

예를 들어, 글로벌 수준에서도 유사한 분석이 행해질 수 있다. 선진국과 후진국 사이의 증가하는 불균형의 프랙탈은 지역 수준에서 미국 대부분의 공동체들에서 빈곤가족과 부유한 가족들 사이에 증가하는 불균형과 연계시켜 볼 수 있다. 마찬가지로, 많은 부부들과 가정들이 현재의 경제에 관해 갖는 두려움과 불안은 많은 국가들이 글로벌 경제에 관해 갖는 것 같은 두려움과 불안의 프랙탈이다.

표 2-4 집단적인 에코 프랙탈

	에코 프랙탈 내용	에코 프랙탈의 예
커플 프랙탈	마음, 신체, 정서, 인지적, 사회적 상호작용을 포함하여 부부관계에 있어서의 상호작용 패턴	한 부부가 그들은 원활치 못한 커뮤니케이션과 미약한 친밀감을 갖는다고 이야기한다.
가족 프랙탈	마음, 신체, 정서, 인지적, 사회적 상호작용을 포함하여 가족관계에 있어서의 상호작용 패턴	세대에 걸쳐 가족 내 남자들은 대체로 알코올 의존증을 갖거나 여성들은 공동의존자가 된다.
제도 프랙탈	마음, 신체, 정서, 인지적, 사회적 상호작용을 포함하여 제도적 관계에 있어서의 상호작용 패턴	대학은 늘 정치적 내부경쟁을 줄이는 것 같으며, 이것은 동료 간의 협력관계와 생산성을 줄인다.
지역공동체 프랙탈	마음, 신체, 정서, 인지적, 사회적 상호작용을 포함하여 사람들 사이 또는 사람과 지역생태체계 간의 상호작용 패턴	미묘하고, 공공연한 방식으로 종교적이고 인종적 경향을 따라 분리된 중간 규모의 도시
글로벌공동체 프랙탈	마음, 신체, 정서, 인지적, 사회적 상호작용을 포함하여 사람들 사이 또는 사람과 지역생태체계 간의 상호작용 패턴	가난한 국가들은 점점 더 가난해지고 보다 더 억압받게 되며, 부유한 국가들은 점점 더 잘 살고 보다 더 압제적이 된다.

※ 주: 각 집단적 환경 프랙탈은 개인, 커플, 가족, 기관, 공동체, 그리고/또는 다우주 수준에서 이러한 집단의 현재적 특성과 내력의 패턴을 반영할 수 있다.

클라이언트의 가장 큰 괴로움은 흔히 그림자 속에(눈에 띄지 않는 곳에) 있다

클라이언트는 흔히 자신의 가장 격심한 고통스런 환경에 대해서 강한 부끄러움과 죄책감을 가지며, 따라서 다른 사람들로부터 자신의 고통을 숨기려 할지 모른다. 심리학자들은 클라이언트는 자신의 증세를 그림자 속에 감추고 있다고 말할지 모른다. 이 그림자에는 자신이 아직 완전히 소유하거나 또는 수용할 수 없는 어떤 사람의 모든 부분을 포함하고 있다.

예를 들면, 가슴통증과 불안 증세가 있는 40세 아버지는 치료사에게 자신의 아내는 애정문제가 있어서 집을 나가기를 바란다고 불평한다. 그들이 얘기할 때 치료사는 이 남자가 자신의 요구needs를 인지하고 다른 사람에게 무언가를 요구하기가 얼마나 어려운가를 깨닫기 시작한다. 이 경우에 이 남자의 그림자shadow는 부분적으로 사랑에 대한 그리고 자신의 외로움을 둘러싼 그의 고통에 대한 마음의 바람일 것이다.

또 다른 사례에서, 한 10대 소녀가 우울증과 자살 증세를 보인다. 그녀는 고등학교에서 4.0의 평점을 받았고 친구들로부터 인기가 있다. 그러나 그녀는 치료사에게 그녀의 어머니는 아버지가 실직해서 술을 많이 마시고, 최근에는 빈번하게 아버지와 어머니가 강한 감정폭발을 했다고 말한다. 치료사는 그녀의 부모 관계에 관하여 그녀의 슬픔, 상처, 분노가 감추어져 있다고 결론짓는다.

사회복지사는 자주 클라이언트의 죄책감의 대부분이 어디에 있는가를 연구함으로써 한 클라이언트의 고통의 원천을 평가할 수 있다. 그러므로 수치심은 가장 중요한 일의 얼마가 어디에서 행해질 필요가 있는가의 지표가 된다. 예를 들면, 많은 청소년과 성인 성범죄자들은 자신의 성적인 관심에 대해서 많은 수치심을 갖고 있고, 그리고 이들 클라이언트들은 일반적으로 그들을 심히 괴롭히는 성적인 정신적 외상 및 관련된 성적性的인 문제의 이력을 갖고 있다. 또 다른 예로, 강압적 강박질환 증상을 갖고 있는 많은 클라이언트들 또한 그들의 반복적 사고와 행동에 대해 수치심을 가지며, 이러한 증세는 그들 불행의 가장 큰 원인으로 자주 확인된다.

영적-종교적 정체성 평가하기

영성 지향의 사회복지사는 각 클라이언트와 클라이언트 집단의 영적-종교적 정체성Spiritual-Religious Identity, SRI을 평가한다. 〈표 2-5〉에 예시된 것처럼, SRI를 평가하는 한 가지 방법은 4가지 범주를 만들기 위해 영성과 종교성을 사용하는 것이다. 미국에서 베이비붐 세대들에 관한 연구는 두 개의 범주부류인 '다시 태어나도 기독교인Born again christian'과 '주류 신자Mainstream believer'를 포함하는 카테고리 I Strong spiritual identity and strong religious identity가 가장 많고, 인구의 59% 또는 2/3에 가깝다는 것을 보여준다. 다른 세 범주들은 보다 더 작으며, 각각은 인구의 약 1/7을 포함하고 있다.

사회복지사는 어떤 클라이언트와 모집단을 한 개의 범주 속에 넣으며, 각 개인과 모집단은 독특한 특성을 갖고 있고, 그리고 어떤 한 수준 이상임을 알고 있다. 그러나 사회복지사는 각 클라이언트와 모집단이 사용할지 모르는 유일한 신념, 의식, 은유에 보다 민감해지도록 돕기 위해 SRI 평가를 사용한다. 이 유일한 특징들은 〈표 2-6〉에 예시되어 있다.

표 2-5 영적-종교적 정체성 범주

	강한 영적 정체성	약한 영적 정체성
강한 종교적 정체성	카테고리 I: 강한 종교적 및 강한 영적 정체성 · 다시 태어나도 기독교인(33%) 주류 신자(26%)	카테고리 II: 강한 종교적 및 약한 영적 정체성 · 종교적 독단가, 15%
약한 종교적 정체성	카테고리 III: 약한 종교적 및 강한 영적 정체성 · 형이상학적 신봉자(14%)	카테고리 IV: 약한 종교적 및 약한 영적 정체성 · 세속주의자(12%)

따라서 영적 지향성을 지닌 사회복지사는 가능한 한 신속하게 클라이언트의 SRI를 평가하며, 그래서 그는 변형언어 및 방법들을 사용할 수 있고, 이러한 방법이 클라이언트를 가장 편안하게 하는 것으로 보여진다. 예를 들어, 만약 사회복지사가 자신의 클라이언트가 카테고리 II SRI를 지니고 있다고 평가하면, 사회복지사는 클라이언트가 자신의 생활에서 사용하는 〈표 2-6〉에 주어진 보기들과 유사한, 신념, 의식, 상징물을 찾을 것이다.

표 2-6 각 SRI 범주에서 발견될 수 있는 신념, 의식, 상징의 보기들

	강한 영적 정체성	약한 영적 정체성
강한 종교적 정체성	카테고리I: 강한 종교적 및 강한 영적 정체성 · 신념: 나는 신을 발견했다. · 의식: 마음으로부터 신에 기도한다. · 은유(metaphor): 나의 죄는 용서된다.	카테고리II: 강한 종교적 및 약한 영적 정체성 · 신념: 이것이 유일한 진짜 종교다. · 의식: 신은 목사와 성경을 통해 얘기한다. · 은유: 하느님 아버지
약한 종교적 정체성	카테고리III: 약한 종교적 및 강한 영적 정체성 · 신념: 나는 자연에서 신성함을 본다. · 의식: 북치기 및 춤추기 · 은유: 어머니 땅, 아버지 하늘	카테고리IV: 약한 종교적 및 약한 영적 정체성 · 신념: 신은 없다. · 의식: 과학을 통해 현실 알기 · 은유: 세상에 천국과 지옥은 있다.

| 연구 질문 |

1. 인간행동은 방대하고 복잡한 원인을 갖는다고 말하는 것은 무엇을 의미하는가? 여러분은 그런 근거를 갖게 되는 여러분 자신의 행동을 경험하는가?

2. 실무자들이 활용할 수 있는 다른 지식습득 방식은 무엇인가? 어떤 지식습득 방식에 여러분은 가장 편안해하는가? 어느 것에 가장 불편해하는가? 그 이유를 설명하라.

3. 평가에 있어 단일학문 분야, 다학문적, 그리고 초학문적 접근법들에 있어 과제와 이점은 무엇인가? 여러분은 이들 접근법 가운데 어느 것을 경험하는가? 어느 것을 선호하는가? 그 이유를 설명하라.

4. 여러분은 얼마나 많은 사정이 보통 신비에 쌓여 있다고 생각하는가? 여러분은 사정을 할 때 부딪치는 알려지지 않은 것들을 어떻게 처리하는가?

5. 초인이론(Transpersonal theory)에서 세 가지 주요한 의식 수준은 무엇인가? 이들 세 수준 가운데 여러분은 어느 것에 시간을 가장 많이 투자하는가? 이것이 왜 여러분의 주요한 수준이라고 생각하는가?

6. 인간발달의 차원은 무엇인가? 어느 차원에서 여러분은 개인적으로 가장 발달했고 또는 성숙했는가? 어느 차원에서 여러분은 가장 덜 발달했는가? 여러분의 발달에서의 이러한 차이는 자연, 환경, 또는 영(spirit)에 의해서 야기되었는가?

7. 프랙탈(Fractal)이란 무엇인가? 여러분 자신의 삶에서 프랙탈을 인식하는가? 여러분의 가족 세대 간에 프랙탈을 인식하는가? 설명해보시오.

자료

Bird, R. J. (2003). *Chaos and life: Complexity and order in evolution and thought.* New York: Columbia University Press.

This book discusses
1. How the Multiuniverse is a complex and chaotic system
2. How chaotic systems are actually well ordered and somewhat predictable
3. How living things have "chaostability", which means that they preserve the degree of information(entropy) that they have
4. How order in chaotic systems is the result of interactions between the observer and what is being observed
5. How the most complex mathematical objects are fractals, which result from many iterations of the same functions
6. How the best way to study human beings(the most complex systems known) is by observing a few principles, which are actually patterns or fractals

Brockman, J. (2003). *The new humanists: Science at the edge.* New York: Barnes & Noble Books.
1. How fifteenth-century humanism was about the idea of one intellectual whole
2. How the First(Literary) Culture and the Second(Scientific) Culture is now being followed by a Third Culture of "New Humanists" who join together the arts and the sciences
3. How the New Humanist science-based humanities scholars are intellectually eclectic, use many sources of information, and implement ideas that work

Derezotes, D. S. (2000). *Advanced generalist social work practice.* Thousand Oaks, CA: Sage.

This book discusses
1. How to include all the dimensions of human development as well as all the dimensions of human environment in assessment
2. Using both the art and science of practice
3. Biopsychosocial, local community, and global community interventions

Greene, B. (1999). *The elegant universe: Superstrings, hidden dimensions, and the quest for the ultimate theory.* New York: W. W. Norton.

This book includes
1. An interesting description of emerging theories in current physics
2. A frank discussion of what is known and what remains in mystery to physicists

Mandelbrot, B. (1991). "Fractals: The geometry of nature," in N. Hall(Ed.), *Exploring chaos: A guide to the new science of disorder* (pp. 122-135). New York: W. W. Norton.

The chapter provides
1. A useful introduction to fractal theory

    2. A linkage between chaos theory and fractal theory

Roof, W. C. (1999). *The spiritual marketplace: Baby boomers and the remaking of American religion.* Princeton, NJ: Princeton University Press.

    This book provides the concepts and percentages described in Table 2.6.

Siegfried, T. (2000). *The bit and the pendulum: From quantum computing to M Theory—The new physics of information.* New York: John Wiley & Sons.

    This book covers

    1. Information theory

    2. How all of natural activity is information processing

    3. How information is a physical entity

Walker, E. H. (2000). *The physics of consciousness: Quantum theory and the meaning of life.* Cambridge, MA: Perseus Books.

    1. Descriptions of emerging theories in physics that may support transpersonal theory

    2. A fascinating scientific theory of how consciousness, life, and matter are linked

Wilber, K. (2000). *Sex, ecology, spirituality: The spirit of evolution.* Boston: Shambhala.

    This book includes

    1. Descriptions of prepersonal, personal, and transpersonal consciousness

    2. Descriptions of quadrants of ways of knowing

    3. Wonderful reference list

Wilson, E. O. (1998). *Consilience: The unity of knowledge.* New York: Random House.

    This book discusses

    1. How consilience is the establishment of interlocking causal connections across scientific disciplines

    2. How real-world problems have multifaceted etiologies that go beyond the scope of any one discipline and require the expertice of all disciplines

    3. How few theoretical maps exist that describe these multifaceted real-world problems

영적인 변형 Transformation 의 방법

변형의 방법

본 장은 영적인 경향을 띤 실무의 7가지 패러다임을 개관한다. 제4장에서 제10장까지는 이러한 영적인 경향을 띤 사회복지의 7가지 패러다임을 하나씩 다룰 것이다. 본 장의 첫 절에서는 영적인 변형의 방법을 개관한다. 변모의 특징이 여기서 설명된다.

급진적 변화

변형은 근원적인 수준의 변화를 포함하기 때문에 급진적 radical 이다. 관찰 가능한 행동의 변화는 시간이 흐르면서 스스로 유지하거나 일반화할 수 없는 것으로서, 마음 mind 과 가슴 heart 과 영혼 soul 의 변화에 뿌리를 둔다.

완전한 변화

변형은 높은 수준의 완전성이나 전체성을 가져온다. 인간은 잃어버렸던 자신의 부분들을 재발견한다. 인간은 자신의 가슴, 정신, 신체, 영혼이 정렬됨으로써 자신의 각 부분이 협력하여 그가 어떻게 우주와 일치하는가에 대한 균형 잡힌, 공통적 관점을 형성하는 것을 발견한다.

강화된 평정

변형은 또한 삶에 대하여 고요하고 중심이 있는 접근법을 가져온다. 삶의 사건들에 대하여 무의식적이고 파괴적인 반응을 보이기보다, 평정은 인간으로 하여금 어떻게 사고하고 행동할 것인가에 대하여 예비적이고 창의적인 결정을 내리게 한다.

절제

변형은 또한 조화와 절제를 촉진하는 경향이 있다. 인간은 균형 잡힌 존재의 형태를 확립하기 위해 자신의 정서, 사고, 행위 및 다른 국면들을 조화시키는 법을 배운다.

보다 큰 황홀경 Ecstasy

황홀경은 인간이 자신을 바라보고 감독하는 자아의 자리에 앉아, 스스로의 인격, 우주, 창조적 영을 평정심을 가지고 바라볼 수 있을 때 발생한다. 그는 거기 홀로 있는 것이 아니라, 사실 그가 물질계에 대한 "몰입"에서 "관찰"로 옮겨감으로서 가능해진 창조적 영과 친밀성이 증가한 가운데 있다.

포용력의 증가

변형은 의식, 사랑, 연민, 지혜에 대한 더 큰 포용력을 만들어낸다. 또한 영적인 힘, 초-합리적 앎, 상상력, 생존성에 대한 포용력은 증가된다. 인간은 최고 수준의 안녕을 개발하기 위해서뿐만 아니라 자신의 그늘진 국면들을 조사하기 위하여 더 큰 포용력을 가진다.

지금 그리고 여기 here and now에서의 잠재적 변화

변형적 변화의 잠재력은 지금 그리고 여기에서 언제나 존재한다. 비록 각 개인이 창조적 영의 독특한 화신이기는 하나, 모든 개개인은 자신의 인생에서 어느 때건 변형하는 과정에 있어서 자신만의 독특한 다음 단계를 시작할 수 있다.

새로운 가치체계

가치관의 변화가 없다면 어떠한 변형도 일어나지 않은 것이다. 변형은 새로운 가치체계를 가져온다. 변형적 변화 도중에 있는 인간은 영적인 다양성의 공동체와 우주적 다양성의 공동체, 즉 모든 개체들 중 최고선과 모든 집합체들 중 최고선이 높이 평가받는 공동체의 공동창조를 돕는다.

봉사활동주의

행동의 변화가 없다면 또한 어떠한 변형도 일어나지 않은 것이다. 변형은 발전하는 가치체계에 뿌리를 둔 새로운 형태의 행동을 가져온다. 변형은 다른 사람들, 생물들, 생태체계의 최고선을 지지하여 봉사와 영적인 활동주의에 대한 보다 큰 반응능력의 원인이 된다.

이론적 가정

변형의 방법은 전문적 조력자들이 최근에 사용하는 어떤 개입방법intervention: 중재을 반드시 교체할 필요는 없지만, 그들은 모든 실무 상황에서 영적인 차원을 첨가한다. 이러한 관계는 다음과 같은 하나의 식으로 설명할 수 있다.

$$개입(중재) + 영성 = 변형$$

따라서 영적인 관점은 보다 더 포괄적인 변형의 방법을 만들어내기 위해 기존의 어떤 개입방법에게도 인기가 있을 수 있다. 개입은 사람들이 기능적 개성을 만들도록 도우며, 변형은 사람들이 그들의 삶에 영적인 힘을 환영하도록 돕는다. 그 힘은 사람들이 자기 자신의 개성, 교감의 실체, 자기들이 몸담고 있는 문화의 물질적 가치하고만 관계 맺는 것을 멈추도록 돕는다.

전형적인 개입방법을 안내하는 이론과 변형의 방법을 안내하는 이론의 차이에 대한 요약이 〈표 3-1〉에 제시되어 있다. 일반적으로 개입은 사람들을 도와서 그들의

표 3-1 중재와 변형의 기초를 이루는 이론적 가정

방법	개입의 요소	변형에 첨가된 요소
미시적 수준의 변형	· 강조: 인격 · 질병모델: 역기능 · 목표: 기능, 증상 감소 · 기술: 인지행동적 · 변화의 동인: 의사와 약물	· 강조: 초인격 · 질병모델: 영적 단절 · 목표: 영과의 관계회복 · 기술: 초대와 허용의 영 · 변화의 동인: 영성
거시적 수준의 변형	· 강조: 생산성, 경쟁 · 문제: 적의 성공 · 목표: 영향력, 신분 · 기술: 경제적, 군사적 힘 · 변화의 동인: 외부적 강제	· 강조: 지구적 치유, 최고선 · 문제: 타인의 고통 · 목표: 깊은 평화 · 기술: 우주적 공동체 형성 · 변화의 동인: 영성

※ 개입의 특징은 최근의 실무에서도 종종 관찰됨.

증상을 줄이고, 사회 속에서 활동하며, 자아를 창조하게 하는 데 초점을 맞춘다. 대조적으로 변형은 클라이언트로 하여금 그들의 자아 중심을 넘어서서 영적인 가치관의 영향을 받아 더욱 영적인 초점으로 옮겨가도록 돕는다.

영적으로 통합된 실무자

가장 효과적인 사회복지사는 영적으로 통합되어야 하는데, 이것은 사회복지사가 자신의 실무 평가, 방법, 사정에 있어서 영성을 개방적으로 포함함을 의미한다. 사회복지사는 자신이 배워 온 기존의 어떤 개입전략을 개방적으로 계속 사용하며, 또한 최근의 실무 전략과 더불어 자신의 치료에서 영적인 차원을 도입할 때 발생할 수 있는 것을 개방적으로 발견한다.

영적인 가치관

모든 실무 방법과 마찬가지로, 영적인 방법은 일련의 가치관에 근거를 둔다. 영적인 작업이 모든 실무 방법들 가운데 잠재적으로 가장 강력하므로, 영적으로 통합적인 사회복지사는 특히 최고선을 함양하고 불필요한 고통이 발생할 가능성을 줄이는 방향으로 자신을 안내하는 데 도움이 되는 일련의 가치관을 가질 필요가 있다.

영적인 가치관은 그것이 고통, 행복, 황홀경 등과 같은 경험들의 근본 뿌리를 다루기 때문에 급진적이다. 규정에 의한 가치는 중요한 수준의 위계 안에 존재한다. 〈3-1〉은 클라이언트를 치료하는 사회복지사를 안내할 수 있는 영적인 가치관의 가능한 위계를 보여준다. 보다시피, 타인에 대한 서비스와 책임감, 생물과 생태계가 이 계층에서 최고의 가치로 간주된다.

3-1 가능한 영적 가치관의 실천 위계(Hierarchy)

영적 가치	사회복지사가 클라이언트에게 강조하는 내용의 함의
서비스	사람, 생명, 생태체계의 최고선을 함양하는 책임을 질 것
의식	각 사람의 전(前)인적, 인간적, 초인적 현상의 개발할 것
사랑	자아, 타인, 생태체계 내에서 최고의 선을 향한 목적을 가질 것
상상력	자신의 자아와 신적 자아에 대해 최고의 선을 상상할 것
고결	매 순간 자신 및 신적 자아의 모든 부분과 더불어 접근할 것
유대감	자아, 신적 자아, 우주와 상호관계 속에서 살 것
황홀한 생동감	자아를 관찰하는 기쁨과 고통을 경험하는 능력을 개발할 것
의미 창출	모든 인생 경험에서 영적 의미를 발견하는 능력을 개발할 것
신성한 비밀	경외심, 감사, 존경심을 가지고 삶과 그 신비에 접근할 것

변형 작업의 명백한 이중성

영적 변형은 피상적으로는 상충하는 실천들로 가득 찬 것처럼 보일지 모르지만, 영적인 과정에 대한 연구는 이러한 외관적인 이중성이 어떻게 서로 배타적이지 않은지를 보여준다. 예를 들면, 비록 영적인 변형이 미묘한 신체-마음-영의 과정을 포함할지 모르나, 이것들은 또한 자아와 세계의 가장 역동적인 변화의 원인이 될 수 있다. 덧붙여, 비록 영적인 치료가 자기몰두적이며 자기봉사적으로 보일지 모르지만, 그것은 또한 근본적으로 이타적인 영적 활동주의의 원인이 될 수 있다. 마지막으로, 비록 영적인 작업이 가장 진지한 인생도전을 다루고 가장 고통스러운 경험에 직면할 것을 요구할 수 있지만, 영적인 개입은 또한 재미있으며, 가능한 최상의 황홀경을 삶 속에서 불러올 수 있다.

변형의 패러다임

이 책의 방법은 7가지 상호 연관된 변형의 패러다임으로 구성된다(〈표 3-2〉 참조). 이 새로운 패러다임들은 단순한 표현으로 상징되는 전통적인 실천 패러다임들 위에 세워질 수 있다.

전통적 패러다임 + 영성 = 보다 포괄적인 변형의 패러다임

변형Transformation의 첫 번째 네 가지 패러다임은 심리학의 네 가지 세력, 즉 심리역동적 세력, 인지행동적 세력, 경험적-인본주의적 세력, 초인적 세력에 해당한다. 초

표 3-2 영적인 변형의 7가지 패러다임

영적 변형의 새로운 패러다임	새로운 패러다임의 근거가 되는 이론적 기초	개인, 부부, 가족, 그룹 치료	지역 및 지구촌 공동체와 생태계 치료
1. 영적 힘	첫 번째 세력: 심리역동적	개인 영적인 힘을 변형	집단적인 영적 힘을 변형
2. 깨어있는 일상생활	두 번째 세력: 인지행동적	깨어있는 삶의 패턴 개발	타인에 대한 유념성과 올바른 행동을 가르침
3. 영이 깃든 가슴	세 번째 세력: 경험적 인본주의	전체적인 정서를 경험하고 나눔으로 의식을 개발	다른 존재에 대한 서비스 가운데 사랑, 용서, 동정을 가르침
4. 종교적 자아	네 번째 세력: 초인적(자기초월적)	세계의 지혜전통의 의식(儀式)을 사용함으로 의식 개발	어떤 지혜전통의 의식(儀式)을 가르침
5. 생물학적 의식	생리-심리-사회적	신체치료와 경험의 구체화를 통한 의식의 개발	의식의 구체화를 가르침
6. 지역사회 의식	범세계적 작업을 구성하는 지역사회	지역 및 지구촌 지역사회 치료를 통한 의식의 개발	영적 다양성의 지역사회에서 함께 창조하고 실천하기
7. 생태의식	・심오한 생태학 ・생태치료 ・샤머니즘	생태치료를 통한 의식의 개발	보편적인 다양성의 지역사회에서 함께 창조하고 실천하기

인적 심리학은 본질적으로 인간의식에 대한 연구이므로, 그것은 영성이 첨가될 때 최소치를 변화시키는 패러다임이다. 다른 세 패러다임들은 이 네 패러다임에 포함되지 않는 다른 몇몇 이론적인 영역들을 토대로 한다. 그것은 바로 생리-심리-사회 이론, 다양한 지역사회수준 모델들, 생태학적 이론들이다.

패러다임들은 7가지 수준의 변형을 의미한다. 이 수준들은 점점 더 복잡해지고 규모가 크며, 미묘한 변형 치료이다. 첫 다섯 수준들은 영적인 자아의 개발에 관한 것들이다(과거와 미래, 마음, 올바른 행동, 심정, 지혜전통, 신체치료를 통하여). 마지막 두 수준은 자아에 대한 유일한 초점을 "넘어서" 보다 포괄적인 신적인 자아_{사람들의 공동체, 다른 생물, 모든 생명을 지탱하는 생태계}에 대한 초점으로 이동한다.

7가지 수준의 각각은 두 가지 상호 연관된 서비스 방법, 즉 영적인 실천과 영적 행동주의를 가진다. 영적 실천은 개인의 의식, 개인의 심정, 개인의 마음을 변형시키는 한편, 영적 행동주의는 집단의 의식, 집단의 가슴, 집단의 마음을 변모시킨다. 〈표 3-2〉의 네 번째 칼럼에서 가르침이란 용어는 포괄적인 방식으로 쓰이며, 가르침뿐만 아니라 조언하기와 본보이기의 의미를 가진다. 개인의 의식과 집단의 의식은 불가분적이어서 각 유형의 서비스는 다음 식에서 보여주는 바와 같이 서로 인과적인 관계라고 할 수 있다.

영적 실천 ←——→ 영적 행동주의

가장 유능한 사회복지사는 전체 7가지 패러다임에서 도출한 영적인 실천과 영적인 행동주의 방법을 둘 다 사용하는데, 그것은 패러다임들을 함께 포함(합)했을 때인데, 그것이 우리의 영성과 상호작용하는 자아 및 신적 자아의 주요 국면들을 다루기 때문이다.

영적인 힘 Spiritual Momentum (제4장)

이 방법들은 전통적인 첫째 세력 또는 심리역동적 실천에 기반을 두고 있다. 전통적인 첫째 세력 실천의 목적은 사람들로 하여금 그들의 내적인 갈등의 역사적 기원에 대한 통찰력을 얻도록 도와서 자신들의 현재의 욕구가 이해되고 충족되게 하는 것이다. 영적인 힘의 목적은 사람들이 자유롭게 힘의 변형을 조장하여 그들이 현시점에서 충만히 존재할 수 있도록 하는 것이다. 영적인 힘은 한 사람의 영혼이 지향하는 포괄적인 방향이며, 영혼의 방향이 반드시 평생에 걸쳐 계속되어야 한다는 조건이 없는, 업karma, 業의 개념과 비슷한 것으로 간주될 수 있다. 변형의 주된 방법들은 변경된 상태의 의식을 사용하여 시공時空에 걸친 치료여행을 하는 것과 이러한 여행을 사용하여 어떻게 과거와 미래의 문제들이 개인이 현시점에 존재하는 능력을 방해하는지에 대한 통찰을 얻는 것이다.

깨어있는 일상생활(제5장)

이 방법들은 전통적인 두 번째 세력 또는 인지행동치료Cognitive Behavioral Therapy; CBT 방법에 토대를 둔다. 전통적인 CBT방법의 목적은 사람들이 보다 더 "기능적인" 사고와 행동방식을 개발하도록 돕는 것이다. 깨어있는 일상생활의 목적은 유념성의 훈련에 뿌리를 둔 올바른 행동패턴을 촉진하는 것이다. 유념성이란 지성을 통해서 영적인 관점을 개발하는 것이다. 올바른 행동이란 개인 자신의 영적인 관점과 일치하는 행동이며, 최고선을 위한 서비스의 가치와 일치하는 행동이다. 주요 방법들로는 지성을 사용한 마음의 변형과 목적을 사용한 행동의 변형이 있다.

가슴을 지닌 영혼(제6장)

이 방법들은 전통적인 세 번째 힘 또는 경험적-인본주의적 실천방법에 토대를 둔다. 이 세 번째 세력의 방법들은 전통적으로 사람들이 자신의 정서를 인식하고 수용하고 표현하도록 돕는 데 초점을 맞춘다. '가슴을 지닌 영혼의 목적'은 현 시점에서 심정의 변형을 촉진하여 궁극적으로 보다 큰 사랑, 용서, 동정을 촉진하는 것이다.

이 방법은 정서적 자아의 인식, 수용, 표현을 사용하여 영성을 탐구하고 표현한다.

종교적 자아를 통한 영혼(제7장)

종교적 자아의 방법은 종교적 자아의 개발을 촉진하는데, 이 종교적 자아란 사회적 차원에서 영성을 표현하는 것이다. 종교적 자아는 전인격적, 인격적, 초인적 수준의 어떤 또는 모든 의식에 관한 애정 어린 목적과 관계 맺을 수 있다. 이 방법들은 세계의 전통적 지혜로부터 도출한 기술들을 채용하며, 때로는 수정하여 적용한다. 이 방법들은 개인의 평생의 자유 선택을 지지하며, 자신의 영적인 개발과 궁극적으로 다른 사람들의 영적인 개발 역시 가장 잘 지지하는 영적인 훈련 품목menu의 지혜로운 사용을 지지한다. 영적인 성숙을 향한 이와 같은 평생 탐색의 주된 과제는 절제와 평정을 개발하는 데 있다. 종교적인 자아를 개발하면 개인이 자신의 종교를 도울 때 취하는 책임감이 증가하여 영적 및 보편적 다양성의 공동체가 된다.

생물학적 의식(제8장)

대부분의 개입은 이야기치료를 활용하는데, 이야기치료는 주로 목 윗부분의 활동일 수 있다. 이 방법들은 모든 인간의 신체-마음 관계를 설명하는 생리-심리-사회적 이론에 토대를 둔다. 생물학적 의식의 목적은 건강한 기능으로 인도하는 관계를 촉진하는 것이다. 에어로빅 운동, 표현적인 댄스, 느린 스트레칭, 호흡 운동, 무술 등과 같은 몸 전체를 목을 포함한 위, 아래 사용하는 방법들이다. 신체-의식 변형은 건강 혹은 완전의 정의를 생리-심리-사회적-영적 관계까지 확대한다. 사회복지사는 클라이언트가 자신의 신체로부터 창조적인 영의 소리를 듣는 법과 영성을 그들의 일상적 삶에 구체화하는 법을 배우도록 돕는다.

지역사회 의식(제9장)

이 방법들은 가족 및 집단상담 이론과 지역사회 수준 실천전략에 토대를 두는데, 이것들은 가족 및 집단의 역동, 제도 및 사회정책 그리고 기타 지역 및 지구촌 지역사회 구조를 변화시킴으로서 사람들을 돕는다. 공동체의식 변형의 목적은 개인의 식의 발달과 개인 및 집단의 최고선을 지지하는 영적 다양성을 지닌 지역사회를 공동 창조하고 실천하는 것이다. 방법들로는 영적으로 다양한 공동체 개발을 지지하도록 설계된 의식적인 친밀감, 의식적인 대화, 의식적인 서비스, 의식적인 활동주의 등이 있다.

생태 의식(제10장)

생태-영적인 기법Eco-spiritual technique은 생태치료ecotherapy와 샤머니즘가장 초기에 알려진 사람들의 종교 이론에 토대를 둔다. 심오한 생태학과 생태치료의 목적은 지구 생명체에 대한 더 나은 보호와 환경유지를 촉진함으로써, 이번에는 역으로 지구에 사는 사람들의 복지well-being을 촉진하는 것이다. 샤머니즘의 목적은 복잡하지만, 대개 치료자가 심상을 사용하여 북치기를 통합하는 황홀경 여행과 상이한 수준의 의식으로의 여행, 그리고 치료하는 목적을 사용한다. 생태 의식 방법들은 영적인 변형을 촉진하고 보편적 다양성을 지닌 지역사회 공동체를 개발하는 목적에 대한 고대와 최근의 전통에 토대를 둔다. 이러한 방법들은 동물, 식물, 풍경을 포함한 심상들, 자연과의 상호작용과 치료를 결합하는 경험, 다른 생물과 생태계를 보존하는 활동주의 등을 포함한다.

영적인 치료는 개인 및 집단의 영적인 개발을 촉진하는 것으로 간주될 수 있다. 인간이 생리심리사회적-영적-환경적 존재이기 때문에 인간발달의 차원들은 모두 상호 연관된다. 7가지 패러다임 각각은 인간발달이라는 하나의 차원에 초점을 맞춘다.

영적 지향성을 지닌 사회복지실천의 일반 원리

영적 및 종교적 전이와 역전이

종종 클라이언트가 자신의 인생의 영적인 여정에 있어서 어느 지점에 있는지에 관하여 사회복지사가 가지는 첫 번째 실마리는 영적 및 종교적 전이와 역전이로부터 온다(〈표 3-3〉 참조). 모든 이러한 반응들은 인간 상호작용의 통상적인 국면들이며, 그것들이 비록 강도가 다를 수 있다 하더라도 모든 돕는 관계 속에서 언제나 존재한다.

이러한 전이와 역전이는 대개 과거와 현재에 뿌리를 둔다. 과거의 뿌리는 영적

3-2 7가지 패러다임에 있어서 인간발달의 차원들

수준 1	영적 힘	시간 및 공간에 있어서 적응의 발달
수준 2	깨어있는 일상생활	인지적 발달
수준 3	심정을 가진 영혼	정서적 발달
수준 4	종교적 자아	사회적(종교적) 발달
수준 5	생물학적 의식	신체적 발달
수준 6	지역사회 공동체 의식	지역사회 공동체 발달
수준 7	생태의식	생태체계 발달

표 3-3 영적·종교적 전이와 역전이의 정의

	전이	역전이
영적	클라이언트가 사회복지사의 영적 본성과 방향에 대하여 가지는 감정과 신념(클라이언트의 과거 및 현재 경험에 뿌리를 둔다)	사회복지사가 클라이언트의 영적 본성과 방향에 대해서 가지는 감정과 신념(사회복지사의 과거 및 현재 경험에 뿌리를 둔다)
종교적	클라이언트가 사회복지사의 종교적 가입, 신념, 교리, 의식(儀式), 그리고 실천에 관하여 가지는 감정과 신념(클라이언트의 과거 및 현재 경험에 뿌리를 둔다)	사회복지사가 클라이언트의 종교적 가입, 신념, 교리, 의식 그리고 실천에 관하여 가지는 감정과 신념(사회복지사의 과거 및 현재 경험에 뿌리를 둔다)

및 종교적 수준에서 그것들의 상호작용이 클라이언트와 사회복지사가 다른 사람들과 가졌던 이전의 경험들 및 그와 연관된 정서와 신념을 활성화할 때 발생한다. 현재의 뿌리는 클라이언트와 사회복지사 또한 서로의 영성과 종교성에 대하여 현시점에서 반응할 수 있기 때문에 발생한다. 치료와 관계된 작업은 어떤 반응이 과거에 뿌리를 두며, 어떤 반응이 현재에 뿌리를 두는지 구분하는 것이다.

사회복지사는 영적 및 종교적 역전이에 다양한 방식으로 반응하면서 영적인 변형을 위하여 7가지 패러다임 중의 하나를 활용할 수 있다. 〈표 3-4〉에는 첫 3가지 패러다임에서 도출한 실천방법들의 예가 요약되어 있다.

영적 파트너십(동반관계)에서 보다 높은 자아의 의식적 사용

사회복지사가 클라이언트와 더불어 세울 수 있는 관계의 질은 성공적인 치료 결과에 있어서 가장 중요한 요인이다. 클라이언트가 자신을 사랑하는 방법과 자신의 의식을 개발하는 방법을 배우는 것은 그러한 관계를 통해서 얻을 수 있다. 영적인 제휴에서 보다 높은 자아를 의식적으로 사용하는 것은 클라이언트의 영적인 발달

과 최고의 선을 촉진하는 목적을 가지고 의도적으로 사회복지사와 클라이언트를 결속시키는 것이다.

사회복지사의 특징은 전형적으로 돕는 관계의 특징과 관련된다. 수십 년간의 연구 결과, 사회복지사의 특징은 그러한 결과를 예측함에 있어서 기술이나 클라이언트의 특징보다 더 중요하다. 아마 이러한 모든 특징들 가운데 가장 중요한 것은 진

표 3-4 영적·종교적 전이와 역전이에 대한 반응에 있어서 선택된 실천방법들

	전이(T)	역전이(CT)
영적	**수준 1: 영적 힘** 클라이언트의 전이에 기여할 수 있는 과거에 영적 상처를 확인하라. **수준 3: 가슴을 지닌 영혼** 클라이언트의 전이와 관련된 문제들이 안전하게 논의될 수 있는 돕는 관계 가운데서 영적 친밀성을 확립하라. **수준 2: 깨어있는 일상생활** 영적 상처와 연관된 클라이언트의 옛 전의 반응을 새로운 사고 및 행동방식과 교체하라.	**수준 1: 영적 힘** 1. 역전이 반응에 기여할 수 있는 과거에 영적 상처를 확인하라. 2. 클라이언트의 어떤 특징이 또한 역전이 반응에 기여할 수 있는지 확인하라. **수준 3: 가슴을 지닌 영혼** 사회복지사는 자신의 역전이와 영적 상처에 대하여 클라이언트에게 "투명하다" **수준 2: 깨어있는 일상생활** 사회복지사는 클라이언트의 최고선을 촉진하는 목적에 능동적으로 반응한다.
종교적	**수준 1: 영적 힘** 현시점의 전이에서 여전히 메아리치는 과거의 종교적 상처를 확인하라. **수준 3: 가슴을 지닌 영혼** 전이가 안전하게 논의되고 따라서 치유될 수 있는 사회복지사와의 정서적 및 영적 친밀성을 탐구하라. **수준 2: 깨어있는 일상생활** 종교적 상처에서 오는 파괴적 반응을 보다 더 창의적이고 애정 있고 봉사 중심적인 사고 및 행동방식과 교체하라.	**수준 1: 영적 힘** 1. 역전이 반응에 기여할 수 있는 과거에 종교적 상처를 확인하라. 2. 클라이언트의 어떤 특징이 또한 역전이 반응에 기여할 수 있는지 확인하라. **수준 3: 가슴을 지닌 영혼** 사회복지사는 자신의 역전이와 종교적 상처에 대하여 클라이언트에게 "투명하다." **수준 2: 깨어있는 일상생활** 사회복지사는 클라이언트의 최고선을 촉진하는 목적에 능동적으로 반응한다. 영적 및 종교적 다양성이 존경받고 지지받는다.

실성인데 이것은 사회복지사가 매 순간마다 본래 모습의 클라이언트와 전적으로 공존하는 능력이다.

비록 진실성이 정상적 상태의 인간의식의 부분으로 개념화될 수 있기는 하지만, 대부분의 사람들은 그들이 어린시기, 청소년기, 성인기의 고통스러운 경험을 통과하면서 자신의 본모습 혹은 완전성의 부분들을 포기하는 법을 배운다.

또 다른 중요한 특징은 사랑인데, 왜냐하면 만일 사회복지사가 클라이언트를 돌보거나 클라이언트에게 그러한 사랑을 어느 정도 보여주지 않는다면, 클라이언트는 그 치료로부터 이득을 얻지 못할 것이기 때문이다. 유능한 사회복지사는 또한 클라이언트를 지금 이 순간 여기에 존재하는 사람으로 받아들인다.

클라이언트는 또한 자신이 사회복지사에게 드러나는 것에 대한 초기 반응이 죄책감, 수치심, 경계심으로 특징지어질 수 있기는 하지만, 그들은 남에게 보이기를 원한다. 따라서 유능한 사회복지사는 편견, 두려움, 기타 반응과 같이 클라이언트를 정확히 진단하는 자신의 능력을 방해하는 것을 제거하려고 애쓴다.

클라이언트는 또한 자신이 사회복지사로부터 근본적인 수용을 경험할 때, 가장 빨리 자신을 드러낸다. 근본적인 수용이라 함은 사회복지사가 클라이언트를 완전하고 사랑스러운 존재로 그리고 매순간 영적인 경로에 있는 것으로 바라본다는 것이다. 그러한 수용이 있다고 해서 클라이언트가 자신이 하고자 하는 것을 마음대로 할 수 있다는 것은 아니다. 오히려 사회복지사는 사람들이 진정으로 자신을 사랑하는 법을 배우면서 그들이 자신, 타인, 생태체계의 최고의 선을 촉진하는 데 더 책임감을 느끼게 된다는 것을 알고 있다. 사회복지사는 클라이언트에게 동정을 느끼고 용서하지만, 또한 클라이언트에게 인생의 변형을 향하여 움직이도록 도전한다. 개인이 자신을 사랑할 때, 가장 근본적인 변형이 일어나기 때문에 안전과 수용의 분위기를 창출하는 목표와 클라이언트에게 성장을 보전하는 목표 사이에 이중성이란 참으로 존재하지 않는다. 달리 표현하자면, 영적으로 변형하지 못하는 것은 자기 자신에 대한 죄책감과 수치심에 매달리는 것이다.

오늘날 우리 문화에서 사랑과 자기애가 너무나 혼동을 일으키기 때문에 사회복지사는 두 개의 반대적인 특징을 분명하게 구분할 필요가 있다. 자아에 대한 사랑은 자기의 인식과 자기의 수용을 결합하지만 자기애의 특징은 자기 증오와 보상적인 자기과장으로부터 왜곡된 자아의식이다.

영적인 자기 치료

유능한 사회복지사는 자신의 전체 경력을 통하여 영적인 자기치료에 종사한다. 그러한 치료의 목적은 자신, 타인, 생태체계에 대한 서비스를 통하여 사회복지사 자신의 영적인 발달을 끊임없이 촉진하는 것이다.

실천을 준비하면서, 사회복지사는 자신이 클라이언트와 함께 사용하고자 하는 각각의 모든 방법에 대하여 자신만의 개인적인 탐구에 종사한다. 클라이언트는 사회복지사가 클라이언트에게 요청하는 것과 꼭 같은 치료를 시행해 온 사회복지사에게 호의적으로 반응할 확률이 더 높다. 실무에 대한 반응에 있어서 사회복지사는 또한 각 클라이언트를 영적인 스승으로 간주하는데, 클라이언트가 자신의 실무에 동참하게 된 데에는 항상 무언가 배울 것이 있기 때문이라는 점에서 그렇다. 따라서 사회복지사는 어떤 사례의 과정을 통해서건 무슨 교훈을 배울 것인지를 고려해야 한다.

의식 Ritual

영적이라는 단어는 그 안에 의식적儀式的이란 단어를 포함하면서, 의식이 우리를 도와서 영성을 우리의 삶에 구체화함을 시사한다. 의식儀式이란 신성한 의식으로써, 의식이 진행되는 동안 영성의 국면들이 드러날 수 있다. 의식은 개인적으로나 집단적으로 행해질 수 있으며 자발적이거나 계획되었거나 반복적인 행동일 수 있다.

사회복지사는 자신의 클라이언트와 더불어 즐길 수 있거나 행하기에 비교적 안전한 의식들을 창조하고자 애쓴다. 사회복지사는 또한 의식의 모든 부분에 의미를 창출하기 위하여 클라이언트와 함께 작업한다. 이 책에 모든 방법은 영적인 성장과 치유의 의식으로 보일 수 있다.

윤리적 가치문제

윤리와 가치라고 하는 일반적인 원리가 여기에서 설명될 수 있다.

1. 사회복지사는 자신이 사용하고 있는 방법론들을 설명하는 최근의 문헌들에 대해 알아야 할 필요가 있다. 사회복지사는 사용된 방법론에 들어 있는 다양한 이론들, 논의들, 성과 연구, 예술적인 실무들을 알아야 한다.
2. 사회복지사는 일반적으로 이러한 방법론들에 잠재적 위험과 이익을 인식하고 있다. 사회복지사는 또한 각각의 클라이언트에게 독특한 잠재적 위험과 이익에 접근할 수 있으며, 이러한 독특한 위험과 이익을 클라이언트에게 설명할 수 있다.

3. 사회복지사는 자신의 영적인 실무를 자신의 직업분야의 보다 더 인습적인 이론과 중재와 윤리에 연결시킬 수 있다. 사회복지사가 유사성과 차이성을 구별할 수 있으며 이 두 견해를 실무로 통합하는 방법을 설명할 수 있다.

4. 사회복지사는 클라이언트와의 효과적인 원조 관계를 형성할 수 있는데, 이 관계 속에서 사회복지사는 의식적으로 자아를 사용한다(제6장 참조).

5. 사회복지사는 평생에 걸쳐 신체적, 정서적, 인지적, 사회적, 영적인 차원에서 계속해서 자신을 개발한다. 그는 또한 타인, 다른 생물체, 모든 생명을 지탱하는 생태체계의 최고의 선에 책임을 다한다.

6. 사회복지사는 이렇게 지속되는 평가에 근거하여 자신의 실무를 평가하고 자신의 실무에서 적절한 수정을 가할 수 있다.

| 연구 질문 |

1. 변형이란 무엇인가? 변형과 개입(중재)은 어떻게 다른가?

2. 여러분은 삶에서 어떤 종류의 영적인 변형을 겪은 적이 있는가? 무엇이 그러한 변형을 촉진한다고 보는가?

3. 8가지 변형의 국면들 가운데 어느 것이 오늘날 여러분들에게 가장 중요한가? 그 중 어떤 것이 여러분에게 가장 잘 발달되어 있는가? 어느 것이 가장 적게 발달되었는가?

4. 본문에서 개발된 7가지 변형의 패러다임은 무엇인가? 이러한 패러다임 중 어느 것이 여러분에게 흥미롭게 보이는가? 왜 여러분 그것이 여러분의 흥미를 끈다고 생각하는가?

자료

Derezotes, D. S. (2000). *Advanced generalist social work practice*. Thousand Oaks, CA: Sage.
    This book explains
        1. How to include all the dimensions of human development as well as all the dimensions of the human environment in assessment
        2. How to use both the art and science of practice
        3. Biopsychosocial, local community, and global community interventions.

Derezotes, D. S. (2005). *Re-valuing social work: Implication of emerging science and technology*. Denver: Love.
    This book discusses
        1. How hierarchal values systems can help inform social work practice
        2. How new knowledge and theory from other disciplines can help in form social work practice

CHAPTER **04**

영적인 힘

영적 힘

영적인 힘 패러다임의 전반적인 목적은 영적인 힘의 개인적 변형을 촉진하는 것인데 이 개인적 변형은 인간의 영혼이 움직이는 일반적인 방향이다. 힘은 예를 들면, 어떤 사람이 자신의 다차원적 치유와 성숙을 향하여 움직일 때, 자신과 세계를 더 깊이 사랑하는 방법을 배울 때, 영적 및 우주적 다양성을 지닌 공동체를 창조하는 데 참여할 때 보다 더 긍정적이다. 반면에, 어떤 사람이 자신 및 자신이 속한 세계의 부분들과 사랑의 관계를 잃고 있을 때, 자신의 어떤 발달단계에서 점점 후퇴하거나 정체되고 있을 때, 인간, 다른 생물체, 그리고 모든 생명을 지탱하는 생태체계의 다양성에 대한 경외심을 잃고 있을 때, 보다 더 부정적이 될 수 있다.

영적인 힘 패러다임 안에서의 치료는 어떤 사람이 현시점에서 보다 온전히 실존하고 의식할 수 있도록 과거와 미래를 가로지르고 또한 공간적인 거리를 가로질러 보다 높은 의식을 촉진한다. 그러한 보다 높은 의식상태에 있을 때, 사람들은 어떤 신성한 연속성의 의식을 가지는데, 이것은 그의 매일의 삶이 시간을 가로질러 자신의 조상들 및 후손들의 경험과 불가분적으로 연결되어 있는 경험이다. 또한 사람들이 다른 생물체 및 모든 생물체를 지탱하는 생태계와 더불어 갖는 신성한 연속성도 있다. 예를 들면, 그랜드 캐니언을 바라보고 있는 사람은 현재 침식에 의해 드러난 암석층들이 형성되는 데 얼마나 오랜 시간이 걸렸는가를 인식하면서 지구와의 강화된 연계의식을 가질 수 있다. 영적인 관점에서 보면 신성한 연속성에 대한 경외심은 한 인간의 안녕에 있어서 필수적 요소이다.

이러한 관점에서, 사람들은 한두 가지의 어려움을 지니는 것으로 간주될 수 있다. 먼저 사람들은 과거나 미래에 "고착"되어 있어서 그것 때문에 현시점에 충분히 존재하는 자신의 능력이 제한받을 수 있다. 예를 들어, 사람들이 미래에 대하여 지나치게 걱정함으로써 고착될 수 있다. 그들은 또한 과거의 사건에 대한 죄책감이나 분노, 또는 무기력한 신념에 대한 일관된 감정을 가질 수 있어서, 이것들이 지금의 현재 의식 속으로 침투한다.

두 번째 종류의 어려움은 신성한 연속성과의 단절이다. 이것은 사람들이 마치 자기의 조상 및 후손들과 아무런 관계가 없는 것처럼 그들의 인생을 살아갈 때 발생한다. 우리의 조상과 후손들은 우리의 친척들(조부모와 조손)만 포함하는 것이 아니다. 우리 이전에 존재하였고 앞으로 존재하게 될 다른 생물체들과 자연 생태계도 포함된다.

영적인 힘에 있어서 클라이언트와 사회복지사는 본질적으로 시공간을 가로지르는 동반여행자가 되어, 개인적, 집단적, 신(神)적인 시공간을 탐구한다. 그러한 영적인 힘은 궁극적으로 보다 높은 의식을 향한 여행으로서, 여기에는 모두 3가지의 시공간에 대한 탐색을 포함한다.

1. 개인적 시공간은 한 사람의 일생 과정을 통한 그 사람 자신의 독특한 삶의 이야기이다. 심리역동적 방법들은 사람들을 도와 과거의 문제들 및 연관된 내면적인 갈등을 해결하여 현재의 필요를 충족시킬 수 있도록 하려는 목적 때문에, 전통적으로 개인적 시간만을 반드시 공간을 가로지르지는 않음 다루었다. 전형적으로 어떤 클라이언트는 사회복지사에게 자신의 생애사生涯史를 이야기해달라는 요청을 받으며, 그러고 나서 사회복지사는 아마도 그 이야기의 의미에 대한 해석을 통해서 대답한다. 개인적인 시간에는 어떤 사람이 깨어 있을 때와 꿈꾸는 중에그가 잠 잘 때에 겪는 경험들이 포함된다.

2. 공유된 시공간은 어떤 가족, 공동체, 또는 다른 인간집단의 공유된 이야기로서 많은 개인적인 일생에 걸쳐 확대될 수 있다. 공유된 시간에 관한 이야기는 어떤 모임이나 다른 상호작용적인 집단환경에서 이야기가 가장 잘 이루어진다. 이러한 이야기들은 참여한 모든 사람들의 목소리가 들려져야 비로소 완성된다. 각각의 새로운 시대는 시간이 흐르면서 이 이야기들과 그 의미들을 재해석할 수 있다.

3. 신성한 시공간은 모든 시간을 가로질러 사람들, 다른 생물체, 생태계의 모든 이야기에 대한 집단적인 경험이다. 공유된 시간에 대한 이야기들은 그것들이 무한한 영역을 가지고 있기 때문에, 그리고 그것들이 모든 사람과 다른 생명체들 그리고 우주의 나머지 존재의 목소리들에 의해 계속 창조되기 때문에 영원히 발전되어 간다. 신성한 시간에는 어떤 사람이 자신의 일생에서 겪어 온 경험들만 포함되는 것이 아니라, 모든 사람들이 과거에, 현재에, 그리고 미래에 그들의 일생에서 겪어 왔고, 겪고 있고, 혹은 겪게 될 경험들도 포함된다. 신성한 시간은 또한 지구에서 살아왔거나 살게 될 동식물들의 이야기뿐 아니라, 진

화하는 대륙, 대양, 대기, 풍경을 가진 지구 자체의 이야기들도 포함한다.

모든 시간과 장소들은 바로 여기 지금이다

영적인 힘의 관점에서 볼 때, 인간의 의식은 모든 시공간을 가로질러 모든 경험들을 불러낼 수 있다. 과학은 인간 상상력의 한계를 밝혀내지 못했다. 비록 과학이 집단적 무의식, 과거의 생명들, 동시적 우주 같은 것들이 실제로 존재함을 결코 입증하지 못했다고 하지만, 저명한 과학자들을 포함하여 세계에 퍼져 있는 많은 사람들은 자기들이 실존한다고 믿는다. 사회복지사는 클라이언트가 자신이 겪은 경험의 잠재적 의미, 실제적 유용성, 치유의 잠재력에 관심을 갖는 만큼, 어느 특정한 클라이언트의 경험이 지닌 궁극적인 진리에 관심을 가지지는 않는다.

영적인 관점에서의 증상들과 삶의 외상

영적인 지향성을 지닌 사회복지사는 다른 이론들을 교체하기를 원하진 않지만, 증상들과 삶의 외상의 관계를 전통적인 심리학자나 정신과 의사가 그 관계를 볼 수 있는 것과는 다른 방식으로 볼 것이다. 단순히 자연과 병리학적인 인간 특징의 본성을 고려하는 대신, 사회복지사는 또한 기꺼이 영적인 차원을 인간 특징의 제3의 자료로 간주할 것이다.

근대의 심리학과 정신의학은 사람들이 증상(우울증, 분노 등)을 갖는 것은 그들이 아마 보호자, 가족, 제도, 또는 심지어 전체 문화에 의해 상처를 입었기 때문이라고 가르친다. 클라이언트는 또한 증상에 추가하는 유전적 소질을 가지고 있을 수 있다. 덧붙여 증상이 제거될 때 클라이언트는 '치료될 수 있다.' 그러나 영적인 관점에서 볼 때, 증상이라고 하는 것은 자신의 영혼이 자신의 인생에 불러들이는 영적인 힘의 일부로 보여질 수 있다. 따라서 증상은 적어도 일생 중 한동안은 영혼의 여행에 필수적인 특징으로 보여질 수 있다.

예를 들어, 어느 성인 클라이언트는 전통적인 관점에서 볼 때, 그가 결혼이라는 관계에 헌신할 수 없기 때문에 친밀감에 대해 과도하게 각성하는 것처럼 보여질 수 있다. 사회복지사는 이 남자가 어렸을 때에 지나치게 참견하는 어머니로 인해서 상처를 입었을 것이라고 판단할 것이다. 전통적인 심리역동적 치료에 있어서 사회복지사는 이 남자가 과거의 상처를 '치료해 가도록' 해서 그가 자신의 과거에 대한 통찰을 얻고, 자신의 욕구를 현재에서 충족할 수 있도록 도울 것이다. 또한 그에게 약물을 투여하여 '뇌 화학의 균형을 맞추도록' 도울 수 있다. 이러한 관점에서 볼 때, 만일 사회복지사가 클라이언트가 지나치게 각성하지 않도록 도울 수 있다면, 그는 '치료된' 것이다.

그러나 영적인 관점에서 볼 때, 이 남자에게는 각성이라고 하는 영적인 '선물'이 '주어져서' 그가 자신의 어린 시절의 온전함을 유지할 수 있게 된 것이다. 그렇다면 목적은 이 남자가 새로운 영적인 힘을 창조해내는 변형을 촉진하도록 도와서, 만일 원한다면 그가 자신의 연인에게 자신의 심정과 영혼을 개방할 수 있도록 하는 것이다. '옛' 힘old momentum은 치료되어야 할 병으로 여겨지는 것이 아니라, 대신 더 이상 필요 없는 영적인 선물로 간주되어진다. 관점의 변화는 클라이언트를 도와서 그들이 옛 힘을 협소한 심리적 관점으로만 볼 때보다 더 쉽게 그것을 개방할 수 있다. 이것은 많은 클라이언트들에게 있어 그들이 참으로 저항하는 문제들이 실제로는 지속되는 경향이 있기 때문이다.

그러므로 사회복지사의 과제는 클라이언트가 자신의 상처를 세 가지 상호 연관된 관점, 즉 과거의 상처, 생명유전학적 소질, 영적인 힘의 관점에서 바라보도록 부분적으로 돕는 것이다.

상상력의 여행

영적인 힘의 변형에 사용되는 주요 방법들 중에 하나는 상상력의 여행이다. 상상력의 여행은 시공간을 가로질러 과거의 순간에서 다른 순간들로 의도적으로 여행하는 데 사용된다. 일반적으로 7가지 단계의 방법으로는 목적, 집중적 이완, 출발, 이야기, 재진입하기, 과정, 실천이 있다.

목적 intent

상상력의 여행은 사회복지사와 클라이언트의 공유된 목적과 더불어 시작된다. 일반적인 목적은 변형에 대한 소망이기 때문에, 클라이언트는 현재 그리고 여기에서 더욱 더 실존하게 되고 신성한 연속성에 대한 감사와 더불어 살게 된다. 특별한 목적은 과거나 미래의 어떤 부분을 탐구할 것인지 그리고 어떤 문제를 다룰 필요가 있을 것인지에 따라 다르다. 그 결과가 신비로운 것이라는 데에 사람들은 동의한다.

클라이언트는 자신의 인생에서 많은 무속巫俗 전통이 '영혼 상실'이라고 부르는 것을 포함하는 외상 경험에 대하여 치료하고 싶어 한다. 무속이론에 따르면, 어린이들은 창조적 영과 잘 연결된 채로 이 세상에 태어난다. 영혼 상실은 어린이들이 자기가 살고 있는 불완전한 세계에서 불가피하게 상처를 받을 때 발생하며, 그 결과 영과 더 단절된다. 치료과정의 일부는 종종 외상의 재경험을 포함한다. 클라이언트는 또한 여러 가지 이유로 '과거의 삶'을 경험하고 싶어할 수 있다. 많은 사람들은 현세에 여전히 그들에게 영향을 미치는 이전의 삶을 경험했다고 믿는다. 어떤 사람들은 우리 모두가 공유하는 집단적인 과거의 삶이 존재한다고 생각하며, 다른 사람들은 각각의 인간은 시간에 걸쳐 독특한 과거의 생을 경험한 영혼을 가지고 있다고 믿는다. 치료자가 하는 일은 이러한 믿음들을 입증하거나 부정하는 것이 아니라, 사람들이 자신의 과거의 생의 경험 변형을 위한 촉매제로 활용할 수 있도록 돕는 것이다. 어떤 클라이언트는 의아해 하며, 또한 그러한 치료는 그들을 영적인 성장으로 인도할 것이라고 믿는 한편, 다른 클라이언트는 어떤 특정한 과거 삶의 상처가 오늘날 그들의 건강과 안녕에 여전히 제한을 가한다고 믿는다.

미래로의 방문은 또한 영적인 성장에 대한 호기심과 관심에 의해 동기부여가 될 수 있다. 또 다른 동기부여는 우리의 삶이 우리 후손들에게 미치는 영향에 대하여 더 큰 책임을 갖는 것과 관계가 있다. 어떤 종족의 문화는 한 개인이 어떤 중요한 결정을 내리기 전에 자신의 행위가 미래세대에 미칠 영향을 늘 고려해야 한다고 믿었다. 최근에 우리 문화가 즉각적인 경제적 이익에 초점을 맞추면서, 종종 우리의 행위가 자녀, 조손, 증손들의 삶의 질에 미치는 장기적 영향을 평가절하고 최소화하는 것처럼 보인다. 치료사가 하는 일은 미래를 예측하는 것이 아니라, 사람들을 도와 그들이 다른 생물체 및 생태계의 미래와 갖는 관계를 바르게 인식하도록 하는 것이다.

집중적 이완

그 다음에 클라이언트는 아주 다양한 종류의 이완 기술 중 하나를 사용하여 이완함으로써 자신의 치료를 시작한다. 클라이언트는 또한 이완하는 동안 변형에 대한 자신의 목적에 대해 계속 집중한다. 한 가지 선호되는 이완 방법은 안전한 상황을 조성하는 것이다. 클라이언트는 그가 필요로 할 경우 스스로의 문제에 관해 작업할 얼마간의 시간을 갖도록 허용된다. 그는 어떤 안전한 상황에 처해있는 자신을 상상하도록 초대되는데, 그것은 그 자신의 실제 삶에 존재할 수도 있고 존재하지 않을 수도 있는 상황이다. 장소는 실내도 좋고 실외도 좋다. 이 상황은 클라이언트가 충분히 안전하고 원치 않는 간섭 없이 그가 필요로 하는 작업을 할 수 있는 장소이어야 한다. 그 다음 그는 자신이 그 상황에 있다고 상상하고, 실제로 스스로 그 안전한 환경의 요소들을 냄새 맡고 느끼고 보고 듣고 심지어 맛보게 한다. 클라이언트는 자신의 작업을 하면서 스스로가 영적으로 안전하고 보호받고 있다고 상상하도록 격려 받을 수 있다. 인간으로써 어떤 클라이언트도 정서적 또는 신체적 고통으로부터 결코 안전하지 않지만, 클라이언트는 스스로 상처받지 않을 수 있는 영적인 존재로써 경험할 수 있다.

출발 departure

클라이언트는 대개 어떤 종류의 심상을 포함하는 출발 의식儀式을 통과함으로써 또 다른 시공간을 향하여 출발한다. 각 사례에 있어서 사회복지사의 과제는 클라이언트의 경험이 문자 그대로 '사실'인지 아닌지 발견하거나 판단하는 것이 아니다. 대신 사회복지사의 과제는 클라이언트 자신이 목표하는 방향으로 움직일 수 있게 해주는 올바른 경험을 찾도록 돕는 것이다. 사회복지사는 클라이언트가 사용하게 될 심상이 클라이언트가 필요로 하는 완벽한 경험이 될 것이라는 사실을 신뢰하도록 할 수 있다.

예를 들어, 만일 목적이 클라이언트의 현 생애에 있어서 과거의 한 장면을 재방문하는 것이라면 출발의식은 다음의 요소들을 가질 수 있다. 클라이언트는 안전한 상황에서 각각 자기 인생의 특정 부분을 포함하는 제1년, 제2년 등과 같이 CD플레이어, 텔레비전, CD라이브러리를 시각화한다.

연구에 따르면, 대부분의 미국 성인들은 자신들이 전생前生을 가졌을 수도 있다고 믿는다. 만일 목적이 전생의 경험들을 탐구하는 것이라면, 출발 의식은 다르게 보일 수 있다. 예를 들면, 클라이언트는 우주선, 아마도 로켓 우주선 옆에 서 있는 모습을 시각화한다. 그는 우주선 안으로 들어가서 점점 지구 궤도로 진입한다. 클라이언트는 지구를 돌면서 회전하는 대륙과 대양들을 바라보다가 마침내 그는 자신의 마음이 끌리고 방문하고 싶은 특정 지점을 발견한다. 그다음 그는 그 곳에 착륙해서 로켓 우주선에서 걸어 나온다.

만일 목적이 미래를 방문하는 것이라면, 클라이언트의 출발은 다른 방법을 통해서 인도 받을 수 있다. 예를 들어, 만일 그가 자신의 후손들을 방문하고 싶다면, 그는 DNA심상을 시도할 것이다. 본질적으로 클라이언트는 자기 신체 안의 DNA가 분열하기 시작하여 1, 2, 3, 심지어 4세대에 걸쳐 전개되는 것을 상상한다. 그가 자신이 머물고 싶은 복사 지점에 '도착 했을' 때, 그는 자신의 심상 속에서 DNA가 특정한 후손으로 나타나도록 한다.

이야기 the story

이 여행 부분에서 클라이언트는 상상력을 통해 이야기 속으로 들어간다. 이야기가 만일 자신의 인생에서 '실제로 일어난' 일이라면, 그는 그 이야기를 재방문하면서 아마 좋은 영화를 두 번째 보는 사람처럼 신선한 눈으로 그 이야기를 바라볼 것이다. 사회복지사는 클라이언트를 적절한 시공간으로 되돌려 놓는다. 이것을 시행하는 한 가지 방법은 클라이언트를 안전한 자리에 앉히고, CD 한 장을 기계에 넣고, 텔레비전 화면에서 과거의 장면을 보는 것이다.

만일 이야기가 옛 삶에서 일어나고 있다면, 클라이언트는 간단하게 무대 준비를 하라는 지시를 받을 수도 있다. 그가 로켓선 에서 내려온 뒤 심상을 계속하려면, 그는 만일 옷을 걸치고 있다면 자신이 입은 옷을 바라보고 나서 자신이 착륙한 시공간에 대한 단서를 얻기 위해 주위를 둘러볼 것이다. 아마 예를 들어, 그는 샌들과 두

루마기를 걸치고 있으며, 500년 전 사막의 왕국에 살고 있는 아랍 여인일 수도 있다. 다시 그는 주변을 둘러본다. 자기 혼자 있는가? 그렇지 않다면, 거기에 누가 있고 무엇이 보이는가? 그는 상상력을 통해 조그마한 이야기 속으로 들어간다. 미래 이야기의 출발도 비슷할 것이다. 자신이 방문하고 싶은 세대에 도착한 후, 그는 후손이 되어 이야기의 시작을 지켜본다.

재진입 reentry

클라이언트의 상상력이 미치는 곳이 어디건 간에, 그는 결국 현시점으로 돌아올 필요가 있을 것이다. 사회복지사가 클라이언트를 호출하면, 클라이언트는 자신의 텔레비전, 우주선, 혹은 DNA 가닥을 통해 돌아온다. 클라이언트는 자신의 원래 목적을 구체화시키는 데 도움을 줄 유익한 통찰, 감정, 기억들을 가지고, 두 눈을 뜨고 현시점으로 완전히 되돌아오라고 요구받을 것이다.

과정 process

대부분의 클라이언트들은 자신의 이야기에 대해 사회복지사와 논의할 필요가 있다. 이야기를 마친 후, 사회복지사는 종종 클라이언트를 도와 클라이언트가 경험한 것에서 통찰과 의미를 찾게 한다. 클라이언트는 이 과정에서 자신의 원래 목적을 재검토한다. 사회복지사는 클라이언트에게 자신의 작업의 결과 이야기 경험를 그가 자신의 변형치료에 필요한 바로 그 결과로 바라보도록 격려한다.

실천

통찰과 의미는 변형의 최종 단계가 아니다. 변형은 또한 새로운 신념과 행동의 발생을 포함한다. 사회복지사는 클라이언트를 격려하여 자신의 통찰과 경험을 토대로 하여, 자신의 신성한 연속성의 일부인 조상과 후손들에 대한 증가된 책임감을 가지고 지금 더 나은 삶을 실천하도록 한다.

사례연구 4-1
과거의 삶 여행

경제적으로 성공한 40세의 한 독신 남성이 치료사에게 자신의 과거 삶을 탐구하도록 도와달라고 요청한다. 치료사는 클라이언트와 치료의 목적에 대해 논의한다. 그들은 그들 둘 다 동일한 치료의 목적을 갖기로 합의한다. 그것은 바로 클라이언트가 신성한 연속성에 더 큰 경외심을 가지고 현재의 삶에 더 치중하는 것이다.
클라이언트는 치료사가 자신을 상상의 여행으로 인도할 동안 두 눈을 감고 편안한 의자에 앉아 있기로 한다. 클라이언트는 마침 바닷가에서 치료를 하기에 안전한 장소를 발견한다. 치료사는 쾌도여행을 하는 우주선의 진입 심상을 통해 클라이언트를 안내한다. 클라이언트는 아프리카의 정글지역으로 이끌려 간다. 그가 착륙하여 밖으로 나오니 자신이 아프리카 여자가 되어 있다. 그가 마음의 눈으로 보고 있는 이야기는 그 부족의 다른 사람들과의 상호작용도 포함되어 있다. 이 아프리카 여자는 자신의 가족을 위해 음식을 준비한다. 그다음 자신의 남편 및 아이들과 함께 불가로 가서 여러 남녀가 춤추는 데 어울린다. 클라이언트가 마침내 치료사가 있는 방으로 '돌아오자', 그는 울음을 터뜨린다. 심상을 처리하는 과정에서 클라이언트는 자신이 얼마나 자신의 인생에서 소속될 가족과 공동체를 그리워하고 있는지 알게 되었다고 말한다. 이 남자는 치료에 매주 더 적은 시간을 쓰고, 더 많은 정력을 자신의 인생에서 가족과 공동체를 만드는 데 투입한다.

사례연구 4-2
가까운 미래 인생여행

랄프라고 하는 49세 된 남자는 11년 된 결혼생활에 갈등이 있다. 그는 현재 아내와의 사이에 8살과 6살 된 두 자녀를 두고 있다. 그는 치료사에게 결혼생활을 유지하고 있는 주된 이유가 '아이들 때문'이라고 말한다. 랄프는 자신은 이미 죽었고, 어른이 된 자기 자녀들과 이 문제를 논의하기 위해 여행을 하기로 한다. 그는 상상의 여행을 떠나서 자녀들에게 그들이 느끼는 점을 말하라고 한다. 그들은 자기 부모가 단지 자녀들에게 상처를 주는 것이 두려워서 동거하는 것에 대해 죄책감을 가지고 있고 매우 슬프고 화가 나며, 그들이 자신의 인생에서 행복한 결혼을 누리도록 허용하기가 어렵다고 말한다. 랄프는 나중에 치료사에게 이 심상 덕분에 최고의 선에 대한 자신의 감정에 근거해서 결혼생활에 대한 결정을 자유롭게 내릴 수 있었다고 말한다.

사례연구 4-3

먼 미래 인생여행

메리라고 하는 22세 된 대학생은 학생상담센터로 간다. 그녀는 어떤 전공을 선택할지, 그리고 일반적으로 어떤 인생의 목적을 가져야 할지에 대해 불확실하다. 그녀는 현재 결혼해달라고 조르고 있는 프레드라고 하는 젊은이와 사귀고 있다. 클라이언트가 자신의 현실과 목적을 시각화하는 데 사용할 수 있는 여러 가지 방법들을 논의하면서 이 젊은 여자는 미래로의 여행을 하기로 결정한다.

상담자는 심상을 통해 여자를 인도하며, 여자는 심상 속에서 200년 후 한 자손을 방문한다. 클라이언트는 자신의 DNA가 5세대 반복을 통해서 전개되는 것을 지켜본다. 그 다음 여자는 2204년에 13세 된 어린 아이가 '된다.' 십대 소녀는 달의 사랑스러운 유리도시에 살고 있다. 그녀는 20세기 말엽에 태어났던 어느 조상의 입체사진앨범을 보고 있다. 그녀는 자신이 좋아하는 조상에 대한 이야기를 써오라는 숙제를 받았으며, 그녀는 '위대한-위대한-위대한 할머니 메리'에 관해 쓰기로 한다. 그 글에서 그녀는 메리가 자기 가문에서 최초의 우주인이 되었으며, 달에서 첫 아기를 낳아 유명해진 것에 대해 자기가 얼마나 자랑스러워 하는지 쓴다.

여행의 끝에 메리는 상담자에게 자기는 어머니이자 과학자가 되고 싶다고 말한다. "내가 달에 갈 수 없을지는 몰라도, 내가 여기 있어야 할 이유는 알겠어요"라고 그녀는 말한다. 메리는 '결혼을 확실히 원할 때까지 결혼 결정을 내리지 않는 것이 좋고, 또 그녀는 아직 결혼에 대해 생각해보지 않았기 때문에' 지금으로서는 프레드를 피하기로 결정한다.

개인의 시간에서 의미 만들기

대부분의 사람들은 그들의 과거, 현재, 미래에 상처 입은 이야기들과 씨름한다. 영적인 관점에서 한 사람의 인생에 걸친 각 사건은 영적인 의미와 목적을 가진다. 개인의 시간에서 영적인 힘의 실제는 클라이언트를 도와 그들의 모든 인생경험에서 그러한 의미와 목적을 만들게 한다. 몇 가지 사용할 수 있는 방법들이 다음에 논의된다.

출생 이전 게임

다른 게임과 같이 이 게임도 게임의 의식儀式과 상징주의에의 참여를 요구하는 의식을 포함한다. 사회복지사는 먼저 클라이언트에게 그녀가 받은 상처 이야기를 다시 해달라고 요청한다. 그다음에 사회복지사는 클라이언트에게 출생 이전 게임을 하라고 요청한다. 이 게임에서 클라이언트는 자신이 태어나기 전에 창조적 영혼은 신이

사례연구 4-4
상상의 여행

약간의 걱정과 우울증이 있는 25세의 남자가 자신의 치료사에게 "멋진 사내들과 마침내 끝이 났다"고 불평했다. 그는 일련의 남자 애인들과 관계를 맺었는데 그의 말에 의하면 그들 모두가 "나를 버리고 다른 놈에게 갔다"고 했다. 치료과정에서 치료사는 젊은이에게 출생 이전 게임을 하라고 요청하고, 클라이언트는 동의한다. 젊은이가 신을 믿기로 결정한 후, 치료사는 클라이언트를 상상의 여행으로 인도한다. 그의 여행에서 클라이언트는 신과 논의하면서 클라이언트의 20대 초반에 어떤 일이 일어나는지에 관해 이야기한다. 그다음 그는 왜 그가 일련의 고통스러운 관계를 남자들과 맺어야 하는지에 관해 신과 이야기한다. 그가 얻은 답은 관계에 있어서 그가 원하는 것에 관해 배울 수 있기 전에 그가 원하지 않는 것에 관해 배울 필요가 있다는 것이다.

상상의 여행이 끝난 후, 치료사는 클라이언트에게 최근 관계에서 그에게 효과가 없었던 것을 검토해보라고 요청한다. 클라이언트는 그의 모든 관계에서 그가 얻은 것보다 더 많은 것을 주었음을 알게 된다. 그의 숙제는 일지를 기록하기 시작하면서, 자신이 다른 사람들과 상호작용할 때에 자신의 행동, 사고, 감정을 적는 것이다. 시간이 흐르면서 점차 이 남자는 건전하지 못한 관계를 구별하고 그것들을 보다 빨리 포기할 수 있게 되었다.

나여신 등과 만나 그와 함께 자기 인생의 모든 사건들을 공동 설계한다고 상상한다. 그 다음 클라이언트는 이러한 출생 이전 관점에서 상처 이야기를 재검토하고, '왜 내가 이 경험을 하기로 동의했던가? 그리고 왜 그것이 내 인생여정과 그 목적에 어울리는가?'라는 질문을 던지며, 의미 만들기 과정이 뒤따른다. 그리고 나서 사회복지사는 클라이언트에게 그 의미를 소생시키는 새로운 의식들, 사고들, 행동들을 창조함으로써 새로운 의미 위에 토대를 두게 한다.

이야기하기 의식 storytelling Rituals

클라이언트들은 자신의 인생이야기들을 하면서 영적인 관점을 얻을 수 있는데 그러한 영적인 이야기를 촉진하는 방법은 많다. 그 모든 것은 본질적으로 인간의 상상력을 사용하는 시간여행 방법들이다. 이 상상의 여행은 과거, 현재, 기대되는 미래를 포함하여 한 개인의 인생 모든 부분을 포함할 수 있다.

집단이야기

집단 세팅에서, 참가자들은 정해진 시간 예를 들어, 1시간 동안 자신의 인생이야기를 할 수 있다. 이야기를 하는 동안 다른 참가자들은 듣지만 이야기가 끝날 때까지 질문이나 의견으로 방해할 수 없다. 집단 촉진자는 또한 이야기를 특별한 방식으로 하라고 요청할 수 있다. 예를 들면, 각 참여자는 자신의 이야기를 삼자의 관점에서 할 수 있는데 "옛날에, 한 아기가 큰 도시에 살고 있는 미혼모에게 태어났어요…"라고 시작할 수 있다. 각 이야기에 따르는 논의는 이야기하는 화자 話者를 도울 수 있는 영적인 관점을 발견하는 쪽으로 방향을 정할 수 있다.

사례연구 4-5
모든 것에 대한 목적

촉진자는 법원의 명령을 받은 여성 알코올 중독자들로 이루어진 폐쇄집단을 운영하고 있다. 촉진자는 각 참가자에게 자기 인생이야기를 하라고 요청하기로 한다. 그들은 매주 한 명씩 이야기를 할 것이므로, 9명의 여성들로 이루어진 집단이 이야기하는 데 9주가 소요될 것이다. 촉진자는 각 여성에게 자기 인생의 각 사건으로부터 영적으로 무엇을 배웠는지 설명하라고 요청한다. 다른 여성들은 이야기가 끝날 때까지 가만히 있다가 원형으로 앉아서 이야기하는 사람의 알코올 중독과 궁극적인 회복이 어떻게 자신들의 영적인 여행의 일부가 될 수 있는지에 대하여 그들이 가질 수 있는 추가적인 통찰을 제시하라고 요청받는다.

자원해서 가장 먼저 얘기한 여성은 아동학대와 가정폭력의 경험에 대한 이야기를 한다. 그녀는 어릴 때 받았던 자신의 상처를 다룰 수 없는 무능력 때문에 술을 마시게 되었고, 음주 때문에 그녀가 자신을 도울 준비가 되었고 사람들에게 자신을 돕도록 했을 때, 자신의 상처를 보기 시작했다고 눈물을 흘리면서 집단원들에게 말한다. 그녀가 자신의 이야기를 끝냈을 때, 그 집단에서 나이가 많은 다른 참가자들 중 한사람이 말한다. "선이건 악이건 간에 우리의 삶에서 일어나는 모든 일들이 지구상에서 우리가 배울 필요가 있는 것을 우리에게 가르치기 위해 실제로 완벽하게 설계되었는지 궁금하군요." 이야기한 사람은 동의한다.

이야기에 재진입하기

이야기를 촉진하는 또 다른 방법은 클라이언트에게 상상의 여행을 통하여 상처받은 이야기로 재진입하도록 요청하고 나서 일종의 영적인 변형이 일어나도록 촉진하는 것이다. 사회복지사와 클라이언트는 여행을 시작하기 전에 목표 이야기와 이야기 속에 의도된 변화를 함께 만들 수 있다. 변화를 촉진하는 한 가지 방식은 클라이언트로 하여금 현재의 그 모습으로 이야기 속으로 되돌아가게 하고 나서 자신의 과거 모습인 어린이나 젊은 성인과 대화하게 하는 것이다. 변화를 촉진하는 또 다른 방법은 클라이언트가 지혜로운 연장자(여의사나 목사)나 클라이언트에게 신성한 동물

제8장 참조을 이야기 속에 초청하여 영적인 통찰이나 메시지를 전하게 하는 것이다.

임종 이야기

대부분의 임종을 앞둔 사람들은 그들의 삶에서 가장 큰 후회는 자신이 너무나 많은 기회를 잡았다는 것이 아니라, 충분한 위험을 감수하지 못했던 것이라고 말한다. 나이와 상관없이 클라이언트에게 이러한 임종의 관점에서 그에게 일어난 최근의 문제들을 바라보라고 요청할 수 있다. 이것은 상상의 여행을 통하여 가능한데, 이 여행에서 클라이언트는 자신의 죽음을 임박한 죽음이라고 하는 렌즈를 통해서 바라본다. 그러한 여행이 끝난 후, 사회복지사는 클라이언트를 도와서 그녀가 개발한 새로운 통찰을 취하여 그것을 능동적으로 그녀의 삶에 응용하게 할 수 있다. 사

사례연구 4-6

과거로 돌아가는 치유여행

한 나이 많은 여성인 지금은 고인(故人)이 되었지만, 52년 동안의 오랜 결혼생활 동안 자신에게 반복적으로 부정을 저질렀던 남편과의 결혼에 대한 감정과 싸우고 있다. 그녀는 치료사에게 이렇게 말한다. "내가 젊었을 때, 그가 처음으로 외도를 했을 때, 그와 헤어졌어야 하는 건데. 내가 얼마나 바보였던가! 대신에 나는 계속 그와 살면서 우울증에 걸렸어요. 지금도 마찬가지예요. 이게 요즘 내가 생각하는 전부예요." 그들이 함께 치료해가면서 치료사는 여인에게 상상의 여행을 준비하라고 요청한다. 치료사는 여인에게 자신이 결혼한 젊은 여자였을 적에 누가 자신을 방문해줬으면 좋을지 생각해보라고 한다. 그녀는 자신을 선택한다. 여행하는 동안 이 나이 많은 여인은 젊은 여자 옆에 앉아서 그녀의 손을 잡고 이렇게 말한다. "이봐요. 당신에게 해주고 싶은 말이 있어요. 첫째, 신은 당신을 사랑하세요. 사람들이 당신을 어떻게 취급하든 당신은 너무나 아름답고 사랑스러워요. 둘째, 당신의 인생에서 당신이 어떤 다른 선택을 하도록 아무도 지원해 주지 않았기 때문에 당신이 그 사람과 결혼해서 함께 산 것은 당신 잘못이 아니에요. 마지막으로, 신은 당신이 행복해지기를 원하세요." 일주일 후 다음 치료 회기 초기에 그 여성은 이렇게 말한다. "있잖아요. 이번 주에는 그 사람에 대해서 많이 생각하지 않았어요."

회복지사는 클라이언트가 그녀의 인생을 마치 죽기 직전인 것처럼 살기 시작할 것을 희망한다. 왜냐하면 이때야말로 그녀는 제1장에서 묘사한 것처럼 현시점에 충만히 실존하면서 자아 및 신적(神的) 자아의 모든 부분을 완전히 이용할 수 있는 상태, 즉 생생하게 살아있는 상태에서 살게 될 확률이 더 높기 때문이다.

물론 인생은 어느 순간이건 끝날 수 있기 때문에, 우리 모두는 실제로 임박한 죽음의 순간에 살고 있다. 그러나 의식적으로 그러한 상태로 사는 사람은 드물다. 비록 '죽음의 의식'이라고 할 수 있는 것을 발전시키는 이러한 과정이 처음에는 혼란스럽고 모든 클라이언트에게 유익하지 않을 수도 있지만, 이러한 치료는 궁극적으로 자유롭게 할 수 있다. 이 세상에 존재하는 대부분의 주요 종교 및 영적인 전통은

사례연구 4-7

미래로의 치유여행

15세 된 아이인 빌리의 부모는 빌리가 수업에서 낙제점수를 받고, 집에서는 내성적이고 공격적인 성향을 보인다며 치료사에게 빌리를 데리러 왔다. 치료사는 빌리에게 이야기를 유도하는 데 실패한다. 하지만 다행스럽게 치료사는 이 책을 읽고 나서 비협조적인 빌리에게 영적인 변형을 시도하기로 결정을 한다. 치료사는 샌드위치를 사러 아이를 데리고 현장여행(모든 적절한 허가를 받아서)을 나가지만, 가는 길에 양로원에 들른다. 그들이 들어설 때, 아이는 중앙에 있는 매우 허약한 노인들을 조용히 바라본다. 그들은 휠체어에 앉아 있는 90세 된 할아버지를 만나는데 이 할아버지는 여위고 허리가 굽었음에도 불구하고 아이에게 인사말을 건네고 악수를 한다. 치료사는 아무 말도 하지 않고 빌리를 동네 건강음식점으로 데려가 점심을 먹는다. 거기서 치료사는 노화와 죽음이라는 주제를 꺼내서 아이에게 상상의 여행을 함께 해보지 않겠느냐고 묻는다. 아이는 마지못해 고개를 끄덕이고(이것은 치료사가 전에 보았던 것보다는 100퍼센트 더 활기찬 행동이다), 치료사는 아이가 만일 늙어 임종에 가까울 경우 자신의 인생에 대하여 생각할 수 있는 것을 깊이 생각하도록 인도한다. 아이는 처음에 이 여행을 어려워 하지만 좀 지나면 자기가 양로원에서 만났던 90세 된 할아버지인 것처럼 상상할 수 있다. 아이는 자기가 결코 학교를 좋아하지는 않겠지만 '건달처럼' 인생을 끝내고 싶지는 않다고 상상한다. 대신 아이는 어떤 분야에서 성공하고 싶어 한다. 아마 그 아이는 학교를 졸업할 수 있을 것이다. 이것이 그의 인생에서 전환점의 시작이었다.

사람들에게 자신의 죽음을 다룸으로써 인생을 보다 더 의미 있게 만드는 법을 제공한다. 죽음을 직면하는 것에 대한 대안은 결코 죽지 않을 것처럼 사는 것인데, 이것은 역설적으로 생동감을 감소시키는 경향이 있다.

다음 장을 상상하기

시간여행의 또 다른 방법은 임박한 미래로 들어간다. 때때로 사람들은 자기들이 직면하게 될 다음 인생의 과제가 무엇인가에 대한 생각을 하므로 이익을 얻을 수 있다. 어떤 연령에서도 떠날 수 있는 이 여행은 사람들 자신이 오늘 집중하고 행동할 필요가 있는 것을 확인하도록 도울 수 있다. 그 방법은 클라이언트에게 한 주나 한 달 혹은 1년을 미리 상상의 여행을 떠나도록 요청하는 것이다. 그때 그들은 자신이 행동하게 될 것을 신중하게 지켜본다.

영적인 해석

영적인 힘 안에 있는 대부분의 치료는 다양한 경험으로부터 의미를 도출하는 것을 포함한다. 클라이언트는 대개 자신의 경험 속에서 의미를 추구하며, 그들이 경험한 일의 의미를 해석함에 있어서 사회복지사에게 직접적인 도움을 요청할 수 있다. 영적인 문제에 관하여 사회복지사가 내린 해석은 클라이언트에게 매우 유익할 수도 있고 해로울 수도 있다. 해석은 그것이 사회복지사 자신의 과정보다 클라이언트의 과정을 더 정확하게 반영할 때 더 가치있게 된다. 가장 유능한 사회복지사는 자신의 편견이 클라이언트를 정확히 파악하는 능력을 방해할 수 있는 때를 충분히 잘 이해할 수 있을 정도로 자신을 알기 위해 끊임없이 노력한다.

사회복지사가 자신의 과정을 클라이언트에게 투사할 수 있는 위험 때문에, 일부

> **사례연구 4-8**
> **미래 꿈의 탐구**
>
> 1월에 샐리는 치료사를 방문했는데, 그 이유는 자신이 몇 달 안에 대학을 졸업하며 장래가 불확실하기 때문이다. 그들은 샐리의 선택에 대해 의논하는데 여기에는 대학원 진학, 유럽여행, 평화봉사단 합류, 그리고 지역사회에 머물면서 회사에 정규직으로 근무하기 등이 포함된다. 샐리는 7월에 자신의 삶을 보기 위해 상상의 여행을 떠난다. 그녀는 따뜻한 바닷가의 오래된 도시에 있는데 그곳은 이탈리아 베네치아임을 알게 된다. 그녀는 이탈리아어를 공부하면서 박물관에 있는 한 커피숍에서 일하고 있다. 그녀는 또한 로맨틱한 도시에서 사랑에 빠진다. 그녀는 치료사에게 심상에 대해 이야기하고 자기가 저축한 돈을 여행에 쓰기로 결정한다.

교육자들은 사회복지사가 해석하기를 피해야 한다고 생각한다. 이러한 전략은 극단적인 경향을 보이는데 왜냐하면 어떤 사회복지사는 클라이언트가 자신을 파악할 수 있는 것보다 더 정확하게 클라이언트를 파악하는 능력을 가지고 있기 때문이다. 또 다른 극단, 즉 빈번한 해석을 내리는 행위 또한 피하는 것이 좋다. 투사위험에 덧붙여 의존과 성장의 문제도 있다. 사회복지사는 클라이언트가 자신의 성장의 변두리에 머물러 있도록 도와주기를 원하는데, 이것은 클라이언트가 다루기 너무 쉽거나(아무런 성장도 일어나지 않는다) 너무 어렵지 않은(어떤 성공도 일어나지 않는다) 문제를 다루는 것을 의미한다. 만일 사회복지사가 모든 해석을 한다면, 클라이언트는 자신의 인생에서 의미를 만들기 위해 자신의 능력을 신뢰하는 법을 결코 배우지 못할 것이다.

신성한 연속성을 강화하기

사회복지사는 종종 클라이언트에게 그가 자신의 일상생활 속에서 신성한 연속성을 경험하는 정도를 숙고하라고 요청한다(〈사례연구 4-1〉 참조). 신성한 연속성은 클라이언트의 과거 및 미래와의 관련성과 연관이 있다.

과거와 재연결하기

과거와의 치료는 인간 조상들 및 다른 조상들의 생활양식과의 관계를 강화함을 의미한다. 대부분의 미국인들은 자신들의 가족 및 문화적 뿌리와의 연대감을 더 이상 느끼지 않는다. 인간 조상들과의 더 큰 연대감은 클라이언트의 정체성, 자존감, 타인클라이언트의 가족 및 종족의 내부와 외부에 대한 책임감을 강화할 수 있다.

과거와의 치료는 가문의 어떤 영웅, 심지어 잘 알려지지 않은 먼 과거의 어떤 영웅에 초점을 맞출 수 있다. 예를 들면, 사회복지사는 클라이언트에게 상상의 여행 동안 어떤 특정 친척에게 초점을 맞추라고 요청할 수 있다. 클라이언트는 아직 살아 있거나 아마 죽은 지 오래 되었을 수도 있는, 자신이 가장 호감을 지닌 친척을 선택하라고 요청 받는다. 그다음 사회복지사는 클라이언트에게 다음과 같은 질문을 탐구하라고 요청한다.

1. 나는 이 사람의 어떤 특성을 가장 존경하며, 왜 그런가?
2. 만일 아직 완전히 개발되거나 표현되지 않았다면, 나는 또한 어떤 식으로 그와 동일한 특징을 가질 것인가?
3. 만일 이 조상이 나에게 말할 수 있다면, 그는 나에게 어떤 격려의 말을 할 것인가?
4. 나의 조상은 내가 어떤 새로운 믿음과 행동을 개발하도록 격려할 것인가?

미래와 재연결하기

미래와의 치료는 후손들 및 우리를 뒤따르는 다른 생활양식들과의 관계를 강화함을 의미한다. 많은 사람들은 마치 그들의 삶이 우리 후세대들의 삶에 아무런 영향을 미치지 않는 것처럼 살아간다. 그러한 부정은 우리 후손들뿐만 아니라 우리 자신들에게도 파괴적인 경향이 있다. 예를 들면, 우리가 세대 간의 파괴적인 남용패턴이나 계속되는 약물중독을 허용하고, 재생 불가능한 자원을 탐욕스럽게 소비하며, 최종적인 야생생태계를 파괴하고, 땅과 바다와 공기를 오염시키고, 지구상에서 과밀하게 살아갈 때에 우리는 후손들에게 해를 입힌다. 우리는 부분적으로 스스로에게 손해를 입히는데 왜냐하면 우리 자신 및 우리 고향인 지구와 단절의 상태에서 살지 않고서는 그러한 파괴적인 행동에 연관될 수 없기 때문이다.

미래와의 치료는 개인이나 많은 사람 혹은 심지어 생태체계에 초점을 맞출 수 있다. 예컨대, 사회복지사는 클라이언트에게 자신의 행동이 궁극적으로 그의 후손들에게 어떤 영향을 미치는지 보기 위해 미래로 상상의 여행을 떠나도록 요청할 수 있다. 그 다음 클라이언트는 어떤 새로운 행동을 자신이 개발하기를 원해야 할지 고려하도록 격려 받을 수 있다.

윤리적 가치문제

성과 연구의 함의

어떤 다른 방법론과 마찬가지로 영적인 힘은 모든 상황, 모든 클라이언트에게 효과적이지는 않다. 문헌이 시사하는 바에 따르면, 제1의 세력, 즉 심리역동적 개입은 통찰력을 필요로 하는 작업을 하기에는 제한된 지적인 능력 혹은 제안된 동기 부여를 가진 클라이언트들에게 큰 효과가 없을 수 있다. 또한 개입을 활용하는 이유를 이해하도록 사회복지사가 도울 때 클라이언트들이 최선의 성과를 낸다는 증거가 있다. 유사하게, 영적인 힘의 변모는 지력, 동기부여, 사용된 방법의 이론적 근거에 대한 이해를 필요로 할 수 있다.

　사회복지사는 영적인 힘의 방법론이 가능한 손해를 유발할 수 있는 기회를 어떻게 줄일 수 있을 것인가? 어떤 다른 방법과 마찬가지로 영적인 힘의 변형을 선택하고, 사용하고, 평가할 때 사회복지사는 클라이언트, 지역사회, 사회복지사의 문제를 반드시 고려해야 한다.

클라이언트의 다양성의 문제

　사회복지사는 신중하게 클라이언트가 과거와 미래의 치료에 동의했다는 사실을 분명히 해야 한다. 사회복지사는 또한 클라이언트가 겪을 수 있는 경험에 대한 해석을 우기지 말고, 클라이언트를 격려하여 그 자신의 의미를 찾도록 해야 한다.

　어떤 클라이언트들은 종교적 이유로 과거나 미래의 치료를 거부할 수 있다. 예를 들어, 어떤 클라이언트는 진화론을 믿지 않거나 '전생'이라는 개념을 불편하게 생각할 수 있다. 사회복지사는 항상 그러한 감정이나 믿음을 존중하고 클라이언트의 종교적 신념을 바꾸려고 해서는 결코 안 된다.

　사회복지사는 자신이 클라이언트와 가지는 공식적 및 비공식적 접촉에 대해 알고 있다. 사회복지사는 클라이언트에게 적합한 방식에 대해 물어보아야 한다. 클라이언트는 지금 어떤 목적을 가지고 있는가? 클라이언트는 영적인 힘의 변형에 대해 편안함을 느끼는가? 이 방법론들은 개인적 목적을 향해 움직이는 클라이언트에게 도움이 될 것인가?

또한 사회복지사는 각 클라이언트가 자신의 영성을 묘사하기 위해 최근 사용할 수 있는 은유들을 존중할 필요가 있다. 사회복지사는 클라이언트의 언어를 가능한 한 많이 사용한다.

만일 클라이언트에게 그가 발전적으로 취할 준비가 되어있지 않은 조치들을 취하라고 한다면 클라이언트가 성공하지 못할 것이므로, 사회복지사는 신체적, 정서적, 영적, 인지적, 사회적 수준에서 클라이언트의 발전에 대해 민감하다. 클라이언트는 자기가 받은 고통의 역사적 뿌리를 이해하는 데 필요한 통찰력 치료를 할 준비가 되어 있으며, 그렇게 할 수 있는가를 살펴보아야 한다.

가족 및 공동체의 다양성 문제

사회복지사는 자신이 작업하고 있는 실무 환경과 문화 속에서 지켜지고 있는 집단적 가치관, 교의, 의식儀式에 민감하다. 영적인 힘의 방법론들은 이러한 가치관, 교의, 의식으로 이루어져 있는가? 그렇지 않다면, 사회복지사는 클라이언트가 이러한 작업을 해야 한다고 주장하는 것이 좋은가?

사회복지사는 클라이언트에게 자신이 관계를 맺고 있는 가족 및 공동체의 최고선을 지지할 책임이 있음을 알고 있다. 따라서 사회복지사는 클라이언트에게 자신의 가족과 공동체를 위해 봉사하라고 부단히 격려한다.

사회복지사의 다양성 문제

사회복지사는 영적인 힘을 수행하는 자신의 능력을 평가한다. 그는 또한 자기 자신의 필요를 계속 점검함으로써, 자신의 욕구가 아니라 클라이언트의 욕구에 대한 반응으로써 자기가 이러한 방법들을 선택했음을 알게 된다.

덧붙여, 사회복지사는 제1의 세력이나 심리역동적 이론 및 개입 그리고 영적인 힘의 변형에 관한 적절하고 전문적인 훈련이나 개인적 경험을 추구해야 한다. 그러므로 사회복지사는 또한 핵심 이론이나 성과 연구, 비평, 그리고 기타 자기가 사용하는 방법과 관련된 정보를 이해하기 위해 최근 문헌을 읽어야 한다.

생태체계의 다양성 문제

사회복지사는 또한 클라이언트가 관계를 맺고 있는 생태체계에서의 최고의 선을 지지할 책임이 있음을 알고 있다. 따라서 사회복지사는 클라이언트에게 자신의 가족과 공동체를 위해 봉사하라고 부단히 격려한다. 클라이언트가 타인의 고통을 고려하려는 의식을 가지고 나갈 때, 클라이언트는 자신의 고통에 덜 집중하게 되는 경향이 있다.

| 연구 질문 |

1. 영적인 힘 패러다임의 목적은 무엇인가?

2. 신성한 연속성이란 무엇인가? 과거 및 미래와의 신성한 연속성에 대한 의식을 어느 정도 느끼는가? 여러분은 신성한 연속성에 대한 당신의 최근의 의식을 어떻게 강화할 수 있는가?

3. 과거나 미래에 '고착'되었다는 것은 무엇을 의미하는가? 최근에 여러분은 과거나 미래 어디에 가장 고착되었다고 보는가?

4. 영적인 관점에서 여러분은 왜 현시점에 실존하는 것이 중요하다고 보는가? 여러분은 어느 정도로 매일의 생활을 현시점에서 살고 있는가?

5. 상상의 여행이 무엇인가? 이 과정의 주요 단계는 무엇인가?

6. 직접 상상의 여행을 해보라. 일어난 일을 설명해보라.

7. 상상의 여행 속에서 여러분의 동료들을 인도해보라. 일어난 일을 설명해보라.

8. 영적인 힘의 변형을 계획하고 실행할 때 사회복지사가 다룰 수 있는 다양성의 문제는 무엇인가? 만일 여러분이 클라이언트라면, 사회복지사가 영적인 힘의 문제를 가지고 여러분을 치료할 때, 사회복지사가 어떤 다양성의 문제를 다루었으면 좋겠는가?

자료

Washburn, M. (1994). *Transpersonal psychology in psychoanalytic perspective*. Albany: State University of New York Press.
This book includes
1. Summary of key theories in psychodynamic paradigm
2. Summary of transpersonal theory

CHAPTER 05

깨어있는 일상생활

깨어있는 일상생활 Mindful Daily Living

깨어있는 일상생활의 전체적인 목적은 훈련받은 유념성에 근거하여 올바른 행동 패턴을 육성하는 데에 있다. 정신은 파괴적인 환상에서 자유로우며, 대신 영혼과 창조적 정신에 이바지하는 데 활용된다.

깨어있음은 매 순간마다 증가하는 경건한 인식과 존재 상태에서 생생한 삶을 실천하는 것이다. 이러한 의식과 존재가 깊어지면서 근본적이고 지속적인 변화가 개인에게서 일어나며, 그리고 나서 그녀는 올바른 행동을 통하여 점점 더 섬김의 삶을 살아야 할 책임을 가지게 된다. 이러한 올바른 행동은 영적인 행동주의의 방법으로써, 이 안에서 개인은 자신, 가족, 공동체, 생태계의 최고선을 육성하는 일을 한다.

깨어있는 일상생활은 두 번째 세력 Second Force, 즉 사람들이 자신의 사고와 행동을 바꾸도록 돕는 인지행동치료의 개입 하에서 세워진다. 깨어있는 일상생활은 의도적인 인지행동 전략을 활용하여 변화를 육성한다. 더 위대한 인식 혹은 경건한 의식과 더 발전된 태도라고 하는 두 가지 상호 관련된 목적은 깨어있는 일상생활의 일부분이다.

클라이언트는 내/외부 세계의 더 위대한 의식을 개발한다. 내부세계란 신체적, 정서적, 인지적, 사회적, 영적인 차원을 포함하여 발달하는 자아의 다차원적이고 상호 연관된 측면들이다. 외부세계란 개인의 신체 외부에 존재하는 우주의 부분이다. 클라이언트가 더욱 더 의식적이 되어가면서, 그는 여전히 변화를 표명하는 자신의 능력을 방해하는 정신적인 장애물을 확인한다.

신성한 자아는 신체-마음-영-환경체계로서 인간의 모든 '부분'들을 포함한다. 클라이언트의 자아와 신성한 자아의 일부는 빛 가운데 있을 것이며, 일부는 그림자 가운데 있을 것이다. 빛 가운데 있는 일부는 클라이언트가 이미 인식하고 수용하는 부분이다. 그림자 가운데 있는 일부는 클라이언트가 인식하지 못하거나 아직 수용하지 못한 부분이다. 깨어있는 일상생활에서 세워지는 의식의 작업은 대게 그림자 재료 shadow material에 대한 인식을 증가시킨다.

예를 들면, 어떤 클라이언트는 자신이 얼마나 사랑스러운지 혹은 심지어 자신이 여전히 자기 자신을 얼마나 적게 사랑하는지 인식하지 못할 수도 있다. 또는 어떤 클라이언트는 자신이 얼마나 화가 났는지 또는 자신이 누구에게 화가 났는지 인식하지 못할 수도 있다. 또한 어떤 클라이언트는 자신이 미래에 대해 얼마나 두려워하는지 또는 세상에서 자기 자신이 원하는 것을 창조해내는 자신의 능력을 얼마나 적게 신뢰하는지 인식하지 못할 수도 있다. 그림자 국면들은 또한 영혼이나 창조적 영에 관한 것일 수 있다. 예를 들면, 어떤 사람은 자신이 신에 대해 얼마나 화가 났는지 또는 스스로가 자신의 영혼과 어떻게 단절되었는지 인식하지 못할 수 있다.

클라이언트는 또한 자신의 내/외부 세계에 대한 새로운 태도를 개발한다. 예컨대, 어떤 클라이언트는 의식, 연결, 신비, 의미 형성, 상상력, 생동감, 통합성, 사랑, 혹은 섬김 등을 점점 더 높게 평가하기 시작할 수 있다. 새로운 태도는 또한 영적인 성숙을 증가할 수 있도록 기여할 수 있는데, 이 영적인 성숙은 자신의 재능과 한계에 대한 인식과 수용뿐만 아니라 다른 사람들 안에 있는 영적인 다양성의 수용과 연관이 있다.

깨어있는 일상생활은 또한 어떤 사람들이 인격적인 통합성을 높이고 살아갈 수 있도록 도울 수 있고, 최고의 선the Highest Good을 촉진하도록 도울 수 있다. 통합성이란 개인이 자신의 모든 부분과 더불어 전체성과 조화wholeness and harmony 속에서 행동하는 것을 의미한다. 따라서 그의 신체, 마음, 영은 모두 행동방식과 관련하여 "일치한다."

올바른 행동

올바른 행동은 훈련된 유념성에 근거하며 따라서 통합성과 최고의 선에 대한 순수한 의도로써 수행된다. 동시에 올바른 행동과 관련된 사람은 또한 어떤 특수한 결과에 대한 기대에 대해 개의치 않는다. 개업사회사업가는 클라이언트와 클라이언트의 보다 큰 가족, 지역사회, 생태계에 대한 이익 때문에 클라이언트가 올바른 행동에 관여하도록 돕는다. 클라이언트는 타인을 섬길 때에 클라이언트 본인의 웰빙이 강화되는 경향이 있기 때문에 간접적인 이익을 얻는다. 가족, 지역사회, 생태계는 클라이언트가 제공한 도움으로부터 직접적인 이익을 얻는다.

감독자아 the directing-self

깨어있는 일상생활은 감독자아, 즉 자아의 한 "부분"의 개발을 포함하는데, 개인은 이 자아로부터 우주를 바라볼 뿐만 아니라, 또한 훈련된 유념성을 통하여 우주 속의 모든 것을 향하여 그가 가지고 있는 태도를 감독하고 수정한다. 프로젝트에 모든 예술적 국면들을 관찰하고 감독하는 영화감독처럼 감독자아는 자아의 모든 측면을 관찰하고 감독한다. 운동을 할 때 점점 강해지는 근육처럼 감독자아 또한 개인이 그것을 점차적으로 더 많이 사용할 때에 개발된다. 감독자아는 모든 개개인의 자연적인 일부이지만 모든 개개인에게서 동일하게 발전되지는 않는다. 하지만 자신의 감독 자아 속에 자리 잡는 클라이언트의 능력을 강화하도록 돕는 데 사용될 수

사례연구 5-1

감독의 의자

최근에 남편과 사별한 8명의 여성이 호스피스 프로그램인 사별을 다루는 폐쇄집단에 참석하고 있다. 전원이 60세 이상이다. 여자들은 첫 회기에서 지난해 그들이 당했던 모든 상실에 대해 공공연히 이야기한다. 여성들의 남편은 사망했고 자녀들은 출가했으며, 그들의 건강은 악화되었다. 이 집단을 격려하고 있는 호스피스 사회사업가는 집단 구성원들에게 자신이 상실을 다루는 데 사용할 기법을 가르쳐 줘도 되는지를 묻는다.

다음 회기에서 사회복지사는 여성들에게 영화감독 의자에 앉아서 자신이 영화감독이라고 상상하면서 자신의 인생을 마치 어떤 감독이 영화를 보듯이 바라보라고 한다. 그들은 먼저 자신의 몸에 대해서 그리고 자기가 얼마나 늙었는지에 대해서 이야기한다. 사회복지사는 그들에게 신체가 없더라면, 어떻게 되었을지를 상상하라고 요청한다. 모든 여자들은 그들이 그저 자신의 몸뚱이가 아니며, 그들의 젊음을 상실했다고 해서 그들 중 일부가 "혼" 혹은 "영"이라고 부르는 것을 상실한 것은 아니라고 상상할 수 있다고 동의한다. 두 번의 회기에 걸쳐 그들은 감독자아의 위치에서 자신의 몸을 바라보는 법을 배우고 그리고 나서 자신의 마음을 바라보는 법을 배운다. 나중에 그들은 동일한 관점에서 자신의 자녀들과 남편들을 바라보는 법을 연습한다. 모든 사람이 이러한 종류의 사색이 그들로 하여금 매우 유용한 새로운 관점에서 자신의 상실을 바라보는 것을 돕는다고 보고한다.

있는 방법들이 있다.

탈동일시

감독자아가 관찰할 수 없는 자아의 부분은 존재하지 않기 때문에, 개인은 그가 자신의 어떤 부분보다 "더 큰" 존재임을 알 수 있다. 이러한 탈동일시_{제2장에서 논의됨}의 과정에서, 어떤 개인은 자신의 정체성을 포기하지 않지만 그가 자신의 생애에서 구성하였던 자아의 많은 "부분들"과 덜 동일시한다. 따라서 〈표 5-1〉의 예에서 보는 바와 같이 어떤 사람이 자신이 그저 자신의 마음이나 감정 또는 심지어 자신의 신체만은 아니라는 것을 인식하기 시작할 수 있다.

발전적인 사람은 또한 자신의 유념성이 자신이 이전부터 동일시해 왔을 수도 있는 자신의 신성한 자아의 부분들로부터 자신을 탈동일시 하도록 도울 수 있음을 발견할 수 있다. 〈표 5-2〉의 예들이 보여주듯이 개인은 유념성을 이용하여 자기 자신의 외부에 있는 사물로부터 탈동일시할 수 있다. 다시 말하면, 탈동일시는 어떤 사

표 5-1 자아의 부분들로부터의 탈동일시: 동일시 변화의 예

자아의 부분	더 한 층의 동일시(동일시의 예)	보다 더 적은 동일시(탈동일시의 예)
신체적	나는 두통이 있다. 나는 육체적으로 아름답다.	나는 내 두통을 본다. 나는 그 이상이다. 나는 내 아름다움을 본다. 나는 그 이상이다.
정서적	나는 슬픔이 있다. 나는 기쁨이 있다.	나는 내 슬픔을 본다. 나는 그 이상이다. 나는 내 기쁨을 본다. 나는 그 이상이다.
인지적	나는 신념이 있다. 나는 불안하다.	나는 내 신념을 본다. 나는 그 이상이다. 나는 내 불안을 본다. 나는 그 이상이다.
영적	나는 의식이 있다. 나는 의식 수준이 있다.	나는 내 신념을 본다. 나는 그 이상이다. 나는 내 의식을 본다. 나는 그 이상이다.
사회적	나는 정당에 가입하고 있다. 나는 가족이 있다.	나는 내 정치학을 본다. 나는 그 이상이다. 나는 내 가족을 본다. 나는 그 이상이다.

표 5-2 신성한 자아의 부분들로부터 탈동일시: 동일시 변화의 예

신성한 자아의 부분	더 한 층의 동일시(동일시의 예)	보다 더 적은 동일시(초월-동일시의 예)
재산	나는 나의 집이 있다. 나는 내 자동차가 있다.	나는 내 집을 본다. 나는 그 이상이다. 나는 내 자동차를 본다. 나는 그 이상이다.
힘	나는 다른 사람에게 권위가 있다. 나는 내 일이 있다.	나는 내 권위를 본다. 나는 그 이상이다. 나는 내 일을 본다. 나는 그 이상이다.
지위	나는 위계적인 지위가 있다. 나는 내 이웃이 있다.	나는 내 신분을 본다. 나는 그 이상이다. 나는 내 이웃을 본다. 나는 그 이상이다.
명성	나는 나의 홍보이다. 나는 나의 출판물이다.	나는 내 홍보를 본다. 나는 그 이상이다. 나는 내 출판물을 본다. 나는 그 이상이다.
돈	나는 증권이 있다. 나는 보통예금이 있다.	나는 내 증권을 본다. 나는 그 이상이다. 나는 내 보통예금을 본다. 나는 그 이상이다.

람이 무언가를 반드시 포기하는 것을 의미하는 것이 아니라, 태도의 변화가 발생하는 것을 의미한다.

깨어있는 의식 개발

깨어있는 의식은 지금 그리고 여기에서 더 충만히 존재하고 살아있게 되는 방법으로 이해할 수 있다. 모든 유념성의 방법들은 그러한 존재와 살아있음을 개발하려는 의도로 시작한다.

명상

깨어있는 의식을 개발하는 한 가지 방법은 명상을 통해서이다. 수많은 유형의 명상은 두 가지 유형으로 정리할 수 있다. 하나는 주의-집중 방법때로는 착석 명상이라 불림이고 다른 하나는 주의-개방 방법때로는 보행 명상이라 불림이다. 주의-집중 방법에서 개인은 자신이 집중력을 기울이고 좁히는 반면, 주의-개방 방법에서 개인은 자신의 내면과 주변의 모든 것에 대해 자신의 의식을 개방한다. 주의-집중 방법에서 더 많은 유익을 얻는 사람이 있는가 하면, 주의-개방 방법이나 두 가지 방법의 결합으로부터 더 많은 유익을 얻는 사람도 있다.

주의-집중 방법

공간 만들기. 명상으로 유념성 작업을 함에 있어서 첫 번째 단계는 작업을 하기 위한 공간을 만드는 것이다. 개인은 작업의 목적에 전념함으로 시작한다. 목적은 단순히 이완하거나, 마음을 정리하거나, 도전이나 문제, 혹은 어떤 다른 목표들을 연구하는 것 등이 될 수 있다. 사회복지사는 클라이언트의 목적에 단순히 반응하거나, 클라이언트와 함께 작업하면서 그가 자신의 목적을 동일시하도록 도울 수 있다.

다음에 사회복지사는 클라이언트가 조용하고 안전하며 편안한 작업장소를 발견하도록 돕는다. 그러한 장소는 클라이언트가 정상적인 작업으로부터 자신의 의식을 되돌리게 하도록 도울 수 있으며, 따라서 자신의 마음의 평정을 얻는 데 기여할 수 있다. 안전한 장소는 처음에는 사회복지사의 사무실이 될 수 있을 것이다. 나중에는 클라이언트가 집이나 때로는 밖에서 작업하기를 원할 수도 있을 것이다.

자세는 깨어있는 의식 작업에 도움이 될 때가 있다. 허리를 세우고 꼿꼿이 앉기를 좋아하는 클라이언트들도 있는 반면, 어떤 클라이언트들은 드러눕기를 좋아한다. 대부분의 클라이언트들은 집중 대상이 자신이 보고 싶어 하는 자기 외부의 대상이 아닐 경우 눈을 감는다.

초점 맞추기. 클라이언트는 많은 사물들에 초점을 맞추는 법을 배울 수 있다. 많은 명상 전통들은 호흡에 집중한다. 영성이란 단어는 아마 우리가 숨을 들이마셔서 그것을 생명의 연료로 사용하는 기적적인 방법을 인식하는 한 가지 방식으로서, 문자적으로 "생명의 호흡"을 의미한다. 사회복지사는 클라이언트에게 아마도 숨을 들이마시고, 폐를 채우고, 숨을 내쉬고, 숨이 비어있는 동안 폐를 이완시키는 4단계 안에서 자신의 호흡과정에 대해서만 단지 주목하라고 요청할 수 있다. 호흡을 주시

> **사례연구 5-2**
> **10대들을 위한 단순한 집중**
>
> 지역사회에 기반을 둔 기관에서 청소년 성폭력자를 대상으로 하는 프로그램을 고안하였다. 새 프로그램 감독은 호흡작업과 요가를 10대들의 집단회기에 결합하기로 한다. 첫 집단회기에서 그는 소년들을 의자에 앉거나 융단 위에 눕게 하고 나서 말한다. "나는 먼저 눈을 감고 마음에 떠오르는 것을 주목하고 싶다. 내가 과거나 미래, 혹은 다른 것에 대해 가질 수 있는 그 어떤 생각도 나를 구름처럼 둥둥 띄워서 결국 하늘 저편으로 불어낸다……. 그렇지……. 이제 나는 내 호흡을 지켜보기 시작할 것이다. 나는 내가 숨을 들이마시고, 어떻게 멈춰서 숨을 허파에 가득 채우며, 그리고 나서 내쉬고, 다음에 어떻게 비워진 폐로 잠시 멈추는지 지켜보고 있다……. 이제 나는 숨을 들이마시면서, 내가 우리 위에 있는 산으로부터 좋은 긍정적인 에너지를 들이마시고 있다고 상상할 것이다. 나는 그 에너지를 잠깐 내 안에 머물게 하면서 자신에 대한 동정과 사랑, 그리고 용서를 느낀다. 이제 나는 숨을 내쉬면서, 살면서 내가 상처를 주었던 사람들에게 사랑과 동정을, 그리고 나에게 상처를 입혔던 사람들에게는 용서를 준다."
> 시간이 지나서 대부분의 청소년은 스스로에 대해 더 좋게 느끼며 내적인 평화의 순간들을 느끼기 시작했다고 보고한다. 그들은 원하지 않는 성적 충동을 조절하는 더 나은 능력을 보고한다. 아무도 다시 성폭력을 행사하지 않았다. 그 중 일부는 법원이 명령한 프로그램이 끝난 후 훈련을 계속 받게 해달라고 요청했다.

하는 많은 가능한 변형들이 있다. 어떤 클라이언트들은 호흡을 천천히 하면서 호흡수를 변화시키기를 좋아한다. 다른 클라이언트들은 한쪽 콧구멍으로 숨을 마셔서 다른 쪽으로 숨을 내쉰다. 또 어떤 클라이언트들은 신God의 사랑을 들이마셔서 다른 사람들이나 세상에 대하여 축복을 내쉰다고 상상한다.

집중 작업을 하는 많은 사람들은 그들의 치료에 방해가 될 수 있는 어떤 기대를 한다. 예를 들면, 때때로 사람들은 그들이 손쉽게 가만히 앉아 있어야 하거나, 그들이 마음에서 생각을 완전히 비울 수 있어야 한다고 믿는다.

다른 집중대상들로는 심상, 그림, 사진, 자연풍경, 스스로의 신체기관과 근육 등이 있다. 연구는 신체-정신-영혼이 모든 이완 및 집중 방법에 자연적 반응을 한다고 가리키는 것 같다. 따라서 결과는 특수한 집중 대상에 의존적이지 않다.

주의-개방 방법. 조용한 장소에서 앉거나 눕는 대신에 주의-개방 방법은 유념성을 보통의 일상적 활동에 적용한다. 사회복지사는 클라이언트에게 자신의 감독자 아로부터 자기 자신과 자신의 주변을 관찰하라고 가르친다. 그리고 나서 클라이언트는 먹거나, 목욕하거나, 옷 입거나, 걷거나, 운동하거나, 일하거나, 놀거나 등등의 다양한 활동을 하면서 유념성 연습을 하도록 격려 받는다. 이것이 사람들이 평상시에 하는 활동이며, 주의-집중에 많은 시간을 낼 수 있는 사람이 많지 않기 때문에, 주의-개방 방법은 영성 개발에서 아주 중요할 수 있다.

영적 렌즈*를 확인하기

전통적인 인지행동치료에서 사회복지사는 클라이언트와 작업하면서 클라이언트가 자신의 건강한 기능에 장애가 되는 사고오류들을 확인하고 교체하도록 돕는다.

깨어있는 일상생활에서 사회복지사는 클라이언트가 최근에 견지하는 개개의 영적 신념과 가치관에 질문을 던지도록 도우며, 파괴적인 영적 렌즈를 확인하고 교체하도록 돕는다. 영적 렌즈란 클라이언트가 자기 자신과 우주에 대해 가지는 관점이다. 영적 렌즈는 가족, 제도, 문화, 지역 및 지구 공동체 내 사람들이 개인적으로나 집단적으로 가질 수 있다. 영적 렌즈는 그것이 최고선에 대항해 작용할 정도로 파괴적이며, 그것이 최고선을 지지할 때 창조적이다.

영적 렌즈는 감독자아에 의해 확인되고 교체된다. 클라이언트는 그가 영적 렌즈들이 떠오르는 진리에 대항하는지 조사하면서 그의 렌즈 일부를 수정하기로 할 수 있다. 어떤 신비주의자들이 말했듯이, 사람은 확고한 진리에 대해 자신이 가지고 있는 가장 소중한 신념을 기꺼이 산산조각 낼 수 있어야 한다. 영적 렌즈의 예들이 〈표 5-3〉에 제시되어 있다.

표 5-3 파괴적이고 창조적인 영적 렌즈의 예

영적 렌즈의 수준	파괴적인 렌즈	창조적인 렌즈
인간 정체성	나는 우주와 분리된 마음을 가진 존재이다.	모든 사람과 정신은 상호 연결되어 있다.
보호	나는 자기보호에 집중할 필요가 있다.	보호해야 할 자아는 없다.
인간관계 갈등	나는 공격받았을 때 방어하고 보복할 필요가 있다.	나는 그나 그녀의 공격이 도움의 요청이기 때문에 타인을 용서할 것이다.
성장	나는 세상의 희생자라서 나는 내가 원하는 어떤 조치든 취할 수 있고 취해야 한다.	내가 세상에 주는 평화와 치유가 나에게 평화와 치유를 준다.
전쟁	우리는 평화를 위해 전쟁을 해야 한다.	전쟁은 두려움을 가져오고, 사랑만이 평화를 만든다.

* 렌즈(lens)를 관점으로도 해석할 수 있겠으나 원문에 충실하기 위해서 렌즈라는 말을 사용하였다.

영적 렌즈를 교체하기

사회복지사들이 듣는 불평의 대부분은 그들의 클라이언트들이 다른 사람들과의 상호작용에서 겪는 고통에 관한 것이다. 흔한 불평은 직장 상사의 무감각, 동료의 경쟁심, 부모의 엄격함, 현 배우자의 시무룩함, 전 배우자의 이기심 등이다. 이 모든 종류의 어려움은 영적 렌즈의 교체로 다룰 수 있다.

방법은 간단하지만, 각 경우마다 그 자체의 독특한 특징을 가질 수 있다. 사회복지사는 먼저 클라이언트가 자기 자신을 연구해서 어떤 영적 렌즈가 그의 고통을 유발하는지 밝혀낼 수 있도록 돕는다. 그러고 나서 사회복지사는 클라이언트가 파괴

사례연구 5-3

영적 렌즈

한 부부가 영적 지향성을 지닌 사회복지사에게 결혼상담을 받으러 온다. 목사의 추천으로 온 그들은 자신들의 결혼생활이 개선되길 원하지만 방법을 모르겠다고 말한다. 그들의 막내 아이가 1년 전 이사해 나갔고 지난 몇 달 동안 그들은 거의 매일 싸웠다. 남편은 아내가 차갑고 억누른다고 말하며, 아내는 남편이 실패자라고 말한다.

사회복지사가 하는 일의 일부는 각 배우자가 결혼의 고통을 강화시키는 영적 렌즈를 조사하도록 돕는 것이다. 도움과 함께 남편은 자기 아내의 "차가움"이 실제로는 도와달라는 외침임을 알게 되고, 그는 다시 아내에 대해 동정심을 가지기 시작한다. 아내 또한 남편의 일자리 투쟁을 다르게 보기 시작하고, 남편의 위축되는 행동을 그가 자신의 고통을 보여주는 방식으로 본다. 어떤 회기에서 그녀는 남편이 "행하기에 결코 쉽지 않은, 진실로 사랑하는 법과 또한 사랑 받는 법을 나에게 가르치기 위해 신께서 나에게 주신 선물이다. 그가 아직 나를 원한다니 기쁘다. 나는 내가 그를 미워한다고 생각했는데, 실상 내가 미워한 것은 나 자신이었다"고 말한다. 남편은 말한다. "나는 이제야 아내에 대해 내가 원하는 것과 원하지 않는 것을 말하는 법을 배우고 있다. 이걸 배우는 데 23년의 시간이 걸렸다." 치료사가 말한다. "나는 두 분이 변화를 이룰 수 있게 되어 자랑스럽습니다. 결혼생활에서 동정과 용서를 배우기가 그렇게 어렵군요."

적인 영적 렌즈를 보다 더 창조적인 렌즈로 교체하도록 돕는다.

행동주의

클라이언트가 자신의 깨어있는 의식그리고 자기 영성의 다른 측면들을 개발하면서, 그녀는 다른 사람들, 지역사회, 생태계를 섬기는 책임감이 증가한다. 유념성이 어떻게 섬기는 능력을 창조하도록 돕는가? 유념성은 가족, 지역사회, 생태계의 최고의 선을 이해하고 육성하는 능력을 개발하는 데 있어 주요 도구이다. 유념성이 없는 행동주의는 균형을 잃게 되며, 자아self와 신성한 자아divine self에 해를 입히는 맹목적 행동으로 이어질 수 있다. 행동주의 없는 깨어있는 의식 또한 균형을 잃게 되며, 자아와 신성한 자아에 해를 입히는 세상으로부터의 영적인 후퇴로 이어질 수 있다.

사회복지사는 어떤 종류의 서비스에 클라이언트가 참가할 필요가 있는지 모르지만, 클라이언트가 무엇을 할 욕구가 있는지, 그리고 나서 어떤 서비스의 훈련에 능동적으로 참가할 욕구가 있는지 결정하도록 도울 수 있다. 현명한 사회복지사는 또한 자신의 깨어있는 의식이 어떻게 서비스로 이어지는지, 그리고 자신의 서비스가 어떻게 깨어있는 의식의 증가로 이어지는지 스스로 발견하도록 돕는다. 교육이라는 말은 문자적으로 "끄집어낸다"는 뜻이 있으며, 사회복지사는 클라이언트 자신이 관심을 갖는 서비스를 탐구하도록 돕는다. 사회복지사는 또한 클라이언트가 어떻게 주의-개방 명상기법opended attention meditation technique을 사용하여 자신의 서비스 활동을 하는지에 대해 유념하도록 돕는다.

> **사례연구 5-4**
>
> **자원봉사 활동**
>
> 16살 된 소년이 때때로 자살충동과 더불어 기분부전장애dysthymia과 불안을 호소하면서 사회복지사에게 왔다. 사회복지사는 소년이 서명하기로 동의한 자살 계약을 소년과 맺는다(그가 자신을 해롭게 하려고 하기 전에 몇몇 사람들 중 한 명에게 전화하기로 동의하는 내용을 담은).
>
> 몇 달의 치료기간 동안 클라이언트는 주의-집중 및 주의-개방 명상기법을 배우기 시작한다. 사회복지사는 소년에게 지역사회에서 모종의 봉사에 참가하라고 격려하고, 소년은 지역노인센터에서 노인들을 돕는 봉사를 하기로 결정한다. 사회복지사의 도움으로 소년은 자기가 돕고 있는 노인들의 감정을 더 잘 이해하는 법을 배운다. 시간이 흐르면서 자기 자신의 감정에 대한 인식 또한 개선되기 시작한다. 그가 모든 각 사람의 감정에 대해 더 의식하게 되면서, 그는 사람들뿐 아니라 자기 주변의 동물들의 고통까지 알아챈다. 소년은 자신의 고통에 덜 집중하게 되며, 점점 자신의 우울증과 근심에 관심을 덜 갖게 되는데, 이것들은 더 이상 그렇게 극심해 보이지 않는다. 그는 그가 지금 가끔씩 경험하고 있는 우울증과 불안을 그가 자신의 보다 깊은 내면에 있는 무언가를 느끼고 있다는 신호로 사용하는 법을 배운다.

대화

어떤 행동이 옳고 그른지에 대해서는 항상 불일치가 있을 것이다. 대화의 목적은 영적이고 보편적인 다양성의 지역사회가 함께 세워질 수 있도록 사람들이 서로 간의 관계 안에 머물도록 돕는 것이다. 관계 속에 있다는 것은 사람들이 서로 다르지만 존경하고, 동정하고, 사랑하는 방식으로 상호작용하는 것을 의미한다. 여기 대화를 안내할 수 있도록 도울 수 있는 몇 가지 규칙이 있다.

대화의 규칙
1. 각 개인은 다른 사람에게 자기 자신의 개인적 진리를 말한다.

2. 각 개인은 다른 사람의 진리를 듣고 거기에 대해 동정심을 갖는다.
3. 두 사람이 갖는 최선의 가치는 서로에 대해 상호 존중, 동정, 사랑을 지니는 것이다.
4. 많은 영역에서 동의가 가능하겠지만, 목적은 지적인 동의가 아니다.

감독자아의 특수한 목적들

사회복지사는 클라이언트가 감독자아의 작업을 통하여 7가지 상호 관련된 변형적 변화의 측면들을 개발하도록 돕는다제3장 참조. 여기에는 급진적 변화, 완전한 변화, 강화된 평형, 절제, 더 큰 무아경, 증가된 능력, 지금-여기의 잠재적 변화, 새로운 가치기반 행동, 봉사행동주의 등이 포함된다. 감독자아를 개발하는 변화의 주된 방법은 모범modeling, 명상, 행동이다.

사회복지사는 클라이언트에 대한 변화의 측면을 본보기models로 삼는다. 따라서 사회복지사는 자기 자신의 영적인 개발에 대해 노력함으로써 자신이 클라이언트로 하여금 어떻게 한 사람이 일상생활에서 변화의 측면을 지탱할 수 있는지 보도록 도울 수 있다. 사회복지사 자신은 클라이언트의 인생에서 한 사람의 스승에 불과하며, 사회복지사 자신의 깨어있는 태도와 행동주의를 연습하는 방식들은 모두가 클라이언트에게 맞을 수도 있고, 그렇지 않을 수도 있음을 클라이언트가 이해하도록 돕는다. 다시 말하면, 클라이언트가 따르고 싶은 사회복지사의 특성도 있고 버리고 싶은 것도 있을 수 있다.

사회복지사는 클라이언트가 명상연습을 개발하여 깨어있는 상태를 양성할 수 있도록 돕는다. 명상의 방법에는 여러 가지가 있으므로 사회복지사는 클라이언트 본인의 독특한 필요와 상황에 맞는 바른 방법을 찾도록 돕는다. 사회복지사는 클라이언트의 관심, 발달수준, 동기를 결정함으로써 이 독특한 적합성을 찾도록 돕는다.

마지막으로 사회복지사는 또한 클라이언트에게 자신의 새로운 유념성을 구현하는 새로운 행동을 취하라고 요청한다. 이 새로운 행동은 클라이언트가 영적으로 계속 성장하도록 클라이언트를 긴장시켜야 하지만, 너무 많은 스트레스를 주면 좋지 않다. 다시 말해 행동은 도전적이지만 현실적이어야 한다.

사례연구 5-5

주의-개방

어느 한부모 가정의 아버지가 스트레스, 근심, 기분저하증을 호소하면서 개업사회사업가를 찾아 왔다. 평가하는 동안 의뢰인은 평정심, 절제, 완전성, 무아경을 포함하여 자기 인생에서 개발하고 싶은 수많은 변화 국면들을 확인한다. 개업사회사업가는 내담자에게 사회사업가로서 이야기와 사적인 나눔을 통하여, 자신의 인생에서 어떻게 이러한 특성들을 표현하고 있는지 보여준다.

개업사회사업가는 활용할 수 있는 여러 가지 상이한 명상연습들을 설명하고, 내담자는 주의-개방 방법으로 작업하기로 선택한다. 개업사회사업가는 내담자에게 매일 주의-개방 명상 연습을 전개하는 것을 돕기로 하는데, 연습이란 내담자가 매일 아침 일찍 아이들을 깨우기 전에 명상산책을 하는 것이다. 일주일에 서너 차례 명상하는 이러한 기술을 몇 주간 연습한 후, 내담자는 스트레스와 근심, 우울증이 덜한 것을 느낀다.

개업사회사업가는 이러한 성공에 이어 내담자에게 자신의 새로운 사고방식을 반영하는 새로운 행동을 시작하라고 요구한다. 내담자인 아버지는 그가 지역사회에 되돌려주는 일은 교회를 통해서 하기로 한다. 내담자는 다시 주일학교에서 가르치기 시작하는데, 이 일은 그에게 자기 자녀들뿐만 아니라 지역사회의 다른 어린이들과 부모들과 교류하는 기회를 주기 때문이다.

실책 대 책임

사회복지사는 클라이언트에게 의식의 발달을 돕거나 가로막을 수 있는 영적인 믿음에 대해 교육한다. 실책과 책임에 대한 믿음은 한 사람의 영적인 성숙에 있어서 중요하다.

실책이나 과실은 많은 클라이언트들이 불필요하게 고통을 받는 구조이다. 많은 사람들은 자신이 겪는 고통에 대해 자기 자신을 비난하고 그 다음에 남을 비난한다. 사람들이 남을 비난할 때 사실은 그들이 자기 비난에 대한 반응으로 그렇게 한다. 덧붙이면, 실책 찾기는 그가 환경의 희생자로 있기 때문에 대개 책임 회피와 연관된다. 영적인 관점으로 볼 때, 어떤 사건의 유일한 원인은 하나하나의 모든 사물이기 때문에 궁극적으로 실책이라는 것은 없다. 덧붙여 비난의 주요 결과는 비난이 사람들의 발전을 얼어붙게 만들기 때문에 변화가 거의 없다는 것이다. 다시 말하면, 성인이 되도록 성장하지 않고 그 자리에 머무는 최상의 방법은 세상을 비난하고 환경의 희생자가 되고 자신을 비난하는 것이다.

대조적으로 책임은 실책의 반대이다. 어떤 사람이 자신의 행동에 대해 책임을 질 때, 자신은 더 이상 자신의 힘을 인생의 환경^{주위상황}에 넘겨주지 않는다. 대신 그는 자신의 행동에 대해 100% 책임을 진다. 그는 더 이상 자신을 환경의 피해자라고 보지 않을 때 성인이 된다. 따라서 어린이와 성인의 핵심적인 인지적인 변화의 차이는 실책에서 책임으로의 이동이다.

행동주의와 반응

오늘날 지역 및 지구 공동체의 수준에서 반응과 행동주의의 차이에 대하여 혼란이 존재한다. 반응이 파괴적 신념으로 인한 파괴적 행동인 반면, 행동주의는 창조적 신념에 근거한 행동이다(〈표 5-4〉 참조). 사회복지사는 개인들, 부부들, 가족들, 혹은 집단들이 그들 자신의 파괴적 신념을 확인하고 나서 그것들을 보다 더 창조적

표 5-4 집단적으로 보유한 파괴적 신념과 창조적 반대

	반응(파괴적 신념)	행동주의(창조적 신념)
정의	경직, 사색 유무, 폭력으로 받는 고통에 대한 반응	개방성, 복잡성, 창조성으로 받는 고통에 대한 반응
종족(種族) 애호	애국자는 자기 민족만 사랑한다.	애국자는 모든 민족을 사랑한다.
군사적 행동	군대를 지지한다면 전쟁을 지지하는 것이 된다.	전쟁을 지지하지 않고서 군대를 지지할 수 없다.
환경	환경을 보호한다면 경제발전에 반대하는 것이다.	경제발전을 지지하는 방식으로 환경을 보호할 수 있다.
생물공학	생물공학의 발전은 인간생명에 해를 입힌다.	모두의 최고선을 강화하는 생물공학을 창안할 수 있다.
동성결혼	게이와 레즈비언이 결혼한다면 순수한 결혼에 해를 입힐 것이다.	마음이 맞는 두 성인의 결혼은 모두의 최고선을 강화할 수 있다.
테러리즘	폭력은 더 큰 폭력으로만 멈출 수 있다.	폭력은 폭력을 멈출 수 없고 사랑만이 멈출 수 있다.

인 신념으로 교체하도록 도울 수 있다. 그러한 작업은 깨어있는 일상생활의 육성을 도울 수 있다.

윤리적 가치의 문제

연구결과의 함의

다른 방법론들과 마찬가지로 깨어있는 행동주의는 모든 상황에서 모든 클라이언트에게 효과적이지는 않다. 비록 제2의 세력인 인지행동치료CBT 개입이 최근에 가

장 많이 사용되고, 가장 많이 연구되고 있지만, 문헌을 살펴보면 CBT가 다른 실천 패러다임들보다 전반적으로 더 효과적이라는 증거가 별로 없다. 연구는 비록 시간이 흐르면서 변화가 제자리를 유지하거나 일반화되지는 않을지 모르지만, CBT가 여러 가지 "정신질환" 증세를 완화하는 데 유익할 것임을 분명히 보여준다. 인지행동치료는 때로는 정서적 내용을 직접 다루거나 깊은 통찰 작업에 참가하고 싶어 하지 않는 많은 클라이언트들에게 비교적 덜 위협을 줄 것으로 보인다. 깨어있음-행동주의 변화는 또한 사람들이 여러 가지 고통을 극복하도록 돕는 데 유익할 수 있으며, 부가적인 연구는 우리가 이런 계통의 방법들의 상대적인 한계와 유익을 이해하는 데 도움을 줄 것이다.

클라이언트 다양성의 문제

사회복지사는 그가 클라이언트와 맺는 공적/사적 계약을 인식하고 있다. 영적인 실천의 어떤 패러다임과 마찬가지로, 사회복지사는 클라이언트 자신의 가족 배경, 문화, 발달, 관심과 어울릴 것으로 보이는 언어와 행동을 선택한다. 비록 유념성 행동주의 변화가 어떤 클라이언트에게 덜 위협적일 수 있겠지만, 사회복지사는 여전히 클라이언트가 지적知的으로 이 작업을 해낼 수 있을지, 그리고 변화라고 하는 도전적인 작업을 할 동기부여가 되어 있는지 여부를 평가할 필요가 있다.

가족 및 지역사회 다양성의 문제

어떤 패러다임을 가지고 작업할 때, 사회복지사는 자신이 소속되어 일하는 실천 환경, 지역사회, 문화 속에서 지지되는 집단적 가치, 교의, 의식儀式에 민감하다. 유념성 행동주의는 사람들이 자신의 대부분 생애 동안 지니는 근본적이고 때로는 소중한 믿음에 질문을 던지는 급진적 방법을 사용한다. 따라서 어떤 불편함이 기대될 수 있다. 사회복지사는 이러한 불가피한 불편뿐만 아니라 클라이언트가 가족, 제도, 지역사회와의 관계 가운데 느끼는 취약성 수준에 대해 민감해야 한다. 각 클라이언트는 다양한 정도의 지지와 격려를 사회복지사로부터 필요로 할 수 있는데, 이것은 가족, 제도, 지역사회로부터 이용할 수 있는 지지와 격려의 정도에 달려 있다.

덧붙여, 사회복지사는 그가 클라이언트가 관계를 맺고 있는 가족과 지역사회의 최고선을 지지하는 책임을 지닌다는 사실을 인식한다. 따라서 사회복지사는 변화하는 클라이언트에게 가족과 지역사회에 대해 점점 중요한 서비스를 제공하라고 지속적으로 격려한다.

사회복지사의 다양성의 문제

사회복지사는 깨어있는 행동주의 변화를 수행하는 자신의 능력을 평가한다. 사회복지사는 또한 자기 자신의 욕구를 지속적으로 모니터하는데, 그렇게 함으로써 그녀는 자신이 이러한 방법을 선택한 것이 자신의 욕구가 아니라 클라이언트의 욕구에 대한 반응이었음을 인식한다. 사회복지사는 또한 제2의 세력 또는 인지행동치료 이론과 개입 그리고 깨어있는 행동주의 변화에 있어서 적절한 전문훈련과 개인적 경험을 추구한다. 사회복지사는 자신이 사용하고 있는 방법에 대한 핵심이론, 결과 연구, 비평, 기타 관련 정보를 이해하기 위해 최근의 문헌을 연구해야 한다.

생태계 다양성의 문제

사회복지사는 클라이언트가 관계를 맺고 있는 생태계의 최고선을 지지하는 책임을 가지고 있다는 사실을 인식한다. 따라서 사회복지사는 클라이언트에게 모든 생명체와 생명을 지탱하는 생태계를 소중히 하는 우주적 지역사회라는 공동체의 개발을 돕기 위해 지속적으로 격려한다.

| 연구 질문 |

1. 훈련된 깨어있는 의식(mindfulness)이란 무엇인가? 그것이 왜 영적인 생활에 중요한가?

2. 여러분은 자신의 사고가 훈련되었다고 어느 정도로 믿을 수 있는가? 최근에 여러분이 더 훈련되지 못하도록 막고 있는 장애물은 무엇인가?

3. 올바른 행동이란 무엇인가? 무엇이 그 행동을 올바르게 만드는가? 갈등이 있을 때, 여러분 자신의 개인적 올바른 행동은 어떤 것이 있는가?

4. 영적 렌즈(lenses)가 무엇인가? 여러분은 그것을 어떻게 교체하는가? 여러분은 어떤 개인적 렌즈로 교체할 것인가?

5. 대화의 요소들을 진술하라. 여러분과 갈등관계에 있는 사람을 확인하라. 갈등 상황에서 대화방법을 사용하여 보라.

6. 왜 어떤 사람은 자신의 인격의 "부분"으로부터 탈동일시하고 싶어 하는가? 여러분의 어느 부분을 탈동일시하고 싶은가? 여러분은 그 작업을 어떻게 수행하겠는가?

자 료

Bennett-Goleman, T. (2001). *Emotional alchemy: How the mind can heal the heart*. New York: Three Rivers Press.
 This book describes cognitive methods of working with emotional and spiritual issues.

Friedman, M. (1983). *The confirmation of otherness in family, community, and society*. New York: Pilgrim Press.
 This book describes and builds on Martin Buber's philosophy of dialogue.

Gawain, S. (2002, originally published in 1978). *Creative visualization: Use the power of your imagination to create what you want in your life*. Navato, CA: New World Library.
 This book describes methods of creative visualization.

Washburn, M. (1994). *Transpersonal psychology in psychoanalytic perspective*. Albany, NY: State University of New York Press.
 This book links transpersonal theory with psychoanalytic theory, and has a large reference list.

CHAPTER 06

가슴과 함께하는 영

가슴과 함께하는 영spirit with heart

　대부분의 가슴과 함께하는 영에 관한 연구의 목적은 의식적으로 지금 바로 여기에서 마음을 촉진하는 것이다. 신중한 행동주의와는 대조적으로, 가슴과 함께하는 영에 대한 연구는 성숙한 가슴heart의 표현, 계발, 자각을 통해 의식적으로 높은 자아의 사용을 발달시키는 것이며, 마음mind을 통해 의식적으로 책임을 조장하는 것이다.
　마치 마음이 영성을 표현하는 신성한 기관organ으로 보이듯이, 가슴도 창조적이고 특별한 영spirit으로 표현되는 신성한 기관으로 볼 수 있다. 그리하여 우리는 가슴을 통해 창조적인 영에 관해 좀 더 배울 수 있고, 또한 성숙한 가슴을 통해 우리의 영혼soul을 표현할 수 있다.
　가슴과 함께하는 영은 전통적인 제3의 세력Third Force* 혹은 인간적인 경험을 통해 형성된다. 제3의 힘의 방법은 전통적으로 사람들이 자신의 정서를 표현하고 수용, 깨닫도록 도와주는 데 초점이 맞춰지며, 지금 바로 여기에서 가슴의 변형을 조장하기 때문에 신비롭다.

지금 바로 여기에서의 변화, 새로운 가치에 토대를 둔 활동, 능력의 확장, 희열, 절제, 평정이 강화되고 장기간에 걸친 통합적인 변화, 근본적인 변화의 영적인 목표를 지지하는 책임성의 증가에로 이끄는 성장을 인식하게 된다.

아동기의 최상의 발달 목표는 정서적 성숙이 아니라 영적 관점에서의 감정표현과 인식이다. 정서적 차원에서의 성숙한 영성은 해로운 감정을 영적 분별력과 창조적 감정으로 변형하는 능력을 가지고 있다. 또한 이러한 성숙한 영성은 생태체계, 모든 생명체, 사람들의 경험에 대해 주의 깊게 경청하는 능력을 가지고 있다.

가슴으로 영에 귀 기울이기

가슴과 함께하는 영 spirit with heart의 활동은 저마다 가슴의 언어를 통해 창조적인 영에 귀 기울일 때 시작된다. 영적인 관점으로부터 가슴은 지금 바로 여기에서 영을 알 수 있다. 불안정한 감정이 병리적으로 보이기보다는 오히려 모든 정서가 영혼 soul의 표현으로 보일 수 있다.

더 높은 자아의 의식적 사용

가슴과 함께하는 영의 활동에서 대부분 변형의 기본적 방법은 숙련된 전문가가

---

* 심리학의 발달사에서 정신분석학을 제1세력, 행동주의 심리학을 제2세력, 인본주의 심리학을 제3세력의 심리학이라고 부른다. - 역자 주

생태체계, 지역사회, 클라이언트를 이끌기 위해 의식적으로 더 높은 자아를 사용하는 것이다. 의식적으로 더 높은 자아를 사용한다는 것은 최고선에 도달하기 위해 사회복지사가 사랑의 관계 속으로 의도적으로 개입하는 것이다. 의식적으로 더 높은 자아를 사용한다는 것은 영성적 파트너십 내에서 신체적, 정서적, 인지적, 사회적, 영성적 발달의 차원 어느 것의 의도적인 사용과 연관될 수 있다.

더 높은 자아의 의식적 사용의 재개

가슴과 함께하는 영의 관점으로부터, 효과적인 더 높은 자아의 의식적 사용은 사회복지사에게 영적 변형과 힘에 자신을 활짝 열 것을 요구한다. 모든 영적 변형은 창조적 영을 가진 지역사회, 전문가, 클라이언트의 적극적인 참여를 필요로 하는 공동의 활동이다. 전문적인 원조자는 자신을 영성의 근원source으로 보기보다는 오히려 치유하는 영성의 연결통로로 보아야 한다.

개방성에 대한 공통의 잠재적 장애물은 사회복지사가 자신의 역전이 반응을 줄이거나 부인할 때 나타난다. 〈표 6-1〉은 사회복지사가 명확한 사정이나 효과적인 변화를 가져오는 데 방해되는 역전이의 주요 유형을 보여준다. 역전이는 클라이언트의 진실된 본질과 사회복지사와 관련되어 있는 어떤 것에 대해 사회복지사가 클라이언트를 향해 갖는 모든 반응을 포함한다. 본질적으로 사회복지사의 역전이는 클라이언트와 시작하면서 종결을 결정하는 그 과정 속에서 나타난다. 사회복지사는 자신의 역전이 반응의 진실된 본질을 수용하고 이해한다. 사회복지사는 클라이언트 과거의 진실된 본질을 좀 더 회고하는 것에 착수한다.

재개Reopening의 과정에서 감정과 인지적 반응을 반드시 멀리해야 하는 것은 아니다. 하지만 사회복지사의 관계성은 이러한 반응의 변화와 함께한다. 사회복지사는

표 6-1 발달적 차원에 따른 더 높은 자아의 의식적 사용

사회복지사를 방해하는 차원	장애와 관계가 있을 수 있는 외상(사회복지사의 과거로부터)	사회복지사의 외상과 관계가 있는 역전이(CTS)	더 높은 자아를 영적으로 변형하는 의식적 방법
영적	가족, 교회, 지역사회 속에서 영적 충격(ST)을 경험	불가지론자, 종교적 혹은 영적인 정체성이 낮거나 높은 사람	과거가 반영된 클라이언트의 영에 대한 CTS의 수용과 이해
신체적	우발적 사고, 전쟁, 범죄 혹은 아동학대에 의해 신체적 충격(PT)을 경험	신체적 폭력의 가해자/피해자의 정체성이 낮거나 높은 사람	과거가 반영된 클라이언트의 신체적 본성에 대한 CTS의 수용과 이해
정서적	아동학대, 동료와 성인의 괴롭힘으로 인해 정서적 충격을 경험(ET)	정서적 폭력의 가해자/피해자의 정체성이 낮거나 높은 사람	과거가 반영된 클라이언트의 정서적 본성에 대한 CTS의 수용과 이해
인지적	인지적 충격은(CT) 자신과 우주에 대한 부정적인 관점에 의해 경험	자신과 우주에 대한 클라이언트의 양가감정의 정체성이 낮거나 높은 사람	과거가 반영된 클라이언트의 인지적 본성에 대한 CTS의 수용과 이해
사회적	사회적 충격(SoT)은 진취적 혹은 수동적 행위에 의해 경험	사회적으로 단절된 무능력한 클라이언트의 정체성이 낮거나 높은 사람	과거가 반영된 클라이언트의 사회적 본성에 대한 CTS의 수용과 이해

방해물에 대해 좀 더 인지하고 수용하는 의식을 통해 개입과 사정을 명확하게 함으로써 장애로부터 충분히 멀어질 수 있다.

전이와 역전이의 유형

영적 파트너십 속에서 전이와 역전이는 특히 긴장될 수 있다. 영적 성장의 요구가 존재하는 것은 대부분의 사람들의 삶 속에 심오한 과제가 있고, 클라이언트가 관계성에 대한 희망과 두려움을 갖고 있기 때문이다.

때때로 클라이언트는 사회복지사가 특이한 창조적 영과 연관성이 있다고 상상하

면서 사회복지사를 이상화한다. 사회복지사가 그러한 연관성을 가지고 있을지라도, 클라이언트는 사회복지사가 창조적 영과 관련성을 갖는 방법에 대해 알지 못할 수 있다. 클라이언트는 전문적 원조자의 불완전성을 놓치거나, 자신의 긍정적인 영적 특성을 놓치는 경향이 있다. 이러한 경우, 사회복지사의 역전이의 반응은 클라이언트의 투사로 종종 오인될 수 있다. 따라서 사회복지사는 자신을 다른 인간 존재보다 정말 선한 신이라고 믿을 수 있고, 또한 이러한 역전이 반응이 사회복지사를 개인적 한계를 가진 무능력자로 이끌 수도 있다.

대조적으로, 클라이언트는 종종 전이반응에 맞서고 사회복지사들을 악마가 되게 한다demonizes. 이러한 경우, 클라이언트는 긍정적인 특성을 투사하는 대신에 가장 부정적 특성으로 보이는 것을 사회복지사에게로 투사한다. 전이는 클라이언트가 자신의 영적 경로에서 어려움에 직면했을 때 나타날 수 있다. 중대한 어려움에 직면했다기보다는 오히려 클라이언트는 단순하게 사회복지사를 나쁘게 만드는 것을 선택할 수 있다. 이런 사례의 경우, 사회복지사들은 방어적으로 반응하거나 아니면 적극적으로 반응한다. 사회복지사는 클라이언트의 그러한 반응에 대해 회피하는 것이 현명하다.

영적 파트너십

10년 동안의 실천에 대한 연구는 가장 긍정적인 결과를 예측하고, 사회복지사들의 특성, 특히 효과적인 원조관계를 형성하는 능력을 제시한다. 사회복지사들은 영적 실천을 기반으로 관계를 형성하는 데 초점을 둔다. 이러한 관계는 기본적으로 영적 차원을 가지기 때문에 영적 파트너십이라 할 수 있다

영적 파트너십에서 원조관계는 항상 현존하는 창조적 영과 연관된다. 사회복지

사들은 자신과 클라이언트가 영적 학생일 뿐만 아니라 영적 교사임을 인식한다. 사회복지사들은 영적 활동이 종종 초이성적이고, 현존하는 신성한 신비로 인식되고 있음을 깨닫는다. 두 사람이 서로의 영적 발달을 지지할 때, 관계의 성과는 분명하지 않으나 가슴의 의도에로 열려지고 지속적으로 재확인된다.

관계 그 자체는 클라이언트와 사회복지사의 영적 경로$_{path}$의 일부분으로 보이고, 모든 상호작용은 경외, 존경, 숭배로 보인다. 두 사람은 공통된 영적 관점을 공유하고 있지 않기 때문에 사회복지사와 클라이언트는 때때로 다른 영적 관점을 가지기도 한다. 이런 경우, 파트너십의 목표는 반드시 일치를 발견하는 것이 아니라 대화

표 6-2 영적 파트너십 속에서 사회복지사의 특성과 관련된 실례

발달적 차원	발달적 차원에 따른 창조적 영에 귀 기울이는 사회복지사의 능력	영혼의 표현 혹은 서비스 도구 사용에 대한 사회복지사의 능력
신체적	유일하게 영혼을 표현하는 몸에 대한 존중, 경청 그리고 돌봄. 휴식, 음식섭취, 활동, 댄스 등에 대한 몸의 욕구에 귀 기울이기	느끼는 대로 노래하고 춤추는 것, 몸을 움직이고 훈련시키고 즐기는 것. 건강 유지를 위해 만져주기, 창조적인 활동을 위해 몸을 사용하는 것
정서적	유일하게 영혼을 표현하는 심정에 대한 존중, 경청 그리고 돌봄. 사랑주고 받음, 용서의 강조에 대한 가슴의 욕구에 귀 기울이기	사랑을 주고받는 것, 감정을 표현하고 통제하고 느끼는 것, 다른 사람의 감정을 지각할 것
인지적	유일하게 영혼을 표현하는 마음에 대한 존중, 경청 그리고 돌봄. 자극과 휴식에 대한 정신의 욕구에 귀 기울이기	다른 사람의 경험을 상상할 것. 다른 시간과 공간을 상상할 것. 합리적 마음을 허락하고 사용할 것, 유머를 인정하고 창조할 것
사회적	유일하게 영혼을 표현하는 관계성에 대한 존중, 경청 그리고 돌봄. 사회적 접촉, 고독 등에 대한 감각의 욕구에 귀 기울이기	사회적으로 재미있고 심각하게 지낼 것, 다른 사람과 더불어 혹은 조용히 홀로임을 느낄 것. 다른 사람이 원하지 않는 것과 내가 원하는 것을 표현하고 알아차릴 것
영적	유일하게 영혼을 표현하는 영성에 대한 존중, 경청 그리고 돌봄. 황홀, 경외, 관계성 등 감각의 욕구에 귀 기울이기	공통과 기쁨 이 둘 속에 열중할 것, 마음의 평화, 열정, 용서를 경험할 것

를 통한 관계성 내에 머무르는 것이다(제5장 참조). 그리하여 영적 파트너십은 전 인류의 다양성과 영적 공동체의 상호 발전을 실천하는 장이다.

영적 파트너십에서, 사회복지사는 간접적이거나 직접적인 방법을 이용할 수 있다. 이 장에서 기술된 대부분의 방법들은 직접적인 것이다. 하지만 간접적인 방법들은 특히 동기유발이 잘 되거나 자율적인 클라이언트에게 유용할 수 있다. 이런 경우, 사회복지사는 클라이언트가 이끌어 가는 대로 따른다. 영적 활동에서 간접적인 방법은 클라이언트들이 독립적으로 자기 동기화, 자기 직접적인 방식으로 활동할 필요가 있다는 것을 사회복지사가 인식하는 영적인 파트너십 내에서 사용되어진다.

영적 학습에로 정서 변형

사회복지사들은 클라이언트가 자신의 가슴속의 창조적 영에 귀 기울이는 것을 돕는다. 모든 감정은 영적 메시지로의 변화가 필요한 것으로 보인다. 〈표 6-1〉에서, 다섯 가지 "기본적인" 정서를 실행 가능한 영성으로 바꾸는 예가 제시되고 있다.

두 번째 감정들은 실제 감정 그 자체의 경험을 말하는 것이 아니라 가슴이 경험하는 어떤 것으로 정의될 수 있다. 많은 클라이언트들은 두 번째 감정들로 인해 고통 받는다. 종종 그들은 정서가 이러한 두 번째 감정들의 지배하에 놓여있다는 것을 잊어버린다. 〈표 6-2〉에서 두 번째 감정들을 영적인 학습에로 바꾸는 것이 제시되어 있다.

정서적 마력

정서적 마력은 파괴적 정서를 좀 더 창조적 정서로 바꾸는 것을 말한다. 사회복

6-1 5개의 기본적 정서와 감정 변형의 예

슬픔	인생의 상실의 행위 속에 있는 것으로 그것은 나에게 모든 것이 덧없음을 깨닫게 해준다.
화남	인생에 있어 일종의 상처에 대한 반응으로서 그것은 어떤 방식 속에서 고통을 다루는 방법이기도 하다.
기쁨	기쁨의 시기에 존재한다는 것으로 그것은 집착 없이 감사로서 즐길 수 있는 것이다.
무서움	미래가 늘 불확실하다고 생각하지만 나의 꿈을 향해 나아가는 것을 멈추지 않는 것이다.
흥분	창조적 영에 의해 고무되고 목적은 최고선을 향해 나의 에너지를 사용하는 것이다.

6-2 이차적 정서와 "이차적 감정" 변형의 예

우울	나는 고통을 회피하지 못하는 바보다. 종국에는 삶을 포기한다. 나는 다시 살려고 하기보다는 나의 모든 고통이 모든 기쁨을 앗아가 버린다.
불안	나는 어떤 것을 있는 그대로 보는 것을 회피하고자 했다. 그래서 나의 후회의 정도가 상당하다. 나는 죽음에 직면할 것이고, 그래서 진실로 삶을 살 수 있다.
지루함	나는 어떤 것이 존재하는 그 방식대로 유지되기를 원했다. 그래서 영구적인 휴가는 매력이 없다. 최고의 위기는 위기를 가지지 않는 것이다.

지사들은 〈표 6-1〉과 〈표 6-2〉에서 기술된 영적 학습의 다양한 변화를 통해 클라이언트가 자신의 가슴을 용서, 열정, 사랑의 정서적 상태로 움직이도록 돕는다.

사랑의 마력

사랑은 다른 존재의 최고선을 위한 의도적 바람이다. 영적 관점에서 볼 때, 사랑은 사람 가슴속의 본질적 상태이다. 사랑은 자기 자신을 정서적으로 개방하도록 만든다. 마력적 사랑의 목적은 사회복지사와 클라이언트가 좀 더 사랑하는 마음을 가

> **사례연구 6-1**
>
> **상상적 사랑**
>
> 한 사회복지사는 부모의 결혼생활에 문제가 있는 청소년들에게 심리교육을 시키고 있다. 사랑이란 주제는 한 소녀가 사랑을 느끼고 있다는 말로 시작된다. 청소년들은 사랑이 무엇인가에 대해, 사회복지사는 사랑의 종류가 얼마나 많은지에 대해 말한다. 이들은 기계장치를 이용하여 사랑에 대해 시각화(visualization)를 해보기로 결정하고 헤어진다. 다음 시간에 사회복지사는 청소년들에게 등을 바닥에 대고 누워 눈을 감게 한다. 그 뒤 다음과 같이 말한다.
>
> "지금 아무도 없는 해변가에 앉아 있다고 상상합니다. 바닷물은 따뜻하고, 청명한 하늘을 배경으로 뭉게구름은 수평선 위로 피어오르고, 햇빛은 잔잔한 파도 위에서 반짝이고 있어요. 이제 당신들의 가슴에 주목합니다. 당신들의 가슴은 지금 하느님의 따뜻한 사랑의 에너지를 향해 열려 있고 그 에너지는 바다, 하늘, 바람, 그리고 대지로부터 당신들 속으로 흘러들어오고 있어요. 이 사랑은 당신들의 가슴을 따뜻함으로 가득 채우고 이제 당신들은 완전히 편안합니다. 당신들이 이용할 수 있는 사랑은 무한하다는 것을 깨닫기 시작하고, 왜 이전에는 그러한 사랑을 경험하지 못했는지를 의아해 합니다.
>
> 이제 당신들 안의 사랑이 움직이고 싶어 한다고 상상합니다. 당신들은 사랑의 에너지를 세상 속으로 다시 돌려보내기 시작합니다. 당신들은 선물로 주어진 아름다운 바다, 하늘, 바람, 대지에 대해 사랑을 느끼며, 너무도 많은 사랑을 가지고 있어서 그 사랑을 다른 사람들과도 나누어 가지고 싶어 합니다.
>
> 당신들이 오늘 느꼈을지도 모르는 부정적이고 파괴적인 감정들은 더 이상 힘이 없다는 것을 알게 됩니다. 당신들은 다른 사람들에 대한 감정적 반응을 더 잘 조절할 수 있다고 느낍니다.
>
> 이제 당신들은 자신은 물론 다른 사람들을 사랑하게 하는 것이 얼마나 좋은 느낌인지 깨닫습니다. 당신들은 당신들의 사랑에 한계가 있는지 궁금해 합니다. 당신들은 사랑을 밖으로 계속 확장하면서 사랑은 무한하다는 사실을 깨닫기 시작합니다."

질 수 있도록 변화시키는 것이다.

사랑은 사랑하는 사람과 사랑받는 사람을 이롭게 한다. 사랑하는 사람이 다른 사람을 돌볼 때는 자신의 외부로 움직이고, 자신의 드라마에 열중하지 않는다. 사랑은 사람들이 고독하지 않고 좀 더 매력적임을 느끼도록 돕는다. 달라이 라마는 인생의 중요한 목적이 자신을 사랑하는 것이라고 제안하였다.

왜 인간존재는 늘 사랑하는 상태 속에서 살지 못하는가? 아마도 대부분의 사람들은 사랑하는 마음으로 사는 것이 너무 상처받기 쉽다고 느끼고 있는지도 모르겠다. 영적인 관점에서 볼 때, 사랑은 마음을 열 때만 현존할 수 있고, 또한 사랑하는 마음은 고통으로부터 보호받지 못한다.

사회복지사는 클라이언트의 사랑에 대한 본보기가 되어야 하고, 또한 클라이언트가 자신의 일상생활 속에서 사랑의 열정을 실천할 수 있도록 해야 한다. 사회복지사는 클라이언트의 사랑이 자신, 그의 가족, 지역사회, 환경으로 향하도록 해야 한다.

동정compassion의 마력

동정은 다른 존재의 고통과 기쁨을 의도적으로 공유하는 것이다. 동정은 항상 타인의 최고선을 촉진할 의도를 가지고 사랑을 실천하는 것이다. 타인의 고통을 공유할 수 있는 사람이 적다면 타인의 기쁨을 경험할 수 있는 사람은 더 적을 것이다. 그것은 동정이 깊은 감정을 경험하는 능력을 요구하기 때문이고, 대부분의 사람들이 고통에 대해 얘기할 수 있을지라도 아마도 큰 기쁨의 경험과 관련지어 얘기할 수 있는 사람이 적기 때문일 것이다.

동정의 목적은 클라이언트와 사회복지사 모두를 변화시키는 것인데 그러기 위해서 그들은 좀 더 동정어린 마음을 가져야 한다. 사랑처럼 동정은 사회복지사와 클라이언트를 이롭게 한다. 사람들이 동정어린 마음을 지니고 상호작용할 때, 그들은 좀 더 내적인 평화와 창조성을 가지고 삶을 살아갈 수 있다. 사회복지사는 클라이언트가 동정을 실천할 수 있도록 본보기가 되어 도와줄 수 있어야 한다.

> **사례연구 6-2**
>
> **동정 모델**
>
> 한 아이의 어머니가 아동 및 가족 담당 관계 부서(DCFS)에 의해 사회복지사에게 의뢰되었다. 이 여성은 DCFS에서 자신의 아이에게 신체적인 폭력을 행사한 사실이 밝혀지면서 여섯 살 난 딸의 보호권을 박탈당했다. 이 어머니는 아이를 벨트로 때려 아이의 양쪽 다리와 엉덩이에 상처를 냈다.
>
> 첫 만남에서 이 어머니는 자신이 아이를 때린 것은 아이 때문이라고 하면서 사회복지사에게 그 아이는 집에서 통제가 안 되었고 따라서 벨트로 때리지 않고는 말을 듣지 않았다고 말한다. 사회복지사는 그와 같은 아이에 대한 학대를 용서하지 않으면서도 그 어머니에게 일말의 동정을 갖고 대한다. 사회복지사는 어머니가 아이를 사랑한다는 것을, 그리고 어머니가 상당히 어려운 삶을 살아왔으며 어린 시절에 학대를 받고 자랐고 두 번의 불행한 결혼이 있었던 것을 이해할 수 있다고 말한다. 그러자 어머니는 울면서 지금까지 자신이 얼마나 어렵게 살아왔는지 관심을 가져주는 사람이 아무도 없었다고 말한다.
>
> 이들은 어떤 영적 동반자 관계를 형성하기 시작하는데, 영적 동반자 관계에서 사회복지사는 아이와 어머니에게 사랑과 동정을 만들어간다. 어머니는 사회복지사의 격려와 지도에 따르고, 그 뒤 가정방문 시 딸에게 비폭력적이면서 보다 창조적인 행동을 하기 시작하는 모습을 보인다. 어머니는 더 이상 딸이 잘못된 행동을 할 때도 이성을 잃지 않는다고 하면서 "나는 화가 나면 정말 자존심이고 뭐고 없었던 것 같다. 이제 자존심을 되찾았기 때문에 다시는 잃지 않을 것이다"라고 말한다.

용서

용서는 사랑과 동정을 화와 분노에 내적으로 대체시키는 것이다. 화와 분노는 다른 존재로부터 상처를 받아 내적으로 반응하는 것에서 비롯된다.

용서는 종종 전前용서pre-forgiveness라고 불리는 것과 혼동되는데, 그것은 적절한 관계적 한계를 독단적으로 만들고 방어하는 무능력이다. 용서는 사람들이 우선적으로 화를 느낄 수 있어야만 하고, 그 한계를 주장해야만 한다. 그리고 난 후 화와 분노를 의도적으로 놓아버리는 것이다.

사례연구 6-3

용서과정

부모를 괴롭혔다는 이유로 법정에서 감호치료 명령을 받은 한 젊은 남성을 사정할 때 그는 사회복지사에게 자신을 성적으로 괴롭힌 어머니를 용서했다고 말한다. 치료가 시작된 후 첫 몇 주 동안 사회복지사는 이 남성의 어머니가 성적으로 학대한 사실과 이 남자는 자신의 희생을 최소화하고 부정한 사실을 알게 된다. 사회복지사는 이 젊은 남성에게도 어머니에 대해서 용서 전 단계(state of pre-forgiveness)가 있었음을 깨닫는다.

사례연구 6-4

용서로 공포 치료하기

한 테러리스트가 어떤 대도시 지역에서 테러 공격을 저지른 후, 사회복지사는 그 테러 공격에 의해 정신적 외상을 입은 사람들을 위한 집단을 맡아 관리하기 시작한다. 첫 몇 번의 만남에서 많은 참가자들은 테러 공격에 대한 자신들이 느끼는 화, 두려움, 슬픔에 대해 말한다. 그러나 그 뒤 몇 달 동안 일부 내담자는 용서 작업(forgiveness work)을 시작할 필요에 대해 말하기 시작한다. 예를 들어, 한 여성은 자신은 정말 고통 받고 싶지 않았다고 말했다. 그 이유로는, 그렇게 된다면 자신도 테러리스트들만큼이나 악마처럼 되었을지도 모르기 때문이라고 말했다.

사회복지사는 정신적 외상의 경험을 가진 집단 구성원들에게 "영적 드라마 (spirit-drama)"를 해보자고 제안한다. 그다음 시간에 집단 구성원 중 일부는 그 경험의 여러 부분들을 연기하고 싶다고 하면서 연기에 지원한다. 두 사람은 테러리스트를 연기하고 다른 두 사람은 죽임을 당하는 사람을 연기하기로 결정하고, 나머지 사람들은 부상을 당하거나 부상을 당한 사람을 아는 사람 등의 역할을 맡아 연기한다. 연기를 마치면 역할을 바꾸어 다른 역할을 할 수 있는 기회를 갖는다.

영적인 드라마가 끝나면 참가자들은 그 경험을 잊는다. 대부분의 사람들은 자신들의 화의 일부가 풀렸다고 생각한다. 대부분의 사람들은 용서의 태도가 치유라는 데 동의한다.

용서는 관계와 마음을 치유할 수 있는 가장 강력한 묘약이다. 마틴 루터 킹에 의하면, 그들의 적이 그것을 좋아하든 아니든 간에, 적의 가슴을 변화시킬 수 있는 유일한 행위가 용서라고 하였다. 사회복지사는 클라이언트가 창조적 "영적 드라마"를 통해 용서를 실천하도록 원조해야 한다.

사례연구 6-5
불륜 용서하기

60세의 한 기혼남성이 상담실로 찾아와 약간의 우울증과 불안을 호소한다. 치료사는 이 남성이 일주일에 5일에서 6일 술을 마시고, 아내가 약 20년 전에 이웃 남자와 바람을 피운 사실을 알게 되었다. 내담자는 아직도 자주 그 일을 생각하면 화가 나서 죽을 지경이라고 말한다. 사회복지사는 내담자를 괴롭히고 있는 한 부분이 여전히 분을 삭이지 못하고 있는 것이라고 보았다. 내담자는 사회복지사의 말을 납득하지 못하면서도 용서의 심상(forgiveness visualization) 치료 제안에 동의한다. 사회복지사는 내담자를 편안히 앉게 한 뒤 다음과 같이 말한다.

"우선 나는 내 아내의 불륜으로 인해 내가 가졌던 모든 느낌과 생각을 살펴볼 것입니다. 불륜사건을 알기 전에 나는 결혼생활을 어떻게 생각하고 있었습니까? 어떻게 나는 처음 알게 되었고 그 경험은 어땠습니까? 나는 무엇을 하고 무엇을 말했습니까? 나는 왜 아내와 계속 같이 살기로 결정했습니까? 그 다음으로, 내가 그 화를 지금까지 품어 온 느낌은 어땠는지 살펴봅시다. 그 화는 처음에 나를 어떻게 하고, 어떤 도움을 주었습니까? 지금까지 화를 간직하면서 어떠한 대가를 치렀습니까? 화를 간직할만한 가치가 있었습니까?

그 다음, 나는 내 아내의 경험에 대해 상상해 봅니다. 그녀는 불륜사건이 있기 전에는 결혼생활을 어떻게 느끼고 있었습니까? 그녀는 불륜사건이 있은 뒤 자신에 대해 어떻게 느끼고 있습니까? 그녀는 특히 내가 그녀를 용서하지 않은 이래로 지금까지 어떻게 느껴왔으며 무엇을 생각했습니까? 내가 그녀의 행동을 용서할 수 있다는 뜻은 아니지만 그녀에게 동정을 가질 수 있습니까? 이제 나는 불륜사건 전과 이후의 내 자신의 행동에 대해 자신을 용서하는 것이 어떤 느낌인가에 대해 상상하고 싶습니다. 나의 그런 경험이 얼마나 어려웠는지에 대해 동정을 가질 수 있습니까? 이제 나는 결혼생활 중에 그녀가 하거나 혹은 하지 않은 일에 대해 내 아내를 용서한다는 것의 느낌을 상상할 수 있습니까? 그녀를 용서한다는 것이 나에게 어떤 도움이 되고, 그것이 우리와 관련된 모든 사람들의 최고선에 어떻게 기여할 수 있습니까?"

이 일이 있은 후, 내담자는 마음을 바꾸기 시작한다. 그는 자신을 용서하고 아내를 용서하기로 결심한다. 그는 하느님에게도 화를 내어왔다는 사실을 깨닫고 하느님을 용서하는 법을 배우기 시작한다. 그는 다시 결혼생활을 계속 유지하고 싶은지 아닌지를 생각하기 시작한다. 그는 만약 아내와 계속 산다면 아내에게 마음을 다시 열고 싶다는 사실을 깨닫는다.

현명한 사회복지사는 용서를 가르칠 때, 적절한 시기의 중요성을 안다. 예를 들어, 남자친구로부터 폭력을 당한 여성의 경우, 사회복지사는 여성이 화를 가라앉히고 안정을 찾고 난 뒤에 그녀가 고통당했던 학대행위에 대한 용서를 하도록 해야 한다. 대조적으로 남성은 20년 전에 불륜을 저질렀던 그녀에 대해 엄청난 분노를 품고 지금까지 살고 있었다. 이런 경우, 사회복지사는 그 남성에게 그녀를 용서할 수 있도록 적절하게 원조해야 한다.

평정의 마력 Equanimity Alchemy

평정은 자신의 감정에 대한 자기통제와 인내, 내적인 균형에 의해 특징지워지는 일반적인 상태이다. 평정 속에서, 사람은 자신의 감정을 넘어 신비감의 세상 그리고 자기 자신과 상호작용할 수 있다. 대부분의 사람들은 그러한 의식의 상태가 가능하리라고 믿으려 하지 않는다. 그래서 사회복지사의 활동의 일부분은 클라이언트에게 평정심을 가지도록 하는 것이다. 클라이언트는 점차적으로 자신의 삶 속에서 파괴적인 감정을 줄이고, 창조적 감정을 늘려가는 것을 배우게 된다.

깊은(다차원적) 친밀감의 촉진

가슴과 함께하는 영으로의 변형에서, 사회복지사는 발달의 모든 단계에서 클라이언트가 친밀감을 발달시켜 가도록 돕는다. 그러한 친밀감은 깊은 친밀감으로 불리며, 수직적자기 자신 내에 있는 부분들 사이의 관계인 면과 수평적인 면자신과 다른 사람과의 관계을 모두 가지고 있다. 〈표 6-3〉에서, 발달의 각 차원이 친밀감의 각 차원으로 보이는 것을 제시하고 있다.

사례연구 6-6
다른 사람의 눈을 통해 자신 경험하기

한 지역사회 정신건강센터로 한 남성이 사회복지사를 찾아와 자신의 삶에서 얼마나 많은 사람들이 자신을 실망시켰는지에 대해 불만을 털어놓는다. 그는 아내가 차갑고 남같이 멀게 느껴지며, 아이들은 그가 준 것들에 대해 고마운 줄 모른다고 말한다. 게다가 그가 변호사로 일하는 법률회사의 사장과 동료들은 경쟁적이고 잔인하며 심지어 그의 친구조차도 그에게 회사를 나가라고 협박해 왔다고 말한다. 이러한 위기에 직면한 상황에서, 어떤 어려운 의뢰인을 대신하여 법정에서 화를 낸 그에게 판사가 상담받을 것을 명령하여 정신건강센터를 찾아오게 되었다.

첫 면담이 있은 후 사회복지사는 내담자를 대책 없는 자아도취적 성향을 가진 사람으로 보았다. 그러나 사회복지사의 슈퍼바이저는 사회복지사에게 희망을 가지라고 하면서 내담자가 자신의 삶 속에서 마음의 평화를 만들어낼 수 있도록 도와주라고 지도해 주었다.

사회복지사는 처음에는 내담자가 자신의 감정을 이해하고 받아들이도록 하였다. 그런데 내담자는 이미 주위 사람들 모두에게 그렇게 하고 있기 때문에 화를 없앨 필요가 없다고 생각하고 있었다. 그래서 사회복지사는 내담자에게 다른 사람들이 그에게 감정적으로 어떻게 반응하는지를 이해하도록 하였다. 여기서 내담자는 자신의 아내, 애인, 아이들, 사장, 동료의 역할을 하는 일련의 영적 드라마를 하게 된다. 18년 동안 화 중독자이자 이기적인 내담자는 자신의 아내와 아이들에게 동정을 갖기 시작한다. 또한 내담자는 자신이 일하는 법률회사 사장의 화를 받아주면서 경쟁해야 했던 동료들에게 동정을 느끼게 된다. 내담자는 자신이 애인을 어떻게 이용해왔는지를 깨닫기 시작하였고 왜 그녀가 자신에게 화를 내는지를 이해하게 되었다. 내담자는 결국 자신의 행동을 바꾸기 시작한다. 판사가 명령한 상담을 받은 후에도 그는 자발적으로 계속해서 상담을 받으러 다닌다.

전문가들은 생애주기를 통해 자신의 모든 차원을 지속적으로 발달시켜야 할 의무가 있다. 또한 전문가들은 클라이언트, 지역사회, 환경과 의도적인 관계를 맺어야 한다. 10년의 임상연구 결과는 사회복지사의 능력이 클라이언트를 성공적으로 치료하는 결과에서 가장 중요한 요인이 질적인 원조 관계를 공동 창조하는 것임을 보여주고 있다. 영적 토대를 가진 원조관계는 전문가가 클라이언트에게 할 수 있는 가장 힘 있는 관계이다.

표 6-3 더 높은 자아의 의식적 사용 속에서의 성숙과 친밀감 활용의 차원

발달차원	발달적 차원의 성숙	발달적 차원의 친밀감
영적	자신, 타인, 살아 있는 모든 것 그리고 생태체계에 대한 다양한 영적 반경에 대해 수용하고 이해하기; 감사, 황홀, 용서, 사랑, 평화로 그러한 상태로 이끌기	영적인 경험, 즉 경외, 황홀, 사랑을 수용하고 상호 공유
신체적	자신, 타인, 살아 있는 모든 것 그리고 생태체계에 대한 다양한 영적 반경에 대해 수용하고 이해하기; 필수적인 몸의 휴식과 먹기, 활동 그리고 몸에 귀 기울이는 능력으로 이끌기	신체적 표현, 즉 치료적, 성적 터치, 감각적, 즐거움을 수용하고 상호 공유
정서적	자신, 타인, 살아 있는 모든 것 그리고 생태체계에 대한 다양한 영적 반경에 대해 수용하고 이해하기; 결정할 때 가슴의 소리를 포함시키고, 정서를 표현할 때와 방법을 현명하게 선택하는 능력으로 이끌기	슬픔, 기쁨, 화남, 두려움, 흥분을 포함한 완전한 감정을 수용하고 단호한 상호 공유
인지적	자신, 타인, 살아 있는 모든 것 그리고 생태체계에 대한 다양한 영적 반경에 대해 수용하고 이해하기; 자신과 타인 내에서 변화, 놀이, 활동에 대해 정신적으로 묵상하는 데로 이끌기	정신적 활동, 즉 유머, 철학, 신앙을 수용하고 단호한 상호 공유
사회적	자신, 타인, 살아 있는 모든 것 그리고 생태체계에 대한 다양한 영적 반경에 대해 수용하고 이해하기; 사랑을 주고받는 능력으로 이끌기 또한 동료 간에 조화를 잘 이루는 능력으로 이끌기	상호 침묵, 춤추기, 활동, 놀이로서 공적 활동을 수용하고 상호 공유

매혹적인 신비 | Inviting Mystery

신비적인 영성 관련 실천은 영적 개입이 지금-여기의 경험과 연루되고, 본질적으로 초이성적이고, 쉽게 기술되지 않고, 성과가 잘 알려지지 않기 때문에 신비롭다.

대부분의 사람들은 우주의 모든 사물의 가장 본질적인 본성에 대해 상당히 모르고 있다는 것을 인식하는 단계에 직면한다. 오늘날 대부분의 사람들은 세계에 대해

이해하지 못한다는 것을 인정하려 하지 않는다. 아마도 그것은 우리가 종종 실재의 다양한 해석에 너무 경직되어 매달려 있기 때문일 것이다. 역설적으로 모든 것에 대한 과학적 설명을 제공하고자 하는 바람이 대부분의 사람들로 하여금 삶 속에서 신비에 대한 갈망을 하게 할 수 있다. 어쩌면 우리는 삶 속에서 신비를 원하고 있는지도 모른다. 그 이유는 우리가 신비를 경험했을 때, 경외, 황홀, 깨어있음의 상태를 알 수 있기 때문이다.

현명한 영성을 지닌 사회복지사는 항상 실천함에 있어 신성한 신비를 동반한다. 이것이 사회복지사가 실천을 안내하는 가치, 지식, 기술, 이론을 가지고 있지 않다는 것을 의미하는 것은 아니다. 반대로, 신성한 신비로의 초대는 사회복지사가 실천과학에 대한 여지를 여전히 남겨둘 뿐만 아니라, 개입과 사정 속에서 신비를 위한 여지를 만드는 것을 의미한다. 신비적인 사랑은 클라이언트를 임파워먼트할 수 있는데, 그 이유는 클라이언트가 전문적 원조자가 모든 것을 알고 있지 않음을 깨닫기 시작하고, 자신의 삶을 사정하고, 개입할 때 반응-능력을 스스로 가지고 있기 때문이다.

종교의식儀式의 공동창조

모든 세대가 우리로 하여금 이 시대의 요구에 적합한 새로운 종교의식을 창조하도록 요구하고, 또한 우리가 직면한 도전과 기회들에 대해 사회복지사들은 새로운 BPSSE생리심리사회적-영적-환경을 강조하는 종교의식을 재창조하도록 요구받는다Matthew Fox는 우리 세대의 가장 중요한 과업이 새로운 종교의식의 창조라고 하였다.

종교의식은 특히 영적 실천 속에서 유용하다. 그 이유는 종교의식이 초월적이고 사람들의 삶 속에 신성한 신비스러움으로 자리하기 때문이다. 치유 혹은 전이에 대한 의도가 있다고 할지라도, 종교의식의 결과는 항상 신비 속에 존재한다.

현명한 영성을 가진 사회복지사는 클라이언트를 그의 치료자와 함께 하고, 의사소통을 잘 하게 함으로써 종교의식을 공동창조하는 대로 이끈다. 종교의식은 사람들이 함께 즐길 수 있는 의사소통으로 즉시 이동하게 하는 경향이 있다.

윤리적 가치 이슈

연구결과의 함의

이 문헌은 정서적 지능이 낮은 클라이언트 혹은 개인적 성장과 발전을 위해 동기화되지 않은 클라이언트에게는 제3의 힘, 경험적-현상학적 개입이 잘 적용되지 않음을 제안한다. 즉, 가슴과 함께하는 영적 변형이 정서적 지능과 동기를 요구하고 있다고 볼 수 있다.

클라이언트의 다양성에 대한 이슈

사회복지사는 영적 방법이 클라이언트에게 적합한가 묻는다. 사회복지사는 또한 그 방법이 클라이언트로 하여금 그의 목표를 달성하는 데 도움이 되는지 사정한다. 사회복지사는 클라이언트가 깊은 정서적 활동을 할 때 수반되는 취약점에 대해 고려해야 한다. 이러한 취약점에 대한 인식은 당연한 것인데, 이는 사회복지사가 클라이언트로 하여금 영적 발달의 새로운 패턴을 촉진하기 위해 이전의 자아보호 패턴을 의식적으로 포기하도록 요구할 것이기 때문이다.

가족과 지역사회 다양성에 대한 이슈

사회복지사는 종교의식, 원리, 그리고 클라이언트의 가족, 지역사회에 의해 지켜지는 가치를 사정할 때 주의해야 한다. 이러한 종교의식, 원리, 가치지향은 가슴과 함께하는 영적 활동과 충돌할 수 있다. 사회복지사는 또한 클라이언트와 관련된 지역사회와 가족의 최고 선善을 지지할 책임성이 있다는 것을 인지해야 한다. 그러므로 사회복지사는 지속적으로 클라이언트로 하여금 자신의 가족과 지역사회에 대해 서비스를 제공하도록 고무시켜야 한다.

사회복지사의 다양성에 대한 이슈

사회복지사는 가슴과 함께하는 영의 방법spirit with heart methodologies을 실천할 책임이 있는데, 그 이유는 사회복지사가 경험하지 않은 클라이언트의 정서적 부분을 이해할 수 없기 때문이다. 사회복지사는 자신의 욕구보다는 클라이언트의 욕구에 반응하는 방법을 선택해야 하기 때문에 지속적으로 자신의 욕구를 점검해야 한다. 원조전문가는 경험적 현상과 개입, 가슴과 함께 하는 영의 변형 속에서 혹은 제3의 힘 내에서 개인적 경험과 전문적 훈련을 위해 노력해야 한다.

생태체계의 다양성의 이슈

사회복지사는 모든 삶을 지지하는 생태체계의 최고선을 원조할 책임이 있음을 깨달아야 한다. 그리하여 사회복지사는 클라이언트로 하여금 지역사회와 그의 가족을 부양할 수 있도록 지속적으로 용기를 주고 서비스를 제공해야 한다.

| 연구 질문 |

1. 마음과 함께하는 영의 목적은 무엇인가?

2. 어떤 것을 신성하게 만드는 것은 무엇인가? 가슴(heart)이 신성한 조직으로 어떻게 보이는가? 당신의 신체 조직 가운데 신성한 것은 무엇이고 아닌 것은 무엇인가?

3. 당신의 마음을 통해 영을 느낀 적이 있는가? 당신의 마음으로 영을 듣지 못한 적이 있는가? 예를 들어 설명하시오.

4. 더 높은 의식적 자아의 사용이란 무엇인가? "자아의 의식적 사용"보다 "더 나은" 방법이 있는가?

5. 발달의 다섯 가지 차원은 무엇인가? 현재 당신이 가장 발달된 차원은 다섯 가지 중 어느 것이고 반대로 거의 발달하지 않은 차원은 어느 것인가?

6. 영적인 파트너십이란 무엇인가? "사회복지사" 혹은 "상담가"의 활동 속에서 그런 관계성을 가져본 적이 있는가? 그런 관계성이 당신의 일상생활에서 만나는 사람들과의 관계성과의 차이점은 있는가?

7. 정서적인 변형이란 무엇인가? 정서적 마력은 무엇인가? 마력이 변형을 어떻게 만드는가?

8. 깊은(다차원적) 친밀감을 기술하라. 당신은 자신의 삶에서 어떤 종류의 친밀감을 원하며, 가지고 있는가?

자 료

Maslow, A. (1971). *The further reaches of human nature*. New York: Viking Press.
    Written by one of the pioneers of experiential theory, this book links Third Force human growth theory with transpersonalism.

Zukav, G., & Francis, L. (2001). *The heart of the soul*. New York: Simon and Schuster.
    This book describes connections between emotions and spirituality.

CHAPTER **07**

종교적 자아

종교적 자아 religious self

이 단락의 목적은 종교적 자아의 발달을 촉진하는 것이다. 종교적 자아는 다른 사람과의 유대관계를 통해 개인의 영적인 발달을 추구하는 것과, 영적이고 보편적인 다양성에 대한 지역사회의 공동 창조를 통해 다른 사람들의 영적인 발달을 지지하는 것을 추구하는 사람들에 관한 것이다. 종종 종교적 자아는 특별한 지적 전통, 가령 기독교 혹은 이슬람교를 통해 창조된 공통된 종교의식과 연관된다. 다른 사람과 각 개인의 연관성은 내적, 외적 세계 속에서 확장된다. 그리하여 종교적 자아는 개인의 내적 "자아상태" 혹은 지역사회와의 상호작용에 의해서뿐만 아니라 다른 사람과의 사회적 상호작용에 의해 나타난다.

개인은 의식의 모든 수준전인격적, 인격적, 초인적을 자유롭게, 의도적으로 움직이는 능력을 숙달시킴으로써 종교적 자아가 발달한다. 그러한 숙달은 의식을 생태체계, 생명체, 사람들과의 관계성으로 가져가는 반응 능력을 증가시킨다. 종교적 공동체 내에서 각 개인은 자신의 종교적 자아를 발달시킬 책임이 있고, 모든 종교적 공동체는 영적이고 보편적인 다양성을 좀 더 발달시켜야 한다.

종교적 자아를 발달시키는 목적은 개인의 종교를 바꾸고자 하는 것은 아니다. 종교적 자아의 관점에서 볼 때, 각 종교는 사람들의 영적 발달을 촉진하거나 방해한다. 즉, 종교는 개인으로 하여금 자신의 의식을 변화시키려 하며, 그 결과, 개인은 지역과 세계적 공동체의 집합적 의식으로 변환할 수 있다.

사람들은 현명하게 선택의 방법을 배움으로서 부분적으로 종교적 자아를 발달시킨다. 종교적 자아는 현명하게 자기 원리를 개인적 계획에 적용하고 개발함으로써 길러진다. 영성을 지향하는 사회복지사는 클라이언트로 하여금 신념, 종교의식, 다양한 영적 전통과 자신 사이에 가장 "적합한" 것을 발견하도록 돕는다. "적합함"은 부분적으로 종교적 선호와 관련된다. 어떤 클라이언트는 자신의 종교에 대한 믿음, 종교의식, 전통만을 원할 수 있는데, 이때 사회복지사는 항상 클라이언트의 바람을 존중해야 한다.

세상의 지적 전통은 주요 종교가령 불교, 힌두교, 이슬람교뿐만 아니라, 오래전 그리고 아주 가까운 과거가령 샤머니즘, 점성학, 과학로부터의 지식의 모든 방법을 포함한다.

영적 관점으로부터, 모든 지적 전통은 개인의 다차원적 발달을 방해하거나 아니면 지지한다. 영적이고 보편적인 다양성을 지닌 공동체인 종교는 각 개인의 영적 욕구를 지지해 주는데, 그것은 각 개인이 수양disciplines의 기원으로 간주하거나, 자신의 욕구에 가장 적합한 훈련을 위해서 자유롭게 이용된다.

각 지적 전통은 하나 또는 그 이상의 영적 수양을 제공하고 더 나아가 영적 발달을 촉진시킨다. 그리하여 각 개인은 독특한 영적 배경을 가지는데, 그것은 매년 변화될 수 있고, 살아가는 동안 하나 또는 그 이상의 특별한 영적 수양의 일람표를 요구할 수 있다. 몇몇 사람들은 종족의 기원인 종교 내에서 제공되는 영적 수양에 만족할지도 모른다.

제자들은 그야말로 "추종자"들이다. 영적 수양은 종교의식을 행하는데, 그것은 마음에서 우러나고 특별한 의미를 가진 지적 전통의 추종자들에 의해 행해진다. 이 장에서는 선택된 변형적인 영적 종교의식이 기술되었다.

의식

앞장에서 논의했듯이, 의식은 황홀, 활동, 경건한^{reverent} 의식으로 이해될 수 있다. 이러한 의식은 영적인 자유와 생생함을 증가하는 것과 관련이 있다. 이 개념들은 아래에 기술된다.

합의 의식

합의 의식은 도시, 제도, 종교, 가족에서부터 전 세계, 국가, 지역에 이르기까지 어떤 규모의 지역사회에 의해서도 현실적으로 공유되는 기본적 태도를 포함한다. 예를 들어, 특정 교회에 소속된 사람들은 특정 정당에 투표하는 것이 최선이라는 것에 전적으로 동의할 수 있고, 특정 상황 속에 처한 사람들은 유년기의 최고 가치가 생산성이라고 믿었을 수도 있다. 개개인이 자신의 의식을 발전시킬 때, 그들은 종종 합의된 의식을 경험하게 되는데, 그 이유는 모든 사람들이 자신의 독특한 영적인 배경을 가지고 있기 때문이다. 영적인 다양성을 지닌 지역사회는 지역사회의 수

만큼이나 다양하고 독특한 영적인 관점을 지지하고 있다.

황홀한 자각

더 높은 의식은 종종 황홀의 상태와 관련이 있다. 즉, 그것은 개인을 좀 더 의식의 초인적 상태로, 그리고 일치된 의식으로 이동하게 한다. 초인적 상태는 아동, 부모에게 지배받던 자아 상태로부터 절제력 있는 자아로 이동하는 것에 의해 특징지어진다. 개별적으로 개인의 정체성과 지역사회의 정체성을 넘어서야지만 황홀무아경의 정체성에 이르게 된다. 황홀 상태는 개별적으로, 예를 들어 신령한 동물, 자신이 믿는 신의 형상을 취하는 것에서 모든 인간이 창조적 영과 관련되어 있음을 느끼는 것이다.

경건한 자각

더 높은 의식은 무한한 우주에 대해 지각하려는 경향이 있는데, 즉 경외, 감사, 평정의 상태에 의해 성취된다. 각 개인은 신성한 자신에 대해 더 잘 알게 되고 감사하게 된다.

활동 자각

더 높은 의식은 사회책임성과 활동으로부터 분리되지 않는다. 각 개인이 좀 더 의식화한다는 것은 마치 모든 사람들이 자신의 삶을 지지하는 생태체계, 다른 생동하는 사건들, 타인의 욕구에 반응하는 능력과 민감성을 가지고 있다는 것과 마찬가지일 것이다. 그리하여 각 개인의 영적인 발달은 영적 활동성을 증가하는 것과 관련되어 있다고 볼 수 있다.

영적 자유

더 높은 의식은 영적인 자유의 원인과 결과이다. 영적 자유는 개개인이 사물을 보는 방법이 자유로운 내적 상태이자 최고선을 지지하는 책임감 있는 활동의 상태이다.

영적 생동

영적인 생동은 더 높은 의식과 영적 자유와 관련된다. 개인에게 있어 영적인 생동은 모든 사람의 몸-정신-영을 활용한 감각, 모든 정서, 사고를 표현하고 경험하는 것에 열려 있다. 영적인 생동은 최고선을 고양시키는 방법으로써 감각, 사고, 정서를 표현하는 것에서 성취된다.

모든 범위의 의식

모든 범위의 의식은 의식의 모든 수준 간의 통합을 위해 유동적으로 현명하게 이동하는 능력을 말한다. 모든 범위의 의식을 가진 사람은 세상의 다른 모든 사람들을 일부분으로뿐만 아니라 자신의 모든 부분을 수용하고 깨달을 수 있다.

의식의 수준

클라이언트가 의식의 모든 수준에서 기능할 때, 사회환경을 토대로 자유롭게 의식의 모든 수준 간에 이동할 수 있으며, 또한 클라이언트는 종교적 자아를 다른 사람들과의 관계 속에서 효과적으로 사용할 수 있다. 제1장에서 기술했듯이, 초인적 이론은 대부분의 사람들이 세 가지 의식 수준, 즉 전인격적, 인격적, 초인적 수준에서 기능할 수 있다는 것을 제시한다. 초인적이란 용어는 최소한 두 가지의 다른 방법으로 문헌 속에서, 그리고 이 장에서 사용되어진다. 첫째, 초인적이란 영적인 발달을 연구하는 심리학의 한 부분으로 이해되고, 둘째, 초인적 이론은 이 단락에서 서술했듯이 의식의 세 번째 수준을 의미한다. 인간 의식의 세 가지 수준은 주로 세상에 대한 종교적, 영적인 전통에 의해 기술되어지고, 과학적 조사에 의해 점차적으로 검증되어진다.

전인격적 의식은 우주에 대한 아이와 같은 관점에 의해 특성화되는데, 즉 이성 혹은 지성을 넘어 충동을 강조하고, 즐거움의 경험을 허락하는 것이다. 전인격적 의식은 청소년들을 그들의 가족으로부터 개별화하도록 한다. 전인격적 의식을 가지면, 다른 사람들, 지역사회, 생태체계의 욕구에 좀 더 초점을 두고, 목표를 성취하고, 자신의 슬픔을 시험하기 위해 즐거움을 연기하는 능력; 이성을 사용하는 능력에 좀 더 책임감을 가지게 된다. 인격적 의식은 성인으로 하여금 지역사회의 보다 큰 선을 위해 다른 사람과 협동하도록 만들어준다. 궁극적으로, 초인적 의식은 평정과 절제를 가진 아이와 부모를 개별적으로 관찰하고 감독하는 것으로부터, 감독하는 자아에 대한 초점을 증가하는 것에 의해 특징지어진다. 초인적 의식은 지역사회의 노인들로 하여금 최고의 웰빙수준을 만들도록 한다. 평정, 용서, 그리고 다른 젊은 사람들에 대한 따뜻함. 생애주기를 통해 개인들은 점차적으로 의식의 세 가지 수준을 운용하는 능력을 발달시킨다.

의식의 이러한 수준들이 없다면 다른 사람보다 좀 더 건강하거나 아니면 건강하

> **사례연구 7-1**
> **모든 범위의 의식(full-range consciousness)을 가진 개인의 하루**
>
> 일요일 아침, 타미는 달콤한 잠에 빠져 있다. 6시 45분이 되자 알람시계가 울린다. 그녀는 자신의 인격적 수준의 의식 속으로 들어가 알람시계를 끈 뒤 침대에서 나온다. 타미는 거실로 나와 심호흡과 스트레칭을 하면서 평안함과 힘(초인적 수준)을 느낀다. 그녀는 아침밥으로 곡물 와플(그녀의 인격적 수준은 건강식을 먹기를 원한다)을 준비한다. 와플을 식탁에 놓고 앉자 그녀의 전인격적 수준은 와플을 메이플 시럽과 약간의 버터와 함께 먹는 것을 원한다.
> 타미는 교회 가는 길에 도로를 경주하듯이 달리는 자동차들이 옆으로 휙휙 지나가도 모른 채 하면서 주행선을 따라 차를 몰고 간다(초인적). 교회에 도착하자 그녀는 차를 멈추고 한 나이 많은 남자가 자기 차 앞을 걸어 건너가도록 한다(인격적). 그녀는 제 시간에 도착하여 교회의 6학년 학생들과 주일학교 수업을 시작한다(인격적). 그리고 난 다음, 그녀는 친구들과 앉아 목사님의 설교를 들으며 하느님과 하나됨을 느낀다(초인적). 그 뒤 교회 이사회의 한 구성원으로서 목사님과 다른 구성원들과의 모임에 참가하는데, 여기서 그녀는 주일학교 커리큘럼에 대한 자신의 생각을 말한다(인격적). 그 뒤 그녀는 한 친구와 산책을 하면서 농담을 주고받으며 야외에서 즐거운 시간을 보낸다(전인격적).

지 않다고 보아야 한다. 모든 범위의 의식을 가진 사람들은 전형화된 일상생활 속에서 의식의 모든 수준을 활용하는데 그 예는 다음과 같다.

의식 수준 발달지표

대부분의 아동과 청소년들은 우선적으로 전인격적 수준에서 행동한다. 그들은 세상에서 자신의 즐거움과 자기 중심적인 것에 많은 관심을 가진다. 성인들이 이 수준에 '고착'되어 움직일 때, 심리학자들은 "축$_{Axis}$ 2" 특성을 가지고 있다고 말하는데, 이것은 가령 반사회적 무질서, 혹은 경계선 결정하기 어려운 상태, 자기애라 불리는 것과 같다. 사람들이 전인격적 수준의 작동능력을 상실할 때, 가령, 다음에서 기술하듯이 전인격적 수준에 고착되

있을 때 놀이경험, 즐거움, 자발적인 행위의 능력을 상실한 것이며, 우리는 그들을 불안하고 우울하다고 할지 모른다.

대부분의 젊은 성인들은 의식의 인격적 수준에서 살아가는 능력을 발전시킨다. 이 수준에서 사람들은 생태체계의 건강, 다른 삶의 유형, 다른 사람들의 복지에 대해 좀 더 책임감을 가지게 된다. 사람들이 이 단계에 고착되었을 때, '죄罪 중독' 혹은 '책임성'이 있다고 볼 수 있으며, 심리학자들은 그들을 기분부전장애dysthymia 혹은 불안이 있다고 볼 수 있다. 이 수준에서 작동하는 능력은 축Axis 1에서 기술했듯이 일종의 증상으로 이끄는 경향이 있다.

중년기 대부분의 성인들은 그들의 초인적 의식을 발달시킨다. 이 수준에서 사람들은 우선 자아의 상태를 규범에 맞게 조절할 수 있다. 그들은 고통, 고난에 대한 반응 속에서 살아가는 것을 멈출 수가 있고, 마음의 평화, 열정, 절제, 평온의 웰빙 수준을 추구할 수 있다. 사람들은 초인적 수준에 고착되었을 때, 세상으로부터 그들의 삶 속에서 혹은 동기의 순수함을 잃은 다른 방식 속에서 나타나는 고통을 회피하는 것을 철회할지도 모른다. 이 수준에서 작동하는 능력은 사람들로 하여금 모든 생활사건에 대한 반응의 유형 속으로 빠져들게 한다.

모든 범위의 의식 발달

사회복지사는 어떻게 클라이언트의 모든 범위의 의식을 발달시킬 수 있을까? 일반적으로, 사회복지사는 클라이언트가 우선적으로는 하는 역할을 보도록 돕고, 그리고 난 다음 영적인 발달의 단계로 이동하도록 돕는다. 클라이언트가 모든 수준의 의식을 경험할 수 있을 때, 클라이언트는 의도적으로 모든 의식의 수준으로 이동할 수 있다. 인생의 어느 시점에서, 클라이언트는 "변형"의 기회인 세 가지 유형, 즉 전인격적-인격적 변형, 인격적-초인적 변형, 초인적-전인격적 변형 중의 하나에 존재하게 된다. 이러한 변형에서 클라이언트는 의식의 수준에서 처음의 '고착'에서 밖으로 이동하도록 동기화된다.

전인격적-인격적 변형의 촉진

전인격적-인격적 변형에서, 클라이언트는 성인 정체성 adult identity을 창조하는 과정을 시작하도록 도전받는다. 성인들은 가족, 문화, 지역사회로부터 아동의 정체성을 분리하는 반면에 사고와 행위로부터 인격적 정체성을 창조한다. 성인 정체성이 창조된다는 것은 마치 사람들이 자신의 생각, 감정, 행위에 대해 책임감을 증가시킨다는 것과 같다. 문화 속에서 사람들은 〈7-1〉에 기술된 요인에 의해 정체감이 형성된다. 정체감을 형성하는 일부 중의 하나는 그림자 작업 shadow work인데, 그것은 자신의 노출에 대해 부끄러워하거나 그렇게 하지 못하는 것을 말한다. 예를 들어, 클라이언트가 성적인 것에 대해 수치스럽다는 감정을 가지고 자라났다면, 클라이언트는 그림자 작업의 일부에서 성적인 관심을 표현하는 것에 대해 두려움을 가지게 될 것이다.

사회복지사는 클라이언트가 다양한 방법으로 전인격과 인격 사이의 변형을 잘 할 수 있도록 도와야 한다. 인지적 수준(제2장)에서 사회복지사는 클라이언트가 그것을 이해하도록 돕는다. 마치 발달의 어떤 다른 차원처럼, 영적 발달은 한 단계 한 단계의 과정 속에서 이루어진다. 사회복지사는 의식의 다른 수준들이 있다는 것을 설명하고, 또한 그것이 모두 동일하게 가치있을 수 있는 방법을 설명한다. 이러한 인지의 안내도를 제공함에 의해 사회복지사는 클라이언트 자신이 영적인 여정을 하는 것을 보도록 한 후 다음 단계로 나아가야 한다.

사회복지사는 클라이언트가 자신의 생활 속에서 다음 단계로 발달하기를 원하는 정체성의 요소가 무엇인가에 관해 생각하도록 도울 수 있어야 한다. 이러한 요소의 자원은 클라이언트 자신의 내부로부터, 특히 미래에 대해 갖는 희망 혹은 "꿈"으로부터 나온다. 영적 관점에서, 꿈을 가진 사람들은 창조적 영에 참여하는 욕구를 가지고 그리하여 창조적 영으로부터 생성된 삶을 살아가기를 원한다. 분명한 것은, 사람들은 꿈을 완전하게 깨닫지 못하지만 꿈은 영혼soul을 통해 전해져오는 신호로서 이해될 수 있다. 꿈은 우리로 하여금 삶 속에 존재하는 의미의 본질을 향해 직접적으로 이끌어 주는 힘이다.

　정서적 수준에서, 사회복지사는 클라이언트의 현재의 영적인 성장과정에 도움이 되든 안 되든 정서적 반응에 대해 정체성을 갖도록 돕는다. 예를 들어, 두려움과 수치심에 대한 감정들은 사람들의 안전을 추구하는 대신에 성장을 위해 한 단계 나아가는 것을 회피하도록 동기화한다. 신체적 수준에서, 사회복지사는 클라이언트로 하여금 일종의 신체적 작업을 하도록 하는데, 그것은 몸-정신-영의 연관, 집중, 신중성을 향상시키는 것이다.

7-1 성인 정체성의 예와 전형적인 요소

소유물	집, 자동차, 의복
재정	수입, 부, 가치 있는 것
역할	부모, 아동, 노동자, 사장, 애인, 후원자, 학생
신념	정치적, 종교적, 과학적, 철학적
힘	직장, 교회, 가정, 지역사회에서의 권위의 수준
사람들	가족, 친구들, 지역사회, 문화, 명예
정서	과거와 현재의 정서, DSM(정신장애진단편람) 증후
몸	성(Gender), 인종, 강점, 아름다움, 성(sexuality), 병

사례연구 7-2
전인격적 단계에서 인격적 단계로의 변형

한 사회복지사는 결혼생활에 문제가 있는 가족과 생활하는 고등학교 학생들을 위한 지지집단을 운영하고 있다. 집단토론에서 청소년들은 자신들의 미래 계획을 살펴보기로 결정한다. 사회복지사는 청소년들의 대부분이 주로 전인격적인 단계에서 움직이고 있기 때문에 전인격적 단계에서 인격적 변형 작업을 할 수 있는 기회라고 생각한다. 사회복지사는 초인적 의식발달 이론을 설명하면서 그들에게 "너희들은 지금 삶에서 인격적 정체성을 만들어내는 시점에 있다. 이 시간은 여러 해 동안 아니면 몇 십 년 동안 계속될 수 있다. 결국 우리는 모두 인격적 의식을 초월할 수 있는 기회를 갖고 각자가 구축한 인격적 정체성에서 벗어나게 될 것이다"라고 말한다.

사회복지사는 청소년 참가자들에게 〈표 7-1〉의 각 범주에 자신들의 꿈의 목록을 적고 그 꿈들을 현재의 중요성에 따라 우선순위를 매기도록 한다. 8주 종결 시, 청소년들은 저마다 몇 개의 목표와 앞으로 할 일을 확인하였다.

전인격적 종교적 자아의 활동양식

의식의 전(前)인격적 수준에서 클라이언트를 우선적으로 행동하도록 하는, 종교적 자아의 발달을 지지하는 종교적 자아의 방법(양식)은 무엇인가? 전인격적 수준은 자기중심적인 정체감에 대한 지나친 강조에 의해 특징지어진다. 일반적 목표는 클라이언트의 과장된 자기중심 감각을 사회정체감으로 점차적으로 대체하도록 돕는 것이다. 그러한 사회적 정체감을 가진 사람은 종교적 공동체를 위한 책임감을 증가시키고, 자신의 종교를 보편적인 다양성을 가진 공동체로 변환시킨다. 이러한 양식들은 구조(structure)를 제공하고, 자아 통제, 사회적 책임감을 높이고, 감정이입과 따뜻함을 위한 모델링을 제공한다(〈표 7-1〉 참조).

표 7-1 전형적인 전인격적 이슈의 활동목표와 방법의 예

전형적 이슈	목적	방법
클라이언트는 세상 속의 모든 욕구를 취할 수 있다는 과장된 감각에 의한 보상(창조적 영과의 거리감, 자기애의 결핍, 열등감)으로써 근본적인 부끄러움을 가진다.	클라이언트는 존재와 사람에 대해 좀 더 의미와 사랑을 가진다. 특히, 클라이언트는 영적 발달과 자기 수양에 대한 욕구를 수용한다.	명상과 신체활동을 통해 클라이언트의 몸-마음-영적인 자아의 수용과 자기인식을 증가시키기
클라이언트는 개인적 나르시즘을 통해 부끄러움을 다룸으로써 개인적, 집합적 폭력을 정당화할 수 있다.	클라이언트는 더 이상 자신을 희생자로 보지 않고, 종교적 공동체 또는 자신에 의한 지속적인 폭력을 더 이상 정당화하지 않는다.	클라이언트에게 보편적 다양성을 지닌 종교적 공동체의 구성원에 의해 지지되고 모범이 되는 기회들, 의미 있고 만족스러운 서비스 제공하기
클라이언트는 어린이 자아상태를 넘어서, 어버이 자아상태로 발달한다.	클라이언트는 아이들을 내적으로 통제하고 돌볼 수 있는 건강하고 어버이다운 점을 발전시킨다.	사회복지사는 클라이언트가 내적인 통제를 발달시킬 수 있도록 클라이언트를 단련시키기

인격적-초인격적 변형의 촉진

삶의 인격적-초인격적 변형 과정에서, 변형작업은 클라이언트가 창조한 정체성의 요인으로부터 의도적으로 탈정체성에 초점을 둔다. 탈정체성은 클라이언트가 반드시 성인 정체성의 요인을 포기하는 것을 의미하지도, 인격적 수준에서 자신을 즐기는 방법을 "망각"하는 것을 의미하지도 않는다. 탈정체성은 클라이언트가 자신의 일부분보다 "좀 더" 정확한 정체성에 대해 깨닫는 것을 의미한다.

탈정체성의 과정은, 비록 궁극적 결과가 항상 알려지지 않을지라도 모든 변형작업 속에 진실이 존재하는 것처럼 의도적이다. 사회복지사는 클라이언트가 변형작업을 하도록 욕구를 지지하고, 그 과정을 위한 인지지도 cognitive map를 제공해야 하며, 변화에 대한 동기부여를 재인식시켜 주어야 한다. 인간은 삶의 어떤 시점이 되면, 노동의 성과에 대해

더 이상 만족하지 못할 수 있다. 이 불만족은 종종 인격에서 초인적 의식으로 변형하기 위한 촉매작용을 한다.

때때로 클라이언트는 삶 속에서 중요한 상실 —가령 사랑하는 사람, 직업, 건강을 잃는 것— 을 경험하게 되는데, 그때 클라이언트는 초인적 의식의 발달을 통해 상실을 다루고자 한다. 사회복지사는 현장에서 훈련받은 탈정체성에 의해 클라이언트의 인격적-초인적 변형을 조장할 수 있고, 초인적 의식이 클라이언트에게 매 순간 활용될 수 있도록 도와야 한다. 클라이언트는 친근한 의식인 인격적 수준으로 되돌아가고자 하고 또한 새로운 영적 원리와 관련하여 인격적 수준에 저항하고자 한다. 예를 들어, 수준 2에서 클라이언트가 신중한 활동을 하고자 할 때, 지금 가장 중요한 것이 무엇이고, 그렇지 않은 것이 무엇인가에 초점을 맞추도록 도울 수 있다.

인격적인 종교적 자아의 활동양식

인격적 의식 수준에서 클라이언트가 먼저 활용하는 양식은 본질적으로 사회적 정체성에 대해 강조하는 것을 영적인 정체성으로 대체하는 것이다. 사회적 정체성은 다른 사람과의 경험에 초점을 두고, 점차적으로 영적 정체성으로 대체되면서 그것은 곧 영적 성장에 집중하게 된다. 일반적 목표는 클라이언트의 수치심을 치유하는 것을 도와줌으로써, 과장된 사회적 중요한 것들에 대해 냉정해질 수 있도록 돕고, 그리하여 궁극적으로 클라이언트의 종교적 공동체를 보편적 다양성의 공동체가 되도록 도와주어야 한다.

표 7-2 전형적인 인격적 이슈의 활동목표와 방법의 예

전형적 이슈	목적	방법
클라이언트는 근본적으로 부끄러움을 가진다(자신의 욕구 대부분에 직면함이 없이 세상을 돌볼 수 있는 과장된 감각에 의해 대체된다.)	클라이언트는 사람을 좀 더 사랑하고 존재를 좀 더 생각하게 된다. 특히 클라이언트는 자신의 놀이, 사람, 오락, 표현에 대한 욕구를 수용한다.	클라이언트에게 여행, 싸이클 댄스, 시간-공간 여행과 같은 방법을 통해 황홀한 상태를 경험하도록 하기
클라이언트는 사회적 나르시즘을 통해 자신의 부끄러움을 다룬다(내가 줄 수 있는 많은 것에 의해 나의 가치를 측정하면서). 그리하여 자신 혹은 다른 사람에 의해, 자신의 영구적인 왜곡을 정당화할 수 있다.	클라이언트는 자신을 더 이상 다른 사람들을 돌보는 사람, 희생자로 보지 않는다. 그리하여 더 이상 자신의 종교적 공동체에 의해 영속되는 어떤 왜곡도 정당화하지 못한다.	클라이언트에게 자신의 한계와 욕구에 대해 확신할 수 있는 긍정적 계획성과 기도를 발달하도록 지지하기, 그리하여 클라이언트는 주어진 것을 좀 더 잘 조절하도록 한다.
클라이언트는 성인의 자아상태를 넘어서 발달하고 어린이의 자아상태 아래에서 자아를 훈련시킨다.	클라이언트는 성인들을 발견한다(사회복지사를 포함하여).그들은 내적 통제의 발달에 따르고자(제자가 되는) 원한다.	클라이언트가 신비적인 마음의 활동과 깨어있는 행동주의를 통해 단련된 자신을 발달시키도록 하기

사례연구 7-3

인격적 단계에서 초인적 단계로의 변형

55세의 한 남성이 사회복지사를 찾아와 우울증을 호소한다. 내담자는 "왜 이렇게 기분이 우울한지 모르겠다. 나는 원하는 것은 다 가지고 있다. 큰 회사의 CEO이고 4,000ft^2미터의 집, 두 대의 짙은 황녹색 자동차, 잡초 없이 잘 가꾼 잔디밭을 갖고 있다. 딸은 치어리더이고 아들은 학교 미식축구부의 쿼터백이며 아내는 아름답다"고 말한다. 이 클라이언트는 사회복지사와 자신의 인생을 되돌아보면서 자신이 가진 것이 더 이상 자신을 만족시키지 못하고 있음을 깨닫기 시작한다. 점진적이고 미묘한 어떤 변화가 있었다. 사회복지사는 내담자가 인격적 단계에서 초인적 단계로 변형 중에 있으며, 변형을 할 수 있는 잠재력을 갖고 있음을 깨닫는다. 사회복지사는 내담자에게 초인적 이론을 설명해주면서 "당신이 지금 느끼고 있는 고통은 사실은 선물이다. 당신은 정신적으로 병든 것이 아니라 사실은 더 활기차게 되고

> 있는 중이다. 그러나 가장 원하는 것을 갖기 위해서 당신이 더 이상 원하지 않는 것은 버려야할지도 모른다."고 말한다. "나는 무엇을 원하는가?"하고 내담자가 묻는다. 이들은 여러 주 동안 그 질문에 매달린 결과, 결국 내담자가 마음의 평화와 유대감을 원한다는 사실을 깨닫게 된다.
> 내담자는 탈정체성(dis-identification) 훈련을 하는 데 동의한다. 그는 안락의자에 앉아 눈을 감는다. 그러면 사회복지사는 성인 정체성의 요인 목록을 꺼내 소유물을 상상하는 것부터 시작한다. 사회복지사는 "마음의 눈으로 당신을 가장 잘 나타내는 모든 소유물을 상상하세요. 좋습니다. 이제 당신 자신에게 '내가 가진 모든 소유물이 없어지면 나에게 남는 것은 뭔가?' 하고 물어보세요"하고 말한다. 사회복지사는 다른 요소들, 즉 재정, 역할, 믿음, 권력, 사람, 감정 및 몸에 대해서도 똑같은 과정을 되풀이 한다. 그런 다음에 사회복지사는 내담자에게 탈정체성 경험을 생각하게 하고 이러한 의식의 상태에 있을 때, 삶을 어떻게 다르게 살지 상상하도록 한다. 사회복지사는 내담자에게 탈정체성들을 하나하나 회상하게 한 다음 훈련을 마친다. 이때 "이제 그 다음 요소를 당신의 인격 속으로 다시 맞아들이는 것을 상상하세요."라는 말을 덧붙인다.
> 사회복지사는 내담자가 생각하고 행동하는 방식에 변화를 만들어내는 방법으로 이 훈련을 끝까지 하도록 도와준다. 결국 내담자는 자신의 직업을 바꾸어 보다 심플하게 자신의 삶을 살기로 결심한다. 내담자는 더 많은 시간을 아이들과 보내면서 자신이 진정 누군지, 진정 어떤 결혼생활을 원하는지를 재평가하기 시작한다.

초인적-전인격적 변형의 촉진

초인적 의식이 가장 진보된 수준이라 불릴 수 있는 것은 전인격적 단계에서 인격적 단계가 출현하고 그 다음에 초인적 의식의 단계가 나타나기 때문이다. 클라이언트는 생태체계, 지역사회, 관계의 세상으로부터 철수하여 영적 성장에 더 많은 초점을 둘 수 있다. 그 결과 클라이언트는 인생을 즐기고 감사하는 것을 잊어버릴지도 모르고 또한 다른 사람들, 인생의 유형, 그리고 생태체계에 대한 책임감을 부정할지도 모른다. 이러한 종류의 변형은 초인적-전인격적이라 불린다. 그 이유는 클라이언트가 영적 정체성에 대해 지나치게 강조하는 것에서 자아정체감과 사회적 정체감에 대한 관심으로 다시 이동하고자 하기 때문이다.

초인적인 종교적 자아의 활동양식

초인적 의식 수준을 사용하는 클라이언트를 원조할 때, 일반적 목표는 클라이언트의 수치심을 치유하도록 도움으로써 과장된 영적 중요성을 차분하게 하도록 돕고, 그리하여 궁극적으로는 종교적 공동체를 보편적인 다양성을 지닌 공동체가 되도록 돕는 것이다. 〈표 7-3〉에서 초인적인 종교적 자아의 활동에 대해 보여주고 있다.

왜 전인격적 수준에서 초인적 수준으로의 변형은 존재하지 않는가?

사회복지사는 전인격적 단계와 초인적 단계 사이의 일반적 혼란에 관심을 가지

표 7-3 전형적인 초인적 이슈의 활동목표와 방법의 예

전형적 이슈	목적	방법
클라이언트의 부끄러움이 영적인 성장의 최고 수준에 이미 도달했다는 과장된 감각을 통해 대체된다. 그리하여 더 이상 세상과의 상호작용 욕구를 갖지 않는다.	클라이언트는 사람들을 좀 더 사랑하고 존재의 의미를 좀 더 갖게 된다. 특히 클라이언트는 세상에 봉사할 책임감과 영적인 한계를 수용해야 한다.	영적인 성취로부터 탈정체된 클라이언트를 도울 수 있는 숙련된 사회복지사로부터 개별화된 도움을 클라이언트가 수용하기
클라이언트는 자신의 부끄러움을 초인적 나르시시즘(영적으로 발달된 방법에 의해 나의 가치를 측정)을 통해 다루고 그리하여 개별적, 집합적 왜곡을 정당화한다.	클라이언트는 더 이상 자신을 희생자로 보지 않으며, 더 이상 자신의 종교적 공동체에 의해 영속적인 어떤 왜곡도 정당화하지 않는다.	클라이언트가 외부세계로 재 편입되도록 돕기(⑩ 커플, 가족, 지역사회 내의 관계성 속으로). 생태체계, 생명체, 다른 사람에게 서비스를 제공하기 위한 목적을 위해서이다.
클라이언트는 자신의 아이와 부모자아 상태로부터 거리감을 갖는다.	클라이언트는 성인(사회복지사를 포함)을 발견한다. 그들은 내적 통제의 발달(제자가 되는)에 따르고자 원한다.	클라이언트가 우주 속에서 자신의 삶에 대해 감사하고 즐기고 재편입하도록 돕기(⑩ 신비적인 마음의 방법을 통해 감정을 탐색함에 의해서)

고 있는데, 그것은 진정한 자기애와 나르시즘적인 거짓 자기애 사이의 혼란과 같다고 볼 수 있다. 많은 사람들은 인격적 의식에 대한 자기자각self-awareness과 사회적 책임성을 발달시키는 고통과 어려움을 회피하기를 바라고, 전인격적인 의식 수준에서 초인적 의식 수준으로 직행하거나 수준을 "뛰어넘기"하려고 노력한다. 종종 전인격적 의식의 상태는 나르시즘적인 자기애와 연관되는데, 실제적으로 그것은 자기의 과장을 통한 낮은 자아존중감에 대해 보상하고자 하는 것이다. 이런 경우, 개개인은 종교적 공동체와 함께 하지 못하고, 그 자신을 강화하지 못하는 위험에 처하게 되며, 또한 영적이고 보편적인 다양성에 대해 동정하지도 수용하지도 못한다.

의식의 상태와 단계

초인적 이론은 인간의식의 상태와 단계에 존재한다. 의식의 상태는 모든 사람에게 항상 주어진 것으로 자연스럽게 생기는 것이다(Cohen&Wilber, 2004 참조). 그것은 인간 존재의 본성이기 때문에 발달하고자 활동을 요구하지 않는 상태이다.

대조적으로 의식의 단계는 각 개인의 의도에 의해 발달된다. 다른 발달 단계에서처럼, 의식의 단계는 한 단계 한 단계 진전해 나간다. 의식의 자아 중심적 단계는 시작단계로, 개인의 일시적인 기분과 욕구에 초점을 둔다. 자기민족 중심적 의식은 개인이 자아 중심적 단계에 초점을 두는 것으로부터 개인이 속한 종족에게 초점을 두는 것으로 확장한다. 비록 자기민족 중심적 의식이 자아 중심적 의식보다 좀 더 성숙하다 할지라도, 다른 종족을 배제할 위험을 가지고 있다. 세계 중심적인 단계에서 의식은 행성을 포용하는 것으로 지속적으로 확장한다. 비록 세계 중심적인 것이 다른 사람에게 폭력을 가해 끝나더라도 사람들은 여전히 생태체계와 생명체에 대한 학대와 비연관성으로 여전히 남을 수 있다. 우주 중심적 단계는 모든 창조물을 끌어안는다. 의식의 모든 상태는 이 단계에서 발생한다(〈표 7-4〉 참조).

영적 수련과 클라이언트 간의 최상의 "적합성" 발견

오늘날 개개인은 수많은 영성수련 가운데 선택을 하게 되는데, 사회복지사는 클라이언트의 영적 행로와 현재 욕구에 가장 적합한 수련을 찾아주기 위해 노력해야 한다. 시작의 가장 좋은 시점은 클라이언트에게 자신이 관심 있는 수련이 무엇인지 물어보는 것이다. 비록 종교가 사회제도일지라도, 영적인 활동은 개인적 활동이고 영적 수련은 각 개인의 개별적 관심을 반영하는 것이기 때문이다.

사회복지사는 새로운 사고와 행동의 방법을 발견하려는 클라이언트의 욕구를 지지해야 한다. 그리고 사회복지사는 클라이언트의 핵심적인 욕구와 진전을 지지한다.

표 7-4 의식적 단계와 상태 사이의 관계성 예시

	활동하는 상태 (교차 / 자아)	꿈꾸는 상태 (민감한 / 영혼)	깊은 잠의 상태 (원인 / 절대적)
자아 중심적 단계	나는 음식을 원한다. 나는 섹스를 원한다.	나는 욕망을 지닌 신체를 알게 된다.	나는 우주와 다른 사람들로부터 분리되어 나 자신을 경험하지 못한다.
종족 중심적 단계	나의 종족만이 옳다. 나의 종족은 전쟁 중에 있다.	나는 다른 종족과의 전쟁에서 나 자신이 한 종족임을 발견한다.	나는 우주와 다른 종족과 분리되어 나의 종족을 경험하지 못한다.
세계 중심적 단계	지구는 가장 중요한 행성이다.	나는 지구의 행성 속에서 나 자신을 발견한다.	나는 우주와 다른 행성으로부터 분리되어 나의 행성을 경험하지 못한다.
우주 중심적 단계	나는 우주의 한 부분이 되는 것이 행복하다.	나는 우주 속의 살아 있는 존재 속에서 나 자신을 발견한다.	나는 창조적 영으로부터 분리되어 우주를 경험하지 못한다.

윤리적 가치 이슈

초인적 이론과 연구결과의 함의

문헌 속에 초인적 개입의 효과성에 관한 정보는 거의 없다. 하지만 종교성이 신체적, 정신적 건강지표와 관련되어 있다는 경향은 명백해지고 있다. 비교적 잘 알려진 기도祈禱에 대한 연구는 종교적 자아방법론Religious Self methodologies이 치유를 촉진할 수 있다는 것을 보여준다. 초인적 이론은 개인의 전 생애주기 동안 자신의 영적 행로의 측면에서 활동할 것을 제안하고, 또한 그러한 활동이 본성적으로 발달한다고 보았다. 예를 들어, 전인격적 수준에서 우선적으로 활동하는 개인들은 일반적으로 탈정체성 활동을 하기 위한 준비가 되어 있지 않을 것이다.

클라이언트 다양성의 이슈

영적 지향을 지닌 사회복지사는 클라이언트의 영적 성숙을 지지하는 데 전념한다. 하지만 사회복지사는 각 클라이언트가 독특한 영적 배경을 가지고 있다는 것과 변형작업을 하고자 하는 개인적 욕구가 있다는 것을 깨달아야 한다.

더욱이 종교적 다양성의 모든 이슈가 존중되어야 한다. 일부 클라이언트들은 모든 지적인 전통으로부터 그려진 종교의식을 기꺼이 탐색하려고 할 것이고, 반면에 또 다른 클라이언트들은 오로지 하나의 종교적 전통만을 수용하려고 할 것이다. 모든 그러한 관점들은 편견 없이 받아들여져야 한다.

가족과 지역사회 다양성의 이슈

사회복지사는 클라이언트의 가족과 지역사회가 가지고 있는 가치, 교리, 종교의식을 사정하는 데 신중해야 하고, 더 나아가 종교적 자아의 활동과 충돌하거나 일치되는 가치, 교리, 종교의식의 범위에 대해 사정하는 데도 신중해야 한다. 사회복지사는 클라이언트와 관련이 있는 지역사회와 가족의 최고선을 지지하는 데 책임성을 가지고 있음을 인지해야 한다. 그러므로 사회복지사는 지속적으로 클라이언트가 가족과 지역사회에 봉사하도록 용기를 주어야 한다.

사회복지사 다양성의 이슈

의식의 특정 수준을 발달시키는 활동을 원하는 클라이언트는 이 특정 수준을 자유롭게 구사할 수 있는 사회복지사를 가장 원할 것이다. 그리하여 현명한 사회복지사는 자신의 영적 행로의 작업을 지속해야 한다. 어떤 사회복지사는 자신의 종교적 관점으로 인해 특정한 지적인 전통의 종교의식을 사용하는 것이 불편할 수도 있을 것이다.

생태체계Ecosystem 다양성의 이슈

사회복지사는 전 생애를 지지하는 생태체계의 최고선을 유지하기 위한 책임감을 가지고 있음을 깨달아야 한다. 그러므로 사회복지사는 지속적으로 서비스를 실천해야 하고, 클라이언트에게 가족이나 지역사회에 봉사하도록 용기를 주어야 한다.

| 연구 질문 |

1. 종교적인 자아(Self)는 무엇인가? 당신의 영성적인 삶에서 사회적인 차원이 얼마나 중요한가?

2. 당신의 삶 속에 가장 친숙한 지혜 전통(wisdom tradition)은 무엇인가? 왜 그렇다고 생각하는가?

3. 의식의 수준(전인격적, 인격적, 초인적)에서 당신은 우선적으로 어느 수준에서 움직이는가?

4. 모든 범위의 의식이란 무엇인가? 얼마나 많은 사람들이 그러한 의식을 가지고 있다고 볼 수 있는가? 당신은 그것을 어떻게 기술할 수 있는가?

5. 당신에게 가장 어려운 의식의 변형은 어느 것인가? 당신이 이미 행한 것은 어떤 것인가? 당신이 경험한 변화는 어떠한 것인가?

자 료

Moore, T. (2002). *The soul's religion: Cultivating a profoundly spiritual way of life*. New York: HarperCollins Publishers.
 This is one of a number of useful books by Moore that describe elements of spiritual growth. In this

one, Moore talks about the relationship between the soul and religiosity.
Wilber, K. (1977). *The spectrum of consciousness*. Wheaton, IL: Quest.
Wilber describes his theory of consciousness development in this text.
Wilber, K., & Cohen, A. (2004). Following the grain of the Kosmos. *What Is Enlightenment?* May-July, 44-53.
Wilber and Cohen discuss elements of consciousness.

CHAPTER 08

생물의식 Bioconsciousness

이 장에 나오는 방법들은 일상생활 속에서 창조적 영(혹은 신의 의지)을 구체화하고, 몸을 통해 창조적 영(神)에 귀 기울이며, 몸-마음-영의 연관성의 발달에 의해 의식을 촉진하고자 하는 것이다.

몸-마음-영(BMS)의 연관성 촉진

영적 관점으로부터 개개인의 몸, 마음, 영은 태어날 때 상호 연관되어 있다. 세 가지 차원의 과정 사이에는 항상 상호 관련성이 존재하고, 하나의 수준에서의 역할은 다른 두 수준에서의 원인과 결과의 기능을 한다. 사람들이 아동기와 청소년기를 거쳐 오는 것처럼, 사람들은 종종 자신의 몸, 마음, 영의 일부분을 포기해야만 하는 것으로 생각하는데, 그 이유는 그러한 부분들이 가족, 친구, 제도, 지역사회, 문화에 의해 수용되지 못하기 때문이다. 〈표 8-1〉의 두 번째 칼럼에서 몸, 마음, 영에 대한 일부 예들이 제시된다.

사회복지사들은 클라이언트의 BMS의 연관성을 촉진하도록 돕는데, 이것은 클라이언트로 하여금 잊었던 자신의 일부분을 재통합하도록 돕는 것을 의미한다. 과정은 다섯 단계로 구성되며, 다음과 같다.

BMS 연관성을 촉진하는 단계
1. 가족, 제도, 지역사회, 문화에 의해 상실된 몸, 마음, 영의 요인이 무엇인지에 대해 클라이언트의 자각 증가시키기
2. 특정 클라이언트와 관련된 가족, 제도, 지역사회, 문화 때문에 상실되어진 몸, 마음, 영의 요인이 무엇인지에 대해 클라이언트의 자각을 증가시키기
3. 타인, 다른 삶의 형태 그리고 생태체계, 자신의 최고선에 부정적 영향을 미친 상실에 대해 클라이언트의 자각 증가시키기
4. 클라이언트가 상실한 요인을 회복하기 위해 클라이언트 강화시키기
5. 책임을 구체화하도록 돕는 새로운 사고와 행동 지지하기

표 8-1 몸, 마음, 영과 건강과 관련된 요인의 예시

차원	요인	관련된 행동들
몸	골격 조직(Skeletal system) 근육 조직(Musculatory system) 순환 조직(Circulatory system) 호흡기 조직(Respiratory system) 소화 조직(Digestive system) 생식 조직(Reproductive system)	일상적 자세 신체적 기술 에어로빅 훈련 숨쉬기 활동 규정식(식이요법) 습관 성적 행동
마음	신념 가치 지능 창조성 지식 인식	개방성 도덕적 성숙 사고 종합성 학습 신중한 참을성
영	열정 용서 마음의 평화 평정 절제 사랑	고통에 대해 민감하기 분노를 내려놓기 순간 속에 살기 반응을 하지 않기 올바른 시간에 올바른 교제하기 두려움을 내려놓기

가족, 제도, 지역사회 그리고 문화에 의해 상실된 몸, 마음, 영의 요인에 대한 클라이언트의 자각 증가시키기

사회복지사는 클라이언트가 살아가는 상황context에 대해 연구하는 사람이다. 사회복지사는 클라이언트가 혼자가 아니라 다수의 다른 사람들과 BMS 연관성에 관한 요인의 상실을 공유하고 있다는 것을 알 수 있도록 도와야 한다. 클라이언트는 문화 속에서 대부분의 사람들이 성장하는 가운데 자신의 요인을 상실하게 되는 이유를 이해하기 시작하고, 잃어버렸던 요인을 개선하는 것이 여전히 가능하다는 것도

이해하기 시작한다. 이러한 이해들은 클라이언트로 하여금 그의 현재 발달과정에 대해 희망적이고 좀 더 수용하도록 도울 수 있다.

특정 클라이언트와 관련된 가족, 제도, 지역사회, 문화 때문에 상실된 몸, 마음, 영의 요인에 대한 클라이언트의 자각 증가시키기

일반적으로 BMS활동에 대한 변화전략은 인지수준에서 시작된다. BMS 연관성을 발달시키는 많은 활동은 클라이언트로 하여금 세 개의 다른 차원을 수용하고 자각하도록 한다. 사회복지사는 그것을 영적인 관점으로부터 설명할 수 있고, 한 인간을 구성하는 모든 "부분들"을 통합한, 총체적 건강으로 설명할 수 있다. 즉, 사회복지사는 자아의 다양한 부분들과 분리된is-connected 존재의 상태인 질병을 지닌 클라이언트와 신념을 공유할 수 있다.

사회복지사는 클라이언트와 관련된 부분들이 최소로 통합되어진 것과 최대로 통합되어진 것을 사정하려고 노력해야 한다. 사회복지사는 대개는 이러한 통합된 과정과 연관된 역사적, 환경적 요인들이 존재한다는 것을 알게 된다. 가족 혹은 문화적 경험은 몸, 마음, 영의 요인에 관해 불필요한 수치감 혹은 죄의식을 만들지도 모른다. 사회복지사들은 클라이언트가 살아오면서 상실했던 자신의 어느 부분에 대해 인식하도록 도와주어야 한다.

정서적 수준에서, 사회복지사는 클라이언트가 몸, 마음, 영에 대해 어떻게 느끼고 있는지를 탐색한다. 많은 사람들은 정서적으로 자신의 부분들을 수용할 준비가 되어있지 않다. 예를 들어, 자신의 그러한 부분들에 관해 약간은 역겨움과 수치심의 감정들이 있을지도 모른다. 그러한 감정들은 치유과정을 방해할 수 있는데 그 이유는 클라이언트가 통합되어질 필요성이 있는 부분들을 수용하는 것을 원하지 않을 수 있기 때문이다. 그러한 감정들은 그들이 치료하기 이전의 과거 상처와 관련이 있을지도 모른다.

사회복지사는 대부분의 클라이언트들이 몸, 마음, 영의 요인들에 관해 생각할 때 미화하므로 자각과 수용이 혼란스러울 수 있음을 이해해야 한다. 〈표 8-2〉의 예시에 의하면, 미화는 착각인 데 반해 수용은 실제로 존재하는 것에 기반을 두고 있다. 클라이언트는 그의 삶 속에서 미화가 자기 수용과 자기 인식을 매우 빈약하게 만든다는 것을 깨닫게 될 것이다.

타인, 다른 삶의 형태 그리고 생태체계, 자신의 최고선에 부정적 영향을 미친 상실에 대해 클라이언트의 자각 증가시키기

사회복지사가 할 일은 클라이언트가 상처 입은 것을 다시 느낄 수 있도록 흔들고 클라이언트로부터 분출되는 아픔을 알아차리는 것이다. 그러한 작업의 목적은 클라이언트의 고통을 더 일으키려고 하는 것이 아니라, 클라이언트가 잃어버린 것에

표 8-2 수용, 자각과 대조되는 미화에 대한 예시

차원	미화의 요소	자각과 수용의 요소
몸	· 나는 완전한 몸을 원한다. · 나는 당신이 완전한 몸을 가지기를 원한다. · 사람들은 몸 그 자체로 존재한다.	· 나는 현재 존재하는 방식으로 나의 몸을 수용한다. · 나는 현재 존재하는 방식으로 당신의 몸을 수용한다. · 당신과 나는 우리의 몸 그 이상의 존재이다.
정신	· 나는 현명해지기를 원한다. · 나는 내 정신이다.	· 나는 있는 그대로의 방식으로 마음을 수용한다. · 나는 정신보다 그 이상의 존재이다.
영	· 나는 최근 유행하는 영성을 가지고 있다. · 나는 최근 유행하는 영성 속에 존재한다.	· 나는 현재의 영적 관점을 수용한다. · 나는 나의 영적 관점보다 그 이상의 존재이다.

대해 그리고 자신의 존재에 대해 좀 더 자각하도록 도와주기 위한 것이다. 사회복지사는 명확한 질문을 하거나 상처 입었던 것에 대해 명료하게 지적함으로서 아픔을 끄집어 낼 수 있다.

영적 지향성을 지닌 사회복지사는 클라이언트의 상실을 돕기 위해서 초이성적인 방법을 사용한다. 사회복지사는 비언어적 방법이 이야기 치료보다 못하지 않고 동일하게 효과적일 수 있기 때문에 불합리하기보다는 오히려 초이성적이란 용어를 사용한다. 초이성적인 방법은 운동, 꾸밈, 조각, 사이코드라마 등의 활동을 포함한다. 예를 들어, 클라이언트로 하여금 몸, 마음, 영에 대해 그림을 그리고 그 관계를 이야기하도록 요구할 수도 있다. 사회복지사는 예를 들어, 클라이언트가 "상처받은 것"을 표현하고 그리고 난 후 치유된 것에 대해 말하도록 한다.

클라이언트가 상실한 요인을 회복하기 위해 클라이언트 강화시키기

클라이언트가 BMS 연관성의 중요함을 깨닫게 된 이후, BMS의 한 부분이 여전히 상실된 채 있는 이유와 방법을 인지하고, 치유에 대한 욕구, 변화에 대한 바람의 자각이 증가하게 된다. 사회복지사는 클라이언트로 하여금 상처의 요인을 회복할 수 있도록 격려해야 한다.

- **책임을 구체화하도록 돕는 새로운 사고와 행동 지지하기**

자각하기의 모든 작업은 사고의 변화와 활동지향적인 행동에 의한 변화가 뒤따라야 한다. 사회복지사는 클라이언트로 하여금 유용하지 않은 사고를 새로운 사고의 방법으로 대체하도록 도와야 한다(〈표 8-2〉 참조).

클라이언트는 새로운 행동을 함으로써 잃어버렸던 부분을 재통합하기를 원한다

(〈표 8-1〉 참조). 만약에 "자신의 머릿속"에서만 산다면, 클라이언트는 모든 일상생활의 이슈에 대해 그의 몸이 "말하는" 것에 귀 기울이는 동안 매일 명상을 실천하기를 원할 것이다.

클라이언트는 자신의 BMS 관계를 치유하듯 타인, 살아있는 모든 것들, 생태체계에 대해 좀 더 봉사하게 될 것이다. 예를 들어, 사람들은 자신의 신체적 평안에 좀 더 친숙해지고, 살아있는 다른 모든 것들과 세상 그 자체의 웰빙에 대해 깨닫게 될 것이다. 그러한 자각은 새로운 행동을 위한 토대가 될 것이다.

몸의 재통합: 상실된 몸 요인의 재통합 촉진

지역사회 수준에서, 미국의 주류문화가 몸을 미화美化할지라도, 이러한 문화는 몸의 요인을 가치절하 시킨다. 일반적으로 언론과 마케팅은 "완벽한" 몸이 돈을 버는 것으로 나타냄으로써 몸을 미화하고 있다. 반대로 몸의 일반적 기능과 속성은 —가령 노화, 배설, 성, 죽음— 다수의 사람들을 불편하게 만드는 것처럼 보인다. 문화는 미화되어 수용된다.

개인적 수준에서, 사회복지사는 클라이언트로부터 중요한 몸의 요인이 상실된 것을 종종 알게 된다. 생물의식의 점에서, 오늘날 많은 사람들은 두뇌만 사용하는 것이 아니라 몸 전체의 기능들을 활용해서 세상을 살아가는 것을 더 선호한다.

뇌가 유용한 기관일지라도, 몸은 많은 다른 부분들을 가지고, 각 부분은 앎의 수단을 제공한다. 사람들은 자신의 관심에 따라 "본능적" 감정을 가지고 있다. 예를 들자면 자신의 가슴이 결정한 "진심에서 우러난" 감정 같은 것일게다. 반대로 머리로 살아가는 경향의 방법은 사람들이 동물적 혹은 야만적 본성의 연관성을 포기했다는 것을 말한다.

소위 많은 정신장애인들은 BMS 연관성이 붕괴됨으로써 나타난다. 이러한 관점으로부터, 예를 들자면, 그러한 우울과 불안의 증상은 실제로는 건강의 증상이고 영혼은 여전히 생동하며, 증상을 통해 말하려고 시도하고 있는 상태로, 재통합이 절대적으로 필요하다. 그러므로 우울과 불안은 거의 몸과 영으로부터 분리된 마음 속에서 살려는 경향성과 관련된 증상으로 이해되어야 한다. 아마도 이러한 불균형은 아동일 때 시작되고, 청년기에는 고통을 회피하고 마음으로 자신의 환경을 통제하려고 애쓴다. 인생 후반기에는 이러한 대처기제coping mechanism가 장기간의 불균형으로 나타난다. 변형작업, 즉 몸의 활동은 클라이언트로 하여금 본래적인 BMS 연관성과 상실된 자아의 요인을 회복하도록 도울 수 있다.

신체적으로 고통스런 상태에 있는 클라이언트는 영적 관점을 사용하여 자신의 고통을 재구성함으로써 이익을 얻을 수 있다. 클라이언트가 어떤 종류의 신체적 고통을 지닐 때, 사회복지사는 클라이언트가 자신의 몸의 병 혹은 질병에 화가 나 있다는 것을 알아야 한다. 그러한 화는 클라이언트가 자신의 신체적 고통에 관심을 갖는 능력을 방해한다. 질병과 맞서는 것은 아마도 사람들이 아플 때 의학적 증상과 고통을 느끼면서도 가능한 빨리 활동하기를 원하는 현재 문화의 양면성과 관련된다고 볼 수 있다. 패스트푸드에서의 회복fast-food recovery 철학의 대안은 몸이 고통과 질병을 가져올 수 있을지도 모른다.

몸의 재통합: 성과 영성의 신성한 관계 회복

성性은 적어도 일부분이 상실된 몸의 한 요소이다. 생물의식의 관점으로부터, 성과 영성은 모든 인간의 요소들을 상호 관련짓는다. 인간의 영적 발달은 자신의 성적 발달에 영향을 받는다. 예를 들어, 의식이 전인격적 수준인 클라이언트는 전인

> **사례연구 8-1**
>
> **몸 재통합의 예**
>
> 20세의 한 남성이 자신이 사는 지역에 있는 대학상담센터를 찾는다. 그 남성은 사회복지사에게 "내 삶은 끝없는 불운의 연속입니다"라고 불만을 털어놓는다. 사회복지사는 지난 달 이 남자가 발목을 심하게 삐었으며, 감기를 앓았고, 식중독에 한 차례 걸린 사실을 알게 된다.
>
> 상담에서 젊은 남자는 자신의 발목을 "_____ 발목"이라고 한다. 치료사는 "당신의 아픈 발목을 축복으로 보았다면 어떻게 되었을까요?"하고 말한다. 내담자는 "어떻게 삔 발목이 축복입니까?"하고 대답한다. 치료사는 "그것은 당신이 알아내야 할 문제지만, 어느 날 몸은 나이를 먹어가고 그러다 분명 죽을 것이라는 것을 깨달아야 합니다. 만약 당신 존재의 모든 것이 지금 가지고 있는 아름다운 몸이라면, 항상 몸을 잃을까 두려워하면서 살 것입니다"하고 답한다. 젊은이는 눈동자를 굴리면서도 아무 말이 없다. 다음 상담회기에 내담자는 항상 자신의 몸을 일만 하는 완벽한 기계로 보아 왔고, 또한 강한 몸을 가지고 있고, 여자친구에게 완벽하게 보이려 한다는 것을 알게 되었다. 사회복지사는 간단한 명상을 하게 한다. 이 명상에서 내담자는 가만히 앉아 자신의 상처에 대해 몸과 마음으로 의식을 한다. 내담자는 자신의 상처를 의식하고 그 상처가 없어지기를 바라는 것을 멈출 때, 몸이 와해(break down)되기 시작하면서 가치가 없고 쓸모가 없다고 생각되어 화를 내게 된다. 내담자는 인생에서 처음으로 자신의 몸과 세계가 존재하는 방식을 인정하고 심지어 고마워하게 된다.

격적 형식, 인격적 욕구와 즉각적인 희열을 느끼는 성과 관련되는 경향을 가질 것이다. 인간의 성적 발달은 자신의 영적 발달에 지속적으로 영향을 미친다. 한 인간이 자신의 성적 관심을 표현하고 수용하며 이해하는 대로, 인간은 점차적으로 영성을 표현하고, 수용하고, 이해하게 될 것이다.

생물의식의 관점으로부터, 성과 영성은 서로 관계가 있을 뿐만 아니라 과정 또한 유사하다. 성과 영성은 자신의 영혼과 다른 사람들이 친근할 수 있게 하는 힘과 관련이 있다. 모든 인간은 독특한 성적인 면과 영적인 전망을 가지고 있다. 결국, 성과 영성의 힘은 인간본성의 기본이 되는 것이다.

성과 영성은 종종 규제되고, 심지어 가족, 제도, 지역사회에 의해 억압된다. 그러한 규제는 이해될 수 있는데 그 이유는 성과 영성의 강력한 힘이 지역사회의 지도자와 성직자, 선의의 부모들을 두려워하기 때문이다. 하지만, 성숙한 성적, 영적인 존재가 되는 것을 허용하는 사람들은 자신의 사고와 행동을 자유로이 하는 경향이 있다.

사회복지사는 주류문화의 수용 속에서 성에 대해 초점을 두어 클라이언트를 이해해야 한다. 또한 사회복지사는 클라이언트 자신의 독특한 성적 관심을 수용하고 이해하도록 원조하고 자신의 몸, 마음, 영을 성과 연결하도록 함으로써, 클라이언트의 성적 관심이 자신과 다른 사람들의 최고선을 촉진하도록 해야 한다.

사례연구 8-2

성적 관심에 대한 회복의 예

일 년 동안 관계를 유지해 온 두 젊은 여성이 교회 목사님의 추천으로 커플 상담을 위해 사회복지사를 찾아온다. 사회복지사는 교회가 후원하는 영적 관점에서 심리치료를 행하는 기관에서 일한다. 이 커플이 치료사에게 털어놓는 주요 불만 중 하나는 자신들의 성적 친밀성이 서로에게 여전히 강력하게 끌리고 있는데도 불구하고 만족스럽지 않다는 것이다.

이 커플은 자신들의 BMS 이력을 살피는 데 동의한다. 커플은 둘 다 과거에 성적 외상이 없다고 말한다. 그러나 사회복지사가 더 깊이 캐물은 결과, 둘 다 성적인 친밀감, 특히 여성에 대한 성적인 친밀감, 그리고 동성에 대한 관심을 억압하는 가족, 제도 및 공동체에서 성장한 사실을 알게 된다. 둘 다 누구도 자신의 생식기와 관련된 신체 부위의 이름에 대해 배우지 못했고, 여성은 조신하게 행동해야만 하는 것으로 배웠다. 이들은 비록 자신들의 교회가 공식적으로 레즈비언 관계를 인정하고 있지만, 자신들은 모두 일찍이 자신들의 성적 친밀감의 주요 부분들을 포기한 사실을 깨닫는다. 이들은 마음 깊은 곳에서 자신들이 "여전히 서로를 사랑하는 것은 죄라고 믿고 있다"는 것을 깨닫는다.

사회복지사는 커플과 함께 하면서 이들이 성적인 친밀감을 되찾도록 도와준다. 이들에게 시각화를 하도록 하는데, 예를 들면 시각화에서 자신들의 성적 환상을 상상하도록 하고 그 성적 환상을 서로 공유하도록 한다. 이 작업이 진행되면서 이 커플의 성적 관계는 보다 창조적이고 만족스럽게 바뀌기 시작한다.

마음mind의 재통합: 상실된 정신적 요인의 재통합 촉진

미국의 주류문화 속에서 마음은 몸처럼 전형적으로 과대평가되거나 아니면 문화에 의해 황폐화되기도 한다. 반대로 자기가치self-worth와 자아정체성의 문화 속에서 마음의 중요성이 과대평가 그리고 이념화되는 경향이 있다. 사람들은 자신의 마음 속에 존재한다는 생각을 한다. 인터넷을 통한 정보접근성이 쉬움에도 불구하고, 지식은 여전히 대부분의 수업에서 창조성과 지혜를 강조한다. 기분이 나쁘다고 느낄 때, 원조전문가들은 그들이 몸-마음-영적 문제보다 정신건강의 문제를 가지고 있다고 말한다.

반면에, 문화는 사물을 있는 그대로 보는 능력, 중요한 유념성mindfulness을 가치 절하하려는 경향성을 지니고 있다. 젊은이들은 지식을 가지고 자신의 마음을 충족시키려고 한다. 하지만 자신의 마음을 이해하는 방법을 배우지 못했다. 사회복지사는 클라이언트로 하여금 지식이 지혜의 충만함을 위한 빈약한 대체물임을 알게 해주어야 한다.

사회복지사는 클라이언트 마음의 재통합을 어떻게 촉진할 것인가? 사회복지사는 인지적 수준에서 시작한다. 사회복지사는 클라이언트가 자신의 가족, 제도, 문화, 지역사회가 상실한 마음의 요소에 영향을 미칠 수 있는 방법을 이해하도록 도와야 한다. 사회복지사는 클라이언트가 그러한 요소들을 획득할 수 있도록 원조해야 한다. 대부분의 사람들은 그들의 정신의 성숙이 무엇인지 이해하지 못하고 대부분의 삶을 보낼 수 있다.

사례연구 8-3

마음 재통합 예

지역 주간보호센터에서 보호를 받고 있는 76세의 한 여성이 있다. 그녀는 센터에서 가장 지적인 노인이면서 타고난 리더로서의 자질을 가지고 있다. 그녀는 센터에 오는 사람들마다 인사하기를 좋아하고 자신이 좋아하는 테이블에 앉아 카드놀이를 즐긴다. 그녀는 게임에서 지는 일이 거의 없고 유머러스한 자신을 자랑스럽게 생각한다. 그러나 최근에 그녀는 우울증을 앓고 있다.

센터 촉탁의사가 그 여성에게 사회복지사와의 상담을 권유하였다. 사회복지사는 내담자가 게임을 하면서 어떤 여성에게서 자신이 돈을 잃을 것이란 말을 들은 것을 알게 되었다. 내담자는 사회복지사에게 "나는 그녀의 말이 맞을 수 있다는 것을 깨달았다. 내가 돈을 잃었는데, 그런 일이 나에게 일어나리라고 꿈에도 생각하지 못했다"고 말했다. 사회복지사는 내담자에게 마음의 성숙은 지능이나 기억력과 관련된 것이 아니라 정신훈련(mental discipline)과 관련되어 있다고 말해주었다.

사회복지사는 내담자에게 자신이 지역사회에서 특별한 사람일 수 있지만 자신을 가장 특별하게 여기는 것은 바꿔야 한다고 계속 말해주었다. 내담자는 다른 사람보다 더 영리한 것보다는 정신적 성숙의 한 모델, 즉 정이 많고 지혜로운 여성이 될 수 있었다. 몇 주에 걸쳐 만나는 동안 내담자는 자신과 다른 사람들에 대한 자신의 태도가 중요하다는 것을 깨닫게 되었다.

영의 재통합: 상실된 영적 요인의 재통합 촉진

몸과 마음처럼, 미국의 문화는 영Spirit에 대해서 애매한 태도를 지닌다. 개념은 매우 다양하게 정의된다. 베스트셀러의 목록을 보면, 책의 제목에 영혼soul 또는 영spirit 혹은 종교religion라는 단어를 많이 쓰고 있음을 볼 수 있다. 다수의 인기 있는 영화는 "당신과 함께 존재하는 힘"과 같은 건 말할 것도 없고, 천사, 악마와 관련하여 영성의 관점을 다룬다.

반면에 영적 발달과 성숙에 관한 내용은 공교육에서 제외되었다. 다수의 사람들은 평안한 환경 속에서 자신의 독특한 영적 경험을 논의하지 않은 채 성인이 되었다. 영적 차원은 여전히 크게 무시되고, 학문적 조사와 수업 중에 공공연히 조소당하기도 한다.

몸, 마음, 영은 이해되고 수용되기보다는 우리의 문화 속에서 종종 미화되기도 한다. 그 결과 사람들은 영성을 영적 발달과 성숙을 미화한 상품으로 대체할지도 모른다. 예를 들어, "뉴에이지New Age"라는 새로운 경향 속에서 사람들은 가장 새로운 영적 기술을 가진 가장 영적 인간이 되기 위해 경쟁을 시도할지도 모른다. 혹은 특히 교회에서, 행동과 드러난 모습에서 가장 영적인 사람을 만나기 위해 경쟁할 수도 있다.

영의 재통합은 상실되었던 것을 자각하게 하고, 또한 재통합은 무엇인가를 얻게

사례연구 8-4

영의 재통합 예

40세의 한 여성이 음주운전에 걸린 뒤, 여섯 달 만에 다시 음주운전을 했다는 이유로 법원에 의해 사회복지사에게 맡겨졌다. 처음에 이 여성은 자신이 음주문제가 있음을 부인하였다. 여성은 도시의 한 유명한 변호사와 결혼했고, ○○○교회의 저명한 인사인 것으로 밝혀졌다. 사회복지사가 판결문을 그녀에게 읽어주자 "나는 늘 선량한 시민으로 살아왔고 매우 종교적인 사람이다. 나는 이런 식으로 대우를 받을 이유가 없다"고 말한다.

사회복지사는 신앙심과 영성과의 차이에 대해 말한 뒤, 그 여성의 영적인 삶에 대해 묻는다. 처음 이 여성은 자신의 영적 삶이 매우 풍요로웠다고 말한다. 그러나 여러 주에 걸쳐 만나는 동안 자신은 영적으로 빈곤한 삶을 살고 있다는 것을 점점 분명하게 알게 된다. 이 여성은 마음의 평화가 전혀 없고, 자신은 물론 다른 사람들에 대한 연민도 거의 없으며 삶의 의미가 거의 없다고 느낀다. 상담을 계속해 보니 남편과의 결혼생활도 매우 공허한 것으로 드러났다. 사회복지사는 이 여성이 영성을 파고들도록 도와준다. 그러자 이 여성은 결국 자신의 의식을 알코올이나 다른 약물의 도움 없이 매우 바꾸고 싶어 하고 있다는 것을 깨닫는다. 명상 프로그램에 등록한 후, 다니던 교회에 계속 나가고 있다. 그녀는 남편의 불륜에 대해서도 남편과 솔직하게 이야기하기로 마음먹었다.

할 것이다. 사회복지사는 클라이언트의 자각을 높이도록 돕고, 그의 삶을 변화하고자 하는 욕구를 지지해 주어야 한다. 몸, 마음의 차원처럼, 영적인 상실과 재통합은 개인에게 있어 독특한 것이다. 사회복지사는 이러한 기본원리를 사용할 뿐만 아니라 각 사례의 개별적 환경에 적응해야 한다.

BMS 대화: 몸으로 말하는 창조적 영에 귀기울이기

몸은 창조적이며, 개별적인 영의 소리로서 보여질 수 있다. 이 관점에서, 몸이 "말하는" 것에 귀를 기울일 때, 개인들은 영혼의 여정에 대해 좀 더 배울 수 있다. 사회복지사는 클라이언트가 인간 몸속에 깃들어 있는 영적인 것의 많은 경험을 통해 의미와 중요한 것을 배울 수 있도록 해야 한다.

유전학의 의미 이해

현재, 일반적으로 서양의학은 영혼의 병을 생물발생설에 기원을 두고 있다. 예를 들어, 청년들이 우울할 경우, "발생적 경향"genetic predisposition에서 야기되는 "화학상의 불균형"을 가지고 있기 때문이라고 본다. 생물의식의 관점은 발생적 경향과 화학상의 불균형이 서로 관련되어 있고, 또한 원인으로 설명하고 있다. 반면에, 화학적 불균형과 발생적인 경향이라고 불리는 것은 소위 영과 영혼의 표현이라 볼 수 있다. 모든 물려받은 특성들은 영적 관점으로부터 고찰될 수 있다.

클라이언트는 선천적으로 성격이 다르고, 신체유형, 인종, 성적 선호, 성$_{gender}$에 대한 영적 의미를 가지도록 지지받아 왔다. 그것은 각 클라이언트에게 개별적이고 독특한 특성이 있다는 것이며, 이에 따른 다양한 다른 기술들이 사용될 수 있다. 클라이언트는 마음의 의미를 숙고하도록 요구받는다. 사회복지사는 몸 내부의 영적 존재로서의 자신의 그림을 그리도록 클라이언트에게 요구할 수 있다.

질병의 의미 이해

클라이언트가 불편한 신체적 증상을 보일 때, 사회복지사는 클라이언트로 하여금 신체적 증상들을 호전시킬 수 있는 영적 의미를 발견하도록 돕는다. 예를 들어, 매년 겨울마다 감기에 걸릴 경우, 사회복지사는 이 패턴의 의미를 발견하도록 한다. 클라이언트가 자신의 병을 다루고, 진단을 위해 내과 의사를 찾아갈 경우, 사회복지사는 클라이언트가 병 속에서 영적 의미를 발견하도록 돕는다.

의미를 만드는 과정을 원조하는 동안 유능한 사회복지사는 다른 원조전문가들과 협력해야 한다. 미래 임상의 형태는 영적 관심을 가진 사회복지사가 다른 건강케어 사회복지사들, 내과의사, 보디워커 body-worker, 동종요법 전문가* homeopathic professionals와 함께 파트너십을 가지고 활동하는 형태가 될 것이다. 다학제多學制로 구성된 팀이 함께 개별 클라이언트를 위해 몸-마음-영적 서비스를 제공하게 된다. 각 분야의 전문가들은 그 분야마다 특성을 가지고 있을지라도, 모두는 유사한 부문을 가지고 있다.

---

* 동종요법(homeopathic Medicine)이라는 말은 '같다'라는 의미의 그리스어 homois와 질병을 의미하는 pathos의 합성어로, 유사한 것을 유사한 것으로써 치유한다는 뜻이다. 즉, 건강한 사람에게 어떤 물질(약물)을 투여했을 때, 어떤 질병에서 생기는 증상과 비슷한 증상이 발생한다면, 그 같은 종류의 물질(同種)을 사용하여 그 병도 치료할 수 있다는 이론이다. 동종요법은 독일의 의사 사무엘 하네만(Samuel Hahnemann, 1788-1843)이 1810년 '인술의 원칙(Orgnon of the Art of Healing)'이라는 책을 펴냄으로써 확산되기 시작한 의술로, '질병의 존재는 질병을 제거할 수 있는 신체의 방어기제를 자극하는 것이며, 이러한 방어행동이 질병의 증상을 일으킨다. 따라서 질병의 증상은 질병을 제거하려는 신체의 자구노력을 반영하는 것'이라고 설명하였다. 즉, 증상은 질병의 일부가 아니라 치유과정의 일부라는 것이다. 모든 사람은 자신만의 독특한 상태를 각각의 독특한 환경에서 반응하며, 평형을 지키려는 방식을 가지고 있다. 따라서 개인의 증상에 가장 유사한 증상을 낳는 치료약이 효과적이라고 보는 견해가 '동종요법'이다. - 역자 주

사례연구 8-5
몸을 통한 영의 이해

44세의 한 여성이 몸-마음-영 클리닉에 진단을 받기 위해 온다. 면접사회복지사는 내담자와 이야기를 나눈 결과, 여러 가지 만성질병을 앓아 온 사실을 알게 된다. 내담자는 대상포진, 만성요통, 어깨골절을 앓고 있었는데, 이 질병들은 모두 신체 왼쪽 부분에 집중되어 있다. 면접사회복지사는 내담자를 임상간호사회복지사(clinic nurse social worker)에게 치료를 받게 함과 동시에 영적 사회복지사(spiritual social worker) 자격증을 가진 임상사회복지사(Clinical Social Worker, CSW)와 상담할 수 있도록 해 주었다. CSW와의 첫 면담에서 내담자는 어머니로서의 고민에 대해 얘기한다. 내담자는 두 명의 사춘기 딸을 둔 싱글맘이다. 두 딸 모두 현재 남자친구를 만나고 있다. 두 딸은 고등학교 들어가기 전에는 착한 학생들이었지만 지금은 학교생활이 원만하지 못하다. CSW는 내담자에게 현 생활에서 일어나는 모든 일들을 어떻게 이해하고 있는지 묻는다. 내담자는 "당신이 나에게 말해줄 것이라고 생각하고 있었어요."하고 대답한다.

CSW는 내담자에게 바닥에 큰 종이를 펼치고 그 위에 눕게 한 뒤 신체상 그리기를 한다. 내담자는 처음에 그 그림을 보고 "아니, 내가 이렇게 살이 쪘나요?"하고 말한다. 이들은 성인의 신체적인 발달이 나이가 들어 변해가는 몸을 인정하고 사랑하며 관심을 갖는 것과 관련되어 있다는 생각에 대해 이야기를 나눈다. 내담자는 면담 중에 울면서 자신이 얼마나 매력이 없다고 느끼고 있는지에 대해 말한다. "영적 관점에서 볼 때 당신은 배우고 싶은 것을 배울 수 있는 완벽한 몸을 부여 받았습니다"라고 사회복지사는 말한다.

사회복지사는 내담자에게 앞서 그린 신체상 본뜨기 그림을 건네주면서 마음에 들거나 마음에 들지 않는 신체부위 혹은 병든 신체부위를 각각 다른 크레용으로 그리라고 한다(그녀는 고통은 빨간색, 이완은 푸른색, 긴장은 노란색 등을 고른다). 그리고 난 후 내담자에게 각각 다른 색의 펜으로 이미 그려 넣은 각 신체 부위와 관련되어 있다고 생각하는 감정 및 영적 과정을 적어 넣으라고 한다. 이 과정은 몇 주가 걸릴 수도 있다. 따라서 연상된 의미들은 시간이 지나면서 바뀔 수도 있다. 예를 들면, 내담자는 자신의 대상포진을 몸의 옆을 가로질러 그린다. 그리고 난 후 내담자는 대상포진과 관련되어 있는 감정을 "두려움"과 "불안"인 것 같다고 적는다. 내담자는 대상포진과 관련된 영적 과정에 대해 "내가 얼마나 스트레스를 많이 받고 있으며 내 생을 얼마나 낭비하고 있는지에 대해 더 많은 관심을 가져달라는 호소"인 것 같다고 기록한다. 사회복지사는 이 연상적인 의미들 각각에 대해 내담자와 함께 이야기 나눈다. 내담자는 자신의 대상포진과 관련하여 공포, 두려움과 스트레스의 많은 부분이 아이들에 대한 불필요한 반응이었다는 것을 알게 된다. "나는 그들의 삶에 지나치게 개입해왔다"고 내담자는 말한다.

임상 속에서 영적 관심을 지닌 사회복지사는 의미를 만드는 과정에 초점을 두어야 한다.

"온몸"으로 사는 일상생활 속에서의 창조적 영의 구체화

사람은 창조적 영을 표현하고 경험하는 데 자신의 몸을 의도적으로 사용할 때, 영을 구체화하게 된다. 이러한 관점으로부터, "온몸every body"의 경험은 영적인 양면성을 가진다. 클라이언트는 BMS와 연관하여 치유하는 것으로, 몸으로 대화하는 것을 배우고 일상생활 속에서 영을 구체화하는 것을 배운다.

창조적 영의 본성적 리듬의 구체화

세상이 그 나름대로의 리듬을 가지고 있는 것처럼, 인간의 몸도 그러하다. 사회복지사는 클라이언트로 하여금 의도적인 행위와 인식을 통해, 모든 본래적 리듬을 수용하도록 돕는다. 사회복지사는 클라이언트가 자신의 리듬과 지역 생태체계 내의 리듬 간의 관계를 발견하도록 돕는다. 이러한 관계는 어느 한 형태를 취하게 된다. 클라이언트가 영을 구체화하는 것은 깊은 치유가 일어나는 것과 같다.

편하지 않음과 회복의 구체화

영적 관점으로부터, 영적 성장은 모든 신체적 고통에서부터 파생된다. 미국의 문화 속에서 사람들은 종종 질병으로부터 조금 혹은 전혀 회복되지 않기를 강요받는다. 대신에, 다수의 사람들은 가능한 한 빨리 학교와 직장으로 돌아가기 위해 질병의 증상을 줄이려고 의약품을 먹는다._{가령 두통, 몸살} 그러한 증상에 대해 생각하는 또 다른 방법은 영을 구체화하기 위한 기회가 된다는 것이다. 사회복지사는 약사 면허증를 가지고 있지 않기에 질병을 다루거나 진단하지 않는다. 하지만 사회복지사는 클라이언트의 질병에 대한 몸-마음-영의 관점을 증진시키는 작업을 할 수 있다. 즉, 클라이언트가 자신의 몸을 통해 말하는 영을 느끼는 대로 구체화하도록 도와야 한다. 클라이언트는 종종 영적 메시지의 일부분이 삶을 좀 더 균형 있게 살아가게 하고 자신을 좀 더 돌보게 한다는 것을 발견한다.

사례연구 8-6
몸 경험과 본성 연관 짓기

한 사회복지사가 자신의 상담소에서 35세의 세 아이를 가진 기혼여성과 상담을 하고 있다. 내담자는 약간의 우울증이 있고, "나는 매달 생리 때마다 걱정이 된다. 왜냐하면 내 남편과 아이들을 성가시게 하기 때문이다"라고 말한다. 내담자는 매달 생리 전과 생리 중에 더 안절부절 못하는 것 같다고 하면서 "이 지긋지긋한 생리가 끝났으면 좋겠어요"라고 불평했다. 사회복지사는 "생리를 축복으로 볼 수도 있습니다"라고 대답했다. 그러자 내담자는 빈정대며 "그 말을 내 남편에게 해 주세요"라고 말했다. 사회복지사는 "아마 결국에 가서는 당신이 남편에게 말하게 될 것입니다"라고 대답했다.

사회복지사와 내담자는 보다 영적인 관점에서 그 여성의 몸을 보기 시작한다. 매월 그녀의 몸-마음-영의 경험을 질병으로 보는 대신에 사회복지사는 내담자에게 생리를 하나의 영적 과정으로 보게 한다. 내담자는 생리기간 동안에 자연의 암시적 의미를 자신이 살고 있는 사막의 산 위를 지나는 뇌우들 속에서 찾는다. 그녀는 자신의 아픔을 문제로 보지 않고 이따금 구름 속에서 나와야 할 "천둥과 번개"로 보기 시작한다. 내담자는 지금까지 유지해 온 결혼생활에 대해 가진 분노가 자신의 내부에 뭉쳐 있다는 사실을 깨닫기 시작한다. 내담자는 자신이 원하는 것과 원하지 않는 것에 대해 남편에게 보다 적극적으로 말하기 시작한다. 내담자는 영과 의사소통함으로써, 우울도 생리처럼 친구라는 것을 깨닫게 된다.

사례연구 8-7
질병과 회복의 구현

사회복지사는 병원에서 외과의사로 일하는 45세의 한 남성의 방문을 받는다. 마라톤을 잘 하는 내담자는 여러 차례의 작은 부상으로 인해 여름 내내 마라톤을 할 수 없게 되자 우울증과 불안에 시달려 왔다. 의사의 아내는 남편이 계속 징징거리는 데 지쳐서 남편에게 상담가를 한 번 만나보라고 계속해서 말했다. 사회복지사는 내담자에게 상담을 통해 얻고 싶은 게 무엇이냐고 묻는다. 의사는 다소 성의 없이 "글쎄요. 어쩌면 당신은 내가 왜 계속해서 부상을 입는지를 심리학적으로 나에게 설명해 줄 수 있을까요?"라고 말한다. 사회복지사는 "가능합니다. 그러나 어쩌면 우리는 당신의 문제를 몸-마음-영의 문제로 확대해서 접근할 수 있을 것입니다. 이때 어쩌면 상담가가 아니라 당신이 문제를 설명하면서 접근하는 것이 더 나을지도 모릅니다"라고 말한다.

사회복지사는 내담자에게 역할극을 시킨다. 역할극에서 내담자는 자신의 부상을 연기한다. 치료사는 내담자와 마주보고 의자에 앉아 내담자에게 자신은 역할극에서 내담자 역할을 연기할 것이라고 말한다. 치료사는 "야, 무릎 뼘, 너는 왜 내 삶에 있는 거야?"하고 물으면, 무릎 뼘은 "너를 불행하게 만들려고"라고 말한다. "왜 그렇게 하고 싶은데?" "몰라. 어쩌면 네가 일과 달리기 외에 다른 일을 배우게 하려고." 의사는 눈물이 나오려는 것을 참으며, "아버지가 작년에 돌아가신 뒤로, 나는 내 자신의 죽음에 대해 계속 생각하고 있다. 이 작은 부상들은 작은 죽음과 같다. 나는 아직 죽을 준비가 되어 있지 않다"고 말한다. "만약 네가 살날이 일 년 밖에 남지 않았다는 사실을 안다면, 네가 어떻게 살지 궁금하다"고 사회복지사는 말한다. 치료는 이미 시작된 셈이다.

클라이언트 다양성에 대한 이슈

모든 클라이언트는 독특한 몸-마음-영의 관계를 가지는데, 사회복지사는 강점을 강화하도록 도와야 한다. 사회복지사는 각 클라이언트가 몸, 마음, 영을 기술하는 데 사용하는 언어를 존중해야 한다. 사회복지사는 사람들이 BMS를 다르게 보는 모든 관점을 존중해야 한다.

사회복지사는 일부 클라이언트들이 BMS 활동을 매우 불편해 한다는 것을 안다.

아마도 클라이언트는 상당 부분에서 자신의 몸으로부터 분리되어 있는데, 그 이유는 신체적 장애를 가지고 있거나 혹은 괴롭힘을 받기 때문이다. 일부 사람들은 몸, 마음, 영의 분리가 바람직한 목표라고 가르치는 가족, 종교, 지역사회에서 성장해 왔다. 사회복지사는 클라이언트의 문화와 종교적 뿌리를 존경하고, 늘 클라이언트의 BMS 활동에 대해 수용적으로 그리고 동기화하는 데 민감해야 한다.

가족과 지역사회의 다양성에 관한 이슈

사회복지사들은 다양한 문화 속에서 사람들이 상호 연관된 몸, 마음, 영에 대해 생각하도록 아이들에게 가르치고 있다는 것을 알고, 가령 미국의 현저한 문화, 일부의 문화에서는 그러한 요인들인 몸, 마음, 영혼이 분리되어 있음을 안다. 그러므로 사회복지사는 클라이언트를 치유하는 활동에서 클라이언트의 차이점을 존중할 필요가 있다. 사회복지사의 목표는 사람들의 종교 혹은 문화를 변화시키는 것이 아니라 사람들이 BMS 연관에 의해 자신을 치유하도록 돕는 것이다.

사회복지사의 다양성에 관한 이슈

유능한 사회복지사는 자신의 BMS 연관성을 발전시킨다. 그리하여 사회복지사는 이 관계를 자신의 클라이언트를 위해 유형화한다. 모든 사회복지사가 BMS 활동을 편안해하지 않는다. 일부는 성에 관한 강한 문화적 혹은 종교적 신념을 가지고 있는데, 그러한 것이 활동을 하는 데에 어려움을 발생시킬 수 있다. 모든 사회복지사들은 자신의 가치체계를 탐색하는 것과 BMS 이슈를 가지고 일하는 것과의 이중성에서 선택을 잘 할 수 있어야 한다.

생태체계의 다양성에 관한 이슈

사회복지사는 BMS 활동으로서 살아있는 모든 것들, 생태체계, 다른 사람들의 웰빙에 대해 클라이언트의 민감성을 키워주어야 한다. 사회복지사는 BMS 활동을 통해 생태체계의 모든 생명의 최고선을 지원하도록 해야 한다.

| 연구 질문 |

1. BMS 연관성이란 무엇이며 왜 그것이 중요한가? 당신의 인생에서 BMS 연관성이 웰빙적인 삶을 위해 중요한가? 설명하시오.

2. 당신의 가족, 제도, 문화와 관련하여, 다양한 인생의 경험에서 상실된 영, 마음, 몸의 요소에 대한 예를 들어 보시오.

3. 2번 질문에서, 당신은 그 상실된 요소들을 재통합하기 위해 어떻게 하였는가? 그 과정에서의 장애물은 무엇이 있는가?

4. 이 장에서 논의된 세 가지 방법은 무엇인가? 왜 그것이 기술되고 있는가? 당신에게 해당되는 방법은 어느 것이며, 그 이유는 무엇인가?

자 료

Murphy, M. (1992). *The future of the body: Explorations into the further evolution of human nature.* New York: Jeremy Tarcher/ Putman/ Penguin.

    This book is a wonderful resource for those who want to study what scientists think may be possible in humanity's long-term future.

QI: *The Journal of Traditional Eastern Medicine*

    This journal has many interesting articles about body-mind-spirit healing practices drawn from many cultures and wisdom traditions.

집단의식

집단의식의 관점으로부터 인간존재가 상충할 때, 집단은 지식과 지혜의 최고의 자원이다. 항상 갈등 속에 있는 사람들은 최고선을 공동창조하고 함께 발견하는 집단의식의 방법을 사용하기 위한 기회를 가진다.

이 책의 첫 장에서 다룬 많은 활동은 개별적인 변화의 방법과 연관이 있다. 이러한 방법의 원리는 개별적 변형이 집단변형의 발전을 이끌 수 있다는 것이었다. 이 장에서는, 집단변형의 직접적 활동방법이 기술된다. 이러한 방법의 원리는 집단변형이 개별적 변형을 이룰 수 있다는 것이다. 이러한 두 원리는 상호배타적이지 않다. 그 이유는 영적 관점으로서 개인과 집단의식이 늘 상호 연관되어 있기 때문이다. 그리하여 집단의식의 방법은 다양한 영적 공동체를 공동 창조하도록 돕고, 또한 개별적 의식의 발달을 지지한다.

집단의식의 방법은 다양한 영적 공동체의 발달을 지지하는 의식적 친밀감, 의식적 대화, 의식적 서비스, 의식적 행동주의를 포함한다.

의식적 친밀감

의식적 친밀감은 모든 참여자들의 최고선을 조장하기 위해, 영적, 사회적, 인지적, 정서적, 신체적인 면을 포함하여, 모든 인간 친밀감의 차원을 공유하는 것이다(〈9-1〉 참조).

영적 관점으로부터, 둘 혹은 그 이상의 사람들이 그들 사이의 의식적 친밀감을 발달시킬 때, 그들은 홀로 가질 수 있는 개별적인 의식보다 더 큰 집단의식을 공동창조할 수 있다. 그러한 집단의식은 최고선을 지지하고 발견할 때 유용할 수 있다. 예를 들어, 의식적 친밀감을 지닌 부모들은 자신들의 지역사회, 가족, 아이들의 최고선을 지지하는 현명한 결정을 할 수 있다.

의식적 친밀감은 사람들 사이에 수평적인 것으로 존재한다. 대조적으로 수직적 친밀감은 사람들이 개별적으로 자신의 친밀한 차원 간에 존재하는 연관성이다. 그러므로 수직적 친밀감은 몸-마음-영의 연관성과 관련되어 있고, 지금 바로 여기에서 모든 친밀감의 차원을 경험하는 능력이다. 의식적 친밀감은 의도적인 것으로, 각 개인의 최고선의 목적에 도달하도록 몸-마음-영에 근접하도록 발달시키는 것이다.

사람들은 좀 더 수직적 친밀감을 발달시키고, 자신의 삶 속에서 좀 더 의식적^{수평}^적 친밀감을 발달시킬 수 있어야 한다. 그리하여 의식적 친밀감의 발달은 수직적 친밀감의 발달활동과 병행해야 한다.

사회복지사는 클라이언트가 의지와 자각을 통해 수직적 친밀감을 높일 수 있도록 도와주어야 한다. 클라이언트가 수직적 친밀감에 대해 배우고, 친밀감의 차원을 이해하고자 도움을 받지만 여전히 자신과 분리된 채 남아 있다. 사회복지사는 클라이언트가 이런 상황을 수용하고 좀 더 익숙할 수 있도록 돕는다. 클라이언트는 지속적인 기초 위에서 수직적 친밀감을 발달시키고자 하는데, 그 이유는 모든 사람들은 일생 동안 자신에 대한 학습의 기회를 가지고 있기 때문이다.

의식적 친밀감의 발달은 수직적 친밀감의 활동 속에서 정립된다. 사회복지사는 클라이언트가 자신의 삶 속에서 중요한 어떤 것과 연관되어 있지 않은 친밀감의 차원을 수용하고 좀 더 인지하도록 돕는다. 비록 모든 사람들이 자신의 삶 속에서 친

9-1 친밀감에 대한 차원과 예

신체적	· 함께 춤추기(돌며 춤추기) · 함께 음악을 즐기기(노래하기, 드럼치기) · 활동과제 공유하기(나무심기, 집안 꾸미기) · 창조적 과제 공유하기(벽화 만들기) · 성적인 관심과 관능성
정서적	· 말로 감정을 공유하기 · 비언어로 감정을 표현하기 · 감정에 대해 귀 기울이기 혹은 관심 갖기
인지적	· 생각 공유하기 · 생각에 관심 갖기 · 유머 공유하고 함께 웃기 · 시 읽기 · 이야기하기
사회적	· 공적 장소 밖(레스토랑)에서 관계 맺기 · 타인과 관계 공유하기(파티에서) · 자연과 관계 맺기(평온한 여행)
영적	· 자신의 영혼과 관계 맺기 · 다른 사람의 영혼에 관심 갖기 · 창조적 영 경험하기 · 함께 기도하기 · 신성한 종교 의식에 참여하기

밀감의 수준 혹은 그와 동일한 강렬함을 가지기를 원하지 않을지라도, 클라이언트는 적어도 중요한 어떤 것을 지금 바로 여기에서 할 수 있어야 하고, 모든 수준의 경

> **사례연구 9-1**
>
> **수직적이고 의식적인(그리고 수평적인) 친밀감의 발달**
>
> 지방의 정신병원에 근무하는 영성에 관심을 지닌 사회복지사는 자신이 근무하는 병원이 있는 도시근교로 이사 온 30세 남성의 방문을 받는다. 현재 이 남성은 주의력결핍과잉행동장애(ADHD) 진단을 받았고, 청소년기 이후 간헐적으로 약물을 복용해왔다. 사회복지사는 정신과 의사(이 정신과 의사도 같은 병원에서 근무한다)와 이야기할 수 있도록 요청한다(이 병원은 정신치료를 받는 내담자에게 동시에 상담도 받도록 하고 있다). 정신과 의사도 사회복지사와 마찬가지로 영적인 것에 관심을 가지고 있고, 사회복지사에게 그 남성이 전형적인 ADHD 증상을 어느 정도 갖고 있지만, 더 심각한 문제는 외로움인 것 같다고 말한다. 정신과 의사는 "아시다시피 아직 외로움을 치료할 수 있는 약은 없습니다"라고 덧붙인다.
>
> 사회복지사는 정신과 의사와 같은 인상을 받았다. 사회복지사는 내담자가 관심을 가지고 있는 사람들과의 관계에서 성생활에 대해 묻는다. "무슨 성생활 말입니까?"하고 내담자는 약간 과장된 표정으로 대꾸한다. 내담자는 직업적으로는 문제가 없는 것으로 밝혀진다. 내담자는 도시 근교의 새 부서로 방금 전근 온 성공한 컴퓨터 프로그래머다. 사회복지사는 본격적으로 상담에 들어간다.
>
> 첫째, 사회복지사와 내담자는 수직적 친밀감에 대해 토론한다. 사회복지사는 내담자에게 수직적 친밀감을 개발하는 것이 최고의 관심사임을 확신시킨다. 이들은 함께 내담자가 감정 및 마음 그리고 사회적 차원들에서 많이 분리되어 있다고 판단한다. 내담자는 매일 아침저녁으로 자신의 감정 및 영적 경험들을 노트에 기록할 것이다. 그리고 사회적 상황에 처할 때 두려움을 극복하기 위해 매 주 두 개의 사회행사에 참가할 것이다.
>
> 약 4개월 후 내담자는 마음이 끌리는 한 젊은 여성을 만난다. 그때 사회복지사는 내담자와 의식적 친밀감을 갖기 시작한다. 내담자는 자신이 모든 친밀감의 차원들을 다 가지고 있는 여성과의 관계를 원하고 있다는 것을 알게 된다. 지금껏 살아오면서 내담자는 그러한 관계가 가능하다는 것을 거의 믿지 않았다. 그러나 지난 몇 달간 더 낙관적이 되었다. 사회복지사는 내담자와 함께 하면서 매주 위험을 더 감수하면서라도 내담자에게 사귀고 있는 여성과 더 많은 시간을 보내게 한다.
>
> 사회복지사가 마지막으로 내담자에게서 소식을 들은 것은 일 년 전이었다. 그 내담자는 사회복지사에게 엽서를 한 장 보내왔는데, 엽서에는 그 여성과 함께 이사를 왔으며, 결혼에 대해 이야기하고 있다고 짧게 적혀 있었다. 엽서의 앞쪽에는 "늘 행복하시길"이라고 적혀 있었다.

험을 원하고 있다. 많은 사람들은 그러한 친밀감이 가능하다고 믿지 않는다. 그래서 사회복지사는 격려를 해주어야 한다. 사회복지사는 클라이언트가 자신의 삶 속에서 친밀감을 창조할 수 있는 방법을 확인하도록 도와야 하며, 또한 클라이언트 자신이 창조한대로 수행하도록 도와야 한다. 다음의 사례연구는 낭만적, 이성적 사랑에 초점을 맞출지라도, 의식적 친밀감의 방법은 사람들의 모든 관계를 밀접하게 하도록 촉진하는 데 유용하다.

의식적 대화

의식적 대화는 참여자들이 모든 삶을 지지하는 생태체계, 다른 사람들, 살아 있는 모든 것, 모든 참여자들과의 관계에서 최고선을 재창조하고, 재발견하려는 관심을 가진 비폭력적인 친밀감의 한 방법이다.

영적 관점에서, 사람들이 의식적 대화를 공유할 때, 그들은 개별적인 의식 수준에서 보다 더 유용하고 강력한 집단의식을 발달시킬 수 있다. 그러한 의식은 지역적이고 범세계적 공동체가 직면한 문제를 해결하는 데 유용하다(〈9-2〉 참조).

대화dialogue는 사람들 간에 지적 상호작용을 기술하는 미국문화 속에서 종종 사용되는 용어이다. 하지만 의식적 대화는 지적인 훈련이 아니라 의식적 친밀감의 모든 차원과 관계한다. 의사소통은 단순한 말 그 이상의 것으로, 그것은 생동감 있게 얽혀있는 몸, 마음, 영의 표현이다. 의식적인 대화는 참여자들뿐만 아니라 다른 사람들, 살아있는 모든 것들과 생태체계의 최고선을 촉진하도록 돕고, 몸-마음-영의 의도적인 의사소통이다.

영성 지향적인 사회복지사는 의식적인 대화에 참여하고 이해해야 하는데 그 이

9-2 의식적 대화의 요소와 예

만남의 시기, 장소, 초기관심에 대한 참여자의 동의 구하기	종교적 영감을 지닌 폭력의 몇몇 사건에 따르면, 대화는 두 개의 다른 종교를 대표하는 사람들 간에 이루어질 것이다. 첫 주 만남에서는 "중립"적인 입장을 취할 것이다. 두 종교 간의 분리를 치유하도록 돕고, 공동체의 최고선을 지지하는 것이 목표라는 것에 동의한다.
집단의 소박한 규범 설정하기	촉진자 또는 리더는 규범을 논의할 집단 구성원을 모집한다. 참여자들은 폭력과 위험이 없음에 합의하고, 사람들은 번갈아가며 얘기를 나누며 다른 관점을 존중한다.
종교의식 공유하기	만남은 두 명의 기도자와 함께 시작하며, 그 둘은 각각 다른 종교를 가지고 있다. 자신에 대한 소개시간을 갖는다. 첫 주에 사람들은 가장 좋아하는 아침식사에 대해 공유하고, 다른 주에는 여행에서 좋았던 점에 대해 얘기를 나눈다. 간식과 음료수가 기본적으로 제공된다.
매주 대화로 집단의 일치를 촉진하기	첫 주에, A 종파에 속한 사람들은 집단의 중심부에 둥글게 앉는다. 그리고 자신들의 경험에 대해 말한다. 반면에 B 종파에 속한 사람들은 원 밖에서 조용하게 경청한다. 그리고 나서 그들은 전환한다(switch). 그리고 난 후 전체집단이 서로 의견을 교환한다.
매주 집단의식은 다음 주를 위한 준비단계	첫 주에, 합의는 사람들이 실제의 느낌과 생각하는 방법을 습득할 때에 이루어진다. 그리고 다음 모임에서는 참가자들이 보다 유사한 주제들에 대해서 열중할 수 있도록 고안되어져야 한다.
집단의식을 지역사회 영적인 활동의 도구와 방법으로 사용하기	한 주간 집단은 그들이 지역사회에서의 청년들의 대화교육을 시작할 수 있도록 결정한다. 2개 종파의 대표들로 구성된 소집단은 젊은이들이 원하는 프로젝트와 종류가 무엇인지를 알 수 있도록 두 종파의 젊은이들과 함께 초점집단(focus group)을 구성할 수 있다는 것을 확인할 수 있다.
주기적 평가로 "중간과정 수정" 실천하기	한 번의 모임 동안에, 집단은 지금까지 이루어진 일을 평가할 수 있다. 합의는 이제까지 실시된 과정에서 이루어질 수 있지만, 좀 더 남아 있는 활동과정에 대해서도 이루어질 수 있다. 그 해 동안에 일련의 공적인 사건을 제안하기 위해, 시장실에서 모임이 실시되는 집단 일정은 2개의 종파에 속한 사람들 사이에 좀 더 상호작용이 촉진될 수 있다.

유는 사회복지사는 사람들이 현 세상에서 협동하고 의사소통하는 것을 배우는 것이 얼마나 중요한지 깨달아야 하기 때문이다.

의식적인 대화를 위한 실제 활동은, 각 집단의 구성원들이 최고선을 지지하고 발견하는 데 초점을 맞추어, 집단의 "공동소유Co-hold"의 목적에 대해 책임지도록 해야 한다. 각 참여자들은 다른 사람들과 동정, 용서, 사랑으로 관계 맺도록 노력해야 한다. 사회복지사는 이런 종류의 책임감을 모델화한다. 사회복지사는 집단이 대화를 시작하도록 돕고, 그리고 난 후 자신의 가장 중요한 임무는 종종 방법을 가르쳐주지 않음으로써, 집단 스스로가 공동의식을 발달시킬 수 있도록 한다.

의식적 서비스

의식적 서비스는 사람들과 살아있는 모든 것들과 생태체계의 최고선을 촉진하도록 —신체적, 정서적, 인지적, 사회적, 영적 차원의 발달과 관계— 몸-마음-영 전체를 의도적으로 사용하는 것이다. 영적 관점으로부터, 우주의 모든 것은 실재의 거대한 몸-마음-영 체계의 일부분이다. 그러한 관점에서 모든 서비스는 현실적으로 자기 돌봄self-care이다.

의식적 대화의 궁극적 목표는 모든 인류애를 포함하는 집단의식을 촉진하는 것이다. 그러한 의식은 인류로 하여금 범세계적 보편적인 다양성을 재창조하고 모든 사람들의 기본 욕구를 만족시키고, 불필요한 고통을 줄이기 위해 협동과 지혜를 발달시키는 것이다.

의식적 서비스는 원조전문직을 동기부여 하는 것이 아니라 원조전문직의 목적이다. 사회복지사가 의식적 서비스를 모델화하면, 클라이언트는 그것을 본받아 서비

9-3 의식적 서비스의 요소와 예

타인의 고통에 대한 인지	나는 사무실에서 고통을 겪고 있는 빌을 본다.
고통에 대한 동정	나는 빌이 마음의 평화를 가지기를 원한다.
고통을 덜어주기 위한 바람직한 행동	나는 빌이 허둥대더라도 미소와 칭찬을 제공한다.
결과에 대한 평가	빌이 미소로 화답하고 더 나은 모습을 보인다.

스 과정에서 다른 사람들과 더 잘 지낼 수 있게 된다.

개별적 수준에서 의식적 서비스를 할 때 신중하게 생각해야 한다. 모든 사람들은 개별적 서비스에 대한 기회를 가진다. 사회복지사는 클라이언트가 다른 사람을 돕는 데 그러한 기회를 이용하도록 격려해야 한다. 예를 들어, 클라이언트가 대학생일 경우, 사회복지사는 클라이언트에게 외롭고, 다른 사람의 도움과 지지가 필요한 친구가 있는지 물어볼 수 있다.

의식적 행동주의

의식적 활동은, 최고선을 촉진하는 목적을 지닌 가족, 기관, 공동체의 구조를 변화시키고자 의도적으로 노력하는 서비스이다. 지혜를 토대로 하는 집단의식은 개인의식보다 최고선의 추구에 더 용이하다(〈9-4〉 참조).

의식적 행동은 집단 구성원들이 함께 최고선을 지지하고 더 잘 이해하며, 활동하도록 하기 위한 기회이다. 그것은 도전의 과정일 수 있는데, 그 이유는 집단이 의식

9-4 의식적 행동주의의 요인과 예

집단규범을 둘러싼 관심의 공유	집단 구성원들은 지역사회에서 살해된 동성애자에 대한 관심으로 의식적 대화를 하고자 한다. 비록 참여자들의 반이 동성애자들이 죄인이라고 할지라도, 모든 사람들은 점차적으로 확대되는 폭력을 멈추기 위해서 동의한다.
집단의식을 통해 최고선 확인하기	집단 구성원들은 의식적 대화의 과정을 시작한다. 그들은 지역사회가 최고선에 도달하고, 이슈에 대해 심도 있게 분리하며, 폭력에 대한 대안을 만들고 조성하는 합의에 도달한다.
집단의식을 통해 확인된 최고선을 촉진하는 바람직한 행동	의식적 대화를 지속하는 동안, 집단 구성원들은 교회가 지역 내에서의 일련의 대화를 후원하는 것에 동의하고, 갈등 속의 다양한 사람들은 청중과 서로 의식적 대화를 하게 된다
지역사회의 바른 행동에 대한 집단적인 방법	집단은 차이점 좁히기 프로그램을 시작한다. 면담은 다른 교회로 매달 순환된다. 매달 후원하는 교회는 방, 가벼운 음식, 정보를 제공한다.
지역사회의 결과를 공동으로 평가하기	연말에 미성년자에 대한 성적인 폭력은 50% 감소한다. 흥미롭게도 도처에서 폭력 범죄가 감소했는데, 이런 변화의 이유가 명확하게 밝혀지지 않을지라도 말이다.

적 대화를 배울 때 최고로 기능하기 때문이다. 또한 그것은 매우 가치있는 것인데, 그 이유는 새로운 친구와 새로운 공동체가 창조되고, 많은 사람들의 집단의식이 공동체 내에서 좀 더 효과적인 서비스를 이끌어 낼 수 있기 때문이다.

커플, 가족, 제도, 지역사회의 변화

의식적 친밀감, 대화, 서비스 그리고 활동주의는 집단의식의 촉진함으로써 가족, 기관 그리고 지역사회의 변형을 꾀할 수 있다.

커플의 변형

사회복지사는 커플의 관계에서 의식적 대화와 의식적 친밀감을 개발하도록 도와야 한다. 그러한 방법은 각 파트너의 개별적 삶 속에서 그리고 서로의 관계성 속에서 동시에 변화를 촉진하도록 돕는 것이다. 커플의 변화가 발생할 때, 그들의 관계는 작지만 중요한 공동체의 영성을 지님으로써 서로 좀 더 상대방을 사랑하고 수용하게 된다.

사례연구 9-2

커플 변형

한 커플이 가족상담소의 사회복지사를 찾아온다. 이들은 6년 동안 함께 살아오고 있다. 둘 중 한 여성이 처음에는 흥분과 친근감이 있었지만 지금은 싸움밖에 없는 것 같다고 말한다. 그녀의 파트너는 그 말에 동의하면서 관계를 청산할 것을 고려해 왔지만 먼저 상담을 해보고 싶었다고 덧붙인다. 사회복지사는 그 여성에게 관계에서 기대되는 것들에 대해 말해보도록 한다. 둘 다 육체적이고 감정적인 친밀성을 원하지만 인지적, 사회적, 영적 친밀감 개발에 대해 대화한 적이 없었다고 말한다.

이 커플은 사회복지사 앞에서 자신들의 관계에서 원하는 것과 원하지 않는 것에 대해 대화하는 연습을 통해 인지적 친밀감(cognitive intimacy)을 개발하기 시작한다. 사회복지사는 이들에게 다음 주에 다른 종류의 사회적 시간을 함께 보내도록 과제를 내준다. 이들은 대화 없이 산책을 하고, 하룻밤을 친구들과 함께 밖에서 보내게 된다. 그 뒤 이들은 다음 상담 전에 그들의 경험에 대해 서로 토론하도록 했다. 사회복지사 앞에서 각자 자신들의 영적 내력(spiritual history)에 대한 이야기를 서로 나눔으로써 영적 친밀감을 개발하기 시작한다. 또한 이 커플은 자신들이 바라는 관계를 상징하는 영적인 의식(儀式)을 함께 계획하고 실천한 후, 다음 회기 때 사회복지사와 그것에 대해 얘기하였다.

사회복지사는 여전히 관계 속에서 미해결된 갈등을 발견하였다. 여자는 아이를 가지기를 원하나 남자는 원하지 않았다. 마지막 회기 때 사회복지사는 이 커플에게 의식적 대화를 하도록 하였다. 그 과정에서 그들은 각자 아이에 관해 다른 입장을 가지고 있는 대해 정서적, 인지적, 영적 과정을 공유하였다.

가족 변형

사회복지사는 의식적 친밀과 대화를 촉진하기 위해 가족과 함께 활동할 수 있다. 여기서, 초점은 변화하는 부모-자녀관계와 세대 간 패턴에 맞춰야 한다. 사회복지사는 공동체가 영적 다양성을 갖도록 가족을 원조해야 한다.

사례연구 9-3
가족 변형

중학교 시절 마리화나를 접했던 빌리의 문제로 한 가족이 가족센터에 온다. 사회복지사는 대부분의 가족들처럼, 이 가족이 영적 다양성을 지닌 공동체를 함께 만들지 못한 것으로 보았다. 아버지는 불륜을 저지르고 있고, 어머니는 마약에 중독되어 있었다. 빌리의 누나 마르시아는 고등학교에서 A등급 학생이지만, 우울하고 의기소침하다. 빌리의 여동생 제인은 13세로 매우 조용하며 사회적으로 고립되어 있다. 빌리는 가족 구성원들 중에서 가장 건강한 사람이며, 마치 오리가 되려는 노력을 포기한 "미운 오리새끼"처럼 보인다.

사회복지사는 가족과 잘 맞지 않거나 미운.오리새끼라고 사람들이 생각하는 것에 대해 얘기하였다. 또한 사회복지사는 가족 구성원들에게 각자 외로움에 대해 얘기하도록 하였다. 대화는 친밀감의 인지적 범위 내에서 시작하고 난 후 곧 정서적, 영적 친밀감의 범위로 이동한다. 가족은 의식적 친밀감을 실천해 감에 따라 서로 좀 더 "진실" 해지기 시작한다.

아버지와 어머니는 세 자녀가 성공하기를 열망하고 있는데, 빌리는 많은 급여를 받도록 경력을 쌓는 것이고, 다른 자매는 잘 생긴 남편을 만나는 것이다. 사회복지사는 가족 구성원들이 가지는 가치체계가 무엇인가에 대해 숙고하였고, 또한 그들이 서로 가치체계를 공유하면서 의식적 대화를 실천하는가에 대해서도 숙고하였다. 이 과정은 실제의 사고와 감정이 정직하게 공유되고 있는 것으로 인해 집안의 어떤 모호한 긴장을 줄이도록 돕는다.

가족들은 개인의 강점, 한계, 중독을 주제로 의식적 대화를 나누어야 한다. 이것은 어려운 주제이고 부모는 자녀들과 공유하기를 원하지 않는 주제를 다루고자 하여 부부상담으로 이동하기로 결정한다.

제도의 변형

사회복지사는 가끔 제도가 참된 영적 다양성을 지닌 공동체가 되도록 도와야 한다. 그 활동은 커플과 가족의 활동과 유사하지만, 다른 점은 좀 더 사람들과 연루되고, 사회복지사는 크고 작은 하부집단 사이를 오고가면서 과정을 구조화한다는 것이다.

사례연구 9-4
기관의 변형

사회복지사는 퍼플대학 상담학과 교수집단을 돕도록 부탁받는다. 퍼플대학 총장 오렌지 박사는 이 학과에서 진행되고 있는 학과 내 다툼을 걱정하고 있다. 첫 만남에서 사회복지사는 교직원들과 마주 앉아 의식적 대화에 대해 설명한다. 솔직한 교직원들은 그 정의와 그 밖의 지적인 문제와 관련하여 사회복지사와 논쟁한다.

사회복지사는 가장 솔직한 교직원에게서 자신의 역전이를 알아차린다. 사회복지사는 문제학과의 학과장과 함께 의식적 대화가 가능한 여섯 명의 교수를 고른다. 다시 사회복지사는 "서클 내의 서클" 포맷을 만든다. 이 포맷에서 여섯 명의 교수는 나머지 교수들이 조용히 앉아 지켜보는 가운데 서로 대화를 하게 된다. 사회복지사는 의식적 친밀감으로 일하려고 애쓰지 않는다. 왜냐하면 그러한 접근은 이 학과 대부분 교수의 목표가 아닐 뿐만 아니라 오렌지 총장의 행정 목표도 아니기 때문이다. 다행히 이 기법은 먹힌다. 교수집단을 대표하는 이 여섯 명의 교수들은 나머지 동료들에게 의식적 대화의 모델 역할을 할 수 있다.

그 뒤 이야기는 설명할 필요 없겠다. 이 학과는 동료 간에 협조가 이전에 비해 좋아지고, 공동연구를 통해 발표하는 논문이 증가되었다. 그 다음 해에 이 학교는 10위권 학교 중 하나로 유명 잡지에 등재되었다.

지역사회의 변형

점차적으로 숙련된 영성 지향적 사회복지사는 지역적, 심지어 세계적 공동체 내의 집단 구성원 간의 도전과 갈등을 촉진하도록 도와야 한다. 기관 변형의 활동에서처럼, 이러한 활동은 의식적 대화를 이끌고 가르치는 데 초점을 둘 것이다. 다양한 기구가 사용될 것이고, TV, 라디오, 인터넷을 포함한 의사소통의 다양한 방법뿐만 아니라 작고 큰 집단이 형성될 것이다. 촉진자들은 다양하고 거대한 규모의 상황 속에서 일을 하도록 요구되어질 것이다.

사례연구 9-5

지역사회 변형

도시는 환경문제와 관련하여 양극화되어 왔다. 양쪽은 최근에 언론매체에서뿐만 아니라 현장에서도 서로에게 공격 수위를 높여왔다. 가장 최근의 사건은 한 판사가 고속도로로 연결되어 있던 낡은 광산도로를 폐쇄하여 접근을 금지시켰는데 화가 난 농장주들이 불법적으로 재개방하면서 폭력사태가 발생한 것이다. 첫 싸움은 누군가가 군중을 향해 총을 발사했다. 이때 한 어린 소년을 포함하여 세 사람이 부상을 당했다.

주지사는 사회복지사와 지원팀을 주지사 사무실에 불러 여러 당사자들과 협력하여 폭력사태를 중지시키고 합리적인 절충안을 찾도록 했다. 지원팀은 가장 심한 갈등이 발생한 지역으로 내려간다.

각 입장을 대표하는 열 두 명의 지도자들은 지역 당국자들과의 만남에서 자신의 입장을 확인한다. 총 24명의 사람들이 주말모임에 참가하였는데, 모임에서 그들은 의식적 대화의 기술을 배우고 연습한다. 여러 가지 이벤트들이 계획된다. 언론은 그들을 "추한 24명"이라고 불렀고, 그 와중에도 그들은 지방 TV방송에서 두 시간 정도의 의식적 대화를 하였다. 그 뒤 그들은 지원팀을 네 팀으로 나누어 지역 공동체에서 대화를 이끌었다.

점차 폭력은 줄어들고, 작은 공동체들은 저마다 의식적 대화 집단을 만들고, 문제 지역 대부분의 사람들은 "윈-윈" 타협이 가능하다고 느끼는 것 같다. 결국 OHV 지역과 무OHV 지역이 만들어진다. 새 규정의 교육과 집행 문제와 관련된 양쪽 대표자들로 구성된 위원회가 맡는다.

종교, 영성, 그리고 과학적 근본주의

전통적 원리주의 위협

　영성 지향적 사회복지사는 가족, 지역사회, 세계적 수준에서 사람들의 웰빙을 위협하는 원리주의에 대해 인지해야 한다. 예를 들어, 개개인들은 종교의식, 신념, 다른 원리를 가지고 있는 사람들을 인정하지 못하고, 원리, 신념, 종교의식이 자신과 일치할 때 원리주의적 관점을 취한다. 영적 관점에서 볼 때 원리주의는 개별자가 인격적 수준에서 우선적으로 작동시키는 불균형의 의식이다. 심리적 관점에서 보면 (제7장 참조), 그러한 의식은 외부세계에 대해 소유권을 취하고, 옳고 그름이 무엇인지 판단하고, 행위를 규제하는 것들에서 잠재적 자아상태에 의해 "규범화"된 것이다. 사람은 어떤 것에 대해 원리주의적 관점을 가질 수 있다. 〈표 9-1〉에서 보면, 사회복지사는 클라이언트가 종교, 영성, 과학에 대해 원리주의자적 관점을 가지고 있다고 볼 수 있다.

　원리주의자의 관점은 억압과 폭력이라는 다양한 반응을 보일 수 있다. 첫째, 궁극적 진리라는 신념은 신체적 표현과 폭력적 언어를 포함하여, 진리를 방어하는 어

표 9-1　종교, 영성, 과학에서의 원리주의자들의 관점의 예

	자신에 대한 관점	타인에 대한 관점
종교	나의 종교적 신이 유일신이다.	당신의 종교적 신은 허상이다.
영성	나의 믿음이 유일한 참된 믿음이다.	당신의 믿음은 옳은 믿음이 아니다.
과학	나의 학문적 사고가 유일한 진리이다.	당신의 학문적 사고는 거짓이다.

떤 행위를 정당화하는 것처럼 보일 수 있다. 둘째, 사람들이 궁극적 진리를 믿을 때 신념을 가지지 않은 사람에 대해 무가치하다고 여기는 경향이 있고, 그들에 대해 폭력을 사용하는 것이 정당한 것처럼 보일 수 있다. 셋째, 원리주의는 사람들의 학대와 억압의 위험을 증가시키는 힘을 약화시키고, 지배계급의 권력과 상호소통하며 신정神政의 가족을 창조하려는 것으로 보일 수 있다. 넷째, 공동체 내에서 원리주의자들은 다른 관점을 가진 사람들로부터 가족과 자신을 고립시키는데, 이러한 사회적 고립은 아동학대와 가정폭력의 높은 비율과 관련된다.

영적 관점에서 볼 때, 사람들의 관점이 "극단적"이라는 것은 표현하는 방법이 반드시 대화가 아니라는 것이다. 사회복지사들은 다른 사람들에 대한 학대와 억압에로 이끄는 원리주의에 관심을 가지게 된다.

의식적 근본주의

사회복지사는 근본주의에 대한 대안적 시각을 가진다. 의식적 근본주의는 가치, 전통, 종교의식, 다수가 원하는 교리를 공유하고, 공동체에 안전감을 제공할 수 있는 것이고 또한 그것은 보편적 다양성과 민주적이고 비폭력의 영적 공동체일 수 있다. 〈표 9-2〉에서, 전통적 근본주의 간의 차이점이 예시되고 있는데, 이것은 영성 지향적 사회복지사를 옹호하기 위한 채택된 근본주의의 입장이다. 근본주의인 클라이언트가 좀 더 의식화할수록, 자신의 신념을 포기하는 것이 아니라 오히려 다른 사람들과 함께 관계하는 방법으로 변화해 나가야 한다.

사회복지사는 근본주의에 입각해 활동하기 위해 집단의식 패러다임의 모든 기술을 사용해야 한다. 사회복지사는 역사의 각 시기의 특징적인 빠른 변화에 클라이언트가 민감하게 반응하도록 원조해야 한다. 사회복지사는 클라이언트가 빠른 변화

표 9-2 근본주의의 재시각화: 전통적 근본주의의 특성을 의식적인 근본주의로 변화시키는 방법의 예

특성	전통적 근본주의	의식적 근본주의
의식	사람들 대부분의 의식	의식의 모든 수준
관계의 양상	판단, 통제	친절, 용서
정부의 형태	신정정치	민주주의
리더	당파적 리더십	남녀의 동등한 파트너
안정감	전쟁을 통한 안정	평화를 통한 안정
변화에 대한 반응	두려움, 통제, 엄정함	개방, 수용, 창조성
의사소통	반대의 입장을 비난하기	반대적 입장과 대화하기
나의 진리	나의 진리만이 유일함	나의 진리가 나를 존경하게 하고 신성하게 한다.
타인의 진리	타인의 진리는 잘못됨	나는 당신에 대한 경외감에 의해 당신의 진리를 존경한다.
지역사회	다양성의 수용에 대한 한계	보편적 다양성으로서의 영성
자연	우리는 지구를 소유하고 이용한다.	우리는 지구를 보호하고 함께한다.

에 대응할 수 있도록 가족과 공동체에 대한 최선의 방법을 알려주어야 한다. 그 결과 클라이언트는 보편적 다양성과 영적 공동체에 관해 공동 창조할 수 있고, 가족과 지역사회의 근본주의에 대해 좀 더 의식할 수 있게 된다. 사회복지사는 근본주의자들이 지역사회에 대해 적대적이 되는 것에 주의해야 한다. 하지만 사회복지사는 그들이 민주적이고 비폭력적인 조직이 되도록 원조할 책임이 있다. 사회복지사는 전통적 근본주의를 의식적 근본주의로 옮겨갈 수 있도록 개인, 집단, 가족, 지역사회 수준에서 기꺼이 활동해야 한다.

사회복지사 다양성의 이슈

유능한 사회복지사는 현장에서 집단의식의 방법을 사용해야 할 경우, 자신의 개별적 "과제"에 의해 도전받는다. 그러한 과제는 민감성, 대화, 가치, 자신의 이슈를 연구하는 워크숍에 참석하는 것과 관련이 있다. 다양한 집단의식을 지닌 사회복지사가 영성 지향적 치료자로 활동하기 위해서는 자신의 내적 과정을 인지해야 한다.

모든 공동체가 이 활동에 대해 개방되어 있지 않다. 특히, 보수적 공동체는 영적 지향의 개입을 적대적, 즉 "악마"로 볼 수 있다. 영성 지향의 사회복지사는 개입할 때, 적개심을 가진 집단과 개인들을 용서하고 동정하도록 해야 한다. 마틴 루터 킹 Martin Luther King은 용서는 그들이 그것을 좋아하든 안하든 간에, 당신 적들의 마음을 변화시킬 수 있는 태도일 뿐이라고 말했던 것처럼, 사회복지사도 그렇게 행해야 한다.

생태체계 다양성의 이슈

사회복지사는 집단의식 활동이 생태체계, 살아있는 모든 것들과 다른 사람들의 웰빙에 대한 클라이언트의 민감성을 증가할 수 있다고 믿는다. 사회복지사는 모든 삶을 지지하는 생태체계의 최고선을 지지하도록 활동해야 한다.

| 연구 질문 |

1. 집단의식이란 무엇인가? 집단의식이 개별의식과 다른 점은 어떤 것이 있는가? 이 둘의 관계는 어떠한가? 최고선의 공동창조를 돕고 확인할 수 있었던 집단의식을 경험한 것이 있는가? 만일 그런 경험을 했다면 설명해 보시오.

2. 의식적인 친밀감이 무엇인가? 친밀감과 다른 점은 무엇인가?

3. 당신과 모든 사람의 삶 속에 의식적인 친밀감이 가능하다고 믿는가? 당신에게 있어 가장 평안한 친밀감은 어떤 영역인가? 가장 불편한 친밀감은 어떤 영역인가?

4. 의식적인 대화는 무엇인가? 대화와 다른 점은 무엇인가? 왜 그것이 중요한가?
당신이 생각하기에 가장 요구되는 의식적 대화는 지역적인가, 아니면 글로벌적인가?

5. 전통적인 근본주의란 무엇인가? 전통적 근본주의에 대한 위험요인은 무엇인가? 당신은 어떤 집단과 지역사회가 근본주의적 특성을 가지고 있다고 생각하는가?

6. 의식적 근본주의는 전통적 근본주의와 어떤 점이 다른가? 사회복지사는 의식적 근본주의를 높이기 위해 어떻게 원조해야 하는가?

자 료

Dalai Lama. (1999). *Ethics for the new millennium*. New York: Riverhead Books.
    The dalai offers his ethics, which can help inform the spiritually oriented social worker in his or her challenging work in fostering collective consciousness.

Friedman, M. (1974). *The confirmation of otherness in family, and society*. New York: Pilgrim.
    This text describes the rationale and characteristics of dialogue, which the author calls "confirmation of otherness."

CHAPTER 10

생태의식 Eco-consciousness

생태의식

모든 인간존재의 몸-마음-영의 관계를 촉진하도록 돕는 영의 구체적 패러다임의 spirit-embodied paradigm 방법은 마치 생태의식의 방법이 모든 생활 사건들 속에서 몸-마음-영-환경body-mind-spirit-environment의 관계를 촉진하도록 돕는 것과 같다. 변형의 방법은 생태체계 속에서 타인의 생활과 삶을 지지하는 사건들과의 상호작용 속에서 발생하는 것을 자연적으로 치유하는 데에 사용된다. 또한 생태의식은 생태체계와 모든 생활사건의 최고선을 지지하는 보편적 다양성의 공동체와 가족, 제도, 지역사회를 변형하는 데 사용된다. 이 장에서 환경이라는 단어는 자연적인 생태체계뿐만 아니라 인간이 만든 혹은 인간이 만든 구조물공원, 빌딩, 도시 등, 그리고 인간 공동체를 포함하여 사용된다.

생태의식의 변형 방법에는 다섯 가지가 있는데 다음과 같다.

1. 몸-마음-영-환경 간의 연관성의 치유
2. 생태대화Eco-dialogue
3. 영적 교사로서의 본성
4. 지역사회의 보편적 다양성 창조
5. 환경에의 서비스

살아가는 동안의 이러한 모든 방법들과 삶을 지지하는 것들은 과학자가 현실적으로 검증할 수 없는 생태체계 속의 모든 것들과 관련되어 있다. 이러한 방법들은 동물, 식물, 풍경과 관련된 가시적인 것일 수도 있고, 자연과의 상호작용 속에서 치유하는 것과 삶을 지지하는 사건들과 다른 사람들에게 서비스하는 활동을 경험하는 것일 수도 있다.

몸-마음-영-환경 연관성의 치유

사회복지사는 자신의 몸-마음-영-환경의 연관성BMSE을 깨달아야 하고, 자신의 삶 속에서 그 관계를 치유하도록 해야 한다. 자신의 개인적 변형은 다른 사람들의 BMSE의 연관성을 치유하도록 자신의 민감성을 증가시키는 것이다. 사회복지사는 대부분의 사람들이 자연 속에서 상대적으로 짧은 시간을 보내고, 자신의 지역사회 속에서 살아가는 동식물들을 인지하지 못하며, 더 이상 치유에 유용한 동식물들과 풍경에 대해 신성시 하지 않음을 알게 된다. 그리고 사회복지사는 생태의식 관점으로부터 단절될 때, 사람들의 건강이 이롭지 못하다는 것을 알게 된다.

사회복지사는 클라이언트의 BMSE 연관성을 총체적으로 사정해야 하는데, 〈표 10-1〉에서 그 지침을 제시하고 있다. 모든 사람들은 BMSE 연관성의 독특한 요인들의 범위를 나타내는데, 사회복지사들은 웰빙에 대한 다른 종류의 지시물에 대해 개방될 필요가 있다.

사회복지사는 클라이언트가 변형의 방법을 통해 새로운 의식을 공동 창조하고, 자각을 하여 BMSE 관계를 치유할 수 있도록 도와야 한다. 인식 형성의 방법은 클라이언트가 자신의 BMSE 관계의 치유를 인지하도록 돕는다. 사회복지사는 식물, 동물, 환경과의 경험을 통하거나 현장에서의 활동을 통해 인식을 형성할 수 있다.

표 10-1 몸-마음-영-환경의 연관성 사정에 유용한 지침

차원	단절을 가져오는 차원의 요인들에 관한 지침(영을 잃어버린)	재연결된 차원의 요인에 관한 지침
몸	· 경험의 결핍 · 몸을 돌보기에 부족한 음식량 · 몸이 욕구하는 것을 듣는 능력 부족	· 적절한 훈련과 휴식 · 잘 균형잡힌 다이어트 · 몸의 욕구에 귀 기울이는 능력
마음	· 정신적 자아훈련 부족 · 부정적 사고의 우세 · 자신과 세상에 대한 사랑의 관심 부족	· 마음을 수양하는 능력 · 긍정적 사고의 우세 · 자신과 세상에 대한 큰 사랑의 관심
영	· 고통에 대해 부정적으로 반응 · 고통을 계속해서 회피 · 의식의 한 수준에 고정됨	· 경험에 대해 평정된 반응 · 고통을 주의 깊게 다룸 · 의도적인 의식의 이동
환경	· 풍경, 동물, 식물들을 신비해하지 않음 · 생태체계를 돕는 것보다 해를 끼침 · 동물, 식물들과 대화를 할 수 없음	· 풍경, 동물, 식물들에 대해 두려워 함 · 생태체계에 해를 끼치기보다는 도움을 줌 · 동물, 식물들과 대화할 수 있음

교차적 차원의 상호작용 cross-dimensional interactions

사회복지사는 각기 다른 세 가지 차원들이 항상 교차적 차원의 상호작용을 한다는 것을 감지해야 한다. 사회복지사는 클라이언트가 자신의 몸, 마음, 영, 환경을 돌보는 방법에 대해 책임을 지고 이해하도록 돕는다. 생태의식의 관점에서, 모든 사람들은 자신, 타인, 다른 삶의 사건들 그리고 생태체계에 영향을 주는 개인의 독특함에 대해 책임을 진다. 모든 사람이 사고하는 것은 한 개인이 생각하는 것이고,

표 10-2 몸-마음-영-환경의 연관성을 치유하는 교차적 차원의 상호작용의 예시

차원	해로운 관계의 예	건강한 관계의 예
몸	마음: 수면을 취하지 않으므로 맑은 정신을 감소시킨다.	마음: 맑은 정신을 향상시키는 훈련을 한다.
	영: 성적인 부정이 기력을 꺾는다.	영: 좋은 상황은 명상을 돕는다.
	환경: 다량의 육식은 환경에 스트레스를 주는 식품산업을 증가시킨다.	환경: 생야채를 더 먹고 낭비되는 음식을 줄인다.
마음	몸: 걱정은 나에게 두통을 일으킨다.	몸: 확신은 운동경기의 성과에 도움을 준다.
	영: 부정은 중독이라 일으킨다.	영: 자각은 열정을 지지한다.
	환경: 비인간적 생활의 가치절하는 잔인한 농사법을 조장한다.	환경: BMSE 연관성의 신념은 야생생태체계를 보호한다.
영	몸: 신앙의 결핍은 고뇌를 촉진한다.	몸: 기도는 나의 몸을 치유하는 데 도움을 준다.
	마음: 원한은 괴로움을 촉진한다.	마음: 명상은 마음의 평화를 준다.
	환경: 모든 사물 속에서 영에 대한 무분 별은 생태체계에 해를 끼치게 된다.	환경: 신성한 풍경을 숭배하는 것은 자원의 보호를 촉진한다.
환경	몸: 인공기후는 나의 몸에 영향을 미친다.	몸: 나의 몸을 정원의 중심으로 돌본다.
	마음: 자연을 회피하는 것은 우울해지는 것이다.	마음: 동물과 식물은 지혜를 제공한다.
	영: 실내 생활은 낙심시킨다.	영: 자연은 가장 위대한 치료자이다.

모든 사람이 먹는다는 것은 한 사람이 먹는다는 것이며, 모든 사람이 상호작용한다는 것은 한 사람이 환경과 관련이 있다는 것인데, 이것은 BMSE 연관성의 웰빙에 영향을 미친다는 것을 말해준다(〈표 10-2〉 참조).

실천현장에서 방법을 통한 인식 수립하기

사무실 안에서 사회복지사는 클라이언트에게 BMSE 연관성이 무엇인지 그리고 이것이 중요한 이유에 대해 설명할 수 있어야 한다. 사회복지사는 클라이언트가 초인적인 방법을 통해 인식을 증가할 수 있도록 도와야 한다. 예를 들어, 클라이언트에게는 BMSE의 관계를 그림으로 그리도록 요구하고, 이 그림 속에서 사회복지사는 말을 하지 않고도 그 그림 속의 요인들이 강하게 또는 약하게 통합되어 있는 것을 이해할 수 있어야 한다.

생명애 biophilia 와 생태애 ecophilia

생명애라는 말은(2002, 윌슨Wilson, 이 장의 마지막 부분 참조) 각 사람들이 다른 생활 사건과 관련되는 본질적인 협력을 기술하도록 고안되었다. 생명애는 아름다운 수목들 근처의 집, 애완동물, 석양, 정원을 사랑하는 이유를 설명한다.

생태의식의 관점으로부터, 사람들은 자연적 생태체계에 대한 사랑과 본질적인 협력을 갖는데 우리는 그것을 생태애라 부른다(2002, 윌슨, 이 장의 마지막 부분 참조). 생태애生態愛는 포괄적인 개념으로 사람들이 우주 내의 모든 것에 대해 친근성을 가질 것을 주장한다. 생태애는 전 세계의 사람들이 본질적이고, 신성한 전망으로서의 협력적인 상호작용인 지혜의 전통을 갖는 이유를 설명한다. 미국에서 많은 사람들은 아름다운 풍경이 펼쳐진 교외에 집을 마련하려고 노력했는데, 이는 전체 생태계에 영향을 미치지 않고 살기 위해 자연의 일부분을 개척하는 것이 가능하다는 잘못 안내된 이론에 기초하여 시도되었다. 만일 우리가 좋아하는 풍경이 우리에게 신성하게 여겨진다면, 우리는 그런 지역을 파괴하지 않을 것이다. 사회복지사는 생명애와 생태애에 대해서 클라이언트를 교육하고, 그리고 이 특성이 그에게 적용되는지 조사하기 위해 클라이언트에게 물어보아야 한다.

생명영지靈知, biognosis과 생태영지靈知, ecognosis*

생명영지靈知라는 말은(2002, 윌슨, 이 장의 마지막 부분 참조) 신성한 의술medicine로서, 생태체계, 동물, 식물들의 현명한 활용을 통해 지식의 사용을 기술하도록 고안되었다. 의술이란 용어는 건강을 증진시키고 치유하는 모든 잠재력과 에너지를 의미한다. 자연과 시골의 생활로부터 영구적인 도시생활로의 역사적 이동의 중요성은 우리의 모든 조상들이 건강을 돌보는 생명지식**에 기인한 것이다.

생태의식의 관점에서 사람들은 또한 의술로서 신성한 풍경과 지구Earth를 사용하는 방법에 대한 지식을 필요로 하는데 우리는 그것을 지구영지靈知, geognosis라 부른다. 지구지식이란 생명지식보다 좀 더 포괄적인 개념인데, 그 이유는 잠재적 의술로서

---

* 'gnosis'는 고대 그리스어로 '앎, 깨달음, 비밀스런 지식을 소유한 사람' 등의 뜻을 가진 γνωσις에서 유래한 용어로 그노시스주의(Gnosticism, 靈知主義)에서 사용한 개념이다. 영지주의자들은 영적인 지식이나 영적인 깨달음은 교육이나 경험적 관찰이 아닌 신적 계시에 의해 얻어지는 비밀스런 지식인 영지(靈知)를 중시해 내면의 준비 과정과 자아성찰, 변화를 강조하였다. 즉, '靈知'란, 분석적, 추상적, 지성적인 이해를 넘어선 실재에 대한 통찰력을 의미하며, 신비한 영역이나 알 수 없는 영역에 대한 지식을 의미한다. - 역자 주

** 생명지식(biognosis): 보다 영적이고 직관적인 정신의 작용을 통해서 생명을 알아가며, 이렇게 축적된 지식체계를 의미한다. - 역자 주

의 우주의 모든 것에 중요한 지식을 제시해주기 때문이다. 그러한 지식은 사람들에게 건강과 치유를 위한 생태체계 내에서의 모든 자원들, 즉 미네랄, 흙, 물, 공기, 풍경 등의 현명한 사용을 알려준다. 사회복지사는 클라이언트에게 생명지식과 지구지식에 대해 교육하고 클라이언트에게 해당되는 생명지식과 지구지식의 특성에 대해 탐색하도록 요구해야 한다.

신성한 내적 · 외적 풍경

생태의식 관점으로부터, 현재 대부분의 인간존재는 동물적 본성과 관련하여 타락하였다. 인간의 동물적 본성은 인간이 아닌 동물과 공유되는 자신의 신체적 요소에 대해 사고하는 것이다. 우리의 동물적 본성은 창조적 영의 표현과 목소리로서 심사숙고 되어질 수 있다. 대부분의 인간존재는 외적, 내적 관계성을 잃어버리고, 본성적 환경을 창조적 영의 표현과 소리로써 나타낸다.

사람들은 자신의 동물적 본성 혹은 신성한 자연적 세계에 대해 존경의 태도를 지닌다. 클라이언트에게 자신의 몸과 신성한 자연적 세계에 대해 생각하도록 할 때, 클라이언트는 창조적 영의 가교로서 몸과 본성을 사용한다. 예를 들어, 만약에 클라이언트가 자신의 몸을 신성하게 본다면, 클라이언트는 현명하게 자신의 몸에 대해 존경하고 귀 기울일 것이다. 자신의 몸이 피곤하고, 흥분되고, 슬프고, 아프더라도 클라이언트는 창조적 영이 자신에게 말하는 것에 반응할 것이다. 마찬가지로, 클라이언트가 자연을 신성하게 본다면, 산, 계절, 폭풍, 별들이 모두 영적인 의미를 가지고 있는 것으로 표현되어질 것이다.

식물들, 동물들, 환경에 대한 인식 수립하기

BMSE 연관성의 인식을 촉진하는 또 다른 방법은 클라이언트가 여행에서 자신의 임무를 다하도록 하는 것이다. 여행은 클라이언트에게 영향을 주는 생활을 지지하는 사건들이 존재하는 장소이다. 사회복지사는 클라이언트에게 공원에서 혹은 계

사례연구 10-1

BMSE 연관성의 치유

"몸-마음-영-환경 연관성"이라고 하는 새로운 영성집단에 여덟 명이 등록했다. 사회복지사는 내담자들에게 먼저 상상여행을 시킨다. 이 여행에서 내담자들은 자연에 대한 최초의 기억을 회상하도록 한다. 각 내담자는 자신의 이야기를 집단과 공유한다. 대부분 어린 시절 이야기였다. 대부분의 내담자는 매우 긍정적인 기억을 이야기했는데, 일부 내담자는 자신의 경험이 환상적이라고까지 했다. 사회복지사는 이 집단에게 이러한 어린 시절의 경험들이 성인이 되어 자연에서 느끼는 경험과 어떻게 비슷하거나 다른가에 대해 말하게 한다. 대부분의 내담자들은 자연에 대한 신비감과 호기심을 잃어버렸다고 말했다. 한 내담자는 "학교는 호기심과 상상을 우리에게서 빼앗아갔다"고 했다. 또 한 내담자는 "호기심은 사춘기에는 좋지 않다. 호기심은 사춘기가 지나 갖는 게 좋다"고 말했다.

이 집단은 다음 시간에 마을 근처 한 계곡으로 간다. 계절은 봄이다. 사회복지사는 내담자들에게 마음에 드는 자리를 찾아 풀밭에 눕게 한다. 그리고 난 후, 사회복지사는 내담자들에게 가벼운 산책을 하면서 봄에 대해서 생각하라고 한다. 내담자들은 자신들의 몸이 느끼는 방식, 마음이 생각하는 방식, 그리고 영혼이 세계를 경험하는 방식에 봄이 어떻게 영향을 미치는가에 대해 생각하도록 한다. 면담 결과, 내담자 간에 차이와 유사성이 있는 것으로 나타났다. 대부분의 내담자는 자신의 몸에 더 많은 에너지가 넘쳐 영혼이 새로운 성장을 하는 것 같다고 말한다.

그 다음 시간에 사회복지사는 내담자들에게 신발을 벗고, 집단 상담실에서 둥글게 원을 그리며 서게 한다. 몸을 푼 뒤, 사회복지사는 각 내담자에게 15분 동안 현재의 상태, 즉 개인의 몸-정신-영-환경의 연관성을 기술하는 일련의 동작을 해보라고 한다. 그리고 난 후, 각 내담자는 집단 앞에서 춤을 춘다. 각 내담자의 춤이 끝나면, 집단은 방금 춤을 끝낸 내담자를 중심으로 원을 그리고 서서 자발적인 치료 춤(spontaneous healing dance)을 추는데, 이때 각 내담자들은 춤추는 사람의 건강과 치유를 마음속으로 생각한다.

곡을 따라 걸으면서 명상하도록 요구할 수 있다. 예를 들어 클라이언트에게 목장을 방문하도록 할 수도 있다.

생태 대화 ECO-DIALOGUE

사람들 사이의 의식적 대화는 제9장에서 기술하였다. 생태 대화는 사람들 사이의 의사소통, 사람과 다른 살아있는 것들 사이의 의사소통 혹은 생태체계의 일부분이다. 생태 대화는 의식적인 대화와 마찬가지로, "말하기"와 "경청하기"의 많은 방법과 관련된다. 하지만 비언어적이고 이성을 초월한 의사소통이 좀 더 생태 대화에서 우세할지도 모른다. 그러한 의사소통은 감각기관, 정서적 혹은 내장기관을 포함할지도 모른다. 생태의식관점과 생태 대화로부터 발생하는 집단적인 의식은 사람들

사례연구 10-2

생태 대화 1

한 내담자는 여러 해 동안 자신의 사회복지사와 함께 영적 개발에 몰두해 왔다. 내담자는 상담을 하면서 사회복지사에게 사막에서 캠핑 여행을 할 때의 경험에 대해 말했다. 여자 친구와 도보여행을 하면서 한번은 엄청나게 큰 향나무 옆에 서 있었다고 했다. 내담자는 누가 시키지 않았는데도 스스로 눈을 감고 그 큰 나무의 둥치를 만졌다. 놀랍게도 내담자는 자신의 심안(心眼)으로 그 나무의 길고 검은 상처자국의 이미지를 보았다. 일 분 뒤 내담자는 나무 주위를 돌며 그 둥치의 다른 쪽에서 분명 화재나 번개로 인해 난 상처를 보았다. 내담자는 사회복지사에게 "나는 여자 친구에게 저 나무의 고통을 느낀 것 같다"고 말했다고 했다. 사회복지사는 "당신의 영의 문을 열고 있군요"하고 대답했다. 그 내담자는 "그렇습니다. 나는 나무의 고통을 느끼고, 나무에 관심을 가짐으로써 어느 정도 그 나무를 도왔다고 생각합니다" 하고 말했다.

> **사례연구 10-3**
>
> **생태 대화 2(사례연구 10-1의 계속)**
>
> 또 다른 상담회기에 사회복지사는 주말을 이용하여 집단을 야외로 데리고 나갔다. 이들은 넓은 계곡에 캠프를 마련했다. 매끈매끈한 돌이 많은 작은 계곡에는 폰데로사 소나무 입목들이 가득했다. 사회복지사는 내담자들에게 "파워 스팟(power spot)"이라고 생각되는 지점에 자신들의 잠자리 천막을 세우라고 했다. 그 뒤 해질 무렵이 되어 집단은 사회복지사의 취침 지점에 모였다. "자, 이제 한 사람씩 왜 자신이 그곳을 선택하게 되었는가에 대해 말해보세요"라는 말로 사회복지사는 생태 대화를 시작했다. "당신들의 몸, 마음, 영이 어떻게 그 지점에 반응하는지 설명해보세요. 그리고 당신들이 듣고 있는 것에 대해서도 말해 보세요." 한 사람이 "나는 붉은 절벽 바로 아래에 있는 평평한 바위 위의 한 지점을 골랐습니다. 나는 거기에서 바위가 천천히 분해되어 모래로 변하는 것 같은 느낌을 받았습니다. 나도 천천히 분해되고 있고, 내 '예전의 자아(old self)'가 내가 아직도 알지 못하는 보다 큰 어떤 것으로 대체되고 있습니다"라고 말했다.

의 관심, 웰빙의 생활, 생활을 지지하는 것들 사이의 갈등을 해결하기 위해 필요한 지혜를 공동 창조하는 데 있다.

영적인 교사로서의 자연

생태의식의 관점으로부터, 자연의 모든 것은 영적 토대가 될 수 있고, 영적인 교사가 될 수 있다. 자연이라는 용어는 모든 자연적이고 인간에게 영향을 미치는 생태체계와 관련된 여기에서 인지될 수 있는 것이다. 어떤 경우는 사람들의 활동에 의해 영향을 받지 않는 지구의 한 지점이 있기도 하다.

10-1 자연으로의 여정: 네 단계와 예시

관심 갖기	나는 오늘 아침에 길을 걷다가 한 마리의 매를 보았다. 나는 오늘 그 매가 나에게 주는 의술이 무엇인지 배우기를 원한다.
개방하고 시작하기	나는 나 자신의 패턴을 자각한다. 나는 이번 달 스트레스를 잘 다루지 못한다. 오늘 나는 배가 고프고 일에 대해 걱정한다.
초점 맞추기와 상상하기	나는 눈을 감고 휴식을 취한다. 나는 오늘 아침에 본 대로 매가 날아가는 것을 상상한다. 나는 내가 날아가는 매라고 상상한다.
깨닫고 본받기	나는 매가 스트레스를 느끼고 생각하고 있는 것을 알아차린다. 매처럼 나는 큰 그림을 볼 수 있다. 매처럼 나는 자기 중요성에 매달리지 않는다. 나는 살아있는 모든 것의 한 부분이다. 나는 의술을 좋아한다.

자연에로의 여정

사회복지사는 클라이언트와 함께 삶을 지지하는 것들과 다른 삶에 경청할 뿐만 아니라 다른 삶과 삶을 지지하는 모든 것들의 존재에 대해 상상하는 활동을 할 수 있다. 클라이언트가 고통스러워 할 때, 클라이언트를 치유하고 편안하게 하는 것은 자연 속의 어떤 것이다. 클라이언트는 자신을 이끌어 줄 무엇인가에 대해 알기를 원하거나 최근 자신의 환경 속에서 나타나는 것에 관해 알기를 원한다. 〈10-1〉에서, 네 단계를 제시하는데, 그것은 자연 속으로 상상의 여행을 하는 것이다. 각 단계는 산 혹은 강을 활용하고 있다.

지역사회의 보편적 다양성의 창조

사회복지사는 사람들을 지지하는 생태체계와 삶의 웰빙을 높이고, 다양한 삶의 유형 속에서 살아가는 사람들의 가치인 지역사회의 보편적인 다양성을 촉진하도록 도와 줄 책임감이 있다. 사회복지사는 보편적인 다양성을 지닌 지역사회의 공동체, 기관, 가족을 원조하기 위해 치료자, 교육자 그리고 옹호자로서의 다양한 원조 역

사례연구 10-4
한 가족에서 지역사회의 보편적 다양성의 생성

한 가족이 행복의 집 상담센터에 가족 치료를 받으러 왔다. 행복의 집을 찾아온 대부분의 가족들처럼, 이들은 4,500ft² 집에서 산다. 문제는 이 가족들이 우울하다는 것이다. 부모는 하나뿐인 자식인 비트라이스처럼 약간 우울증이 있는 것처럼 보였다. 이 가족의 정신과 의사는 가족이 먹는 항정신제 복용의 중독에 대해 상담가와 상담하기를 권유하였다.

사회복지사는 가족에게서 어떠한 자살의 징후도 발견하지 못하지만 가족들이 상호 간의 의식적 친밀감이 거의 없다고 판단한다. 가족은 함께 하는 시간보다 텔레비전과 함께 보내는 시간이 더 많다. 아버지는 경제적으로 매우 성공했지만 여전히 일주일에 50에서 60시간 일하며, 어머니는 혼자 술을 마시고 매일 잠자리에 들기 전에 의사의 처방전도 없이 약을 복용한다. 딸은 중학교를 좋은 성적으로 다니지만 사교성이 없고 만성 복통과 두통을 앓고 있다.

사회복지사는 가족 구성원 모두에게 어떤 차트를 나누어주는데, 이 차트에는 다섯 가지의 생태의식 활동의 방법이 적혀 있다(이 장의 초반 내용 참조). 사회복지사는 이 차트와 별도로 또 다른 차트를 나누어주는데, 이 차트는 전 차트와 달리 빈 칸으로 되어 있다. 사회복지사는 각 구성원에게 몸, 마음, 영, 환경 지표를 빈 차트에 적게 한다. 가족들은 자신들의 차트가 비슷한 것에 놀란다. 대부분의 빈칸은 잃어버린 요소들의 지표들로 가득하다.

그 다음 사회복지사는 가족에게 잃어버린 요소들을 복원하는 방법을 알려주기 시작한다. 몸 수준에서는 가족 모두 에어로빅 연습 프로그램과 생야채 위주의 건강식을 하도록 한다. 마음 수준에서는 사회복지사에게서 단순한 주의집중 훈련을 받는다. 영(spirit)의 수준에서는 사회복지사는 가정과 지역사회에서 주의집중 서비스를 실천할 때 가능한 치료에 대해 가족과 대화한다. 각 구성원에게는 매주 몇 가지의 서비스를 확인하고 완성하게 한다. 마지막으로 환경 수준에서는 사회복지사는 가족에게 실제 그들의 뒷마당에 있는 아름다움과 교감하고 싶은지 묻는다. 가족들은 영적인 수준과 환경적 수준을 조합하여 거리에서 자신의 집 뒷마당으로 사람들이 접근할 수 있는 보도를 만들기로 결정한다. 그 뒤 집 위 언덕으로 올라가는 길을 만드는 일을 돕는다. 결국 가족들은 관련 서비스 프로젝트와 관련하여 이웃들, 보다 큰 지역사회와 만나 같이 일한다.

일 년 뒤, 사회복지사는 사례들을 평가하면서 그의 가족들에게 BMSE가 연관된 접근법을 사용한 것이 전통적 가족치료 접근법을 사용할 때보다 더 성공적이었다는 사실을 알게 된다.

> **사례연구 10-5**
> **제도와 지역사회에서 공동체의 보편적 다양성의 삶**
>
> 그레이 콘크리트 고등학교(Gray Concrete High School; GCHS)에 새로운 상담가가 고용되어 일을 시작한다. 이 새로 온 사회복지사는 학교의 학생들이 시(市) 전체는 물론, 주(州) 전체에서 가장 낮은 시험점수를 받았다는 사실을 알게 된다. 일반적으로 GCHS의 도움을 받는 지역에 사는 가족들은 수입이 낮은데, 많은 가족들이 빈곤선 이하의 생활을 한다. 이웃 간에는 인종 갈등도 있다.
> 사회복지사는 자신의 시간 절반을 할애하여 지역사회 출신의 부모와 아이들 집단을 만들고 그 집단과 함께 하였다. 사회복지사는 지방 기업체들로부터 음식을 기증받았다. 그래서 사회복지사는 지역사회의 첫 야간학교(the school for the first Community Night)를 연다. 사회복지사는 의식적인 대화를 통해, 이 학교에 다니는 가족들에게 GCHS 인근환경을 개선하는 데 필요한 것이 무엇인지에 대해 말해줄 것을 부탁한다. 이들은 우선순위에 따라서 범죄억제, 보다 질 좋은 교육, 보다 질 좋은 공공장소 순으로 대답한다.
> 그 다음 사회복지사는 의식적인 대화를 통해 GCHS 학생들과 초점집단을 시작하고 그 결과 학생들은 이웃이 목표를 달성하는 것을 돕고 싶어 한다는 것을 알게 된다. 사회복지사는 학생들이 부모의 허가를 받아 자원봉사 활동을 한 뒤, 그 내용을 적어내면 점수를 받을 수 있는 자원봉사 프로그램을 만든다. 학생들의 반응은 열광적이다. 가장 인기 있는 활동은 보다 아름답고 "녹색" 환경을 함께 만들어내는 일과 관련된다. 학생들은 지역사회에 정원을 만들고, 나무를 심고, 학교 주위의 운동장을 보수하고 개선하는 일을 돕는다.
> 일 년 뒤, 이 프로젝트를 평가하면서 사회복지사와 학교관리자 및 교사들은 학점과 시험점수가 올라가고 지방의 범죄율이 떨어진 것을 확인한다. 사람들의 쓰레기 투기가 줄어들고 공원과 학교 운동장을 사람들이 더 많이 사용하고 있는 것도 확인한다.

할을 행할 수 있다. 그 과정은 지역사회의 이슈를 둘러싼 의식적인 대화로부터 시작되고, 의식적인 대화를 하는 동안 문제와 가능한 해결책에 대한 인식을 증가시킨다. 최고선에 도달하는 합의 후에 프로젝트는 수행되고 그리고 난 후 평가된다.

환경에의 서비스

생태의식의 관점에서 보아, 사람은 전 생태체계의 모든 이익과 개인 자신, 지역사회, 그가 사는 환경에 대해 서비스하면서 살아간다. 개인들은 당면한 문제와 바람을 넘어선 활동들과 연관되기에 종종 자신의 삶의 만족과 질 높은 웰빙을 발견하게 된다. 인간과 인간이 아닌 살아 있는 모든 것의 웰빙은 개별적으로 환경적 건강을 증진할 때 고양된다.

가족의 가치

사회복지사는 몸-마음-영-환경의 모든 부분을 존경하는 영적인 가치들을 가르치고 모델을 만들어야 한다. 그러한 가치들은 존경, 감사, 관계성, 신성한 신비, 의미 만들기, 창작력, 열정을 포함할지도 모른다. 사회복지사는 모든 삶과 삶을 지지하는 모든 것에 대해 존경하고, 또한 창조적 영의 표현으로 봐야 한다. 감사는 사회복지사가 현실에서 원하는 것을 선택할 수 있는 고마움의 관점이다. 또한 사회복지사는 관계성, 혹은 연결성, 모든 삶과 삶을 지지하는 모든 것을 존중하는 것이다. 아름다움 속에서 신성한 신비에 대한 감사가 존재한다. 사회복지사는 자연과 환경의 경험에서 의미를 창조하며 그 과정에서 상상력을 사용한다. 그리고 사회복지사는 모든 삶과 삶을 지지하는 모든 것에 대해 열정을 가지고 행하고, 고통에 대해 민감성을 가지며, 세상을 치유하도록 원조한다.

이러한 가치들은 '가족'에 대한 생각이 모든 인간뿐만 아니라 인간이 아닌 삶을 지지하는 생태체계, 식물의 삶을 포함하는 확대된 가족일 경우, 가족가치가 된다.

사회복지사는 가족의 개념을 확장하여 클라이언트를 원조하도록 노력해야 하는데, 그 이유는 좀 더 포괄적인 가족의 개념이 세상 모든 사람들의 최고선을 지지하기 때문이다.

지역사회 행동주의

사회복지사는 가장 가까운 생활영역 속에서 직접적으로 지역사회 활동을 하도록 도전받는다. 생태 대화는 많은 사람들의 영적인 힘이 소수의 영적인 힘보다 더 크다는 관점으로부터, 여러 활동의 부분들을 통합하는 것이다. 사회복지사는 첫째, 지역사회의 모든 사람들이 BMSE 연관성을 가질 수 있도록 사회정책 변화를 확인하도록 원조해야 한다. 행동단계는 집단적으로 계획되고 수행된다.

근본적 용서

영성을 토대로 한 활동의 형태에서 가장 중요한 행동도구 중의 하나가 근본적 용서radical forgiveness이다. 총이나 폭탄을 사용하는 것보다 근본적인 용서는 봉사, 사랑, 열정, 따뜻함을 포함하여, 이 책에서 다룬 변형의 방법으로 유용하다. 근본적인 용서는 웰빙의 삶을 지지하는 모든 것들을 보호하고 존경하는 것을 실패할 때처럼, 힘의 어리석은 사용과 논쟁을 하게 될 경우에 유용하게 사용할 수 있다.

근본적 용서는 급진적radical이다. 왜냐하면 비폭력일 뿐만 아니라, 그들을 치유하고 폭력의 근저에서 취할 수 있는 용서이기 때문이다. 영적인 성향의 사회복지사는 용서가 다른 사람들의 마음을 변화시킬 수 있는 것에 감사한다. 아마도 용서는 가장 중요한 것 중의 하나이고, 사람들이 자신의 삶 속에서 행할 수 있는 선택 중의 가장 중요한 것이다. 근본적 용서는 다른 삶에 대해서 마음을 변형하는 것뿐만 아니라 용서하는 사람을 변화시키기도 한다. 근본적 용서는 몸-정신-영-환경의 과정이다. 많은 의식적 대화처럼, 근본적 용서는 그들이 행한 것 혹은 행하지 않았던 것과 무관하게 다른 사람들에 대한 존경과 연관된다.

사례연구 10-6
지역사회 활동에서의 근본적 용서와 의식적 대화

사회복지사는 시장이 시의 종교적 긴장을 완화하기 위해 만든 대책위원회에 합류해 줄 것을 요청받는다. 많은 지역사회와 마찬가지로 이 시는 많은 사람들이 믿는 종교인 ○○○교회가 있는데, 이 종교는 강력한 정치 및 사회적 이익을 누리고 있다. 종교가 없는 사람은 물론, 다른 종교를 갖고 있는 사람들은 ○○○교회에 다니는 사람들에게 반감을 가지고 있다. 반면에 ○○○교회에 다니는 교인들은 자신들의 종교를 믿지 않는 사람들에게 반감을 가지고 있다.

사회복지사는 시장의 대책위원회의 구성원이 종교적 다양성뿐만 아니라 인종, 경제 및 정치, 그리고 성적 지향의 다양성도 포함시켜야 한다고 주장한다. 시장은 이에 동의한다. 사회복지사는 대책위원회가 먼저 사람들이 종교적 다양성의 문제와 관련하여 의식적 대화에 참가할 수 있는 공공집회를 열 것을 제안했다. 대책위원회는 이들 집회를 통해 종교적 증오가 어떻게 폭력을 낳을 수 있는지를 보여준 것으로 생각되는 최근의 일련의 테러리스트의 공격과 그 후 사람들이 어떻게 하면, 종교적 다양성을 갖고 살 수 있는가에 대해 더 많은 관심을 갖게 된 것을 알게 되었다.

그 뒤 대책위원회는 "씨앗" 대화 훈련집단(seed Dialogue Tranging Group; DTG)를 만들기로 결정한다. 첫 DTG는 지방 종교지도자들, 커뮤니케이션 전문가 및 시민 지도자들로 구성된다. DTG는 한 달에 2회, 여섯 달 동안 모임을 갖는다. DTG는 구성원들이 다른 사람들을 훈련시키는 것을 지원할 준비가 되어 있다고 생각될 때까지 계속되는데, 그동안 각 구성원은 돌아가면서 책임을 지고 모임이 잘 이루어지도록 도와주어야 한다. 이 집단을 통해 구성원들은 의식적 대화와 근본적 용서에 관해 연습한다.

그 다음으로, 첫 번째 씨앗 DTG 구성원들은 다른 사람들로 구성된 집단들과 모임을 시작한다. 예를 들면, 한 DTG 구성원은 고등학교 학생들로 구성된 집단들과 모임을 갖는다. 일부 학생들은 그들 자신의 DTG를 형성하기 시작한다. 일부 지방 교회도 그들 자신의 DTG를 개발한다.

범세계적 공동체 활동

범세계적 공동체 활동은 지역공동체 활동 속에서 사용된 변형의 방법을 활용한다. 하지만 범세계적 공동체 활동은 특별한 사회경제적 집단들, 문화, 종교, 국가들로부터 선별된 소규모 집단의 사람들에게 적용한다.

클라이언트 다양성에 대한 이슈

모든 클라이언트는 생태의식 패러다임의 방법을 사용하지 않을 수 있다. 예를 들어, 어떤 클라이언트는 생태의식이 불충분한 과학적 증거를 가지고 있다고 믿을 수 있고, 또 어떤 클라이언트는 종교적 배경을 반대할 수 있는데, 이는 아마도 하느님

사례연구 10-7

범세계적 공동체 활동에서의 의식적인 대화와 근본적 용서

사회복지사는 전문직을 가진 친구들과 함께 한 비영리집단을 형성한다. 이 집단의 임무는 전 세계 사람들 간에 근본적인 용서와 의식적인 대화를 할 수 있도록 돕는 것이다. 이들의 첫 번째 일은 중동에서 시작된다. 여기서 이들은 인구의 반은 무슬림이고, 반은 기독교를 믿는, 종교적으로 분리된 어떤 국가의 24명의 지방 지도자를 북아프리카의 지중해 연안에서 열리는 일주일 기간의 "전진(Forward)" 집회에 초대한다.

첫 며칠은 함께 음식을 준비하고 음악, 춤 및 그 밖의 종교의식을 함께 하면서 보낸다. 그 뒤 이 집단은 의식적인 대화와 근본적 용서를 연습한다. 한 주가 끝날 무렵 참가자들은 종교를 떠나서 우정을 쌓을 수 있었다.

전진 집회 마지막 날, 참가자들은 각자 자신의 나라를 적극적으로 변화시키는 데 참가하고 싶은 프로젝트를 확인한다. 이들은 계속 연락을 취하면서 서로 자신들의 프로젝트를 돕는다.

이 그들로 하여금 인간존재와 동등하게 사람을 지지해주는 사물들, 동물 혹은 식물을 보도록 원치 않을 수 있다. 항상 영성 지향적 사회복지사는 그러한 입장들에 대해 존경해야 한다. 하지만 사회복지사는 삶을 지지하는 것과 모든 삶의 웰빙을 위해 기꺼이 옹호자 역할을 하는데, 그 이유는 모든 사람의 최고선 안에 그것이 존재한다고 믿어야 하기 때문이다.

사회복지사의 다양성에 대한 이슈

생태의식의 방법은 사회복지사가 자신의 편견과 선입견을 유념하도록 요구한다. 마치 신중한 활동주의mindful-activism처럼, 생태의식 속에는 인식이 존재한다. 즉, 인간존재는 종종 자기 파괴적인 행동 혹은 파괴적인 데로 이끄는 환영받지 못하는 사고를 가진 것처럼 보인다. 그리하여 그러한 사고를 멈추기 위해 노력하는 대신에, 현명한 사회복지사의 모델은 그러한 사고에 대한 자기인식, 바른 일을 행하는 자신의 원리, 최고선을 촉진하기 위해서 관심을 집중하게 한다. 모든 개별 사회복지사는 개인의 독특한 인지적인 모험을 가지고 있다.

생태체계의 다양성에 대한 이슈

각 집단에서 활동하고 있는 사회복지사들은 저마다 독특한 특성을 가지고 있다. 사회복지사는 항상 의식적인 친밀감을 지니고 대화하려고 해야 한다. 사회복지사들은 종종 상충되는 환경 속에서 "좋은 사람"과 "나쁜 사람" 사이에서 고민한다. 그러므로 사회복지사는 삶에 영향을 미치는 사건들과 최고선에 관심을 가지고 활동해야 한다.

| 연구 질문 |

1. 몸-마음-영-환경의 연관성이란 무엇인가? 당신은 어느 범위까지 살고 있는 환경으로부터 멀어져 있는가?

2. 생태 대화는 무엇인가? 당신의 삶 속에서 생태 대화를 경험한 적이 있는가? 예를 들어, 고양이와 개가 정서를 가지고 있다고 생각되는가? 다른 동물들은 어떠한가? 만약에 그렇다면 당신은 동물들의 정서를 지각할 수 있는가? 반대로 동물들이 당신을 지각할 수 있는가?

3. 당신의 삶 속에서 당신을 위한 영적 교사인 본성을 가지고 있는가?

4. 지역사회의 보편적인 다양성을 창조할 때, 중요한 것은 무엇인가? 그러한 지역사회 속에서 살고 있는가? 당신은 지역사회를 좋아하는가? 아니라면 그 이유는 무엇인가?

5. 사람들의 최고선을 촉진하도록 돕는 환경에 대한 서비스는 어떠한가? 당신은 서비스를 실천하는 모든 젊은 사람들을 격려할 때, 이득을 볼 수 있는가?

자 료

Buhner, S. H. (2002). *The lost language of plants: The ecological importance of plant medicines to life on Earth*. White River Junction, VT: Chelsea Green Publishing.
 This book presents an interesting discussion of how natural medicines have developed for the benefit of all life on Earth.

Ingerman, S. (2000). *Medicine for the Earth: How to transform personal and environmental toxins*. New York: Harper & Row.

Tompkins, P. (1973). *The secret life of plants*. New York: Haper & Row.

    An interesting exploration of the physical, emotional, and spiritual connections between plants and humans is featured.

Wilon, E. O. (2002). *The future of life*. New York: Alfred A. Knopf.

    Wilson introduced such terms as *biophilia* and *ecophilia*. Wilson is one of the leading voices supporting the new environmentalism for this new century.

11 아동, 청소년과 가족을 위한 영적인 지향의 실천
12 성인 및 노인과 함께하는 영적인 지향의 실천
13 정신건강 분야에서 영적인 지향의 실천
14 신체건강 분야에서의 영적인 지향의 실천
15 범죄인 재판 분야에서의 영적인 지향의 실천
16 공공사회서비스 분야에서 영적인 지향의 실천
17 커플을 위한 영적인 지향의 실천
18 가족과 집단에 대한 영적인 지향의 실천
19 개인적 변형에서 영적인 지향의 진보적 실천
20 집단적 변형에서 영적인 지향의 진보적 실천

2

사회복지 인구와 함께하는
영적인 지향성을 지닌 진보적 실천

CHAPTER 11

아동, 청소년과 가족을 위한 영적인 지향의 실천

영적인 관점에서 바라보는 가족의 근본적인 목적은 가족 구성원들의 영성발달을 지원하는 데 있다. 전통적으로 가족의 정의는 단지 한 지붕 또는 선조를 공유하는 사람들주거가족뿐만 아니라 지역이나 지구상의 공동체들공동체 가족, 그리고 다른 생명체나 생명을 유지하는 생물생태계 가족까지 포함하는 확대된 개념을 의미한다.

영적인 관점으로 보면, 순간적인 만족과 쾌락에 관심을 갖는 자기 중심적으로 굳어진 성인보다는 아동과 청소년들이 영적인 체험을 할 수 있는 기회가 훨씬 많다(〈표 11-1〉 참조).

초인적인 관점에서 보면, 사람들은 대체로 생의 단계를 가로질러 영적인 성숙에 의해서 그들의 정체성을 전형적으로 변형시켜 나간다. 아동들은 창조적 영성을 지니고 태어나지만 서서히 사회화되면서 경외심, 마법, 신비로움을 멀리하게 된다.

표 11-1 생의 주기에 따른 영적인 발달 지표

	아동기 (0~12세)	청소년기 (13~19세)	연장된 청소년기 (20대)	중장년기 (보통 30~40대)	성 인 (늦은 시작)
의식의 첫 단계	전(前) 인격적	전인격에서 인격적 시냅스	인격적	인격에서 초인적인 시냅스	초인적인
외부환경과의 관계 발달	· 창조적 영성과의 관계 상실 · 자연과 가족을 동일시	· 자연과 가족의 비동일시 · 동료집단 동일시	· 동료와 비동일시 · 가족과 일의 역할과 동일시	· 역할과 비동일시 · 자기훈련과 봉사와 동일시	· 봉사, 자기훈련과 비동일시 · 창의적인 영성과 재동일시
내부환경과의 관계발달	· 창조적 영성과 관계 상실 · 경외, 마술, 신비스러움과 동일시	· 마술, 경외, 신비스러움과 비동일시 · 성이나 중독과 동일시	· 성(sex)이나 중독과 비동일시 · 부, 아름다움, 명성과 동일시	· 부, 아름다움, 명성과 비동일시 · 황홀한 체험과 동일시	· 황홀한 체험과 비동일시 · 창조적 영성과 재동일시

청소년기에 이르러 동료집단에 적극적인 관심을 갖기 전까지는 자연과 가족에 관심을 갖는다. 친구들과 어울리면서부터는 경외심, 마법, 신비로움 등을 서서히 멀리하는 반면에 성적인 체험을 갈망하고 술과 약물을 사용하면서 의식의 변화가 일어난다.

한편으로, 대부분의 성인들은 영적인 체험과 경험한 것을 말하지 않고 감추지만 아동들은 사회화되지 않아서 영적인 체험들을 있는 그대로 표현하는 순수한 영적인 존재이다. 대부분의 가족과 제도들과 사회에서 바라보는 시각은 아직도 아동과 젊은이들이 영성을 탐구하기에는 불완전한 상태라고 여긴다. 많은 성인들은 젊어지기를 좋아하면서도 창조적인 영성이 열려있다는 것을 모른 채 살아가고 있다. 그래서 아동과 젊은이들의 영적인 호기심과 창조성에 대한 열정을 이해하지 못한다. 몇몇 어른들은 아동과 청소년들의 영성을 다루기 어려운 시각으로 바라보기도 한다.

다른 한편으로는 아동과 청소년들은 정체성이 덜 발달했고, 웰빙과 최상의 좋은 것들을 가족들에게 제공해야 할 의무가 없거나 공동체와 자연생태계를 책임져야 할 성인 역할을 하지 못한다. 그러므로 사회복지사는 아동과 십대들이 지금 여기에서 창조적인 영성을 체험하고 표현할 수 있는 어린아이 같은 본성을 잃지 않으면서 성인들처럼 책임감을 갖도록 준비시켜야 한다.

가정에서 종교와 영성교육

영적인 관점에서 바라보는 교육이란, 지식과 지혜의 표현과 사람의 영혼으로부터 나오는 바른 행동들을 알아가는 과정이라고 할 수 있다. 가정에서 영적인 발달을 촉진시키는 데는 두 가지 방법이 있다. 하나는 종교적인 교육을 통해서이고, 두 번째는 영성교육을 통해서이다. 사회복지사는 아동들에게 유용한 두 가지 방법을

표 11-2 가족의 종교적·영적인 교육의 보완적 목표

종교적 교육	영적인 교육
아동은 가족 종교에 대한 믿음, 교리, 의식을 소개받고 참여한다.	아동은 자신에게 가장 적합한 믿음과 가치와 의식에 참여하므로 자신의 본성을 찾고 창조하도록 지지받는다.
아동은 가족 종교의 신성한 경전과 신성한 상징들에 대해 안내받고 탐색한다.	아동은 자신의 개인적 영성의 신비한 상징을 탐색하므로 자신의 본성을 찾고 창조하도록 지지받는다.
아동은 영적이고 보편적 다양성을 지닌 종교공동체를 사랑하는 법과 가치를 배운다.	아동은 영적인 발달을 지지하는 현명하고 사랑하는 영적인 교사의 가르침을 높이 평가하는 법을 배운다.
아동은 공동체 활동을 통하여 최고선을 지원하기 위해 필요한 사회적 기술을 포함한 종교적 자아(Self)를 발달시킨다.	아동은 최고선에 있어서 동정, 지혜와 서비스에 필요한 사랑을 포함하는 최대한 자아의 의식적인 활용을 발달시킨다.

서로 병행하고 보충해서 활용할 줄 알아야 한다(〈표 11-2〉 참조).

가정에서의 종교적인 교육은 다양한 공동체와 함께 함으로써 종교적인 자아의 상호작용을 통해 어린이의 영성 발달을 촉진시키는 과정으로 볼 수 있다. 어린이들은 부모가 종교를 믿고 있다면, 종교적인 교리나 신앙과 의식儀式을 받아 들여야 하는 중압감 없이 쉽게 종교에 접할 수 있게 된다.

이런 견지에서 보면, 어린이나 청소년들은 가족이나 다른 사람들이 믿고 있는 종교와 신앙에 관해서 알아야 할 필요가 있다. 어린이들이 이러한 내용을 안다면 주변 사람들의 행동양식을 이해하는 데 큰 도움이 된다. 그리고 그들이 어떻게 자라왔는지를 비교해볼 수 있고 영성적이며 종교적으로 다양한 것을 수용하는 방법을 터득할 수 있게 된다. 만약 어린이가 종교 교육을 받지 못하면, 성인이 되었을 때 종교적으로 자아가 다양한 종교 공동체의 상호 창조과정을 받아들일 수 없게 되거나 자신의 영성발달을 이루지 못하게 된다. 종교적인 교육자는 아동들에게 있어서 영적인 교육의 후원자 역할을 할 수 있어야 한다.

영성교육에서 아동은 스스로 영적인 체험을 탐구하기 시작하거나 자신의 체험을 멘토나 선생님 혹은 안전한 공동체에서 함께 나누기 시작한다. 영적인 존재인 어린이와 젊은이는 보편적으로 적어도 어른들이 수용할 것 같은 영성발달과 가끔 새로운 영성체험을 접할 수 있다. 가족과 멘토는 아동이 접한 고유한 영적인 상태를 수용할 줄 알아야 한다. 멘토는 이러한 아동들에게 용기를 북돋아 주고 체험 속에서 의미를 찾도록 도와주어야 한다.

좋은 관계 유지하기

두 사람이 좋은 관계를 유지한다는 것은 두 사람 사이에 있는 보편적 다양성을 지닌 작은 규모의 공동체 사이에 상호작용을 통하여 협력해 나간다는 것을 의미한다. 양쪽 사람들은 서로의 개개인과 집단의 웰빙을 존중하고, 지원하려고 노력한다. 그리고 각각 서로의 영성과 종교를 존중할 줄 알아야 한다. 사회복지사와 아동 사이에 관계의 사례를 살펴보면, 사회복지사는 아동에게 신앙과 영적인 교육을 제공할 뿐만 아니라 아동의 영성과 종교의 궁극적인 경로$_{path}$까지 이해시켜 줄 수 있어야 한다. 비록 그 길이 사회복지사가 가진 것과 전혀 다르다고 할지라도 말이다. 만일 가족이 특정한 종교와 관계가 없다면, 실천가는 가족들에게 지구상에 존재하는 다른 종교에 대하여 가르쳐 주어야 한다.

사회복지사의 부분적인 역할은 할 일이 끝났더라도 가족과 끈기 있게 관계를 유지하는 것이다. 언젠가는 성인이 되어서 영적이며, 보편적인 다양성을 지닌 공동체에 협력하여 도움을 줄 수 있도록 아동의 종교적인 자아가 발달할 수 있게 도움을 제공해 줄 수 있어야 한다. 아동들은 사회복지사가 종교나 신앙에 무관심한 사람들과 어떻게 좋은 관계를 유지해 가는지를 경험함으로서 배울 수 있다. 아동이 종교적이고 영적인 여정에 무관심하거나, 종교적인 믿음과 사회복지사의 실천을 부정하거나 거부할지라도 사회복지사는 가족과 종교 교육자들에게 용기를 주어야 할 것이다.

종교적 · 영적인 학대

사회복지사는 신체적인 학대, 정서적 학대, 성폭력과 방임을 포함해서 다양한 형태의 학대로부터 아동과 젊은이 그리고 취약한 성인들을 보호하는 데 힘쓰고 있다. 영성 지향적인 사회복지사는 영적으로 깊이 발전할 수 있도록 하기 위해서 영적인 학대로부터 사람들을 보호해야 할 책임이 있다. 사회복지사는 개인, 가족, 공동체가 자유롭게 선택한 종교와 믿음의 권리를 존중해야 한다. 사회복지사는 대부분의 종교 지도자들이 학대행위에 대해서 반대한다는 것을 알아야 한다. 종교적이고 영적인 학대로부터 사람들을 보호한다는 것은 사회복지사가 어떤 사람이나 집단의 종교를 바꾸려고 노력하는 것을 의미하는 것은 아니다.

여러 가지 유형의 학대 중에서 종교적이고 영적인 학대는 가장 눈에 띄는 학대이다(〈11-1〉과 〈11-2〉 참조). 숙련된 사회복지사가 각 사례별로 해석과 평가를 한 후에 아동을 돌보는 부모들을 좀 더 효과적으로 중재해야 한다. 이와 같은 정의들은 보호 프로그램으로도 사용되고 있다. 영적인 지향성을 지닌 사회복지사는 아동이 마음에 충격을 받은 후에 대처하는 것보다 학대를 예방하여 영적인 학대를 감소시키는 것이 더 낫다. 심각한 영적 학대를 보면 대부분의 아동들은 정신적인 충격뿐만

11-1 종교적인 학대의 요소

1	아동, 청소년, 취약한 성인들을 어떤 종교에 참여시키거나 그들의 사고방식에 영향을 미치거나 통제할 목적으로 협박하거나, 신체적 또는 정서적 폭력으로 벌하거나 위협한다.
2	아동, 청소년, 취약한 성인들은 자기 가족의 종교나 또는 다른 종교를 자기 거주지역과 전체적인 지역사회에 가까이 하는 것에 대한 종교적인 교육을 거부한다.
3	아동과 젊은이, 취약한 성인들에 대한 종교 교사의 학대는 경제적, 성적, 심리적, 또는 다른 이득들에 대한 원조관계에서 힘의 불평등이다.
4	그녀의 신(神)이나 종교의 이름으로 아동, 젊은이, 취약한 성인이 다른 사람, 가족, 종교, 문화, 인종, 또는 다른 집단의 사람들을 증오하도록 가르친다.
5	그의 신이나 종교의 이름으로 아동, 젊은이, 취약한 성인이 그의 몸-마음-영-환경의 어떤 요소를 포함하여 그 자신의 어떤 생김새를 싫어하도록 가르치는 것이다.
6	그녀의 신이나 종교의 이름으로 아동, 젊은이, 취약한 성인을 그녀 자신에 반대하는 다른 사람들, 다른 생물 또는 모든 삶을 지원하는 생태계에 어떤 종류의 폭력을 사용하도록 조장한다.
7	그의 신이나 종교의 이름으로 아동, 젊은이, 취약한 성인에게 성적인 학대나 상처를 입힌다.
8	그녀의 신이나 종교의 이름으로 아동, 젊은이 취약한 성인에 대한 영적인 교육을 거부한다.

11-2 영적인 학대의 요소

1	아동, 젊은이, 또는 취약한 성인들에게 그녀의 영적인 경험이나 표현으로 영향을 미치거나 통제할 목적으로 신체적 또는 정서적인 폭력으로 벌한다.
2	아동, 젊은이, 또는 취약한 성인의 영적인 교육을 거부한다.
3	아동과 젊은이, 그리고 취약한 성인들에 대한 영적인 교사의 학대는 경제적, 성적, 심리적, 또는 다른 이득에 대한 원조관계에서 힘의 불평등이다.
4	아동과 젊은이, 또는 취약한 성인들에 대한 영적인 교사의 학생들의 종교교육을 거부한다.

아니라 다른 종류의 학대로 인하여 고통을 받고 있을 것이다.

개인, 부부, 가족 혹은 집단을 사정하는 과정에서 종교적이고 영적인 학대행위가 있을 때, 사회복지사는 그러한 학대상황을 노출시켜야 한다. 사회복지사는 처음부터 진취적이고 적극적인 변형 방법을 사용할 줄 알아야 한다. 사회복지사는 보호자가 해를 끼치려하지 않는다는 것을 인지해야 한다. 그러기에 첫 작업 시에 보호자에게 아동, 젊은이. 취약한 성인의 행동에 고의로 악영향을 미치지 않는다는 점을 분명하게 알려야 한다. 만일 교육이 이루어지지 않을 시에는 사회복지사는 보호자와 단호하게 대응할 필요가 있다. 만약 신체 학대, 정서적 학대, 성폭력 혹은 영적인 학대를 수반한 방임이 있다면, 사회복지사는 위임받아서 아동보호시설이나 사법부에 신고해야 한다.

아동의 축하받아야 할 기적적인 영성

기적이란, 우리의 몸-마음-영혼-환경이 연결된 것에 대한 경험의 변형이라고 볼 수 있다. 이러한 정의라면, 많은 아동들은 세계와 함께 일체감의 상태를 주기적으

사례연구 11-1

가정에서 종교적이고 영적인 학대로부터 변화된 사례

한 어머니로부터 어린이보호시설에 전화가 걸려 왔다. 그녀는 세 자녀가 있고, 둘째 딸에게 신경을 쓰던 중에 허락 없이 둘째 딸의 일기장을 들쳐보다가 자살하고 싶다는 생각이 적혀있는 것을 보았다. 사회복지사는 모든 가족이 치료에 참여하도록 요구했다. 가족들이 문제가 있는 것이 아니라 딸에게만 문제가 있을 뿐이라며 성의 없이 말한 아버지가 화요일 저녁 가족회의에 참석하였다. 이 모임을 통해 사회복지사는 가족들의 자세한 사항들을 알게 되었다. 큰 딸 데비(19세)는 알코올과 코카인 문제에 몰두해 있고, 둘째인 수지(17세)는 거식증으로 발전할 위험에 처해진 상태였으며, 막내인 빌리(14세)는 우울증과 불안에 시달리고 있었다.

사회복지사는 아버지가 보수적이며, 자녀들이 OOO교회에 나가길 원하는 것에 대하여 관심이 없었다. 불행하게도 아버지는 아내에게 가끔씩 언어폭력과 신체학대를 가했다. 그가 다니는 OOO교회에서 들은 설교를 자신의 입장에서만 설명하기를 "남편이 하는 일에 아내가 순종하기를 원하는 하느님을 믿는다"며 이기적으로 말했다. 그는 비록 아내가 집 밖에서 일을 하는 것이 허락되지 않지만 집 안에서 가장 중요한 일은 남편과 자녀를 돌보는 것이라면서 더욱 더 자신을 정당화하였다. 그의 아내는 남편의 증가하는 위협과 학대에 더 이상 순응하지 않기로 하였다.

아버지는 수지의 방에서 입증되지 않은 진화론에 관한 책을 발견하였을 때, 수지를 때리고 땅 바닥에 내동댕이쳤다. 사회복지사는 몇 년 전부터 속죄양처럼 지내 온 수지를 비롯하여 가족 모두가 위험에 처해 있음을 감지하였다. 위험에 처한 수지에게 자살충동이 있다는 것을 알게 된 사회복지사는 즉시 수지에게 다른 사람이나 치료사와 상담하겠다는 동의를 받아냈다.

사회복지사는 이 가족을 치유하려면, 엄마의 지위를 회복하는 것이 무엇보다 급선무라고 생각했다. 사회복지사는 수지의 아버지에게 가족치료가 필요하다는 생각을 제안하며 말하길 "당신의 가족을 잘 돌보고, 가족치료 모임에 참여해 주시고, 자녀들을 종교적으로 잘 교육시키려는 노력에 매우 감사드립니다." "당신은 고된 일을 하고 와서 힘들어 보입니다." 수지의 아버지는 사회복지사가 자신의 종교에 적개심이 없다는 걸 알고서 안심이 되었고 마음이 놓았다. 그들의 동의하에, 사회복지사는 부부와 사회복지사가 알고 있는 OOO교회 목사와 만남을 가졌다. 그들은 OOO교회 목사와 아내는 남편과 동등하다는 것을 남편에게 어떻게 설명하고 강권해야 할 것인가를 두고서 심도 있게 토론을 하였다.

몇 개월 후, 사회복지사는 가족 구성원들의 정신적, 정서적, 영적인 상태를 잘 알고 난 후에 그들에게 많은 도움을 주었다. 아버지가 마음의 문을 여니까, 아내의 진실을 포함한 가족 각자들로부터 들려오는 진실의 소리를 들을 수 있게 되었다. 아버지는 데비를 약물치유센터에 보내려고 노력하기 시작하였다. 사회복지사는 빌리와도 뜻 깊은 시간을 함께 보내라고 요청하였다. 아버지는 빌리가 더없이 영적으로 무관심한 상태에 있음을 느낄 수 있었다. 그들은 매 주마다 더 많은 시간을 갖기로 했다.

로 경험하면서 기적적인 삶을 살고 있다고 볼 수 있다. 유아는 몸과 영과 환경을 알아차리는 것 같고, 마음이 자신을 지배하지 못한 이래로, 유아의 전인격적 의식은 인격적 의식의 마음을 지배할 수 없다. 유년기 상태가 되면 바뀌어서 아동들은 몸과 마음, 영혼과 환경이 연계된 마술적인 힘이 대부분 성인들은 가능하다고 생각하지 못할 방향으로 영향을 주는 것을 느낄 수 있다. 어린이들에게 인생은 거의 고통이 없는 것이 아니라 가끔은 신비스러운 일도 일어난다.

여하튼, 성인들은 많은 어린이들이 자연스럽게 느끼는 마술적인 관계와 그들 대부분이 뛰어난 물리학자들이라는 것을 믿고 있다. 최근에 양자역학에서 나온 끈이론String Theory*과 "M이론"**이 인기가 있다. 예를 들어, 의식과 물질 사이에는 깊은 관련이 있을 것이라고 유추하고 있다. 실제로, 몇몇 물리학자들은 지금도 의식은 물질에 영향을 줄 뿐만 아니라 물질을 창조하기 까지도 한다고 생각하고 있다. 아마도 모든 어린이들은 모든 것 사이의 관계의 느낌을 통하여 지식의 직관적인 인식방법을 지니고 있을 것이다.

사회복지사는 아동들이 열린 감각과 경이로움, 신비함과 경외의 감각을 잃지 않고서 자신과 이웃, 생명체들, 그리고 생태계를 돌보는 데 균형이 잡힌 헌신과 자아훈련, 종교적인 자아를 지닌 성숙한 기능이 발달할 수 있도록 도움을 주어야 한다.

사춘기가 되면 신비, 경이로움 같은 영적인 표현을 할 기회가 오더라도 표현을 자제하게 된다. 이것은 동료의 압박이 보편적으로 어린이 같은 열심문자적으로 "신으로부터 영감을 받은" 의미다을 저하시키기 때문이다. 청소년기가 되면서 십대들이 어린 시절의 자연

---

* 끈 이론(string theory): 세상을 이루고 있는 기본 단위를 점 입자가 아니라 공간을 점유하는 '진동하는 끈'으로 이루어져 있다고 보는 물리학의 이론이다. – 역자 주

** M이론: 우주가 하나의 막처럼 생겼다는 우주론으로 우리가 사는 우주는 여러 개의 막으로 구성된 우주 중 하나이고 옆에는 결코 갈 수 없는 여러 개의 평행우주가 존재한다고 본다. – 역자 주

스러운 영성을 숨기는 것은 부분적으로 필요하다. 그들이 열심을 잃은 후에 많은 십대와 어른들은 알코올과 약물을 사용할 때, 그들의 어린아이 같은 영적인 본성을 오직 기분이 좋은 느낌만 찾으려는 데 사용한다. 실천가들의 가장 중요한 과제는 사춘기 아동들의 전인격적 의식과 인격적 의식을 접근시켜 성인기에 들어가도록 준비시키기 위해서 성숙한 영적인 본성을 유지하도록 돕는 것이다(〈표 11-1〉 참조).

대부분의 아동과 청소년들은 인격적 자아로의 발달이 아직 안되었기에 초인적 의식transpersonal consciousness에 도달하지 못한 상태이다. 어찌됐든 모든 아동과 청소년들은 영적인 존재이므로 변형의 방법들을 통하여 많은 이익을 얻게 될 것이다(제7장에서 서술한 것처럼).

몇몇 실천가들은 종교적이고 영적인 교육의 두 국면을 조합, 선택해서 과정을 개발할 수 있다. 종교교육의 역사적인 배경과 문화적인 전망 및 이웃과 개인의 신비스러운 영적인 체험을 다루는 수업은 교육의 으뜸이 되는 요소들이다. 이러한 수업은 아동, 젊은이와 성인들을 위해서 계획된 것이다.

실례로, 이러한 학습은 일상에서 일어나는 신비스러운 체험에 초점을 맞추어 계획되었다. 이러한 수업의 구체적인 내용, 즉 흥미 있는 분야의 일부 혹은 전체와 실습 내용은 〈표 11-3〉에 묘사되어 있다. 배경 부분은 종교적인 교육의 기회를 제공하는 것이며, 활동 부분은 영성교육의 기회를 부여하는 것이다. 이러한 영역과 실습은 각 집단별로 필요에 따라서 알맞게 수정하여 진행할 수 있다.

가족 강점의 자원이 되는 영성

사회복지사는 불완전 고용, 억압, 인종차별, 빈곤, 무주택, 기아, 가족학대, 법률

표 11-3 클래스 콘텐츠의 개요: 기적 속으로 들어가기

과거 · 현재 · 미래의 기적들 (5집단)	마음 · 몸 · 영혼의 기적과 나와 글로벌 가족과 공동체의 기적들(5집단)
I. 기적이란 무엇인가? **배경** 1. 기적이 무엇인가를 이야기와 은유를 사용해서 요약하라. 2. 다른 종교의 기적에 관해 묘사하라. **활동** 1. 학생들 각자가 이 클래스에서 원하는 것이 무엇인지 묘사하라. 2. 학생들 각자에게 무엇이 기적적인가를 묘사하라. **II. 어린 시절의 기적** **배경** 1. 어린 시절 기적과 관련된 말들을 멀티미디어 프로그램과 삽화를 사용해서 묘사하라. **활동** 1. 어린 시절에 기적적인 것을 경험했다면 그 때의 사건을 상기하라. 2. 그(기적) 사건을 그림으로 그려보라. 3. 그린 그림을 동료나 클래스에 보여주라(공유). **III. 청소년기의 기적** **배경** 1. 청소년 때의 기적이란 무엇인가를 문자적으로 멀티미디어를 사용한 삽화로 묘사하라. **활동** 1. 당신은 청소년기 때, 기적적인 변화를 느껴보았는가? 2. 학생들이 기적적인 청춘기의 경험을 생각해내도록 이미지로 안내하라. **IV. 성인기의 기적** **배경** 1. 성인의 삶에서 멀티미디어로 설명된 기적에 관해 관련된 적절한 문헌을 기술하라. **활동** 1. 학생 토의: 이번 주에 기적이 일어난다면 당신은 무엇을 원하는가? 2. 소그룹: 최근의 삶 속에서 나에게 커다란 기적적인 일은 무엇이었는가를 묘사하라. **V. 나의 미래에 있어서 기적(자아)** **배경** 1. 기적과 관련된 문헌을 기술하라. **활동** 1. 학생들끼리 각자 미래에 바라는 기적들은 무엇인지를 토의하라. 2. 진로를 평가하고 중간 코스를 수정하라.	**VI. 신체와 연관된 기적들** **배경** 1. 최근 신체의 건강과 치유기적에 관한 문헌의 흐름을 기술하라. **활동** 1. 신체 건강을 이루는 과정에 관해 클래스에서 논의하라. 2. 학생들에게 그들 삶의 현장에서 신체치유의 사례를 들어보라. **VII. 마음의 기적** **배경** 1. 학생들에게 마음과 치유에 관한 문헌을 기술하도록 하라. **활동** 1. 학생들에게 어떻게 마음이 고통을 일으키는가에 대해 토론하게 하라. 2. 학생들에게 어떻게 마음이 기적을 일으키는가에 대해 토의하게 하라. **VIII. 영(spirit)의 기적** **배경** 1. 영적인 치유의 기적에 관한 문헌을 기술하라. **활동** 1. 학생들에게 대부분의 종교적 전통 속에 나오는 기적의 목적에 관해 토론하게 하라. 2. 학생들에게 그들 자신의 삶 속에 일어날 수 있는 기적의 목적에 관해 토론하도록 하라. **IX. 지역과 글로벌 가족과 공동체 안의 기적** **배경** 1. 가족과 공동체 안의 기적과 연관된 문헌을 기술하라. **활동** 1. 학생들에게 가족이나 공동체 안에서 일어나기를 바라는 기적들에 관해 글로 기록하게 하라. 2. 학생들이 희망하는 기적에 관해 서로 읽고 공통 주제를 찾게 하라. **X. 나의 미래의 기적들 나누기(세계)** **배경** 1. 학생들에게 개인, 집단, 글로벌 가족의 기적들을 공동창조하도록 하라. 2. 학생들에게 이러한 기적들을 지탱해 주는 의식(들)을 공동창조하도록 하라. 3. 평가와 마침

문제, 저임금 등과 다른 요인들로 인해서 상상하기 어려운 문제를 지닌 가족들을 돌보고 있다. 이러한 가족이 있다면, 사회복지사는 가족구성원들에게 종교와 신앙과 의식들을 확인시켜 주고 이를 통하여 강해지도록 원조해야 한다. 사회복지사는 힘들 때, 강점을 이끌어내는 종교적인 문화나 가족들을 알고 있다. 사회복지사는 이러한 전통 위에서 자신의 실천활동을 새롭게 수립해나가야 할 것이다. 만약 사회복지사가 클라이언트나 가족보다 신앙이 부족하거나, 그들이 갖고 있는 종교가 배타적일지라도 가족이 갖고 있는 신앙과 의식을 존경심과 관심을 지니고 경청하고 배워야 한다.

이러한 강점의 원천인 종교적이고 영적인 힘은 개인과 가정을 회복시키는 데 일조하는 것으로 보여진다. 사회복지사는 가족의 전통을 이해할 수 있도록 가족의 종교적, 영성적인 역사를 완전히 알아야 한다. 사회복지사는 가족들에게 신앙이 고통, 믿음, 인생의 모험에 관하여 어떻게 가르치고 있는가를 물어보아야 한다. 만일 신을 믿는다면, 고통 가운데서도 그들이 믿는 신에게 편안한 느낌을 갖고 있는가를 함께 알아보고 그들이 더욱 편한 느낌을 가지려면 무엇이 필요한가를 함께 조사해 보아야 한다.

성극 Sacred play

극劇의 흥미와 자발성이 영적인 변화를 일으킨다면, 어떠한 연극이라도 성극이라 할 수 있다. 사람들은 가끔 자신이 좋아하는 일에는 최선을 다한다. 그리고 어린이들의 연극능력은 감정과 사고 그리고 존재의 새로운 길을 실험하도록 사람들에게 힘을 준다. 연극은 사람들에게 새로운 역할을 시도할 수 있도록 기회를 부여하거나 다양한 계층의 사람들에게 영향을 주기도 한다. 그리고 바뀐 환경에서 연극을 해보라. 예를 들어, 대부분의 어린이들은 신비스러움을 접하게 되고 자연계의 치유능력을 가져오는 야외 연극을 좋아하는 것 같다.

영적인 관점에서 연극은 자유를 의미한다. 성극에서는 영적인 자유가 요구되고 영적인 자유를 창조해야 한다. 어린이가 자연스레 자신의 흥미로운 것을 자유롭게 허용할 때, 연극은 영혼과 창조적 영성의 표현이 있어야 한다. 사회복지사는 많은 어린이들이 보편적으로 창조적인 연극에 참가하지 않는다는 것에 관심을 가져야 한다. 소수의 주제들로 연극이 제한되어 있다면, 성장과 변화가 나타나지 않을 것이다.

예를 들어, 미국의 어느 가정을 방문하면, 어린 남자어린이들이 장난감과 전자장치를 이용해서 전쟁놀이를 하고, 여자아이들은 전자게임을 하거나 장난감을 이용해서 데이트 놀이를 하고 아름다움과 엄마역할을 하는 것을 쉽게 볼 수 있을 것이다. 이러한 게임은 창의성을 제한할 뿐만 아니라 소년과 소녀라는 성性 중심적인 지향에 치우치게 되어 놀이에 그들의 영혼을 담기에는 좁은 상자처럼 작아지게 만들 것이다.

용사勇士와 어머니가 필요한 사회지만, 용사와 어머니에 관해서 매우 협소하게 정의하고 있다. 오늘날의 용사는 "나쁜 사람"들과 싸우는 "좋은 사람"으로서, 용사는 자기의 변화와 다양한 공동체의 발전을 위해 싸우는 남성과 여성 사이에서 용기 있는 것으로 사용되고 있다. 오늘날의 어머니는 흔히 어린이와 청소년기 아이들을 양육하고 돌보는 존재로 생각되며, 또한 어머니 역할은 모든 생명체의 최고선을 염려하는 남성과 여성 모두에 대해서 "여성스러운" 표현으로 사용되고 있다.

영적인 변형 집단

영적인 관점에서 바라보자면, 오늘날의 많은 아동과 청소년들은 홀로 멀고도 먼 영적인 여행을 하고 있다. 대부분의 젊은이들은 안전한 탐험과 체험과 영성을 다른 사람들과 나누는 공동체에 속하기를 꺼린다. 가끔 젊은이들은 성인들과 함께 상호작용하거나 성인으로부터 지원받지 않고서 삶을 변화시켜 나가야만 할 필요가 있다. 이러한 어린이와 청소년기의 삶의 과도기는 성장과 변화의 기회를 부여하곤 한

표 11-4 아동·청소년·가족과 함께하는 영적인 변형

아동기와 청소년기의 중요한 변화	영적인 변형 집단
출생을 통해 물질세계에 들어가기	**형제집단** 아동 중심 집단에서 새로운 아기의 형제들은 가족들이 새로운 아기를 가지는 것에 대한 영적인 차원을 조사한다. 이 집단은 영적인 의미와 "단지 어린이"부터 "나이든 어린이"를 위한 변화에 이용할 수 있는 기회에 초점을 맞춘다. 실천가는 연령이 비슷한 범주의 집단원들을 모아야 한다. 10세보다 어린 형제들을 위한 내용은 활동에 초점이 맞춰지며, 아동들의 정서와 영적인 경험을 표현하도록 돕기 위해서 이야기, 꼭두각시 인형, 필름, 그림과 다른 매체의 이용할 수 있다. 나이든 아동과 청소년들은 아마도 말로 그러한 화제에 대해서 다룰 수 있을 것이다. (1) 출생 이후 나는 무엇을 얻거나 잃었는가, (2) 잃거나 얻은 것으로부터 온 영적인 선물은? (3) 이 가족의 일원으로서 어떻게 자기 자신의 가치를 재발견하는가 **부모와 다른 보호자(caretaker) 집단** 보호자들은 아동 출산의 영적인 차원을 조사한다. 부모집단은 초기에는 임신 기간 동안 매주 만날 수 있고, 그 다음 양육단계에 따라 아이들이 아동기와 청소년기의 여러 가지 단계를 통하여 이동하고 성인 아이들이 되어감에 따라서 자주 혹은 서서히 만날 수 있다. 참가자들이 영적인 수업과 도전, 양육에 대한 보상을 논의할 때, "열린 화제" 만남을 가질 수 있다. 만남은 구조화할 때, 포함되어야 할 화제들은 (1) 각 참여자들에게 있어서 양육의 영적인 의미와 목적은 무엇인가? (2) 그들 자신의 아동기에 대한 영적인 여정을 재경험하기, (3) 미래에 대한 희망과 두려움 조사

취학 전의 말과 사회적 세계 들어가기	**취학 전의 아동집단** 미취학 아동 중심 집단에서는 집을 떠나 학교에 다닐 때, 아동들이 경험하는 고통과 기쁨에 초점을 맞춘다. 또한 아동들의 사회적인 의사소통과 상호작용 능력의 성장을 위한 영적인 기회들을 조사해야 한다. 아동들은 전형적으로 대략 5살이나 6살이므로 만남은 자연이 걷는 것과 같은 활동, 예술프로젝트, 움직임 운동과 집단게임으로 구성할 수 있다.
사춘기, 중고등학교 들어가기	**소녀집단** 소녀 중심 집단에서는 소녀들과 그들의 어머니들(그리고 다른 보호자들)을 만나서 사춘기 변화의 영적인 차원을 조사해야 한다. 주간 화제에 포함할 수 있는 내용으로는 (1) 각 참여자에게 있어서 영성의 의미는 무엇인가, (2) 각 참가자에게 있어서 청소년기의 영적인 "목적"은 무엇인가, (3) 신성한 성(sexuality), (4) 의식(儀式)의 공동창조, (5) 우정의 영적인 차원, (6) 영적 그리고 종교적인 다양성에 대한 대화활동, (7) 집단원들의 지성 촉진, 그리고 (8) 서비스 프로젝트 계획하기 **소년집단** 소년집단은 소녀집단과 유사한 구조와 내용을 가진다. 소년들과 그들의 아버지들(그리고 다른 보호자들)이 참가자이다.
성인기, 집을 떠나기	**젊은 성인집단** 성인 아동들은 다른 사람들의 영적인 발달과 다른 사람들을 위한 서비스를 촉진할 목적으로 만난다. 이 만남에 포함되는 화제는 (1) 각 참여자들의 성인기의 영적인 목적과 의미는 무엇인가, (2) 아동기를 상실한 것을 슬퍼하고 그 영적인 의미를 재방문하기, (3) 개인적 그리고 집단적으로 미래에 대한 꿈 탐색하기

다. 영적으로 변형된 집단의 몇 사례를 정선한 내용이 〈표 11-4〉에 묘사되어 있다.

| 연구 질문 |

1. 당신이 자신의 유년기와 청소년기를 돌이켜 볼 때, 어떤 종류의 종교와 영적인 교육을 받았는지 검토해보라. 당신의 종교와 영적인 교육이 도움이 되었거나 혹은 당신의 영적인 발달에 도움이 되지 않았다면 그 방법을 기술하라.

2. 당신이 성장하고 있었을 때, 당신의 가족의 기원, 종교, 그리고 다른 공동체들이 종교성과 영성을 다루었던 방법을 돌이켜보라. 당신이 만일 가족, 종교, 공동체를 이끈다면 무엇을 바꾸겠는가?

3. 당신이 영적 또는 종교적인 학대를 경험하거나 목격했다면 어떻게 하겠는가? 그런 학대의 원인과 충격은 무엇이었는가?

4. 당신은 기적에 대해서 어떻게 생각하는가? 당신의 삶에서 기적에 대한 개인적인 감각을 가지고 있는가? 당신은 왜 그런 방법으로 느낀다고 생각하는가? 당신이 삶에서 기적적인 것에 접근하는 방법에 대하여 바뀌기 원하는 것은 무엇인가?

5. 당신의 유년기와 청소년기의 영적인 변화 가운데 당신에게 가장 중요했던 것은 무엇인가? 설명하라.

자료

Coles, R. (1990). *The spiritual life of children*. Boston: Houghton Mifflin.
    This book describes the author's pioneering research into the spirituality of young people.
Walsh, F. (Ed.). (1999). *spiritual resources in family therapy*. New York: Guilford Press.
    This book includes a series of chapters on interesting topics related to spirituality and family therapy.

CHAPTER 12

성인 및 노인과 함께하는 영적인 지향의 실천

영적인 관점에서 보면, 성인기의 목적은 신체적, 정서적, 인지적, 사회적, 영적인 다양한 요소들이 일생 동안 서로 밀접한 관련 속에서 끊임없이 다차원의 성숙이 발달하도록 영혼의 시간을 부여하는 것이다. 지금까지 모든 사람들은 몸-마음-환경적 존재로 인식해 왔을지라도, 성인의 성숙은 몸-마음-영혼-환경을 모든 삶의 단계마다 연결, 수행하는 과정으로 바라보아야 한다.

다차원적으로 성숙한 발달은 개인의 변형과 밀접한 관계가 있다. 성숙해져가는 성인은 발달적인 차원에 대해서 인식하고 전체를 점점 받아들이므로 자신의 개인적인 발달 요소들에 점차로 접근해 갈 수 있다.

이것은 그녀가 발달의 차원에 대하여 알고 받아들인다는 것을 의미한다. 덧붙이면, 그녀는 자신의 자아를 위해 지극히 좋은 것을 위한 통합성과 전체성의 부분들을 점점 더 사용하는데, 그 의미는 그녀의 마음과 정신, 몸과 영혼이 어떻게 살아야 할 것인가에 대하여 알맞은 것을 찾을 수 있도록 하는 데 있다.

다차원적으로 성숙한 발달은 또한 집단의 변화들과 밀접한 관계가 있다. 공동체 안에서 성숙을 조장함으로써 그들이 속해 있는 공동체를 영적이며, 보편적인 다양성의 공동체로 점차적으로 변화시킬 수 있다. 성숙한 성인은 꾸준히 발달하므로 그는 다른 사람, 생명체들, 생태체계의 웰빙에 대해서 보다 더 책임감을 가져야 한다는 것을 인식한다.

다차원적인 발달적 성숙에는 많은 잠재적인 삶의 장애물들이 있다. 영적인 관점에서 보자면, 사회복지사는 이러한 장애물들이 클라이언트가 성장하는 것을 배울 수 있는 좋은 기회가 된다는 시각으로 보아야 할 것이다. 예를 들어, 〈표 12-1〉에 열거한 것처럼, 인간의 발달에 있어 가족, 기관, 문화가 가끔 사회학적 성$_{gender}$과 연관된 제한들을 갖게 한다. 사회복지사는 이러한 장애들을 클라이언트들이 인식할 수 있도록 하고, 장애를 그들이 영적으로 성장할 수 있는 기회로 보게 하고, 영적인 성장은 그들의 생애에서 직면하는 어려움들을 극복해낼 수 있게 하는 것이라고 격려하며 용기를 주어야 할 것이다.

영적인 관점에서 바라보면, 오늘날 성인이 되는 발달 기대치는 매우 보수적이다. 그러한 예들을 성별로 제한된 사례를 〈표 12-1〉에 열거했다. 예를 들면, 부유하고 힘이 넘치는 동안에는 성인 남성은 단지 분노하고, 경쟁적이며, 자기중심적이고 흑백논리에 굳어진 사고를 하는 사람으로만 기대되곤 한다8세 정도에서 두드러지게 관찰할 수 있다. 유사하게, 아름답고 인기 있는 여성이 되길 바라는 동안에, 여성들은 아름다움, 인기, 슬픔, 상처받기 쉽다는 식으로 굳어진 생각을 하는 것으로만 기대한다거의 14세 여성에게서 관찰된다.

학자들의 논쟁에 따르면, "성공적인" 남성으로 성장하는 데는 약 8세 정도에 발달이 되고, "성공적인" 여성은 약 14세 정도에 발달이 이루어진다. 그렇게 되면 가족과 사회는 일반적으로 기뻐한다. 이것이 경쟁적이 되거나 화를 내는 것은 예를 들면, "나쁘다"거나 혹은 항상 "역기능적"인 것을 의미하는 것은 아니다. 또한 아름답거나 인기 있는 사람이 되기 위하여 나쁘다거나 늘 역기능적이 되라는 의미도 아니다. 이러한 제한들limitations의 문제는 그것들이 가끔 융통성이 없는 속박이 된다는 점이다. 그래서 각기 남성과 여성은 그들 자신의 영혼을 매우 작은 "상자" 안에서 발견할 수 있다.

영적 지향성을 지닌 사회복지사는 성인들과 함께 일할 때, 성인의 성숙에 대한 높은 수준의 지식을 가진 성인과 함께 성인 클라이언트들을 지도하는 것이 가끔은 필요하다. 남성과 여성의 발달적 성숙의 중요한 요소들은 〈표 12-1〉에 묘사되어 있다.

표 12-1 사회학적 성과 연관된 제한과 다차원적인 성숙한 발달의 요소

차 원	여성에 대한 제한	남성에 대한 제한	여성과 남성의 발달적 성숙의 요소
신체적	· 사춘기 후 신체가 나이 들지 않음 · 주름 없고 비만하지 않음	· 항상 씩씩함 · 대머리가 아님	· 신체를 수용함 · 몸을 경청하고 돌봄 · 영성 촉진에 몸을 사용
정서적	· 화를 내서는 안 됨 · 슬픔은 여성다움 · 상처받기 쉬운	· 슬픔을 느끼려 하지 않음 · 분노는 남성다움 · 쉽게 상처받지 않음	· 정서를 느끼고, 표현, 조절할 줄 앎 · 자아와 우주를 사랑하는 법을 배움 · 영성 향상에 마음을 사용
인지적	· 오직 흑백론적 사고 · 세련된 행동을 못함	· 오직 흑백론적 사고 · 항상 세련된 행동	· "회색" 사고와 초이성적 지혜를 통한 복잡성을 알게 됨 · 영성 향상에 마음을 사용
사회적	인기 있고 매력적인 여성과 견주어 미인대회에서 이기길 원함	· 부와 힘과 명성 · 남보다 나은 지위를 원함	· 홀로 혹은 타인과 함께할 줄 앎 · 영적인 봉사를 통해 향상됨 · 영성 향상에 관계를 활용
영 적	삶의 목표는 남편과 자녀를 섬기는 것	생의 목표는 남과의 경쟁에서 성공하는 데 있음	· 생의 목표는 영성발달과 영적 도움을 주는 데 있음 · 영성 향상에 영혼을 사용

희열에 넘치는 Ecstatic 상태

성인의 영적인 성숙의 목표는 희열에 넘치는 상태에서 나온 발달의 다섯 차원들이 서로 관계를 맺는 능력이다. 희열에 넘치는 상태는 성인의 몸, 정신, 마음 혹은 영을 바라보면서 명상에 잠기는 상태이다. 예를 들어, 성숙한 성인은 자신의 정서와 사고를 예민하게 느끼거나 혹은 이러한 정서와 사고들, 혹은 몸의 감각과 동일시하지 않고 몸을 관찰할 수 있는 능력이 있는 사람이다. 이러한 상태는 자아를 관찰하거나 초인적인 의식과 밀접한 관련을 가지고 있다(제7장 참조). 이러한 상태의 성인은 자신의 자아를 알 수 있고 수용, 사랑, 동정심을 지니고 우주를 인식할 수 있다.

신체적 성숙

영적인 관점으로 몸 바라보기

성숙한 성인은 자신의 몸을 신체적인 몸뿐만이 아닌 영적인 존재로 이해한다. 몸에 대한 비동일시는 신체와의 단절을 의미하는 것은 아니다. 성인은 관찰과 훈련, 그리고 희열의 상태에 몸을 내맡기는 법을 배움으로써 그의 몸과 더욱 연결될 수 있다. 어린이와 비교하면, 성인은 여전히 자신의 몸을 자연스럽게 생각하며, 모든 것이 불완전하며 질병을 앓을 수도 있다는 것을 알아야 한다. 성인은 영적인 존재로서 몸을 의식하므로 고통과 기쁨을 자유롭게 체험할 수 있다. 몸은 창조적인 영의 성스러운 소리라고 생각한다.

몸의 수용

성숙한 성인은 몸을 수용할 줄 아는 사람이다. 그러한 수용의 의미는 바라보는 방법, 몸의 강점과 한계, 그리고 질병을 앓을 수도 있음을 마음 편히 받아들이는 것을 말한다. 이는 몸을 돌보는 것과 건강하다는 것을 남에게 입증하려고 애쓰는 것을 의미하는 것이 아니라, 신체를 부끄러움에 기반한 관계보다 사랑에 기반을 둔 관계를 의미한다. 이러한 의미는 자신의 몸을 하찮게 여기거나 건강하다는 것을 남에게 입증하려고 애쓰는 것을 의미하지 않고 부끄러움에 기초한 관계보다는 사랑에 기반을 두고 몸과 관계를 유지하는 것을 의미한다. 사회복지사는 성인 클라이언트들에게 건강을 유지하기보다는 자기 원하는 대로 외모의 변화를 추구하는 것은 부끄러운 일이라는 것을 인식하도록 해야 한다.

몸에 대해 귀를 기울임과 응답

때때로 몸은 휴식이 필요하다. 성숙한 성인은 자신의 몸을 돌보기 위해서 적당한 영양 공급과 건강관리를 잘하면서 충분한 휴식을 취할 줄 안다. 이 시대의 사람들은 원래 기능을 회복하려고 가끔 완치할 수 없는데도 불구하고 약물치료를 하기도 한다. 그러나 요즘 완치라는 말을 거의 사용하지 않는다.

때때로 몸은 운동이 필요하다. 성숙한 어른은 그의 능력, 제한들, 필요사항에 알맞게 프로그램 된 대로 규칙적으로 운동하는 사람이다. 성인은 어떤 종류의 운동 프로그램이 건강관리에 가장 알맞은지를 결정하기 위해서 전문가와 상담을 한다. 그러한 프로그램에는 에어로빅 체조, 근력운동, 스트레칭 동작이 포함될 수 있을 것이다.

때때로 몸이 아플 수도 있다. 성숙한 성인은 부상이나 질병이 있어도 자신의 몸 혹은 신체질병 부위를 저주하지 않는다. 오히려 질병을 수용하고 질병의 고통을 통해서 의미를 찾으려고 노력하며, 병이 치유되도록 몸을 잘 보살핀다. 성숙한 성인은 아픔을 받아들이고 고통을 통해 의미를 찾으며, 자기를 사랑하기에 다른 사람에게 도움을 청해서라도 낫기를 바라는 사람이다.

몸의 훈련을 통하여 영을 표현하는 능력과 지혜

성숙한 성인은 신체적인 훈련을 통해서 영성을 표현할 줄 안다. 그러한 조절과 훈련은 확실하게 조직된 형태 안에서 실시해야 한다. 고전무용, 음악, 단식, 무도武道;태권도·유도·쿵푸 등, 혹은 요가 같은 것을 포함하여 전문가의 지도 아래 체계적으로 이루어져야 하며, 운동 의식들과 훈련, 혹은 다른 신체적인 훈련은 좀 더 개인적이고 자발적인 형태로 행해져야 한다. 이와 같은 몸의 훈련은 성인들에게 있어서 그의 몸뿐만 아니라 영혼을 돌볼 수 있는 기회의 표현이다. 이러한 표현들 안에서 개인적이고 사회적인 의미를 찾을 수 있다.

예를 들면, 한 여성이 무도를 배우려고 결심했다. 그녀의 영성 지향적인 상담자는 단순히 숙련된 무도만을 훈련시키거나 폭력을 행사하는 데 무도를 사용하도록 가르치는 것이 아니라 자신의 몸을 보호하거나 평화 유지에 훈련의 목적을 두고서 학생들을 훈련시킨다고 믿는 무도 선생님을 그녀에게 소개해 주었다.

훈련된 신체를 통하여 영성을 표현하는 또 다른 방법은 봉사를 실천하는 데 있다. 성숙한 성인은 몸을 사용하여 다른 사람에게 봉사한다. 예를 들면, 겨울에 이웃집의 도로에 쌓인 눈을 치워주거나, 노인이 물건을 나르는 데 도와주는 것이다.

몸의 포기와 기쁨을 통한 영을 표현하는 능력과 지혜

성숙한 사람은 자기 몸을 자유롭게 놓아주고 그것을 즐기면서 영을 표현할 수 있다. 성인이 게임을 할 때 그것이 스포츠게임, 컴퓨터게임, 혹은 카드게임이던 간에 요즈음 말로 우리는 그녀가 황홀경에 빠졌다는 것을 의미하는 "Zone 혹은 Flow" 상태*에 있다고 말할 수 있다. 좋은 음식을 먹을 때, 성 경험을 할 때, 아름다운 석양을 바라볼 때에 그녀는 황홀한 상태에서 기쁨을 체험하는 것을 의미하는, 의식의 전인적 수준이 이루어지고 있다고 초인주의자들transpersonalist은 말하고 있다.

정서적인 성숙

영적인 관점으로 마음 바라보기

성숙한 성인은 자신의 마음을 믿지 않는다. 이것은 더 이상 자신의 감정과 자신을 동일시하지 않는다는 것을 의미한다. 그 대신에 그는 마음과 함께 살고 있는 영적인 존재로서 자신을 바라본다. 인간은 경험할 수 있는 자유가 있고 황홀한 상태의 정서를 표현할 수도 있다. 그는 마음을 창의적 영성의 성스러운 음성이라고 생각한다.

---

* Zone 혹은 Flow: Zone 현상은 극도로 집중하는 순간을 말하는데, 인간이 극도로 집중을 하게 되면, 소리도 들리지 않고 색이 사라지게 되고, 모든 것이 슬로우 모션으로 보이는 것 같아지며, 그 집중력으로 인하여 불가능한 일이 가능해질 수 있는 상태를 말한다. 그리고 완벽하게 어떤 상황이나 생각 등에 몰입해 있는 상태를 심리학에서는 Flow 상태라고 한다. Wikipedia에 소개된 Flow에 대한 정의는 다음과 같다. "Flow is the mental state of operation in which the person is fully immersed in what he or she is doing, characterized by a feeling of energized focus, full involvement, and success in the process of the activity."(출처: Wikipedia) - 역자 주

모든 정서의 수용

성숙한 성인은 그의 정서를 편안하게 대하고 존중할 줄 안다. 그는 희로애락과 같은 모든 정서들은 자신과 그의 세계와 창조적 영성을 더욱 알게 해주는 교사로 이해한다. 그는 질병이 걸렸을 때, 단순히 병의 신호로 바라보기보다는 영의 표현으로 그의 정서를 느낀다.

성인은 때때로 두려움, 분노와 슬픔 같은 매우 불편한 정서를 경험할 수 있다는 것을 알아야 한다. 다른 때에는 기쁨과 이완 같은 매우 유쾌한 정서들도 경험할 것이라는 것을 알아야 한다. 그는 이 모든 정서들을, 즉 편안하고 희열에 넘치는 상태로부터 불쾌한 정서들을 모두 경험하려고 노력하며, 기쁠 때나 고통스러울 때, 하느님이 곁에서 함께하심을 믿는다.

정서를 현명하게 표현하기

성숙한 성인은 특정한 상황에서 자신의 정서를 조절할 줄 알며, 다른 상황에서는 자신의 정서를 자발적으로 표현하는 것이 최선이라는 것을 자각하는 사람이다. 예를 들어, 남편으로부터 상습적으로 폭력을 당하는 여인이 있다. 그녀는 학대를 멈추려는 동기와 활력이 필요했지만 분노감에 얽매여 있었다. 학대상황에서 벗어나서 몇 년이 지났지만 분노를 떨쳐버릴 수가 없었다. 그렇게 지내던 어느 날, 그녀는 분노로부터 벗어나기로 결심했다. 왜냐하면 새로운 관계를 시작하려고 노력하는 그녀는 더 이상 분노에 얽매여서는 안 된다고 느꼈기 때문이다. 성숙한 사람은 언제, 어떻게 자신의 정서를 표현해야 하는가를 아는 지혜를 발달시키는 사람이다.

사랑의 마음을 보여줌으로 영성 표현하기

성숙한 성인은 다른 사람, 생명체, 그리고 세계를 사랑할 뿐만 아니라 사랑을 보여주는 사람이다. 성숙은 사랑, 동정, 용서하는 마음의 발달을 수반한다. 영적인 입장에서 바라보면, 이러한 마음은 창조적인 영성을 표현하는 것이다. 성숙한 성인은 또한 다른 사람들, 특별히 고통 받고 있는 사람들에게 사랑, 동정, 용서하는 느낌들로 훈련된 마음을 지니고 다른 사람, 생명체들, 그리고 생태계를 섬길 수 있다.

인지적인 성숙

영적인 관점으로 마음 바라보기

성숙한 성인은 의식의 희열상태에서 온 마음과 자신의 마음을 비동일시 할 줄 안다. 그는 배우고 성장할 수 있는 기회가 주어지면 마음껏 활용할 줄 알며, 자유롭게 인식할 수 있다. 그는 그러한 마음을 창조적 영성의 성스러운 소리로서 바라본다.

사고 수용하기

성숙한 성인은 그가 갖고 있는 모든 사고를 편안하게 받아들인다. 그가 자신의 사고를 알더라도, 그러한 정서들이 자신을 지배하여 조절하도록 내버려 두지 않고 자신의 정서를 조절할 수 있다. 그는 불편한 정서를 정신질환의 징후로 여기기보다는 영혼의 메시지로서 그의 생각들에 관하여 고려할 것이다.

믿음

우리가 우주의 본성을 이해하지 못하더라도, 성숙한 성인은 우주는 우리에게 친숙하고 최고선의 영향을 미친다고 믿는다. 성인은 두려움과 불안한 생각을 거부한다. 왜냐하면 세상이 불친절하게 자신에게만 해를 끼치기를 바라지 않기 때문이다. 성인은 세상에서 무서운 고통이 닥쳐오는 것을 거부하지 않고, 오히려 고통으로부터 구해 달라고 기도하며, 또한 이러한 모든 고통들이 자신을 영적인 성장으로 인도해 줄 것이라고 믿기 때문이다.

지성을 통하여 영을 표현하는 능력

성숙한 성인은 사고와 이야기로 창조적인 영을 표현하려고 노력한다. 그는 자신과 남들에게 판단, 비난, 적개심을 갖거나, 파괴적인 사고와 이야기를 피하려고 노력한다. 대신에 사랑, 용서, 동정심을 촉진하고, 자신과 남들에게 치유하는 생각들과 이야기를 사용한다. 그는 삶에 대해서 감사하는 태도를 가지려고 노력한다.

사회적인 성숙

창조적인 영의 성스러운 체험으로 사람들과 생명체, 생태계 바라보기

성숙한 성인은 다우주의 모든 존재들과 자유롭게 관계를 맺기 위해서 다른 사람들, 생명체들, 생태계와의 관계에서 비동일시 할 줄 안다. 그는 더 이상 친구, 가족,

종족, 국가에 대해서 연연해하지 않고, 어린이처럼 모든 존재들의 신성함을 존중하는 심오한 감각을 지닌다.

고통에 반응하기보다 무반응하며 살아가는 능력

성숙한 성인은 다른 사람, 생명체, 혹 생태체계가 고통에 처했을 때, 처음부터 어떻게 대처해야 할 것인지를 잘 아는 사람이다. 그는 그의 처음 반응에 대해서 고통이 돌아오거나 마음 깊이 상처를 받을 수도 있다는 것을 잘 알고 있다. 그는 고통에 대한 놀라움과 분노의 감정을 갖기보다는 반응하지 않음으로서 nonreaction 고통당하는 사람들과 함께 아파하고 슬퍼할 줄 아는 자이다. 무반응은 사회적인 문제에 관심이 없다거나 문제해결을 위해 나서지 않는다는 것을 의미하는 것이 아니라 다른 사람이나 생명체들, 생태체계를 향한 사려 깊은 행동으로 침착하게 문제를 인식하고 있는 상태를 말한다.

명상 시간

성숙한 성인은 영적인 실천 중에도 규칙적으로 명상의 시간을 갖는다. 그와 같은 실천은 홀로 또는 사회적종교적 환경에서 선택할 수 있다. 성인이 명상을 할 때, 홀로 있을 수 있다는 것은 깊은 자아 deepest self를 두려워하지 않고 내면의 세계를 인식할 수 있도록 자유로울 수 있다는 것이다.

순결

    성숙한 성인은 다른 사람, 생명체들, 살아있는 모든 삶을 공급하는 생태계와 서로 관계를 유지할 때, 순수한 동기로 행동하려고 노력한다. 몸, 마음, 영 모두가 같은 동기와 같은 의향으로 함께 하나가 될 때 순수한 동기가 일어난다. 그런 사람은 자기 안에 다른 동기들이예를 들면, 명성, 행운, 권력을 갈망하는 동기들 겉으로 일어났다가 조용히 사라지는 것을 알아챌 수 있다.

영적인 성숙

영적인 관점에서 본 의식 발달

    성숙한 어른은 자신의 의식 수준과 동일시하지 않으며, 의식의 황홀상태로부터 그의 영적인 발달이 점점 증가하고 있다고 여긴다. 그런 어른은 영적 혹은 종교적인 성취, 믿음, 그리고 행동을 통하여 자신의 자아를 과장하므로 부끄러워 하거나 부족하다는 느낌을 보충하려 들지 않는다. 대신에, 모든 경험을 자기의 부끄러움을 고칠 수 있거나 자기 자신을 좀 더 사랑하는 기회로 생각한다.

관계의 감각 계발 Cultivating a Sence of Connection

    성인은 또한 다우주 안에 있는 모든 존재들과 관계의 감각 증진을 촉진한다. 성인은 다른 사람들과 단지 비슷한 것이 아니라 모든 사람들과 보편적인 동일성을 공유한다는 느낌을 갖는다. 유사하게 성인은 다른 생명과 삶을 지지하는 것들과 관계되어 있음을 느낀다. 이러한 관계의 감각을 깊게 느낄 때, 동정심과 사랑, 그리고 용서를 촉진하는 데 도움을 줄 수 있다.

몸-마음-영의 평화 계발

성숙한 성인은 삶 속에서 점점 더 평화의 감각을 경험한다. 그러한 평화는 몸, 마음, 영 사이에 내면적 충돌이 없을 뿐만 아니라 평정, 고요, 황홀의 상태를 의미한다. 그러한 내면적 평화는 지구상에서 국가들, 종교들, 그리고 사람들 사이에 창조적으로 협력하기를 원하는 수많은 사람들의 깊은 평화와 관련이 있다.

영혼Soul을 통한 영Spirit을 표현하는 능력

성숙한 성인은 영적인 일을 할지라도 창조적인 영을 표현하려고 노력한다. 그는 몸-마음-영이 이미 "충분히 좋다"고 믿기에 더 낫게 혹은 다른 사람, 생활 혹은 삶에 필요한 것 이상으로 더욱 특별하게 꾸밀 필요가 없다고 믿는다. 그러나 그는 영적으로 성장할 수 있는 기회들을 찾는 것을 결코 포기하지 않는다.

성인의 성숙을 지지하는 실천

통합적인 전략

성인의 발달과업에 있어서 효과적으로 영성을 지향하는 사회복지사는 제1장에서 제10장에 있는 영적인 변화의 7가지 이론적인 패러다임을 중재에 활용하면 매우 효과적일 것이다. 이론적인 패러다임에 따른 중재의 사례들 하나하나가 아래에 제시되어 있다.

영적인 힘 momentum

성인발달의 변화는 클라이언트가 믿음의 위기를 갖고 있는 동안에는 외로운 여행을 할 수 있다. 믿음의 위기에 처했을 때, 클라이언트는 왜 이러한 고통을 겪어야만 하는가를 생각하며, 고통 대신에 성장하기를 멈추고 익숙하고 안전한 선택을 하고 싶은 유혹을 받을 수 있다.

가끔 커다란 관점인 영적 견해는 클라이언트의 발달과정에서 그의 신앙을 굳건하게 해주는 데 도움을 줄 수 있다. 사회복지사는 클라이언트에게 한 평생을 살아오면서 가장 중요한 삶의 변화들이 무엇이었는가를 물어보라. 클라이언트는 이 작업에서, 최근의 도전들이 자신의 삶에 커다란 이슈로 부각되는 것을 좀 더 알 수 있을 것이다. 유사하게 사회복지사는 클라이언트에게 세대 간 가족들과의 관계에서 일생 중 가장 중요한 삶의 변화는 무엇이었는가를 상상하도록 요구할 수 있다. 이러한 작업은 클라이언트가 다르고, 크고, 깊은 영적 견해로, 그녀 자신의 삶에 대한

> **사례연구 12-1**
> **성숙 촉진을 위한 영적인 힘 사용하기**
>
> 기분저하증과 불안을 지닌 30대의 남자가 6개월 전부터 사회복지사의 도움을 받고 있다. 상담을 통해서 그는 사회의 유행을 좇는 것에 최우선의 목적을 두고 있다는 것을 알게 되었다. 그는 예전에는 좋았던 친구와의 우정이 사라진 것에 대해 불평을 했다. 첫 회기에 사회복지사는 내담자에게 상상의 여행을 하도록 했다. 그는 첫 번째로 그의 부모와 조부모들이 성인기 삶에서 성취한 변화를 살펴보게 했다. 그 때에 그는 자신만이 자기의 삶을 변화시킬 수 있다고 보았다. 그는 가족 구성원들에게 그것은 매우 중요하다는 것을 알았다. 궁극적으로는 사회에서 인기 있는 것을 성취하는 것보다는 직업과 반려자를 구하는 것이 삶의 목적이라는 것을 알았다. 이러한 견해에서 클라이언트는 뱀이 허물을 벗어야 새로운 삶이 생기는 것처럼 그는 과거에 가졌던 우정을 포기해야만 새로운 관계를 가질 수 있다는 것을 알게 되었다.

도전들을 돌아보는 데 도움을 줄 수 있다. 클라이언트는 현재의 도전이 생애의 많은 변화를 넘어서 자신의 가족과 문화에서 집단의식의 발달에 알맞은 방법인지를 인식할 수 있을 것이다.

깨어있는 일상생활 Mindful Daily Living

사회복지사는 클라이언트가 다른 사람들에게 봉사함으로써 그들의 영성을 표현하고 강화시킬 필요가 있음을 알아야 한다. 사회복지사는 클라이언트가 무엇이 자신의 발달의 목적인지를 알아가도록 도움을 주어야 할 것이다. 그런 다음에 목적을 성취하기 위해 변화해가고 있는 그들의 믿음과 행동을 지원해 주어야 한다.

사회복지사는 클라이언트의 의견을 넘어서서 각 클라이언트와 수많은 전투에서

사례연구 12-2
성숙을 촉진하기 위해서 의향(intentions) 사용하기

사회복지사는 몇 년 전에 남편과 사별한 66세의 여성을 만났다. 그녀의 삶은 의욕을 잃고 우울한 상태였다. 사회복지사는 그녀가 주의를 끌만한 것을 찾도록 노력한 결과, 그녀는 누군가에게 의미 있는 일을 해주고 싶다는 것을 알았다. 사회복지사는 여성의 의향에 알맞게 지지해 주었고, 다차원적인 발달이론에 따라서 그녀의 서비스 욕구에 알맞은 방법을 제시해 주었다. 클라이언트는 아동을 돌보는 일을 하기로 결정하였고 사회복지사는 몇 개의 기관에 그녀가 그러한 서비스 활동이 가능한지를 알아보도록 하였다. 그녀는 학대를 받은 아동들을 돌보는 집에서 자원봉사를 시작했다. 그녀는 이러한 활동이 삶의 의미와 목적이 무엇인지에 대해 새롭게 깨닫게 해 주었다고 말했다.

싸워야 할 전사로 자신을 바라보아야 한다. 클라이언트는 가끔 처음에는 자기 자신을 매우 부정적인 시각으로 바라본다. 사회복지사는 클라이언트로 하여금 다우주 안에서 목적이 있고 신성한 지위를 가진 자신은 사랑받을 만한 존재라는 것을 인식

사례연구 12-3
성숙한 삶을 위한 재구성하기

사회복지사가 결혼하지 않고 홀로 사는 45세의 남성을 약 일 년 전부터 돌보고 있었다. 그 남성은 인생을 바꿀만한 대단한 발전을 보였다. 그는 한때 어지럽게 흩어져 있던 집을 깨끗하게 청소하고, 좋아하는 여성과 데이트를 하기 시작했다. 그는 여성을 진심으로 사랑하기보다는 단지 즐겨보자는 의도만을 가지고 있었다. 어느 날 그는 치료에 참여하여 "나는 지금까지 쓸모없이 살아온 적이 없어요!"라고 말했다. 그들은 한 주 동안에 있었던 이야기를 나누는 도중에, 내담자가 나쁜 감정을 느낄만한 명백하거나 아주 사소한 이유도 발견하지 못했다. 사회복지사는 내담자가 자신의 감정을 있는 그대로 표현할 줄 모른다는 느낌을 받았다. 사회복지사가 그의 견해를 밝히자, 그는 처음엔 웃더니 나중에는 눈물을 흘리면서 말하길 "네 맞아요. 사실입니다. 저는 지금까지 행복을 누릴만한 사람이 아니라고 믿고 있었습니다."

할 수 있도록 끊임없이 도움을 주어야 할 것이다. 가끔, 클라이언트가 고통 중에 있을 때 자신의 신성을 부인하는 새로운 이유를 내세울 수도 있다.

가슴과 함께하는 영

사회복지사는 성인 클라이언트들의 대부분이 고통으로 인해서 불평을 호소하는 것이 가장 많다는 것을 알 것이다. 사회복지사는 이러한 상황들이 클라이언트가 그들과 다른 사람들을 더욱 사랑하게 되는 기회로 보아야 한다. 사회복지사는 클라이언트에게 사랑, 동정, 용서해야 하고, 행동으로 클라이언트가 자기 자신과 다른 사람을 사랑하고, 용서할 수 있도록 도움을 주라고 한다.

사례연구 12-4

정서를 통한 영적인 성숙 촉진하기

모든 사람들이 일터에서 힘들게 일하며 살고 있고, 모든 남자들이 인터넷상에서 건전하지 못한 대화를 한다고 생각하며, 가족들이 자신을 공평하지 못하게 대하며 적대감을 품고 있다고 불평하는 내담자가 찾아왔다. 그는 사회복지사를 불쾌하게 여기며 말하기를 "나 자신을 사랑할 수 있는 기회를 갖도록 저를 위해 한 번 더 이야기 해 주실 수 있나요?" 사회복지사는 잠시 동안 조용히 앉아 있었다. 그리고 말하기를 "오늘은 당신의 마음이 슬프게 느껴지는군요"라고 했다. 두 사람은 잠시 침묵의 시간이 흐른 뒤에 내담자는 자신이 어떠한 고통을 받았고 왜 슬픈가에 대해 입을 열기 시작했다. 사회복지사는 그녀가 겪은 아픔에 대해서 조용히 경청했다. 내담자가 말하기를 "나에게 상처를 준 사람들이 나의 스승 역할을 했다는 사실을 이제는 말할 수 잇을것 같아요." "그렇죠, 저도 그렇게 생각합니다"라고 사회복지사가 답했다. "그들은 당신 자신을 더욱 더 사랑하게 하는 도전이 되었다고 볼 수 있지요. 그리고 그러한 아픔을 가슴속 깊이 묻어둘 때까지 나는 당신과 계속 이야기를 나눌 거예요. 당신은 아마도 사랑받지 못했다는 경험을 많이 했을 거예요. 치료를 위해서 당신이 사랑을 할 수 있을 때까지 몇 백 번이라도 당신 자신을 사랑하세요."

종교적인 자아 Religious Self

사회복지사는 대부분의 사람들이 종교적인 경험을 추구하거나 그들의 다차원적인 발달에 도움이 되도록 실천을 행한다는 것을 알고 있어야 한다. 다른 삶의 이벤트처럼 종교적인 경험들은 그들의 신체적, 정서적, 인지적, 사회적, 영적인 차원들을 촉진할 수 있다. 사회복지사는 사람들이 의식적으로 선택하며, 지나가도록 안내하며, 종교적인 경험을 통해서 이득을 얻을 수 있도록 도와야 한다.

사례연구 12-5
종교적 자아를 통한 영적 성숙 촉진하기

사회복지사가 군 병원에서 전쟁의 부상으로부터 회복 중인 새로운 내담자를 돌보는 일을 하고 있다. 의사는 그 남성을 물질남용과 자살행동의 위험에 처해 있다고 진단했다. 사회복지사는 그러한 행동에서 그 남자가 매우 위험에 직면해 있다는 것과 외상 후 스트레스 장애의 증상으로 고통 중에 있다는 것으로 결론지었다. 내담자는 사회복지사에게 "예전에는 종교를 믿었으나, 내가 부상을 겪은 이후부터 더 이상 하느님을 믿지 않는다"고 말했다. 사회복지사는 모두가 마음에 잠정적으로 커다란 충격을 받을만한 내담자의 전쟁 이야기들을 들어 주었다.

몇 차례의 회기가 끝난 후, 사회복지사는 내담자가 자신의 이야기를 하는 동안에, 하느님에 대하여 품고 있는 분노의 감정과 병원과 공동체 주변에 영적으로 다른 프로그램들이 많이 있다고 이야기하는 것을 정상으로 여겼다. 사회복지사는 내담자의 요구대로 적합한 프로그램을 찾도록 도움을 주었다. 내담자가 꾸준히 참여하고 있는 집단은 퇴역 군인들이 운영하는 기도모임과 한 여성이 진행하고 있는 사설 요가센터이다. 사회복지사는 내담자가 모임에 나가서 새로운 친구를 사귈 수 있도록 도와주며 지지하고 있다.

생물의식 Bioconsciousness

사회복지사는 또한 그들 자신의 몸-마음-영의 관계의 최근 특성을 좀 더 알아갈 수 있도록 도울 수 있는 기회를 찾아보아야 한다. 그와 같은 인식은 클라이언트의 다차원적 발달을 촉진시키는 데 도움이 될 수 있다. 사회복지사는 또한 신체의 강점과 한계들로부터 의미를 찾을 수 있도록 도움을 주어야 한다. 그리고 질병은 클라이언트의 그러한 의미가 그를 발달하게 하는 목적과 과정으로 해석하는 데 도움을 줄 수 있기 때문이다.

사례연구 12-6

생물의식을 이용한 성숙 촉진

23세의 여성 농구코치가 있다. 그녀는 대학에서 프로농구 선수가 되기를 희망하는 유능한 농구선수였지만, 졸업 후에 어떤 팀에도 선발되지 못했다. 그녀는 자신이 프로농구 선수가 되기에는 부족하다고 생각하고 낙담하고 있었다. 사회복지사는 여러 번의 회기를 통해서 그녀의 꿈과 좌절에 관하여 들은 후에 그녀에게 신체적인 한계를 아냐고 조심스레 물었다. 그녀는 처음에는 이 사실을 부인했다. 사회복지사는 그녀에게 대학시절에 겪었던 일로 인하여 다른 곳으로 이사하려고 결심하였고, 새로 이사한 곳에서 좋은 일들이 일어났기에 좌절이 전화위복이 되지 않았느냐며 지난 이야기를 해 주었다. 그러자 그녀는 몸-마음-영적인 복을 인정하기 시작했다. 그들은 함께 미래에 관하여 긍정적인 방법으로 이야기를 나누었다. "물론 지금은 무척 힘들고 좌절감이 있겠지요. 그 대신에 앞으로 나타날 경이로운 것을 기대하세요."라고 사회복지사가 말했다.

집단의식과 생태의식

사회복지사는 클라이언트가 봉사활동에 참여할 때 가끔씩 격려해 주어야 한다. 왜냐하면 클라이언트는 의미 있는 봉사활동이 어떻게 성인의 영성발달 촉진에 도움을 주는지의 진가를 인정하기 때문이다. 사회복지사는 사람들이 세상에서 의미가 넘치는 응답을 깨닫게 될 때까지 다른 사람 혹은 다른 생명체 그리고 생명과 삶을 지지하는 것에 책임을 지지 않는다는 것을 알아야 한다. 바꿔 말하면, 사회복지사는 처음에 클라이언트가 시작한 일이 어떤 종류의 봉사였는지를 이해하도록 도움을 주어야 한다.

사회복지사는 또한 클라이언트가 영적인 공동체와 우주적 보편성을 이해하도록 도와야 한다. 그리고 어떻게 그들이 개인적인 의식과 집단의식의 발달을 촉진하도록 도울 수 있을 것인가를 이해하도록 도와야 한다. 클라이언트가 그와 같은 공동체의 가치를 이해할 때, 사회복지사는 그들과 함께 창조적으로 참여하므로 개인적인 이득을 얻을 수 있도록 노력해야 할 것이다.

| 연구 질문 |

1. 영적 견해에서 볼 때 성인기의 목적은 무엇이라고 말하고 있는가? 당신은 이 정의에 대해서 어떻게 생각하는가?

2. 남성과 여성의 공통적인 제한(limitations)이 그들의 영적인 발달과 경험적으로 어떤 관련이 있는가?

3. 황홀경(ecstatic) 상태란 무엇인가? 당신은 그러한 상태를 경험해 본 적 있는가?

4. 각 차원마다 성숙의 정의를 묘사하라. 아래의 정의 가운데 당신은 어느 상태인가? 당신에게 가장 발달된 차원은 무엇인가? 어느 것이 덜 발달되었는가?
   a. 신체적인 발달
   b. 정서적인 발달
   c. 인지적인 발달
   d. 사회적인 발달
   e. 영적인 발달

5. 주변에서 클라이언트를 선택하고 그의 다섯 가지 발달차원이 무엇인지 묘사하라. 그리고 클라이언트의 다차원적인 발달을 계속해서 돕기 위한 영적인 실천의 7가지 패러다임 방법의 순서에 대해 실례를 들어 묘사하라.

자 료

Cortright, B. *Psychotherapy and spirit: Theory and practice in transpersonal psychotherapy.* Albany: State University of New York Press.
    This text reviews transpersonal theories of human development.

Maslow, A. H. (1971). *The further reaches of human nature.* New York: Viking.
    Still an impressive book after 30 years, Maslow lays the foundation for a new psychology of transcendence, later to become transpersonal psychology.

CHAPTER 13

정신건강 분야에서 영적인 지향의 실천

영적인 관점에서 바라보면, 정신건강 분야에서의 사회복지사의 실천목적은 생리 심리사회적-영적-환경적BPSSE으로 사람들의 웰빙을 촉진시키는 데 있다. 그러므로 정신건강또는 인지적 건강은 신체적, 정서적, 사회적, 영적인 요소와 분리할 수 없는 것으로 보인다. 대부분 자발적으로 혹은 정신건강 분야에서 처음에 그들을 "정신건강에 문제를 지닌 환자"로 판명했을지라도, 영적인 지향성을 지닌 사회복지사는 클라이언트를 몸-정신-영-환경적인 존재라는 시각으로 바라보아야 한다.

정신건강 분야에서 영적인 지향성을 지닌 사회복지사의 실천은 현재 시행되는 대중적인 방법을 따르기보다 부가적인 견해들과 방법들을 추가하여 포괄적으로 접근하여 실시하는 것이 좋다. 영적인 지향성을 지닌 사회복지사는 다양한 전문 분야의 사람들과 학제 간multidisciplinary에 팀을 이루어 다양한 방법들을 사용하는 것이 좋다. 왜냐하면 그들도 그러한 접근방법이 클라이언트에게 이롭다는 것을 알고 있기 때문이다.

영적인 지향성을 지닌 사회복지사는 개인적인 증상은 개인의 건강한 증후sign라는 견해로 바라볼 수 있다는 것을 믿는다. 건강한 사람은 몸-마음-영-환경이 연결되어 있기에 변화하는 상황에 반응하는 것이다. 예를 들어, 분노를 느끼게 하는 게이, 레즈비언, 그리고 성전환자들의 문화에 대하여 분노를 느끼는 것은 건강한 반응이다. 왜냐하면 그들의 성적인 입장에 무관심한 문화는 대부분의 사람들에게 두려움을 만들어내기 때문이다. 혹은 산성비로 인해 숲이 죽어가는 곳에 살고 있다면 어린이와 노인들의 건강을 염려하는 것 역시 정상적인 반응이다.

정신건강 실천에서의 기본적인 영적 접근

급진적Radical, 포괄적인 견해

보편적으로 영성 지향의 사회복지사는 사람들 삶에 주어지는 도전들의 뿌리가 되는 문제들을 찾아서 작업하므로 근본적으로 정신건강을 향해서 접근해 나간다. 사회복지사는 모든 증상들은 영적, 환경적, 그리고 유전적-진화론적인 근원을 갖고 있다(〈13-1〉 참조)고 예상하는 가운데 정신건강 증상의 병인론etiology을 포함하여 실천할 수 있다. 증상들의 유전학적인 뿌리는 클라이언트 부모의 유전인자가 약한 것뿐만 아니라, 다른 종의 역사까지 포함시킨다.

13-1 증상의 영적 · 환경적 · 유전적 근원에 대한 통합적인 견해

영적	영혼은 클라이언트가 영적인 경로를 재발견할 수 있고, 다시 포착하도록 하기 위하여 병리를 일으킨다.
환경적	인간은 어떤 삶의 경험들에 의해서 마음의 상처를 받아왔다. 따라서 영혼의 '메아리'(the soul echos)라는 고유한 상처, 그것을 '들을 때'까지 여전히 치료를 필요로 한다.
유전적-진화론적	인간은 발달적 한계에 대한 소인(素因)을 물려받는다. 따라서 강점을 개발하기 위한 징후를 통해서 사람들의 영혼은 변화할 수 있게 된다.

질병과 건강 양쪽 모두의 신호인 증상

사회복지사는 정신건강의 증상이 가끔 클라이언트에게 편하지 않은 고통을 줄 수 있다는 것을 인지해야 한다. 사회복지사는 또한 정신건강의 증상을 건강한 표현으로 바라보고, 정신적 충격에서 치유되지 않은 상태에 있는 사람이 그의 영혼의 필요성을 더욱 알도록, 그리고 생물학적 한계와 강함의 본성을 더욱 깊이 알 수 있도록 도와야 한다. 사회복지사는 증상들의 견해를 통합하고(〈13-1〉 참조), 영적, 환경적, 유전적인 면들을 서로 연결하여 증상을 볼 수 있어야 한다.

고통에 대한 근본적인 견해

사회복지사는 클라이언트들이 영, 환경, 그리고 유전적인 것과 고통스러운 커뮤니케이션을 하는 증상을 종종 볼 수 있을 것이다. 사회복지사는 고통이 영적인 변형을 이끌어 갈 수 있다는 것을 알아야 한다. 왜냐하면 사람들은 보편적으로 영적, 종교적으로 위안을 찾으며, 고통을 통해서 의미를 찾기 때문이다. 그래서 클라이언

트가 단지 고통을 줄이거나 제거하기 위해서 도움을 찾게 하는 대신에, 영성 지향의 사회복지사는 클라이언트가 고통에 직면했을 때 자신이 마치 고통을 초대한 것처럼 진지하게 다루도록 도움을 주어야 한다.

사회복지사는 물론 클라이언트가 심한 혹은 불필요한 고통을 경험하길 원하진 않지만, 클라이언트의 고통에 연민을 가져야 한다. 어찌됐건 많은 클라이언트들이 심한 고통 속에 있다는 것을 알아야 한다. 왜냐하면 그들은 습관적인 행동들, 예를 들면 물질남용, 걱정, 바쁜 스케줄, 과식, 혹은 파괴적인 성 생활 등을 통하여 고통을 피하려고 하기 때문이다. 사회복지사는 클라이언트가 단지 회피의 방법이나 혹 다른 중독으로 대응하길 바라지 않는다.

치유의 근본적인 견해

사회복지사는 증상이 사라짐으로써 성공하기만을 바라진 않는다. 왜냐하면 증상은 영의 "선물"로서 좀 더 나은 변형을 이끌어 갈 수 있기 때문이다. 덧붙이면, 사회복지사는 클라이언트가 원하던 원치 않던 간에 이 땅에 사는 동안에 고통으로부터 결코 자유로워질 수 없다는 것을 알아야 한다.

사회복지사는 또한 클라이언트가 단순히 "기능적"이거나 "안정적"인 상태가 되도록 도움을 주는 것만을 원하지는 않는다. 사회복지사는 단지 기능적이고 안정적인 삶을 사는 사람들은 여전히 불행한 삶을 살고 있다는 것을 알고 있다. 클라이언트가 자기를 파괴하려거나 다른 사람, 생명체를 향한 폭력을 잠정적으로 지니고 있다면 사회복지사는 클라이언트와 위협받는 다른 사람들을 보호해야 한다. 여하튼, "역기능"과 "불안정"은 영혼의 메시지로서 변형을 위한 기회로 보아야 한다.

대신에 치유는 전체적이다. 몸-마음-영-환경의 연결을 통해서 인간 유기체로 만드는 부분들이 전체로 되어가는 과정이다. 사회복지사는 사람이 치유가 되면, 그들은 드물게 증상과 고통으로부터 자유롭게 된다는 것을 알아야 한다. 그들은 반드시 더욱 기능적이고 안정된 상태가 되어서 돈을 벌거나 직장에 출근하거나 승진하기를 원하는 것은 아니다. 그들은 아마 그들의 정서, 사고, 감각, 영적 체험 그리고 행동들을 허용함으로써 풍성한 삶을 살기 원할 것이다.

정체성의 변형

정신건강 분야에서 영적인 업무의 또 다른 목적은 변형에 있다. 심층치료는 클라이언트가 의식의 다음 단계라는 것을 알 수 있도록 의식의 한 단계를 비동일시 하는 것으로서의 변형이다. 그러한 발달이 있을 때, 클라이언트 자신만의 고유한 정체성 단계로(〈13-2〉 참조) 서서히 진행할 수 있다. 영성을 지향하는 사회복지사는 정신건강 분야에서 일할 때 이러한 과정을 제공하도록 노력해야 한다. 왜냐하면 그는 이러한 발달단계를 통해서 이동하는 사람은 개인의 웰빙과 영적 그리고 우주적 다양성의 공동체들과 공동으로 창조할 수 있는 경향이 있기 때문이다.

영성 지향의 실천에서 다양한 도전들과 학제 간 팀

사회복지사는 클라이언트가 다양한 수준에서 도움이 요구되는 복합적인 삶의 도전들을 갖고 있다는 시각으로 보아야 한다. 예를 들면, 주택, 물질남용, 고용, 그리고 신체건강에 관한 이슈들은 클라이언트에게 불안으로 나타날 수 있다. 그러한 클라이언트는 지역의 주택당국, 물질남용치료기관, 노동고용서비스센터, 그리고 무료 건강클리닉을 조정하는 사회복지사의 중재로 이득을 얻을 수 있다. 그러한 팀에서 일하는 사회복지사는 학제 간 사례관리 스텝들을 지휘하여 인테이크와 사정절차를 분리하지 않고 간소화하므로 클라이언트의 다양한 요구들을 지원할 수 있다.

13-2 발달수준과 정체성에 대한 묘사

자아 중심	나의 자아와 동일시
자문화 중심	나의 가족, 종족, 문화, 종교와 동일시
민족 중심	나의 종족, 공동체, 문화, 국가와 동일시
인간 중심	나의 종(種)과 동일시
생애 중심	생명체와 동일시
환경 중심	나의 환경과 동일시
무(無) 중심	무와 동일시(창조적 영과 연결)

※ 출처: Wilber(1977).

공통적인 정신건강 진단에 대한 영적인 관점

영성을 지향하는 사회복지사는 다양한 관점의 정신건강 진단체계를 열린 시각으로 바라본다. 그는 클라이언트에게 진단명이 필요하다고 믿는 사람들에게 진단명을 발급할 수 있다 준비로서, 혹 보고서로, 혹은 보험양식으로 사용하는 경우. 여하튼 사회복지사는 클라이언트가 진단에 위축되는 걸 거부하고 오히려 확장되기를 바라며, 다양한 안목으로 보기를 원한다. 클라이언트를 단지 진단명으로만 생각하기보다는 인간의 몸에 많은 강점과 증상을 지닌 영적인 존재로 바라보아야 한다.

일반적으로, 사회복지사는 정신병의 증상들을 화학적 불균형보다는 개인과 사회의 불균형으로 인해 발생한다고 보는 경향이 많다는 것을 고려해야 한다. 약간의 진단들을 영적인 견해로 바라본 사례들이 〈13-3〉에 열거되어 있다. 이러한 예들의 각각은 "장애"에 대한 전통적인 관점이 개인 혹은 공동체가 불균형을 가져 올 수도 있다는 넓은 견해까지 포함해서 보아야 할 것이다.

불안과 우울

클라이언트들의 불안과 우울은 가장 일반적인 증상이라고 전문가들은 진단하고 있다. 불안과 우울은 수많은 요소들과 연결되어 있다. 문헌에 묘사된 불안과 우울의 유형은 날이 갈수록 증가하고 있는 상황이지만, 여기서는 가장 일반적인 증상인 기분부전장애와 범불안장애에 대해서 다루려 한다.

신체적 수준에서의 불안과 우울은 일반적으로 목 부위 위쪽과 연관된 "뇌의 질환"이라고 할 수 있다. 뇌는 몸에서 가장 중요하며, 생기가 넘치는 조직이다. 오늘날 많은 사람들은 미래의 부정적인 사건이나 과거의 부정적인 기억을 회상할 때, 먼저 머리를 사용하게 된다. 그러한 부정적인 초점은, 처음에는 어린이와 10대들에게 무서운 세계에서 지배와 통제의 느낌을 줄 수 있다. 여하튼 부정적인 사고는 가끔씩 과도하고 불필요한 고통을 가져오기도 한다. 신체훈련의 결핍과 부족한 음식 섭취는 머리와 밀접한 관계를 가지고 있고, 이러한 부족은 분노와 우울을 더욱 증가시킬 수 있다.

우울증의 물리치료 방법으로 클라이언트가 몸을 쉴 수 있도록 종종 목을 아래로 늘어뜨리는 운동을 할 수 있도록 도움을 줄 수 있다. 이러한 신체의식의 패러다임the body consciousness paradigm에서 나온 호흡운동, 걷기, 명상, 요가, 혹은 에어로빅 운동을 함으로써 변화들을 성취할 수 있다. 사회복지사는 영혼, 환경, 유전적인 것에 대하여

13-3 정신건강 진단요법에 사용된 사례와 영적 견해들

불 안	영혼은 그가 누구인지 잊어버렸다고 클라이언트에게 물음
걱 정	클라이언트는 믿고 있는 영혼의 길보다 위험한 것을 예상하고 있음
주의력결핍 과잉행동장애	클라이언트의 영혼은 창의적인 표현을 원하지만 초점과 기능이 작아진 상태
물질남용	약물복용 없이 일치된 현실로부터 의식을 옮기는 능력이 없음
반사회적	클라이언트는 모든 사람은 같다는 영적 수준을 망각함
자아도취	클라이언트는 자아를 사랑하지 않기에 자기 중심적이 됨
성 정체	클라이언트는 영적인 균형 같은 두려움들의 문화에 쌍둥이 기질을 갖고 탄생

대화할 수 있고, 함께 경청할 수 있도록 도울 수 있다. 이러한 과정을 통해서 클라이언트로 하여금 신체에너지의 부족은 충분한 이완이 필요하다는 사실을 깨닫게 할 수 있다.

정서적 수준에서 불안과 우울은 모든 정서들을 억압하는 것과 매우 밀접한 관련이 있다. 이러한 억압은 성인이 넘치는 희망을 창출하는 감정에 대한 책임 있는 자기조절과 같은 그 무엇이 아니라, 어린애 같고 무의식적이며 자기방어적인 반사작용이다. 아이들처럼 사람들은 분노, 혹은 슬픔을 느끼거나 표현하지 않는 법을 배우는데, 아마 그러한 감정을 느끼거나 표출하는 것은 좋지 않다고 생각하기 때문일 것이다. 결국에는 그러한 감정의 억압은 순탄한 감정을 갖는 데 막대한 영향을 줄 수 있다. 그것은 긍정적인 정서가 없이는 부정적인 정서를 제어하기가 매우 어렵다는 것이다. 다른 클라이언트들은 분노와 슬픔 같은 것을 하나의 정서적 채널을 통하여 그들의 모든 정서를 표현할 수 있다. 가슴의 패러다임 Heart paradigm과 영에서 나온 변형들은 정서 회복과 사랑, 동정, 용서의 발달에 도움이 될 것이다. 사회복지사는 클라이언트가 예전에 가졌던 모든 정서를 다시 느끼는 법을 배우게 한 다음에 그의 꿈을 향해 정서를 개입시켜야 한다. 클라이언트 역시 그들의 영, 환경, 유전학적인 요인을 찾을 수 있도록 자신의 심정을 듣는 법을 알아야 할 것이다. 예를 들어, 클라이언트가 생에서 매우 중요한 것을 잃었는데도 슬픔을 느끼지 못한다면, 그는 발달하기 전에 슬픔에 잠기는 것이 필요할 것이다.

인지적 수준에서 불안과 우울은 일반적으로 친숙하지 못한 우주와 개인적인 열등과 무능하다는 느낌에 대한 신념과 연관되어 있다. 이것은 컴퓨터를 사용하는 것과 유사하다. 우울하고 불안한 마음은 하드웨어 문제가 아니라 "부정적인 사고"라는 꼬리표가 붙은 소프트웨어의 문제이다. 이런 부정적인 사고는 기쁨과 자발성은 물론이거니와 영적인 성장까지 감소시킨다.

깨어있는 일상생활의 패러다임에서 나온 방법들은 클라이언트가 그가 그의 것이라고 생각하는 것을 넘어서, 그리고 그의 감독자아Overseer Self로부터 그의 생각을 보는 것을 대신 배운다.

클라이언트는 또한 그의 마음으로 긍정적인 생각을 주장하는 것을 배워야 한다. 클라이언트는 그의 영혼, 환경, 생물학적 유산과의 의사소통을 통하여 그의 생각을 보고 선택할 수 있어야 한다. 예를 들어, 무언가 끔찍한 일이 일어날 것이라고 걱정하는 것은 하느님에 대한 믿음이 아직도 부족한 것과영혼, 가족에게 정신적 충격을 주고 있다는 것과환경, 억압 아래 있을 때 그의 가족이 스트레스를 받을 것이라고 걱정하는 경향이생물학 있기 때문이다.

사회적 단계에서 불안과 우울은 흔히 수평적인 것과 수직적인 것이 친밀한 관계를 갖기 어려운 점과 연관되어 있다. 앞 장에서 다룬 것처럼, 수직적인 친밀함은 한 사람의 신체적, 정서적, 인지적, 사회적, 영적인 부분들이 모두 포함된 관계를 말한다. 수평적 친밀함은 한 사람의 다른 사람, 생물 혹은 무생물과의 연계를 말한다. 불안과 우울에 찬 사람은 혼자 있는 것이 불편하고 조용한 시간을 누릴 줄 모르는 것처럼, 자신의 여러 기관들과 밀접한 관계를 맺을 수 없는 것만큼 수직적 친밀함을 맺는 데 어려움이 있다. 불안과 우울에 찬 사람은 다른 존재나 사물들과 밀접한 관계를 맺을 수 없을 때 수평적 친밀함에 어려움을 갖게 되고, 사회적 철회 또는 다른 사람에게 과도한 통제를 행할 수 있다.

사회복지사는 공동체 의식의 방법들을 사용하여 사회적 발달을 촉진할 수 있도록 원조해야 한다. 예를 들어, 사회복지사는 클라이언트와 사회활동을 표현할 수 있는 시간을 가져야 한다. 클라이언트가 아직도 사회활동에 적응하지 못한다면 명상의 시간을 갖거나 사회와 교류할 수 있는 행동양식들을 더욱 가르쳐야 한다. 사회와의 상호작용은 영혼, 환경, 유전학과의 커뮤니케이션 같은 것이라고 볼 수 있다. 예를 들어, 클라이언트가 사회관계에서 철회하려는 경향을 보인다면, 자신의 영혼과의 대화로부터 나온 것이기에, 곧바로 자신의 삶 속에서 더욱 많은 명상의 시간을 갖도록 해야 할 것이다.

영적인 수준에서 불안과 우울은 영이 좀 더 많은 관심을 요구하는 표현들로 보여질 것이다. 클라이언트가 의기소침해지는 것은 아마 자신의 영혼과 꾸준한 대화를 잃어버렸기 때문일 것이다. 영혼은 영적인 경로로부터 분리된 사람에게 관심을 가질 것이다.

종교적인 자아의 패러다임 Religious Self paradigm 으로부터 나온 방법들은 클라이언트를 탐험하게 하고 그의 영혼의 메시지에 반응하도록 도움을 줄 것이다. 예를 들면, 클라이언트는 명상실천, 기도, 혹은 탄원 supplication, 그리고 깨어있는 생활을 위해 다른 형태로 실천을 할 수 있다. 다른 말로 하면, 클라이언트는 목적을 가지고 자신의 영혼의 메시지를 듣기 위한 실천으로 몇 가지 훈련에 임할 수 있다.

주의력결핍 과잉행동장애 ADHD

영적인 견해에서 바라보면 주로 젊은 층이 많지만 수많은 사람들이 ADHD로 진단이 내려져 약을 처방 받고 있는데 이것은 일반적으로 개인적인 "화학적 불균형"보다는 집단적인 "사회활동의 부적응" 증상이라고 볼 수 있다. 사회복지사는 기능적인 압력과 생산적인 억제, 그리고 일치된 현실이 창조적인 자극보다 더욱 강하며, 다차원적인 발달을 촉진하고 의식의 명상상태를 증가시킨다는 것을 알아야 한다. 만약 많은 어린이와 청소년들이 할 수 없어서나 마지못해서 공립학교에서 "과제"를 수행해야 한다면, 아마도 학교는 많은 잘못된 수업을 기대하고 있는 것이다.

확장된 견해에서, 영적 지향성을 지닌 사회복지사는 주의력결핍 과잉행동장애 ADHD를 지닌 클라이언트들과 일할 때, 여전히 전통적인 접근을 하고 있을 수 있다. 여하튼, 사회복지사는 아동과 보호자들이 학습과 행동에 문제를 지닌 아동들에서부터 때때로 친숙하지 않은 환경에서 생활하는 방법을 알아야 하는 잠정적인 그 누구 지구상의 모든 사람들처럼라도 어린이들을 영적인 존재로 바라볼 수 있도록 그들의 견해를 바꿀 수 있도록 도와야 한다. 사회복지사는 그러한 환경, 예컨대 명상, 자신과 타인을 향한 동정과 그의 하느님과의 관계를 잘 유지할 수 있는 방법들을 아이들에게 가르칠 수 있다. 사회복지사는 또한 아동이 환경 속에서 좀 더 친숙해지고 그가 스포츠, 컴퓨터, 예술클래스에서 자기 자신을 찾을 수 있도록 원조해야 할 것이다.

양극성 장애 Bipolar Disorders

영적인 관점에서, 사회복지사는 정도의 차이는 있지만 거의 모든 사람들이 변화를 경험하고 있는 인간의 상태에는 양극성이 있다고 생각한다. 사회복지사는 보행이 불편한 사람처럼 보이는 클라이언트가 심한 양극성 장애로 인해서 고통을 겪고 있다는 것을 깨닫게 될 것이다. 그러나 사회복지사는 또한 양극성은 인생을 통하여 발견될 수 있다는 것을 알아야 한다. 보통 양극성은 문화 속에서 혹은 개인적으로 좋고 나쁨을 믿는 가운데서 일어난다는 것을 알아야 한다. 그러한 양극성은 종교들, 정당, 성적 경향성, 철학, 그리고 실제적으로 어떤 정신적 구성들을 통하여 발견될 수가 있다. 양극성은 또한 개인의 사고, 기분, 그리고 수용할 수 있거나 없는 행동양식을 평가하는 가운데서도 발견할 수 있다. 예를 들면, 어떤 클라이언트는 그의 생애에서 기쁨을 받아들이기 힘든 시간을 지내왔을 수 있으며, 그리고 심지어 기분이 좋은 것에 대하여 "알레르기"를 지닌 사람도 있을 수 있다. 마찬가지로 슬픔과 분노의 감정을 수용하는 데 매우 힘든 시간을 지내 온 클라이언트도 있을 것이다.

영적인 관점에서 보면, 양극성과 이중성dualities은 궁극적으로 클라이언트와 다른 사람, 생명체들에게 불필요한 고통을 주는 정신적 정체성과 관련되어 있다. 예를 들면, 자신을 "자유민주주의자"라고 여기는 한 클라이언트가 있는데 그녀는 신보수주의자로 여겨지는 모든 사람들은 어리석으며, 자유민주주의자가 세계를 구할 것이라고 생각함으로써 그녀의 삶에서 이중성을 만들어 냈다. 그녀의 마음은 두 개의 범주로 사람들을 분리시킴으로 인하여 다른 사람들과 함께 경험할 수 있는 기회를 갖지 못했으며, 사람들과 깊이 있는 친밀한 인간관계를 맺지 못하고 스스로를 속인 것이다. 또 예를 들면, 한 젊은이는 자신에 대해서 "나는 좋지 못하다"라고 경험할 수 있다. 왜냐하면 그는 키가 겨우 5피트밖에 되지 않고 평소 키가 큰 것이 좋고, 작은 것은 안 좋다는 신념을 가지고 있었기 때문이다. 그는 자신을 키 큰 사람보다 값어치가 적은 존재로 바라봄으로 인하여 그 자신과 분리시켜 갔다.

영적 지향성을 지닌 사회복지사는 양극성 장애를 다룰 때 일반적으로 전통적인 접근을 할 수 있으나 실천을 할 때 영적인 접근방식을 추가할 수 있다. 사회복지사는 클라이언트가 양극성의 이해와 수용, 그리고 자신의 영적인 발달을 위하여 자신의 양극성을 사용하도록 도움을 주어야 한다. 만약 클라이언트가 조증 상태라면 사회복지사는 봉사활동, 예술활동, 에어로빅 운동, 창조적인 모험 같은 고도의 에너지를 발산하는 운동을 할 수 있도록 도움을 주어야 한다. 그러나 우울상태가 심할 때는 클라이언트로 하여금 마음에 평화를 유지하고, 높은 의식, 그리고 동정처럼 활동이 적은 명상에 잠기도록 도와야 한다. 사회복지사는 그들을 정신질환이 있다고 보는 것이 아니라 증상을 지닌 영적인 존재로 바라볼 수 있도록 원조해야 한다.

자기애성 인격장애 Narcissistic Personality Disorder

자기애narcissistic의 특징은 클라이언트에게 일반적으로 "비자발적"으로 나타나며, 전문가, 배우자, 부모에 의해 "설득 당해서" 사회복지사에게 의뢰되는 것을 볼 수 있다. 이러한 이유는 정의에 의하면, 매우 심한 자기애적인 클라이언트는 보편적으로 자신이 무엇이든 해야 한다고 전혀 생각하지 않고 다른 사람에게 문제가 있다고 믿기 때문이다. 그래서 사회복지사는 클라이언트와 함께 깊이 있는 활동을 시작하기 전부터, 감정적인 유대를 맺고 치료적인 목적들을 도와서 공동발달을 위해서 처음부터 도전해야 한다. 사회복지사는 클라이언트가 스스로 "충분"하다고 깊이 느끼지 못할 때 자기애가 필요하다는 것을 알고 있으므로 클라이언트가 다른 사람들에게 어떻게 해서든 자신이 우월하다는 것을 나타내려고 시도할 때, 어리석게 반응하지 않아야 한다.

사회복지사는 마음의 평안, 평정, 동정, 그리고 용서를 넘어서 부, 권력, 아름다움, 그리고 명성과 같은 목표들을 숭배하도록 조장하므로 광범위하게 자기애를 지속시키는 주류 문화를 잘 알아야 할 것이다.

자기애의 성공적인 실천을 위해서는 반드시 클라이언트가 자신과 세상에 관하여 갖고 있는 믿음에 초점을 맞추어야 한다. 심리학적인 수준에서 사회복지사는 클라이언트가 자신을 좀 더 사랑하는 방법을 배우기를 원한다. 영적인 수준에서는 클라이언트가 자신의 자존감을 감소시키려는 발달의 자기 중심, 종족 중심, 국가 중심, 그리고 인간 중심적 수준과 동일시하지 않도록 도와야 한다. 그리고 사회복지사는 클라이언트가 하느님이나 창조적인 영성과의 관계에서 깊은 감각을 가지고 수치스러운 느낌들을 제거하도록 도와야 하며, 자신의 정체성을 특별함으로, 자기중요성을 다른 사람, 생명체, 생태계를 섬기는 것이 중요하다는 감각으로 대체시키도록 원조해야 한다.

외면화와 내면화 행동작업 Work with Externalizing and Internalizing Behaviors

심리학적 체계에서 정신건강 진단은 외면화 장애와 내면화 장애로 분류된다. 외면화 장애는 클라이언트가 명백하게 사회에서 용납할 수 없는 방법으로 행동함으로서 보통 클라이언트의 삶은 처음에 다른 사람에 의해 문제가 있다고 묘사된다. 비교하면 내면화장애는 클라이언트가 자신 안에서 경험하게 되며, 보통 클라이언트는 초기에는 자기 스스로 문제가 있다고 생각하게 된다. 비록 이러한 분류체계가 확실히 극단적으로 단순하며, 많은 클라이언트들이 두 가지의 장애를 갖고 있을지라도, 영적인 지향을 하는 사회복지사는 이 분류를 초인적 이론transpersonal theory과 연결할 수 있다.

초인적 이론에서 클라이언트는 누군가 전인격적 수준의 의식에서(제1장 참조) 행동하는 것처럼 보이는 외면화 장애가 축2장애라고도 한다* 나타나는 것을 볼 수 있다. 그러한 클라이언트는 과도하게 발달한 어린이 자아상태child ego state를 갖고 있을 수 있다. 이 의미는 그는 즉흥적으로 만족하는 것에 우선적으로 흥미를 갖는 어린이 같은 성품을 가지고 있다는 것이다. 영적 지향성을 지닌 사회복지사는 그러한 클라이언트가 좀 더 민감해지고, 다른 사람, 생명체, 그리고 생태계에 책임을 갖는 실천의 (〈표 13-1〉, 〈칼럼 2〉 참조) 패러다임 중 하나를 사용할 수 있다.

비교하면, 클라이언트는 누군가 인격적인 수준의 의식에서(제1장 참조) 행동하는 것처럼 보이는 것과 같은 내면화 장애가 또한 축1 장애에 속한다고 볼 수 있다 나타나는 것을 볼 수 있다. 그러한 클라이언트는 과도하게 부모자아 상태 parent ego state를 가지고 있을 수 있다. 이 의미는 그는 대부분 전통적인 관습 안에서 성장했으며 성공한 사람을 뜻

표 13-1 외면화 장애와 내면화 장애 치료에 도움이 되는 방법의 사례

영적인 변화의 패러다임	외면화 장애치료 (전인격적 의식)	내면화 장애치료 (인격적 의식)
영적인 힘	존경과 삶의 지속성에 대한 책임을 가르치기	증상에 원인이 되는 과거와 현재의 생애에서 외상 치료하기
깨어있는 일상생활	유념과 타인을 위한 바른 행동 가르치기	좀 더 유념하는 일상생활 양식의 필요성을 증상을 이용하여 가르치기
마음의 영	사랑, 용서, 다른 존재를 위한 봉사 안에서 동정 가르치기	증상을 통하여 말하고 있는 감정을 경험하고 나누기
종교적 자아	지혜전통의 의식(儀式)으로부터 책임 있는 실천 가르치기	세상의 지혜전통의 의식을 이용하여 증상 다루기
몸 의식	신체 작업 또는 신체 표현을 사용한 봉사 가르치기	신체 작업과 증상을 표현하고, 치유하기 위해 구체화하기
공동체 의식	영적인 다양성의 공동체에서 함께 창조와 실천하기	균형 잡힌 영적 다양성을 지닌 공동체에 의해 불균형의 증상 다루기
생태의식	보편적인 다양성을 지닌 공동체 안에서 함께 창조와 실천하기	균형 잡힌 보편적인 다양성을 지닌 공동체에 의해 불균형의 증상 다루기

* 축1, 축2라는 용어는 정신장애진단편람(DSM-Ⅳ)의 내용을 말한다. - 역자 주

한다. 영성 지향성을 지닌 사회복지사는 그러한 클라이언트가 자신의 깊은 감정과 욕구에 대하여 좀 더 민감해지고 반응할 수 있도록 실천의(〈표 13-1〉, 〈칼럼 3〉을 참조) 패러다임 중 알맞은 방법을 사용하여 용기를 북돋아 주어야 할 것이다.

〈표 13-1〉에 묘사된 주요한 방법들은 클라이언트가 자신의 증상을 치유하는 데 도움을 줄 것이다. 일찍이 묘사한 것처럼, 영적인 전망으로 바라본 치유는 고통을 줄이는 것이 아니라 클라이언트가 고통을 수반하고서 관계를 변화시키는 데 도움을 주는 것이라고 보는 것이 좋다. 일반적으로 클라이언트는 그의 고통 때문에 근본적인 원인을 이해하기 시작하고, 그의 몸-마음-영-환경의 관계를 재통합하기 시작하게 된다.

| 연구 질문 |

1. 어떻게 영적 지향성을 지닌 사회복지실천을 근본적으로 잘 할 수 있는가? 어떻게 그것을 포함할 것인가?

2. 영적인 견해로 본 정신건강의 증상은 무엇인가? 당신은 시간을 넘어서 지속적으로 갖고 있는 당신의 정신건강 증상들 중의 하나에 관해서 생각하라. 당신은 그 증상이 서양의학 모델의 견해와 어떻게 연관이 되는가를 묘사하라. 이제 당신은 영적인 견해로 그러한 증상을 어떻게 연관 짓는가를 묘사하라. 당신은 어떠한 견해가 가장 좋다고 보는가? 그 이유는?

3. 영적인 견해에서 바라보는 치유란 무엇인가? 그러한 견해에서 바라볼 때, 오늘 당신은 어떻게 건강한가?

4. 비동일시(dis-identification)와 동일시란 무엇인가? 당신은 다음 삶 속에서 비동일시로서 무엇을 희망하는가? 당신이 무언가를 향하여 움직이고 있다고 예상하는 다음 단계의 동일성은 무엇인가?

5. 왜 영적 지향성을 지닌 사회복지사는 정신건강 증상들이 다양한 이유를 갖고 있다고 믿는가? 당신의 증상들 중 하나와 관련이 있다고 믿는 다양한 이유들을 묘사하라. 당신은 자신이 지닌 증상의 원인을 모두 이해한다고 생각하는가? 이해한다면 왜, 못한다면 왜 못하는가?

6. 영적인 견해에서 정신건강 진단들을 묘사하라. 어떻게 그러한 관점이 클라이언트에게 도움이 될 수 있는가? 영적인 견해로 취할 때 위험한 것들은 무엇인가, 그리고 당신은 어떻게 위험한 요소들을 최소화할 것인가?

자료

Canda, E. R., & Smith, E. D. (2001). *Transpersonal prespectives in spirituality in social work*. New York: Haworth Press.
    This edited text contains articles that describe transpersonal approaches to social work clients.
Muller, W.(1992). *Legacy of the heart: The spiritual advantages of a painful childhood*. New York: Simon and Schuster.
    This book reframes the childhood trauma that many adults with mental-health disorders suffered as

gifts to the soul.

Wilber, K. (1997). *The eye of the spirit: An integral vision for a world gone slightly mad.* Boston: Shambhala Publications.

Wilber introduces many concepts that may be helpful to the social worker in the mental-health setting.

CHAPTER 14

신체건강 분야에서의 영적인 지향의 실천

영적인 지향성을 지닌 사회복지사는 클라이언트를 생리심리사회적-영적-환경적 BPSSE 존재로 바라보기에, 신체적 건강은 정신적, 정서적, 사회적, 영적, 환경적 건강과 분리될 수 없다고 이해한다. 신체적 건강 분야에서 사회복지사의 실천이 다양한 면들을 포함하고 통합하는 이유는 클라이언트가 그의 몸을 BPSSE의 휴식과 함께 재연결할 수 있도록 원조해야 하기 때문이다.

신체건강에 있어서 영적인 접근의 실천

사회복지사의 영적인 옹호활동

영적인 지향성을 지닌 사회복지사는 클라이언트의 생물심리사회적-영적-환경적 발달과 클라이언트에게 최상의 좋은 것을 지지하도록 위임 받은 영적인 옹호자이다. 영적인 옹호자로서 사회복지사는 모든 건강관리 분야에서 사람들의 부, 권력, 혹은 사회적인 지위와 관계 없이, 모든 사람에게 알맞은 양질의 건강관리 서비스를 중요시하는 영적이며 보편적인 다양성을 지닌 공동체가 형성되도록 원조하기 위해 노력해야 한다.

사회복지사는 건강 분야에서 결정권의 힘decision-making power이 의사들과 다른 건강관리자들의 손에 맡겨져 있는 상황에서 전문적인 팀의 한 일원으로 활동할 수 있다. 영적 지향의 활동을 하는 사회복지사는 자신의 목적을 성취하기 위해서 힘을 추구하지 않을지라도, 클라이언트에게 불리하지 않은 결정이 내려지도록 관심을 가져야 한다. 영적 지향의 사회복지사는 클라이언트의 생물심리사회적-영적-환경적BPSSE인 웰빙을 위해서 통합적인 건강에 관심을 갖는 건강 분야에서 유일한 전문가일 수 있다. 신체건강 분야에서 사회복지사가 지닌 역할의 일부는 클라이언트에게 최선의 결정이 이루어지도록 노력하는 옹호자이다. 그러한 영적인 옹호활동은 스텝모임에서 이야기하는 것뿐만 아니라, 모든 건강관리 전문가들이 동일한 의사결정권을 갖도록 행정구조를 개혁하는 작업도 포함될 수 있다.

또한 사회복지사는 교육이나 제도적인 면, 건강 분야에서 클라이언트의 활동능력을 제한하는 법률상의 제한점들을 알고 있어야 한다. 다시 말해서 사회복지사는 다른 전문가들과 대립하여 영역, 통제 또는 법률요건에 대한 마찰이 일어날 때, 실천의 경계와 권리를 쉽게 얻어내기 위해서 분쟁하지 않는다. 사회복지사는 팀에 속한 다양한 전문가들이 환자를 잘 돌보기 위해서 전문교육을 받았고 자격증이 있다는 것을 존중해야 한다. 어찌됐든, 사회복지사는 건강 분야에서 민주적 힘을 공유하여 다양한 전문직들과 함께 클라이언트를 위한 옹호활동에 참여해야 한다. 왜냐하면 사회복지사는 클라이언트들의 건강관리를 할 때, 클라이언트가 영적인 지향성을 갖기를 원하기 때문이다. 클라이언트의 목소리는 스텝모임뿐만 아니라 공공정책 포럼에서도 잘 들을 필요가 있다. 사회복지사는 모든 사람의 BPSSE 웰빙을 지지하는 건강관리 정책과 지침들을 함께 만들어 나가도록 원조해야 한다.

치유는 연결이다

영적인 지향성을 지닌 사회복지사는 정신건강과 치유에 접근한 것과 같은 방법으로 신체건강과 치유에도 접근할 수 있다. 이러한 견해에서 보면, 신체적으로 건강한 사람은 거의 증상이 나타나지 않는다. 그러나 그는 몸, 정신, 영, 그리고 환경과 연결이 증가하여 전체whole가 되어간다. 그러므로 치유는 고통을 제거하는 것이 아니라, 사람이 그의 BPSSE 부분들과 심오하고 깊은 방법으로 관계를 맺어가는 과정이다.

관계와connection 연결은connecting 무엇인가? 인간은 다양한 신체적, 정서적, 인지적, 사회적, 영적, 환경적 과정들을 통하여 다른 방법으로 그의 각각의 모든 부분들을 하나로 연결할 수 있다. 클라이언트는 자신의 치유를 위한 실천에서 과정의 연합을 활용할 수 있다. 사회복지사는 몸에 나타나는 증상들, 치유실천, 그리고 건강상태를 표현하고 경험하도록 하기 위하여 클라이언트에게 이러한 과정들을 사용해보라고 권유할 수 있다.

클라이언트가 관여할 수 있는 연결 작업의 세 가지 수준은 증상 드러내기, 치유의 실천, 이상적 건강을 포함할 수 있다. 이는 〈14-1〉에 묘사되어 있다. 이러한 수준들의 각각은 신체적, 정서적, 인지적, 사회적, 영적, 환경적으로 함께 작업을 할 수 있다.

14-1 연결 작업의 수준과 묘사

증상 드러내기	클라이언트가 곧바로 도움을 요청하는 신체적 질병
치유의 실천	클라이언트가 현재 나타나는 증상을 치유하는 것을 상상하는 방법
이상적 건강	클라이언트가 궁극적으로 갖기를 바라는 웰빙의 상태

※주: Wiber의 의식 수준(2000).

신체적 수준에서 보면 인간은 그 자신의 몸의 이미지를 생태학적, 신체적, 정서적, 인지적, 사회적, 환경적인 부분들과 연결하여 사용할 수 있다. 예를 들어, 인간은 세 가지 그림을 그릴 수 있는데, 그 중 하나는 현재의 증상을 재현하는 것이고 최근의 고통, 하나는 치유실천 치유 활용이며, 또 다른 하나는 이상적 건강이다 궁극적으로 바라는 것. 클라이언트는 또한 신체적 운동 혹은 댄스를 통하여 현재의 증상들, 치유실천, 그리고 이상적 건강을 표현할 수 있다. 세 번째, 신체적 방법은 음악을 활용하여, 즉 노래를 부르거나 악기연주를 통해 현재의 증상, 치유실천, 이상적 건강을 표현할 수 있다. 이러한 몸의 이미지들의 모두는 BPSSE 자아와 재연결할 수 있도록 도움을 주는 다리와 같은 역할을 한다. 아래와 같은 사례연구는 신체적 차원을 통한 치유의 한 예이다.

정서적 수준에서 보면, 클라이언트는 그의 현재의 증상, 치유실천, 이상적 건강과 연결된 정서들을 추구한다. 몸의 이미지에 관해서는 위에서 언급한 것처럼 정서는 클라이언트를 BPSSE 자아로 다시 연결하는 다리이다. 이러한 작업의 방법 중 하나는 클라이언트에게 슬픈, 열광적인, 기쁜, 두려운, 흥분한 등으로 나열된 감정에 관한 단어들 중에서 자신이 느끼고 있는 감정들을 선택하라고 할 수 있다. 다른 방법으로는 클라이언트에게 빈 의자에 앉게 한 후에 증상, 치유실천, 이상적인 건강과 밀접한 관계를 갖고 있는 것처럼 보이는 정서를 체험하고 표현하게 할 수 있다. 정서적 차원을 통한 치유실천의 사례를 아래에 열거하였다.

사례연구 14-1

신체적 차원을 통한 치유

만성 감기로 병원치료를 받고 있는 중년여성이 있다. 사회복지사는 그녀가 음악을 무척 좋아하지만 노래를 부르거나 악기를 다루는 면에서는 어설프다는 것을 알았다. 사회복지사는 그녀에게 3개의 곡을 선택하도록 하였다. 하나는 신체의 가장 큰 문제, 다른 하나는 그녀의 치유 실천, 나머지 하나는 마음속에 바라는 건강이었다. 그녀는 좋아하던 남성 보컬이 불렀던 오래된 노래 3곡을 골랐다. 3곡 중 하나는 비 오는 날 로맨스가 사라진 내용이었는데 이 노래에 자신의 만성 감기를 비유하여 선택하였다. 두 번째 곡은 자신의 치유실천으로서 대중적인 크리스마스 노래를 선택하였다. 세 번째 곡은 그녀의 이상적인 건강을 묘사하는 곡으로서 하느님에 관한 종교적인 곡을 선택하였다.

그 여성과 사회복지사는 세 곡의 노래를 들으려고 집을 출발했다. 그들이 사무실에서 세 곡의 노래를 듣는 동안에, 클라이언트는 다른 부분뿐만 아니라 그녀의 증상, 치유실천, 건강 사이에서 약간의 관계를 형성할 수 있었다. 사회복지사의 도움으로 그녀는 남편의 죽음으로 인한 슬픔이 그녀를 혼란스럽게 했다는 것을 알게 되었고, 그녀가 가족에게 마음을 열었기에 최상의 치유실천이 이루어지게 되었으며, 그녀의 이상적인 건강 회복은 삶과 죽음을 수용함으로써 새로운 영성을 갖게 되었기 때문임을 알게 되었다.

사례연구 14-2

정서적 차원을 통한 치유

간호사가 14세 소녀를 사회복지사에게 의뢰하였다. 소녀는 얼굴에 난 여드름 때문에 극도로 예민해 있었다. 사회복지사는 그녀에게 앉으라고 한 후 여드름이 그녀에게 무슨 말을 하고 있는가를 상상하게 하였다. 소녀는 처음에 마음에 내키지 않아 했으나 갑자기 큰소리로 고함치기 시작했다. "나는 너의 인생을 파멸 시키겠어!" 사회복지사는 "여드름아, 왜 내 인생을 망가트리겠다는 거니?"라고 물었다. 소녀는 "왜냐하면 너는 나쁜 사람이기 때문이야"라고 말한 후 울기 시작하였다. 이 사이코드라마는 왜 그녀는 사랑 받지 못했는가에 관하여 소녀가 이야기할 수 있도록 클라이언트와 사회복지사를 대화의 장으로 인도할 수 있다. 그녀는 아직도 부모의 이혼을 비난하고 있다는 사실이 밝혀졌다. 그러한 정서들은 소녀의 핵심을 분출하게 하는 하나의 다리와 같은 역할로서 체험하게 하였다.

인지적 수준에서 보면 클라이언트는 그의 몸의 증상과 관련이 있을 수 있는 BPSSE의 단절상태를_disconnection_을 다시 이어주는 하나의 방법으로서 마음을 활용할 수 있다. 사회복지사는 클라이언트가 그의 현재의 증상, 치유실천, 이상적인 건강상태를 가질 수 있다는 믿음을 실행할 수 있도록 도움을 줄 수 있다. 사회복지사는 클라이언트에게 현재의 증상과 밀접한 관련이 있는 자기대화_self-talk_를 실행하라고 단순하게 요구함으로써 클라이언트가 그러한 믿음을 실행할 수 있도록 원조할 수 있다.

사회적 수준에서 보면 사회복지사는 클라이언트가 현재의 증상, 상징적인 약_symbolic medicine_, 이상적 건강상태와 밀접한 관계가 있다고 보이는 사회적 패턴들을 탐색해보도록 도움을 주어야 한다. 예를 들어, 클라이언트가 특별한 증상을 체험하는 동안에 좀 더 내향적으로 혹은 외향적으로 될 수 있다. 종교적인 활동은 종교적인

사례연구 14-3

인지적 차원을 통한 치유

알츠하이머 진단을 받은 80세의 노인이 지역성인보호서비스기관에서 일하는 영적인 지향성을 지닌 사회복지사에 의해 재가보호를 받고 있다. 노인 클라이언트에게는 추가로 기분부전장애 진단이 내려졌다. 클라이언트와 사회복지사는 좋은 관계를 신속하게 발전시킬 수 있었다. 클라이언트가 찾아 왔을 때, 사회복지사는 클라이언트에게 그의 우울증에 관하여 물었다. 클라이언트는 알츠하이머와 연관된 놀라움과 분노에 관해서 이야기하였다. 사회복지사는 클라이언트에게 "당신이 아픈 이래로 당신 자신에 관하여 그리고 변하는 세상에 대하여 당신은 어떠한 견해를 갖고 계십니까?"라고 물었다. 클라이언트는 "나는 쓸모없는 사람이고 가족과 세상에 짐스런 존재입니다"라고 대답하였다. 클라이언트와 사회복지사는 도움이 안 되는 믿음들의 근원을 함께 찾기 시작했다. 노인은 적어도 어려서부터 자신의 가치를 전혀 믿지 않았다는 것을 발견하였다. 어떻게 해야 그의 빛나는 마음이 가치 있다는 것을 믿게 할 것인가를 탐구한 이유는 그 자신이 가치 있는 존재라는 것을 알아야만 집에서나 일하는 데 도움이 되기 때문이다. 그 노인은 새로운 방법으로 자신에 대해 찾기 시작하였다. 그는 죽기 전에 사회복지사에게 말했다. "만약 내게 이러한 질병이 없었더라면 나는 결코 내 자신을 사랑하는 법을 배우지 못했을 겁니다."

공동체와 상호작용한 이래로, 클라이언트는 신성한 약들 중 하나로서 종교적 공동체를 어떻게 활용할 것인지를 원하면 배울 수 있다. 사회복지사는 또한 클라이언트에게 그가 이상적인 건강상태에 있는 것처럼 행동하도록 요구할 수 있다.

사회복지사는 그의 현재의 증상, 상징적 약, 그리고 이상적 건강상태를 위해서 영적으로 중요한 것을 클라이언트가 살펴보도록 도움을 주어야 한다. 사회복지사는 클라이언트에게 왜 그의 하느님 혹은 창조적 영성이 특별한 때에 특별한 증상을 그에게 주었는가를 생각해 보라고 요구할 수 있다. 사회복지사는 클라이언트에게 좀 더 총체적이고 이상적인 건강상태를 지니기 위해서 현재 주어진 삶에서 필요로 하는 신성한 약을 생각해 보도록 질문할 수 있다.

마지막으로 환경적 수준에서 보면 클라이언트로 하여금 그의 현재의 증상들, 상징적 약, 그리고 이상적 건강상태는 그가 살고 있는 넓은 환경과 밀접한 관련이 있

사례연구 14-4

사회적인 차원을 통한 치유

스무 살의 스키선수가 무릎 인대 부상으로 스포츠의약품센터에 왔다. 그녀는 재활을 위하여 스포츠의약품이 낫다고 생각했다. 사회복지사와 젊은 여성이 만났을 때 클라이언트는 분노와 격함을 표현했다. 그녀는 "저는 이태리 국제경기대회에 초청을 받았을 때, 하필이면 부상을 입게 되었어요"라고 말했다. 사회복지사가 부상 이후로 무슨 일을 해본 적이 있는가라고 묻는 말에 그녀는 어깨를 움츠리면서 "아무것도요"라고 말했다. 사회복지사는 "최근 들어서 아무것도 하지 않은 때는 언제였나요?"라고 물었더니, 클라이언트는 "기억이 나질 않아요"라고 답했다. "당신은 어떠한 사람이 되기를 원하나요?" 사회복지사가 물었다. "그런 생각은 싫어요." 클라이언트가 말하고서는 갑자기 울기 시작했다. 클라이언트는 사회활동에 참여하기로 동의하였고, 자신을 회피하려고 애쓰며 살다 보니 홀로되는 것을 두려워한다는 것을 발견하였다. 부모에 의해 훌륭한 운동선수가 되어야겠다는 압박만 있었을 뿐, 그녀가 진실로 하고 싶은 일, 혹은 그녀가 진실로 어떠한 존재인가에 대해서는 결코 생각해 본 적이 없었다. 사회복지사의 도움과 함께 자신의 참된 재능이 무엇이고 자아를 재발견할 수 있도록 명상훈련을 하는 데 동의하였다.

사례연구 14-5
영적인 차원을 통한 치유

지역의 병원에 뇌 손상 후 회복 중에 있는 30세 여성이 입원하고 있다. 사회복지사는 병실로 찾아가서 그녀와 함께 대화해도 되냐고 물었다. 여성은 인터넷 데이트센터를 통해서 1년 연상의 남자와 최근에 결혼했다고 말했다. 사회복지사는 그녀의 영적, 종교적인 역사를 물어보았고, 그녀가 그리스도교인이라고 생각하는 것을 알았다. 사회복지사는 그에게 묻기를 "모든 일이 일어나는 데는 이유가 있다는 것을 믿습니까?"라고 물었더니, 그녀가 말하길 "그래서 당신은 내가 지금 왜 다쳤는지 추측하라는 말입니까? 맞아요. 나는 많은 것들을 생각해 왔어요. 알다시피, 제가 너무나 빨리 사랑에 빠졌어요. 그리고 한 달 만에 결혼 이야길 언급하기 시작했지요. 난 아직 준비가 안 된 상태였으나 그가 좋은 남자라고 생각해서 결혼을 허락했지요. 결혼하기에는 전혀 준비가 안 된 상태로 결혼했다는 것을 이제는 알 수가 있어요. 내가 생각하기조차 싫은 이 사고는 지나간 모든 것들을 반영하게 하는 시간을 갖게 했어요. 하지만 나는 그것이 최상을 위한 것이었다고 믿고 싶어요."

다는 것을 탐색하도록 할 수 있다. 영적인 지향성을 지닌 사회복지사는 건강하지 못한 환경에 있는 사람이나 건강한 사람들에게도 증상이 나타날 수 있다는 사실을 알아야 한다. 예를 들어, 한 어린이가 우유와 밀 제조품에 심각한 알레르기로 진단받았다면, 영적인 수준에서, 그의 가족, 공동체, 혹은 개인 생태환경에 고통을 안겨줄 수 있다. 그러한 요인들은 부모의 행복하지 못한 결혼, 어린이가 잘되기를 바라는 이웃들의 안타까움, 그리고 공동체 주변의 자연환경 서식지의 상실까지도 포함할 수 있다.

몸의 상징과 종교적 전통의 의식儀式 사용하기

영적 지향의 사회복지사는 어떠한 종교적인 믿음들, 교리, 그리고 클라이언트가

사례연구 14-6
환경적인 차원을 통한 치유(가족 환경)

건강클리닉에 한 아버지가 11세의 소녀를 데리고 왔다. 소녀는 만성두통과 위궤양을 앓고 있었다. 의사는 이러한 증상을 일으킬만한 어떤 원인도 발견할 수 없어서 사회복지사는 소녀와 그 아버지에게 방문을 요구하였다. 사회복지사는 아버지가 홀로된 것이 거의 11년이 되었다는 것과 엄마가 가족을 버리고 집을 떠난 이래로 소녀는 엄마와 연락이 끊긴 상태로 살았다는 것을 알았다. 사회복지사는 소녀가 학교에서는 성실한 학생이었으나 친구들이 적고, 자존감이 매우 낮다는 것을 알 수 있었다. 또 다른 가족상담 회기에서 사회복지사는 딸의 증상은 자신의 정신뿐만 아니라 가족의 정신적 부담까지 겪어야 했기에 딸에게 질병증상이 생기게 되었다는 것을 상상해보라고 하였다. 아버지는 눈물을 흘리기 시작했다. "죄송합니다. 그러한 것들이 저를 이토록 울게 할 줄은 몰랐어요." 사회복지사는 "아마도 당신을 이처럼 울게 할지는 몰라도, 당신의 눈물이 당신과 딸의 치유에 도움이 될 거예요"라고 했다. 딸은 자신의 증상이 곧바로 사라지진 않았지만, 편안한 감정을 갖게 되었다고 자신의 느낌을 전하였다.

사례연구 14-7
환경적인 차원을 통한 치유(생태계 환경)

만성피로증후군 진단을 받은 44세의 한 여성이 있다. 그녀는 시골의 언덕 위에 살고 있기에, 만성피로증후군 전문 의사에게 진료를 받기 위해서 한 달에 한 번씩 도시에 내려간다. 다음 달 같은 시간에 건강도 돌보고, 도시에 살고 있는 사회복지사를 만나볼 것을 권유받았다. 방문하였을 때, 사회복지사는 클라이언트가 자연환경과 밀접한 관계를 갖고 있다는 것을 알고서 치유의 방법으로 자연적인 비유를 활용하기로 결정하였다. 클라이언트는 그녀의 만성피로 증후군을 황폐한 사막의 가뭄과 같다고 상상하였다. 그녀의 치유실천은 얼어붙은 산의 고원에서 불어오는 겨울의 폭풍우와 같다고 상상하였다. 그녀는 이상적인 건강상태를 눈 덩어리들이 서서히 녹기 시작하고 초목이 무성해지고 산언덕과 골짜기에서 동물들이 돌아오는 따뜻한 봄으로 상상하였다. 클라이언트는 그 같은 모습들을 묘사한 그림을 공부방에 걸어두었다. 그녀는 가끔씩 이러한 모습들에 관한 꿈을 꾸었다. 그녀는 그러한 모습들과 일하고 있고, 자신의 몸의 증상의 가치와 의미를 성찰하게 되었다고 최근 회기에서 보고했다. "마치 내가 살고 있는 산의 계절과 날씨 변화의 가치를 아는 것처럼, 나는 내 몸의 에너지의 다른 반복들의 가치를 이제 알기 시작했어요."라고 말했다.

갖고 있는 의식들을 항상 존중해야 한다. 종교적인 클라이언트의 믿음, 교리, 그리고 의식들은 치유의 과정에 많은 도움을 줄 수 있고, 클라이언트의 종교적인 언어와 은유로 작업할 수 있는 개방성이 남겨져 있다는 것을 알아야 한다. 그러한 일을 수행할 때, 클라이언트가 가끔 상처받을만한 느낌을 가질 수 있다는 이유 때문에 영적이고 종교적인 작업은 거의 대부분 개인적으로 작업을 수행하곤 한다.

기도와 다른 탄원의 실천들은 클라이언트에게 도움을 줄 수 있다. 기도는 클라이언트의 치유과정을 희망하는 다른 사람에 의해서뿐만 아니라 클라이언트 자신이 할 수도 있다. 사회복지사는 클라이언트가 어떠한 탄원의 실천을 사용하고 싶어 하는 것과 클라이언트의 의향을 지지해야 할 것인가를 사정assessment하여 결정을 내려야 한다. 사회복지사는 클라이언트마다 특별한 기도의 목적과 좋아하는 기도의 유

14-2 기도의 유형과 다른 목적을 위한 실천 전략

클라이언트 자신을 위한 기도	• 사회복지사는 클라이언트의 의도를 먼저 기도하도록 지지한다. • 요청에 따라, 사회복지사는 클라이언트의 기도를 듣고 지지해야 한다. • 클라이언트는 과정에서 겪었던 경험을 사회복지사와 공유한다.
클라이언트가 다른 사람들과 함께 자신을 위해서 기도	• 사회복지사는 클라이언트의 의도를 먼저 기도하도록 지지한다. • 요청에 따라, 사회복지사는 클라이언트와 함께 기도할 수 있다. • 클라이언트는 과정에서 겪었던 경험을 사회복지사와 공유한다.
클라이언트가 다른 사람에게 자신을 위해서 기도 요청	• 사회복지사는 클라이언트의 의도를 먼저 기도하도록 지지한다. • 요청에 따라, 사회복지사는 클라이언트를 위해서 기도할 수 있다. • 클라이언트는 과정에서 겪었던 경험을 사회복지사와 공유한다.
클라이언트가 자신과 타인을 위해서 기도	• 사회복지사는 클라이언트의 의도를 먼저 기도하도록 지지한다. • 요청에 따라, 사회복지사는 클라이언트의 기도를 듣거나, 함께 기도할 수 있다. • 클라이언트는 과정에서 겪었던 경험을 사회복지사와 공유한다.

형이(〈14-2〉 참조) 있다는 것을 알아야 한다.

  기도의 유형은 수없이 많다. 어떤 클라이언트는 홀로 기도하기를 좋아할 수 있고, 그러한 경우에 사회복지사는 클라이언트의 요청을 존중해야 하고, 과정 이후의 경험과 결과뿐만 아니라 기도하기 전에 클라이언트의 의향들을 존중해야 한다. 어떤 클라이언트는 다른 사람의 동료나 혹은 많은 사람들과 함께 기도하기를 원한다. 이러한 경우에 클라이언트가 사회복지사와 함께 기도하기를 원하거나, 혹은 함께 기도하기를 원치 않을 수도 있다. 다른 경우에 사회복지사는 클라이언트와 함께 기도하는 데에 동의할 수 있다. 또한 클라이언트는 자신만이 아니라 다른 사람의 치유를 위해서 기도하기를 원할 것이다. 다시 말해서, 클라이언트와 사회복지사가 동

사례연구 14-8
질병의 언어를 통하여 하느님을 향한 귀 기울이기

시(市) 클리닉에 있는 건강관리팀의 파트에서 사회복지사는 만성위통을 앓고 있는 40세의 여성을 방문하였다. 그녀는 이미 새로운 다이어트를 의사로부터 권유를 받은 상태였다. 사정을 위한 인터뷰를 하는 동안에 여성은 자신이 믿는 종교적 전통에서 인간은 하느님에 의해서, 하느님의 형상대로 지음 받았다는 사실을 배웠다고 말했다. 그러자 사회복지사는 몸 전체를 하느님께서 주신 것에 동의하는 견해로 바라본다면, 그녀가 지닌 질병의 의미를 탐구하는 것은 괜찮은가를 물었다. 클라이언트가 동의하였을 때, 사회복지사는 그녀의 강점과 질병을 포함한 신체를 그림으로 그리기 시작하였다. 그때에 여성은 기도를 통하여 자신의 질병을 알게 해달라고 요청하였다. 사회복지사는 하느님께 기도하면서 하느님의 응답을 기다리는 클라이언트와 함께 앉았다. 그녀는 하느님이 자신이 지닌 문제를 해결해주거나 그녀가 필요로 하는 것을 충분히 주시는 분이라는 것을 믿지 않았다는 것을 이제야 생각하게 되었다고 말하였다. 그녀는 위 통증을 하느님의 메시지로 받아들이기로 결심하였다. 상담이 시작되고 몇 회기가 지난 뒤에서야, 그녀는 좀 더 기도하고 명상을 활용하면서부터 하느님은 사람들이 많은 고통을 겪는 위경련이 멈추기를 바라시는 분이라는 통찰력을 갖게 되었다. 사회복지사는 그녀가 자기의사 표현을 잘 할 수 있도록 도움을 주었다. 그녀는 아이들, 남편, 그리고 함께 일하는 사람들과 건강한 경계선을 확립하는 법을 배우고 있다.

의를 했다면 사회복지사는 클라이언트의 기도와 과정에 참여할 수 있다.

종교 의식에 사회복지사의 참여

유사한 실천전략들은 클라이언트가 잘 알고 있고 성스러운 의식들을 행하기를 원할 때 사회복지사에 의해서 사용할 수가 있다축복, 기도, 침례와 같은 의식. 일반적으로, 사회복지사는 지속적으로 클라이언트의 믿음과 의식들을 존중해야 하고, 클라이언트의 과정을 지지해야 하는 사회복지사의 역할에 관하여 클라이언트와 끊임없이 대화를 하여야 한다. 사회복지사는 종교적인 작업을 행할 때 클라이언트의 개방성과 준비성에 관하여 평가해야 한다. 이따금씩 사회복지사는 소규모로 클라이언트의 종교적인 경험에 참여할 수 있을 것이다. 평소에 사회복지사는 매우 많은 것을 포함할 수 있다. 사회복지사는 종교적인 작업에 도움을 주는 성직자를 포함할 수도 있다. 예를 들면, 수많은 호스피스의 목회상담자, 혹은 성직자들이 스텝으로서 클라이언트의 요청에 따라 그들과 함께 종교적인 의식들을 이끌 수 있다.

건강관리 분야에서 영적 지향성을 지닌 실천의 윤리적 이슈

영성 지향적인 사회복지사는 건강관리 분야의 실천과 연관된 윤리적이며 가치있는 다양한 이슈를 알아야 한다. 사회복지사는 실천의 결과에 대한 윤리적 도전을 다루는 방법을 알아야 한다.

첫째로, 많은 클라이언트들이 그들의 신체적 증상들과 싸우는 한 가지 이유는 그들의 매우 개인적인 영적 경험은 가치가 없다고 보기 때문이다. 그들은 영적인 작업이 안전하다고 느끼지 않을 수 있고, 치유과정에서 도구로 사용되는 영성혹은, 종교성을 소홀히 생각하기 때문일 것이다. 이러한 태도는 그들과 함께 영적인 작업을 하기에 충분하다고 믿고 있는 사회복지사에게 큰 문제가 될 수 있다.

영성 지향적인 사회복지사는 그러한 클라이언트의 느낌과 믿음에 대해서 항상 민감해야 한다. 사회복지사는 클라이언트의 허락 없이, 클라이언트가 어떠한 영적인 실천을 수행하도록 요구해서는 안 되며, 발달적인 위치에 있는 클라이언트를 존중할 줄 알아야 한다. 그녀와 함께 클라이언트의 이슈에 관하여 어떠한 대화라도 할 준비를 한 것처럼, 사회복지사는 클라이언트를 위하여 반드시 문을 열어두어야 한다. 클라이언트가 언제 어떻게 문을 통과해야 할 것인가를 준비하는 것과 그것에 관해 이야기하는 것과 영적인 실천을 준비하는 것에 대하여 존중해야 한다. 사회복지사는 두 사람이 그러한 작업에 관여하기 전에 클라이언트가 어디에 있는지, 어떤 과정이 이루어졌는지, 그리고 왜 영적인 작업을 하는 데 클라이언트가 어려워하는지를 알아야 하고, 어떻게 이끌어 나가야 하는지를 인식하고 있어야 한다.

두 번째로, 영성 지향적인 사회복지사는 그들 스스로는 영적이거나, 혹은 종교적 경험의 가치와 지지를 받지 않는 전문가들과 함께 일할 수가 있다. 이러한 사람들은 자신들이 알고 있는 과학적인 방법만 가치 있게 여기며, 영적이고 종교적인 과정은 가치 있게 생각하지 않는다. 이러한 상황에서는 영적인 측면에 전이해가 없는 전문가들은 불편한 존재일 수 있고 영성 지향적인 사회복지사의 방법들은 위협에 직면할 수 있다. 또한 어떠한 건강관리 분야에서나 영적 혹은 종교적인 방법들을 사용하는 것이 목적일 수 있으므로 사회복지사는 융통성 있게 클라이언트가 종교적이든, 과학적이든, 영적이든, 아니면 효과적인 대화를 원하거나 어떠한 언어를 사용하더라도 충분히 다룰 수 있어야 할 것이다.

그러한 상황에서 사회복지사는 컨퍼런스나 간이식당에서 다른 전문가들과 함께 일하는 것도 사무실에서 클라이언트와 함께 일하는 것처럼 중요하고 효과적이라는 점을 알아야 한다. 사회복지사는 다양한 배경을 지닌 전문가들과의 관계를 중요하게 여겨야 하며, 그들과 의견이 일치하지 않더라도 그들의 권리를 존중할 줄 알아야 한다. 영성 지향적인 사회복지사는 치유와 보편적 삶에 있어서 영성의 역할에 관하여 다른 전문가들이 과학적인 언어를 사용하는 것을 인정하며, 영적인 언어들 역시 클라이언트들에게 긍정적인 변화를 조장하는 데 도움이 될 것이라는 점을 흔쾌히 가르칠 수 있다.

세 번째로, 아직도 다른 과정에 있지만 영성과 종교성이 어떻게 밀접한 관계를 갖고 있는가를 아직도 이해하지 못하는 주류문화 속에 많은 사람들이 있을 수 있다. 그들은 또한 강하게 특정한 종교와 일체감을 갖고 있을 수 있지만, 이러한 태도는 영적인 과정의 가치를 감소시킬 수 있다. 그러한 가치구조를 가지고 있는 사람들은 아마도 종교적이거나 혹은 영적인 영역을 사회복지사와 함께 작업하는 것은 적절하지 않다고 생각할 것이다. 그들은 대신에 클라이언트가 혹은, 그들을 사랑하는 사람들이나 그들의 종교적인 공동체의 다른 구성원들 영적인 작업을 위해서라면 성직자를 찾아가는 것을 더 좋아할 수도 있다.

영성 지향적인 사회복지사는 그러한 사람들이 갖고 있는 믿음과 의식들, 그리고 사생활과 유일성을 존중할 줄 알아야 한다. 사회복지사는 그의 작업을 받아들이기를 거부하는 사람들을 수용하고 이해할 수 있어야 한다. 어떤 클라이언트에게라도 영적인 작업을 강제적으로 실천하려고 해서는 안 된다. 사회복지사는 어떠한 공동체에서든 봉사를 위해 그를 자유롭게 선택하여 만나러 오는 성인의 권리를 존중해야 한다. 그러한 사례에서, 그는 클라이언트의 자율성과 자유뿐만 아니라 클라이언트의 치유과정까지도 지지해야 한다. 사회복지사는 클라이언트가 공동체에 원래대로 남아있기를 바라고, 공동체와 관계를 유지할 수 있도록 하기 위해서 클라이언트와 사회복지사가 함께 작업하는 것을 반대하는 공동체의 다른 사람들의 개입을 경험할 수 있는데 이러한 상황에서 클라이언트가 효과적으로 대처해 나갈 수 있도록 원조하려고 노력해야 한다.

네 번째로, 공동체에 특정한 종교의 믿음, 교리, 혹은 그들만의 종교 혹은 문화에 속한 의식을 강하게 느끼는 사람들이 있을 것이다. 이러한 감정 때문에, 그들은 특정한 믿음, 교리, 혹은 특별하게 사회복지사가 그들의 종교나 문화에 속해 있지 않다면, 사회복지사에 의한 의식의 사용을 반대할 것이다.

사회복지사는 그러한 관심을 존중할 줄 알아야 한다. 그리고 클라이언트의 가족이나 공동체, 또는 다른 사람들에 의해 숭배를 받는 조상들에 대해서 분노의 감정을 갖고 있는 많은 사람들을 이해할 수 있어야 한다. 사회복지사는 어떤 사람은 전문가가 아니라고 표현하거나 또는 성스러운 의식을 행하기에는 불충분한 훈련을 받았다고 말해서는 결코 안 된다. 어찌 되었든, 사회복지사는 세상 사람들이 결국에는 그들의 자원, 전통, 그리고 서로 자유롭고 동등하게 갖고 있는 지혜를 공유하는 방법을 발견하게 될 것이라고 희망한다. 마음의 결승점과 함께 사회복지사는 두려움, 의심, 다른 사람의 억압으로 상처 입은 사람들을 치유하려고 노력을 할 것이다. 그는 또한 모든 사람들이 모든 종교적인 전통에 대해서 경의를 표하도록 교육하는 데 도움을 주려고 노력해야 한다. 그리고 영적이며 보편적인 다양성을 지닌 국제적인 공동체로서 지구를 공동창조하도록 원조해야 한다.

치유의 다른 방법들

영성 지향적인 사회복지사는 클라이언트가 아직도 익숙하지 않은 전통으로부터 나온 치유의 방법들을 발견할 수 있도록 노력해야 한다. 시간을 초월해서 대부분의 종교 안에서 인간의 신체에 대한 다양한 상징적 의미를 발견할 수 있다. 이러한 역사와 종교적인 자유로 인해서 미국과 다른 나라에서 활동하는 영성 지향적인 사회복지사는 다양한 전통들에서 신체건강을 발달시키는 실천방법들을 추출하여 이용할 수 있다. 사회복지사는 클라이언트로 하여금 다양하게 전통적 의미를 발견할 수 있도록 도움을 줄 수 있다. 그리고 그들이 원하는 작업과 그들 대부분이 추출한 상징들을 확인하도록 도움을 줄 수 있다.

예를 들면, 많은 전통들에서는 인간의 몸을 전체 다우주 안의 소우주로 인식해 왔다. 일부 종교지도자는 인간의 몸은 하느님의 형상대로 지음 받았다고 가르치고 있다. 그러한 전통은 하느님의 영적인 본성을 이해하는 데 분명하지는 않지만, 우주를 통하여 하느님이 구체적으로 나타나는 것보다 훨씬 중요한 것처럼, 인간의 영적인 본성은 분명하지는 않지만 몸의 구체적인 본성보다 훨씬 중요하다. 이러한 견해를 뽑아낸 클라이언트는 자기 자신의 치유에 상징적 의미를 사용할 수 있다.

보편적으로 그러한 방법은 클라이언트가 자신에게 가장 의미 있는 종교적인 상징들과 의식들을 찾는 데 첫 번째로 도움을 줄 수 있다. 가장 효과적인 사회복지사는 다양한 상징들과 의식들을 활용하여 일하는 데 있어서 충분히 융통성을 발휘할 수 있다. 왜냐하면, 그는 각 클라이언트의 믿음 체계는 클라이언트 자신에게 명예스러운 것이기 때문이라는 것과 영적인 견해에서 바라보면, 그들은 잠정적으로 치유를 돕는 데 유용하다는 것을 알아야 하기 때문이다. 그런 다음에 사회복지사는 클라이언트의 치유를 촉진하는 상징들과 의식들을 사용할 수 있도록 도움을 주어야 한다.

사회복지사는 다른 전통들과 믿음을 조사하지 않고서도 교리, 그리고 다른 전통의 의식들로부터 끌어낸 치유에 관한 단순한 의견을 클라이언트들에게 제공할 수 있다.

예를 들어, 신체의 오른쪽 측면은 남성을 뜻하고, 왼쪽 측면은 여성을 뜻하는 것

> **사례연구 14-9**
>
> **회복실에서의 영성 회복**
>
> 부주의한 자동차운전자에 의해서 자전거 사고를 당한 뒤에 회복 중인 22세의 한 여성이 있다. 그녀는 뇌진탕, 늑골이 골절되었고, 내부기관들에 타박상을 입고, 어깨가 골절되었다. 그녀는 병원사회복지사를 만나게 해달라고 요청하였다. 그녀는 회복하기 위해서 침대에 누워있는 동안 몇 가지 개인 작업을 하기에 좋은 시간이라는 생각을 해 왔다고 사회복지사에게 말했다. 사회복지사는 영적인 지향성을 지니고 있었으므로 클라이언트에게 자아탐색(self-exploration)을 위한 여러 종류의 방법들을 제공하기 위해서 설명하였다. 클라이언트는 그러한 방법들에 관해서 물었다. 그리고 사회복지사가 잘 알고 있는 몇 가지 전통에 관하여 들은 후에, 그녀는 특별히 불교에 관심을 가지게 되었다. 사회복지사는 그녀가 불교신자가 아닐지라도, 자신이 배운 불교수련의 몇 가지 방법들을 활용해서 그녀와 함께 수행할 수 있다고 설명해 주었다. 그 여성은 특별히 달라이 라마에 관하여 관심을 가졌고, 그들은 그룹으로 공부를 시작하였다. 사회복지사는 책을 읽고, 개념을 토론하고, 몇 가지 실습을 하였다.

을 여러 전통에서 찾아 볼 수 있다. 고대의 전사들은 오른손에는 검을 들고 그들의 왼손에는 방패를 들었다. 클라이언트가 현존하는 자신의 증상으로부터 의미를 얻는 방법으로서 이러한 단순한 규칙을 사용하는 것은 매력이 있다. 예를 들어, 만약 신체의 왼쪽에 심각한 부상이 발생한다면, 그 사람은 남성다운 에너지의 불균형이 자신의 삶에 끼치는 영향력일 가능성을 생각할 것이다. 유사하게 여러 전통에서, 신체의 오른쪽 부분은 최근 심리사회·영적 이슈의 반영으로 이해하고, 왼쪽 부분은 좀 더 장기간의 심리사회·영적 이슈로 이해하고 있다. 이러한 아이디어는 클라이언트를 끌리게 할 것이며, 신체의 증상들과 함께 작업할 수 있도록 방법들을 제공할 것이다.

변화의 일곱 가지 패러다임을 활용하여 신체와 함께 작업하는 몇 가지 방법들을 아래 〈14-3〉에 요약하였다. 사회복지사는 실천의 모든 패러다임에서 추출하여 활용할 수 있다.

14-3 건강 분야에서의 변화 촉진을 위한 원조방법의 사례들

영적인 힘(momentum)	클라이언트는 문화, 가족, 그리고 자신의 삶의 역사를 가진 사람들과 몸-마음-영의 관계를 탐색해본다.
깨어있는 일상생활	클라이언트가 어떻게 그의 몸을 듣고(listens) 돌보는 것에 관해 발달해 왔는지 유념해 본다.
마음과 영	클라이언트는 자신의 몸과 소통하는 감정을 활용한다.
종교적 자아	클라이언트는 몸을 치유하기 위해 자신의 의식이나 다른 종교의식을 활용한다.
신체 의식	클라이언트는 의도된 연습을 통해서 몸-마음-영의 관계를 발달시킨다.
공동체 의식	클라이언트는 자신이 속한 공동체에서 신체적으로 봉사한다.
생태 의식	클라이언트는 그의 생태체계에서 신체적으로 봉사한다.

| 연구 질문 |

1. 영적인 옹호란 무엇인가? 그 개념에 대하여 어떻게 느끼고 어떻게 생각하는가? 당신은 영적인 옹호활동을 할 수 있는가?

2. 어떻게 "전체" 과정으로서 몸을 치유할 수 있는가?

3. 연결(connecting)로서 어떻게 치유할 수 있는가?

4. 연결작업(connecting working)의 3가지 수준은 무엇인가?

5. 배우자와 함께, 당신의 몸의 증상, 치유실천, 그리고 이상적 건강상태를 확인해 보자. 그런 다음에 신체적, 인지적, 정서적, 사회적, 영적, 그리고 환경 수준들과 함께 작업을 해 보자. 당신 자신에게서 무엇을 배웠는가?

6. 사회복지사가 기도를 통하여 치유되기를 원하는 클라이언트에게 어떻게 도움을 줄 수 있는가? 당신은 이러한 일을 하는 데 편안한가?

7. 이 장에서 윤리적 이슈 네 종류의 명칭을 묘사하였다. 당신은 어떤 종류와 부딪혔는가? 설명해 보시오.

자료

Mindell, Arnold. (2004). *The quantum mind and healing*. New York: Hampton Roads.
    Arnie Mindell's pioneering work describes approaches to working with symptoms of the body and mind.
    His other books are equally helpful to the spiritually oriented social worker.
Murphy, M. (1992). *The future of the body: Explorations into the further evolution of human nature*. New York: Jeremy P. Tarcher/Putman.
    This well-documented book describes the literature on body-mind-spirit research.

CHAPTER 15

범죄인 재판 분야에서의 영적인 지향의 실천

　범죄인 재판체계에서 사회복지사들에게 의뢰되는 클라이언트들은 대개 도전적이다. 사회복지사들이 클라이언트들에 대해서 이야기하는 내용 가운데 우리의 흥미를 끄는 견해들이 있다. 범죄를 저지른 클라이언트들은 변화의 동기가 약할 뿐만 아니라 타 전문가들이나 공무원들이 클라이언트들을 냉담하게 대하는 태도를 볼 수 있다.

범죄인 재판에서 기본적인 영적인 접근의 실천

파멸되어 공개된 영적인 변형 Busted Open to Spiritual Transformation

범죄인 재판체계에서 영적인 지향성을 지닌 실천은 클라이언트가 경험하는 고통을 변형의 기회로 인정하면서 시작된다. 범죄인 재판체계에서 클라이언트는 대개 한 번 이상으로 "파멸된" 적이 있다. 첫째, 클라이언트의 행동이 본인에게 "시정조치"를 가할 수 있는 힘을 지닌 누군가에 의해 적절치 못하다고 확인된 적이 있기 때문에 그는 파멸 당하게 되었다. 둘째, 클라이언트의 가슴heart과 마음, 영혼이 또한 최소한 일시적으로 "파멸당하여" 개방되었을지도 모른다. 이것은 고통으로 인해 개방되었기에 변형의 기회가 될 수 있다.

정서적인 단계가슴에서 한 사람이 "파멸된" 때 그는 두려움, 분노와 슬픔뿐만 아니라 죄의식과 부끄러움을 느꼈을지도 모른다. 그가 사건에 대한 통제감각이 거의 없이 새로운 상황에 내던져졌을 때 갑자기 격렬한 느낌들이 넘쳤을지도 모른다.

그 사람이 완전한 상태로, 또는 자신의 전부가 공공연히 문제로 제기되었기 때문에 그 사람은 또한 자신의 시각과 다른 이들이 그에 대해 가지고 있는 시각 사이의 불일치를 경험했을지도 모른다. 그러므로 인식의 단계마음에서 클라이언트는 갑자기 그의 주변으로부터 흘러들어오는 모든 종류의 새로운 "투입input"에 맞서야 했을지도 모른다.

클라이언트는 범죄인이라고 불릴 것이고, 잘못된 치료를 받았을지도 모른다. 그는 자신과 세상에 대해 지니고 있던 시각들에 대해 고민하기 시작했을 것이다. 영적인 단계영혼에서 클라이언트는 특히 고통에서 벗어남을 이해할 수 있다고 이의를 제기했을지도 모른다. 그는 자신의 삶에서 얼마나 이 점에 관해 알았는지를 물었을지도 모른다. 또한 그는 삶의 희생자라고 느끼거나 공평하지 못한 치료를 받았다고 느꼈을지도 모르며, 실제로 행동의 근본적인 원인이 무엇인지 궁금해 하기 시작했을 것이고, 그가 세상에서 생각하고 느끼고 행동하는 방식에 변화를 원했을지도 모른다는 것에 대해 생각하기 시작했을 것이다.

남겨지고 파멸되어 개방된 영혼

다른 사람들에 의해 파멸 당했던 클라이언트는 종종 자기가 있었던 더욱 더 안전하게 보호된 위치로 돌아가길 원한다. 영적인 지향성을 지닌 사회복지사는 비자발적인 클라이언트를 파멸당한 채로 유지하도록 도우려고 노력한다. 그것은 개방된 채로 유지하고 영적인 경험과 변형을 받아들이는 것이다.

사회복지사는 모든 생리심리적 · 영적 · 환경적인 인간의 측면에 관여할 수 있다. 클라이언트를 개방된 채로 유지하도록 돕는 목적은 그를 벌하는 것이 아니라 치료를 돕는 데 있다.

신체적인 단계에서 클라이언트를 "파멸되어 개방된" 상태로 유지하도록 돕기 위해, 사회복지사는 클라이언트가 가지고 있을지도 모르는 모든 신체의 증상들을 연구대상으로 할 수 있다. 파멸당한 경험은 종종 몇 가지 신체반응과 관련이 있다. 클라이언트는 지속적인 높은 스트레스 상태로 있었고, 먹고 자고 쉬고 운동하는 패턴에 변화가 있었을지도 모른다. 그의 몸은 다양한 방식으로 반응할지도 모른다. 예를 들면, 클라이언트가 감기에 걸리거나 두통이 있거나, 지속적인 복통문제를 경험했을지도 모른다. 사회복지사는 클라이언트가 그의 증상들에 주의하고 신체적으로 자신을 더 잘 돌볼 수 있으며, 증상으로부터 의미나 의의를 알 수 있도록 도와야 한다. 이처럼 조심스럽게 클라이언트의 몸을 돌보는 과정은 종종 변형의 과정에서 중요한 첫 단계가 될 수 있다. 다음의 4가지 사례연구들은 젊은 여성들을 대상으로 연구한 것을 모두 기술한 것이다.

사례연구 15-1
신체적 수준의 연구

청소년 재판체계에서 활동하는 사회복지사에게 식품점에서 약물을 훔치다가 잡힌 15살 소녀의 사건이 맡겨졌다. 비록 그녀는 훔치는 것이 도망간 남자친구의 생각이었다고 주장했지만, 그녀는 벌로 지역사회봉사와 판사에 의해 상담을 받으라는 처분을 받았다. 소녀는 어머니와 사회복지사와 함께 첫 법정으로 들어갈 때 눈물을 흘렸다.

사회복지사는 소녀의 어머니에게 밖에 있어 달라고 부탁하고 나서 처음으로 소녀에게 그녀의 이야기를 해보라고 요구했다. 소녀는 중독을 위해 감기약을 훔쳤다고 설명했다. 그녀는 학생이자 치어리더였다. "이제 나는 마약중독자예요"라고 그녀가 말했다. 첫 재판 동안 법정에서는 그녀의 죄에 대해 이야기했다. 또한 사회복지사는 그녀에게 신체적인 증상에 대해 물었다. 소녀는 걱정이 되어 잠을 잘 수 없다고 말했고, 또한 우울하고 자살할 생각을 했다고 말했다. 사회복지사는 소녀가 스트레스를 받은 시기 동안 불면증에 걸렸었다는 것을 알아냈다. 사회복지사는 소녀에게 잠을 잘 수 없었던 밤 동안 무엇을 생각했는지 물어보았다.

소녀는 다시 울었고 "모든 것"을 걱정했다고 말했다. 사회복지사는 소녀에게 운동을 시작하라고 권하면서 운동이 다시 기분이 좋아지게 도울 수 있는 가장 쉬운 방법이 될 것이라고 설명했다. 그녀는 마음이 내키지 않았지만, 에어로빅 프로그램을 계획하는 데 동의했다. 비록 그녀가 처음에는 약속을 지키기 어려웠을지라도 결국 규칙적으로 일주일에 3번씩 운동했다. 재판이 끝난 뒤에 그녀는 기분이 좋아지기 시작했다. 그녀는 "운동이 기분을 좋아지게 해요"라고 말하며 인정했다. 그리고 나서 그들은 그녀의 중독적인 행동의 근본 원인들을 조사하기 시작했다.

정서적 수준에서 사회복지사는 클라이언트가 파멸되어 개방된 상태를 유지할 수 있도록, 클라이언트로 하여금 일어난 사건에 대해 자신의 정서적인 반응을 처리하고, 이해하고, 받아들일 수 있도록 도울 수 있다. 사회복지사는 클라이언트에게 어떤 감정적인 반응을 가졌는지를 물어보고 나서 함께 감정들의 근원과 의미를 조사할 수 있었다. 변형시키는 활동에서 클라이언트를 보호하면서, 종종 그의 감정이 나침반처럼 움직일 수 있다. 사회복지사는 때때로 클라이언트에게 언어가 아닌 것으로 표현하도록 요구함으로서 감정들이 개방된 상태로 유지되도록 도울 수 있다.

> **사례연구 15-2**
> **정서적 수준의 연구(사례연구 15-1에서부터 계속되어)**
>
> 사회복지사는 클라이언트에게 자신의 삶에 대해 어떻게 느끼고 있는지를 이야기해 보도록 요구했다. 그녀는 자신의 감정에 대해 이야기하는 데 익숙하지 않았기 때문에, 처음에는 어려움을 느꼈다. 그래서 사회복지사는 그녀가 좋아하는 랩음악을 사무실에 가져오게 했다. 그들이 노래를 틀었을 때, 사회복지사는 그녀에게 음악에 맞춰 움직여 보라고 했다. 결국 소녀는 음악에 맞춰 몸을 움직임으로써 자신의 감정을 알았다. 점진적으로 더 많은 움직임과 논의를 통해 그녀가 가진 감정들을 알 수 있었다. 처음에 그녀는 남자친구와 잤지만 사실은 그의 "어떤 것도 좋아하지 않는다"고 이야기 했다. 사회복지사가 그녀의 가족에 대해 물었을 때, 어머니는 너무 통제하는 편이고 아버지와의 관계가 멀다고 말했다. 사회복지사는 그녀에게 무엇이 문제인지 물었다. 그녀가 대답했다. "난 모르겠어요." 사회복지사는 다음 한 달 동안 당신의 목표에 무엇이 문제인지를 찾아내보라고 제안했고 그녀는 동의했다.
> 결국 소녀는 무역학교에 가길 원하고 헤어스타일 일을 배울 것을 결정했다. 그녀는 가을에 지역에 있는 전문대학에서 운영하는 야간 프로그램에 입학했고, 고등학교를 마칠 수 있었다. 그녀에게 사회복지사가 "다음 달 당신의 계획에 대해 어떻게 느끼세요?"라고 묻자 소녀가 대답했다. "나의 대답을 어떤 식으로 원하나요? 춤으로 또는 말로?" 사회복지사는 의자에 기대서서 답했다. "둘 다 일지 모르지."

인지적 수준에서 사회복지사는 클라이언트가 더욱 더 자신의 사고패턴을 알도록 돕고, 그들이 그녀의 정서와 행동에 얼마나 관련되어 있는지를 알 수 있도록 돕는다. 클라이언트는 또한 새롭고 더 건설적인 방식으로 자신의 마음을 이용하는 방법을 배우기 원할지도 모르며, 요가, 명상, 또는 관상contemplation과 같은 방법을 실행하는 법을 배우기 원할지도 모른다. 때때로 이야기 나누기가 클라이언트의 생각을 이끌어내는 가장 효과적인 방법 가운데 하나가 될 수 있다.

사회적 수준에서, 사회복지사는 클라이언트가 새로운 사회적 행동에 개방될 수 있도록 도왔다. 가장 일반적인 방법은 함께 설계하고 지원하며 "예비조사" 과제를 평가하는 것이다. 예비조사는 클라이언트가 생각하고 느끼는 새로운 방식으로 활동

사례연구 15-3
인지적 단계에서의 활동(사례연구 15-2에서부터 계속)

"당신은 걱정할 때 무엇을 생각하나요?"라고 사회복지사가 물었다. 소녀가 대답했다, "나는 모든 것에 대해 생각해요. 나는 엄마가 괜찮을지라도, 만약 내가 학교를 그만둘 거라면, 만약 빌리와 내가 깨진다면…… 이런 식으로요." 사회복지사는 그녀에게 왜 엄마를 걱정하는지 물었고, 소녀는 어머니와 아버지가 5년 전에 이혼한 이후로 걱정해 왔다고 말했다. "그럼 나는 왜 당신이 걱정하기 시작했는지 알 수 있겠어요. 하지만 내가 더 이상 당신에게 도움이 되는지 확실하지 않네요. 당신은 진실로 이 모든 삶에 대해서 걱정하길 원하나요?" "음, 아니요." 소녀가 답했다. "하지만 어떻게 내가 걱정을 멈출 수 있나요? 나는 노력했지만 난 단지 더 걱정할 뿐이에요." "불교의 스님과 바람에 대한 이야기를 들어 본적이 있나요?" "아니요." "하루는 스님의 제자들 가운데 한 명이 스승에게 당신이 금방 나에게 물었던 똑같은 질문을 했다. 바람이 부는 날, 스님이 제자를 밖으로 데리고 나가서 바람을 멈추어 보라고 말했다. 제자는 바람을 멈추는 것은 불가능하다고 말했고 스승은 웃으면서 제자가 옳다고 말했다. 그리고 바람이 태풍 정도의 힘이 아닌 한 걱정할 필요가 없다고 말했다." 소녀는 반은 당황하고 반은 놀라운 표정으로 사회복지사를 쳐다보았다. 그리고 그녀가 말하길, "그 스님은 실제로 위험이 있지 않다면 걱정할 필요가 없다고 말하는 건가요?" "당신이 알기 시작했군요." 사회복지사가 말했다.

하게 하는 방법이다. 또한 새로운 행동은 클라이언트를 영적으로 이끌어 낼 수 있다.

영적인 차원에서, 사회복지사는 개방된 채로 지내도록 클라이언트를 돕기 위해 더 높은 자아의 인식을 활용할 수 있다. 사회복지사는 항상 범죄인 재판체계에서 그의 클라이언트들을 인간의 몸으로 살아가고 있는 영적인 존재로서 보았다. 사회복지사는 클라이언트들이 자신들의 고통이 더 많은 영적인 발달을 이룰 수 있는 기회일 수 있다는 희망을 포기하지 않도록 활동했다. 그는 심각하게 클라이언트들이 다른 이들에게 가했던 고통을 겪었고, 범죄인 재판체계를 규정하는 법을 수용했다. 하지만 그는 또한 클라이언트들에게 불필요한 고통을 가하려는 데 참여하길 거부했다. 대신에 그는 클라이언트가 다른 사람들, 생물체, 생태계에 봉사하려는 책임

사례연구 15-4
사회적 수준의 연구(사례연구 15-3에서부터 계속)

사회복지사는 소녀에게 그녀가 원했던 관계에 대해 이야기하도록 요구했다. 그녀는 대답했다. "모르겠어요." "하지만," 사회복지사가 덧붙였다. 그들은 그 질문에 대해 탐구하기 시작했다. 사회복지사는 소녀에게 처음에 자신이 원하지 않는 것을 알아내고 나면 그 이후로 자신이 원하는 것을 알아내기가 더 쉽다고 가르쳐 주었다. 그런 마음으로, 소녀는 자신이 "단지 훔치기에 몰두하지 않는" 친구를 사귀길 원한다는 걸 알 수 있었다. 이후 그녀는 "자신에게 좋은" 친구들을 원한다는 것을 알게 되었다. 그녀는 친구들이 무엇을 생각하든지, 그녀의 과제가 스스로에게 진실해지는 것임을 깨달았다.

또한 사회복지사는 클라이언트에게 부모와의 관계에 대해 물었다. 소녀는 자신이 무엇을 할지라도, 아버지에 대해 "충분히 좋다"고 느끼지 않는다고 말했다. 어머니는 그녀가 한 것에 대해서 "항상 틀린 무엇인가를 찾고" 있기 때문에 어머니가 "아버지보다 좀 더 완고하다"고 덧붙였다. "부모님들의 태도에 어떻게 반응하길 원하나요?" 사회복지사가 물었다. "아마도 전 그분들 때문에 화가 난 게 아니라 단지 냉담해지고 싶은 거예요."

그녀는 변화하기 시작했다. 소녀는 자신이 그랬던 것처럼 부모에 의해 "위탁되었다"는 것을 깨닫게 되었다. 사회복지사가 그녀에게 말했다. "당신은 단지 소수의 성인들이 잘하는 것을 하려고 배우기 시작한 것입니다. 이것은 당신의 가족 기원에 감정적인 반응이 아닙니다."

감이 있는 축복 받은 존재로서 자신을 보길 원하며, 생각할 권리가 있는 희생자로서 자신을 보는 것으로부터 그녀의 영적인 삶으로 옮길 수 있도록 돕기 위해 활동했다.

사회복지사는 클라이언트들이 모든 행동에 결과가 있는 현실 세상에 살고 있다는 것을 알았다. 그는 또한 클라이언트들이 최소한 그들이 결과의 실행을 필요한만큼 많이 동정, 용서, 사랑을 경험할 필요가 있다는 것을 알았다.

클라이언트가 그들 자신의 창조적인 영$_{spirit}$의 경험에 계속 개방되도록 돕는 방법은 창조적인 표현의 사용을 통해서 이루어진다. 교도소에 있는 몇몇의 클라이언트들은 예를 들면, 자아 표현과 탐구의 수단으로서 창조적인 글쓰기를 이용할 수 있다. 몇몇의 사회복지 수혜자들은 매일의 여정 또는 일을 시(詩)로 쓸지도 모른다. 글쓰기는 개인적일수도 있고 그러므로 상대적으로 사회복지의 수혜자들이 그들의 영적인 삶을 탐구하기 시작하는 것은 안전한 방법이다.

시련에서 변화로 움직임

영적인 지향성을 지닌 사회복지사는 클라이언트의 욕구가 동정과 용서를 받을 필요가 있을 뿐만 아니라, 다른 이들에게 동정과 용서를 줄 필요가 있다는 것을 알았다. 범죄인 재판체계에서 활동의 궁극적인 목적은 변형이며, 그리고 만약 클라이언트가 영적으로 발전을 촉진시킬지라도, 그 자신의 행동에 대한 책임을 가져야 한

사례연구 15-5

교정 분야에서 영적인 수준의 작업

신입 사회복지사는 첫 날을 주 정부의 교도소에 있는 청소년 구치소를 방문하였다. 교도관 중 몇몇은 그녀가 클라이언트들을 두려워하지 않고 그들을 알아가는 데 관심을 갖는 모습에 크게 감동을 받았다. 교도소에 있는 젊은 남성들은 그녀의 다정함과 솔직함에 반응했다. 그녀는 곧 그들 중 몇몇이 비록 다른 사람에게 그들의 창조적인 글쓰기를 숨기려 할지라도, 매일 그들의 방에서 글쓰기를 하고 있다는 것을 알게 되었다. 그녀는 클라이언트들에게 자신들이 쓴 글을 읽을 수 있도록 허락해달라고 요청했고, 사회복지사가 개인이나 집단회기에서 클라이언트들과 치료에 대해 이야기하는 기회로 발전했다. 그녀는 남성들 중 많은 사람들이 그들의 감성적이고 영적인 경험에 대해 글을 썼고 그들이 주류문화에서 대부분의 사람들과 유사하게 직업교육과 관계의 꿈을 공유하고 있다는 것을 알았다. 결국 그녀는 남성들이 교도소를 떠나서 다시 주류사회의 삶으로 옮겨갈 때, 남성들을 위한 또 다른 지원집단을 운영하기 시작했다. 그녀의 첫 사회복지의 수혜자가 고등학교를 마쳤을 때, 지지 집단성원들이 그의 졸업식에 참석했다.

다. 클라이언트가 증가된 책임을 질 때, 그는 삶의 희생자로서의 자신을 보길 멈추는 대신에 감사를 드리고, 다른 사람들, 생물체들과 모든 생명을 부양하는 생태계에 봉사할 수 있는 기회로 세상을 바라볼 것이다.

사회복지사는 고통이 종종 가장 좋은 치료라고 알고 있다. 몇몇의 클라이언트들은 고통을 감당해 낼 수 없다는 그들의 믿음 때문에 힘들어 한다. 대부분의 사람들은 원하지 않는 것과 그들의 삶에서 부당한 고통이라 보이는 것을 경험한다. 이 괴로운 고통의 경험, 또는 불공평하고 잔인한 "삶으로부터의" 치료는 클라이언트가 그래도 자신과 세상에 대해 사랑과 동정, 그리고 용서할 수 있는 새로운 방법을 찾아 자신의 더 깊은 내면에 도달하도록 자극한다. 영적인 관점으로, 괴로운 시련의 경험은 개인의 삶에 깊은 변화를 일으킬 수 있다. 사회복지사는 대부분이 그렇진 않지만, 범죄인 재판체계에서 클라이언트들 중 많은 이들이 그들의 삶에서 괴로운 시련을 겪었고, 그런 클라이언트들이 비통과 분개에 대한 그들의 반응을 넘어서는 데 도움이 필요할지도 모른다고 깨달았다. 비록 사회복지사는 클라이언트가 준비되고 적당한 때가 되었을 때까지 기다려야 할지라도, 조만간 그녀는 클라이언트가 그의 고통을 영적인 성장을 위한 기회로 사용하도록 노력할 것이다.

내외적으로 우리 삶에서의 감옥

영적인 지향성을 지닌 사회복지사는 개개인 클라이언트의 삶에서 감옥의 영적 목표에 대해 궁금해 한다. 그는 대부분의 사람들이 두 가지 종류의 "감금" 상태에 있다는 것을 알고 있다. 외적으로 다른 이들에 의해 강요되고, 내적으로는 자기 자신에 의해 강요된다.

재판체계에서 활동하는 사회복지사는 물론 클라이언트가 감금監禁되었거나 그의

사례연구 15-6
시련 없이는 변화도 없다

처음에 클라이언트는 사회복지사의 사무실로 걸어왔다. "난, 왜 내가 여기 있는지 모르겠어요." 그는 화가 나서 말했다. "그들은 내가 술에 취해서 운전했다고 말합니다." 사회복지사가 대답했다. "나에게 무슨 일인지 말해 보세요." 클라이언트는 자신이 그릇된 행동, 즉 난폭한 운전에 대해 비난 받았을 뿐만 아니라 이러한 일이 지난 2년 동안 몇 차례 일어났다는 것을 설명했다. 사회복지사는 클라이언트의 명백한 잘못된 기간을 엄밀히 조사하는 대신에, 다음과 같이 대답했다. "당신은 정말 힘들었을 많은 일을 감당해야 했겠군요." "잘 아시네요." 클라이언트가 대답했다. "난 쉬어본 적이 없어요! 다른 사람들(부유한 사람들)은 항상 쉬고 얼마나 많이 교묘하게 모면하는데요. 하지만 난 아니에요, 절대로 난 아니에요!" 사회복지사는 그 남자가 인생 이야기를 자신의 입장에서 하도록 했다.

나중에 그 활동이 진행되면서 사회복지사가 요구했다. "이제, 당신이 얼마나 고통스런 인생을 살았는지 알 수 있겠네요, 하지만 난 계속 궁금한 게, 무엇이 당신이 지금 겪는 이 고통을 해결하도록 했나요?" "그게 무슨 뜻이죠?" 클라이언트가 물었다. "음, 고통이 뭐라고 생각하나요? "당신이 나에게 말해 봐요. 당신은 교육받은 사람이잖아요." 그가 답했다. "'educate'란 말은 본래 우리의 안에 있는 지혜를 '끌어내다'라는 의미였어요. 그래서 만약 세상의 지혜의 전통이 근본적으로 우리와 같은 조상들에 의해서 발견되었다면, 그건 실로 인류의 공동체적인 지혜를 포함합니다.

그리고 이것은 당신과 나를 포함한 우리 서로가 때때로 천지만물에 의해 설득되어진 것처럼 보여요. 말하자면, 마침내 우리 자신을 사랑하길 배우기로 결정하는 것이죠"라고 사회복지사가 말했다.

"나는 이미 나 자신을 사랑해요. 하지만 사람이 자신을 사랑해야 한다는 것은 정말 힘든 일이지요?" 클라이언트가 물었다. 사회복지사가 대답했다. "아마 밖에서 아무도 나를 지지하지 않고, 모든 것이 불운하게 진행될 때, 이것은 나를 내면으로 들어가게 하고 '교육'받도록 강요하고 내가 정말 되지 않으면 안 되는 누군가를 발견하고, 그러고 나서 내가 되지 않으면 안 되는 그런 사람이 되기로 노력하고, 심지어 그 사람을 사랑하는 법을 배웁니다. 아마도 정말 고통스러운 시련이 없이는 변화되어질 수 없어요."

하지만 활동 후에 클라이언트가 말하길, "당신이 알듯이, 나는 얼마나 분노가 안전에 대한 잘못된 감각을 주는 안개 같았는지 깨닫지 못했을 뿐만 아니라 현실을 바로 보지 않고 회피했어요. 나는 항상 스스로를 포함한 모든 사람들에게 '엉터리'였음을 깊이 깨달았습니다. 나는 자신을 그리 사랑하지 않았고, 항상 나를 포함해서 모든 사람과 전쟁 중이었다는 사실을 알기 시작했어요. 나는 싸우는데 신물이 납니다. 일단 내가 누구인지 알고 나면, 나 자신을 사랑하는 법을 배우길 원하죠. 나는 분노를 포기하려고 노력할 겁니다." "그게 사는 것 아니겠어요?" 라며, 사회복지사가 미소 지었다.

의지에 반하여 '붙잡혀'졌다는 것을 알았고 아마 강한 분노와 두려움, 그리고 슬픔의 감정을 동반한 깊은 통제의 손실을 경험했을 것이다.

사회복지사는 클라이언트와 함께 더 깊은 활동이 시작되기 전에 클라이언트들의 입장이 언급되어져야 한다는 것을 알고 있다. 관계를 돕는 것은 종종 천천히 발전한다, 그리고 클라이언트의 어려움들은 귀 기울여질 필요가 있다.

자가 활동 Self-work이 자발적으로 시작될 때, 이 자가 활동을 하기란 무척 어렵다. 클라이언트는 성장하기 위해 종종 자신과 세계에 대해서 매우 고통스러운 현실과 직면해야 한다.

그러나 자가 활동이 법원 명령일 때, 클라이언트는 또한 종종 공공연히 자신의 성실을 질문 당하는 것으로 인해 개인적 악마성에 직면해야 한다. 이러한 상황에서 클라이언트는 자신이 희생물이라고 생각하거나 그렇게 느낄지도 모른다. 클라이언

사례연구 15-7

감옥에서 첫 번째 날

사회복지사는 막 감옥에 들어온 새로운 클라이언트에게 손을 내밀었다. 그녀는 그의 인사를 거부하고 대신에 손으로 자신의 머리를 만지며 앉았다. 그들은 거기에 조용히 몇 분간 앉아 있었고, 그리고 나서 그녀가 흐느껴 울기 시작했다. 사회복지사는 그녀의 울음에 집중했고 그녀가 다시 울 때 그가 말하길, "나는 당신이 울 수 있어서 기쁩니다. 나는 당신이 방탕한 생활을 한 것에 대해 비난하지 않아요." "당신이 뭘 알죠? 무슨 세상이 아이 엄마를 감옥에 넣는 거죠? 나는 약물을 하는 것이 불법인걸 알지만, 왜 내가 내 아이들로부터 떨어져야 하나요?" 사회복지사는 몇 분 동안 다시 조용히 있다가 대답했다. "당신이 옳아요. 나는 당신의 처지를 다 몰라요. 하지만 기꺼이 당신 얘기를 들을 거예요." 클라이언트가 그를 쳐다보고는 눈물을 닦았다. "당신은 삶에서 신뢰하는 사람이 있나요?" "그다지." 그녀가 말했다. "그럼, 만약 당신이 저를 신뢰하기까지 많은 시간이 걸린다 해도 괜찮아요. 당신이 필요한 만큼만 시간을 가져요." 사회복지사가 말했다.

사례연구 15-8

참회의 작업

사회복지사는 아동학대 피해자와 가해자를 치료하는 '가족 트라우마센터(Family Trauma Center)'에서 일하면서 클라이언트들을 볼 수 있었다. 사회복지사는 성학대 가해자인 남성들 중의 대부분이 어릴 때, 성희롱을 당한 3명의 여성들이 겪은 괴롭힘의 결과에 대해 이야기하는 영화에 반응했다는 것을 알아냈다.

그녀가 현재 진행하고 있는 집단에서 그녀는 다양한 치료기법을 사용하는 12주간 집단 활동에 참여하는 5명의 남성을 만났다. 첫 주에는 그 남성들이 서로 서로를 만나고 그들의 학대행동에 대한 이야기를 나누었다. 둘째 주에 그들은 부족한 욕구 조절, 낮은 자존감, 그들의 신에 대한 분노(대부분의 사람들처럼 이 남성들은 신을 믿는다고 진술함), 그리고 알코올 남용뿐만 아니라, 육체적, 정서적, 인지적, 사회적, 영적, 환경적으로 그들이 학대행동을 하는 원인을 고려하여 여러 가지 질문을 했다. 셋째 주에는, 그 남성들이 참회의 개념을 소개했고, 영화를 보고 나서 그들의 반응에 대해 논의했다. 남성 중 한명이 눈에 띄게 흔들렸고 눈물을 흘리며, 딸을 성희롱한 것에 대한 그의 슬픔, 죄의식, 그리고 부끄러움에 대해 이야기했다. 대부분의 다른 남성들도 슬픔과 죄책감을 지니고 있었다. "아무것도 느껴지지 않아"라거나 "뭐가 큰 문제인지 알 수 없다"던 한 남성이 실제로 한 달 후에 자살을 시도한 사람이라고 밝혀졌다.

트가 감금되었을 때, 자신이 돌보아지고 감금되고, 벌을 받는 한 어린아이처럼 취급되는 굴욕에 직면해야 한다. 그러나 영적인 지향성을 지닌 사회복지사는 클라이언트를 감옥에서 해방되도록 도울 수 있다고 생각한다.

클라이언트는 "유죄 판결을 받은" 것이 아니라 항상 자신의 투옥을 자기 자신에 의해라기보다, 오히려 다른 사람에 의해 잡혔다는 "확신" 또는 강한 믿음이 있다. 부분적으로 사회복지사의 과업은 클라이언트가 자신의 신념을 찾아내도록 돕는 것과 그들의 관계에서 통합적으로 살도록 하는 데 있다.

그 사람의 행동에 대한 슬픔의 경험인 참회의 실천은 투옥에 의해 촉진되거나 그렇지 않을 수도 있다. 투옥은 누군가 파멸 당했던 슬픔의 감정을 야기할 수도 있다.

사례연구 15-9

참회(사례연구 15-8에서부터 계속해서)

성학대 가해자 집단성원들은 6번째 만남에서 참회에 대해 이야기하기 시작했다. 사회복지사는 모든 클라이언트가 병리적이라는 것을 인식하고, 집단성원들에게 다시 그들이 마음 편히 자신, 가족들, 공동체, 그리고 신에게 느껴야 할 필요가 있었던 것을 생각해 보라고 요구했다.

예를 들면, 남성들 중 한 명이 부인과 가족의 재결합을 원했고, 가족이 돌아오도록 하기 위해서 "기꺼이 어떤 일이라도 할 것"이라고 진술했다. 집단은 그가 다음 단계를 알도록 도왔고, 그것은 자녀들과 부인 모두 함께, 상담모임에 참여하도록 요청하는 것이다.

또 다른 남성은 다시 내적 평화를 찾고 싶고, 신으로부터 용서를 구할 방법을 찾고 싶다고 말했다. 그 집단은 그가 신과 대화하는 방법에 무엇이 있는지를 물었다. 그리고 그는 참회의 방법으로 기도를 선택했다. 그는 이야기할 빈 의자를 선택하고는 집단에서 첫 번째 기도를 체험했다. 그리고 신에게(빈 의자에) 그가 다시 평화를 느끼길 원한다고 이야기했다. 그리고서 사회복지사는 빈 의자에 앉고, 신이 그에게 얘기했을 것 같은 말을 생각해서 말해보라고 제안했다. 그 남성은 앉아서(신을 의미하는 의자에) "나는 너의 행동으로 꽤 불행했다. 그러나 나는 널 사랑할 것이고 그러므로 너의 삶을 돌이킬 수 있는 또 다른 기회를 줄 것이다. 하지만 난 네가 이번엔 더 좋은 일을 할 것이라 기대한다"고 말했다.

그러나 클라이언트의 가슴heart과 마음mind과 영혼soul이 그 자신이나 다른 사람에게, 또는 생태계와 다른 살아 있는 것들에게 불러일으킨 고통을 볼 수 있도록 개방했을 때, 깊은또는 실제의 참회가 시작될지도 모른다. 참회를 촉진할 때, 사회복지사의 임무는 클라이언트가 자신의 행동의 결과를 인식하는 자각을 강화하도록 하기 위해서 가능하면 명상, 묵상과 기도와 같은 방법을 통해 도울 수 있다. 몇몇의 클라이언트는 그들의 신이나 창조적 영의 의식뿐만 아니라 양쪽 다른 사람들과 관련해서 참회를 느낄 것이다. 사회복지사는 또한 클라이언트의 인식과 그 자신의 감정의 적절성을 용이하게 한다. 그런 사회복지사는 개인적으로 또는 집단상황에서 활동할 수 있다.

참회의 실천은 클라이언트가 마음과 행동의 변화를 결정하는 곳에서의 의지의 실행이었다. 그러므로 참회는 그 사람이 뉘우침을 행동으로 옮기는 곳에서 활동하는 과정이다. 사회복지사는 클라이언트가 다른 사람들, 살아있는 존재들, 그리고 생태계의 웰빙을 위한 증가하는 책임을 질 수 있도록 지지한다.

범죄인 재판 분야에서 실천 패러다임

가장 영향력 있는 영적 지향성을 지닌 사회복지사는 가능한 어떤 것 또는 모든 실천의 패러다임으로부터 여러 가지 기법을 찾아서 서로 결합한 방법을 이용했다. 〈15-1〉에 주어진 예에서 설명한 것처럼, 이 방법들은 모두 변화의 인식을 촉진하는 데 사용될 수 있을 것이다.

15-1 범죄자 재판 분야에서 변형을 촉진하는 방법들의 예

영적인 힘	클라이언트가 다른 이들의 삶에서 자신의 행동의 원인과 결과를 탐구하도록 돕는 것
깨어있는 일상생활	클라이언트가 새로운 태도의 희생, 감사와 봉사와 일치하는 행동으로 자신의 감각을 변형하도록 돕는 것
마음의 영	클라이언트가 사랑, 동정, 그리고 자신과 다른 이들의 용서를 증가하도록 돕는 것
종교적인 자아	클라이언트의 다른 이들과의 관계의 변화를 촉진시키기 위한 종교적인 의식, 믿음, 교리를 사용하는 것
몸의 인식	몸의 자각과 몸의 활동을 통해 클라이언트의 인식을 변화시키는 것
지역사회 인식	클라이언트가 알도록 지지하고, 책임지고, 지역사회에 봉사함으로써 변화하는 것
환경 인식	클라이언트가 알도록 지지하고, 책임지고, 생태계에 봉사함으로서 변화하는 것

| 연구 질문 |

1. 사람들이 법정체계로 들어갈 때 "파멸당하는" 두 가지 방법은 무엇인가? 당신 자신의 삶에서 예를 들어 부모 또는 선생님, 또는 몇몇의 공인에 의해 어떻게 파멸당했는지 설명하라. 당신의 느낌은 어떠했고 당신은 어떻게 생각했는가?

2. 왜 사회복지사는 클라이언트가 "파멸당한 채" 유지하도록 돕길 원했는가? 왜 사람들이 종종 파멸당한 채 유지되는 것이 힘든 일이라고 생각하는가?

3. 클라이언트들이 파멸되어 개방된 채 유지하도록 돕는 다차원의 발전적인 접근을 설명하시오.

4. 사람들이 그들의 삶에서 가졌을지도 모르는 두 가지 종류의 감금은 무엇인가? 당신 삶에서 감금을 설명하고, 오늘날 그것에 대해 어떻게 생각하고 느끼는가?

5. 왜 힘든 고난이 종종 변화의 시작이라고 생각하는가? 용어를 정의하시오. 당신 자신의 삶에서 심한 괴로움을 어떻게 느꼈는지의 예를 들고, 이것이 어떻게 당신 자신의 영적인 발전에 도전이 되었는지 설명하시오.

6. 참회란 무엇인가? 사회복지사가 어떻게 참회를 촉진하도록 도울 수 있었는가?

7. 〈15-1〉을 복습하시오. 어떤 방법이 당신에게 최고로 나타나는가? 어느 것이 가장 적게 나타나는가? 그 이유는?

자료

Tricycle: *The Buddhist Review*

This well-edited publication has dealt with issues of imprisonment from a Buddhist perspective.

CHAPTER 16

공공사회서비스 분야에서 영적인 지향의 실천

　공공사회서비스 분야는 영적인 지향성을 지닌 사회복지사에게 독특한 도전과 기회를 준다. 사회복지사가 이러한 분야에서 돕는 클라이언트는 종종 빈곤, 실업, 교육, 주택, 정신적인 건강, 신체적인 건강, 법적인 문제, 교통문제, 그리고 관계와 같은 상호 연결된 범위에서 심각하고 복합적인 삶의 문제로 인해서 고통을 받고 있다. 사회서비스 분야에서 클라이언트와 함께하는 활동은 여러 가지에 의해 영향을 받게 되는데 때때로 과다한 업무량, 시행협약 맺기, 기관 간 조정의 어려움과 기관과 지역공동체 자원의 부족과 같은 행정적이고 공적인 요인들의 상충으로 인해서 겪는 어려움이다.

　그런 상태에서 영적인 지향성을 지닌 사회복지사는 클라이언트들이 그들의 고통을 다룰 수 있게 도울 수 있는 몇 가지 삶으로의 영적인 접근을 갈구한다는 것을 알았다. 사회복지사는 모든 클라이언트에게 효과적이고 자신이 일하는 공공기관에서 받아들일 수 있는 영적인 방법들을 개발하고 수행해야 한다.

아동과 가족을 위한 서비스 활동

영적인 지향성을 지닌 사회복지사는 클라이언트들의 고통을 알며 동정심을 지니고 활동한다. 그들이 빈곤, 가족학대, 양자 양육, 그리고 입양과 같은 문제를 다룰 때, 사회복지사는 가족이 지닌 고통에 민감하다. 사회복지사는 대부분의 클라이언트들이 종종 혼란스럽고 불친절하게 보이는 공공 체계에 관련되는 것을 깨닫는 "비자발적인" 클라이언트라는 것을 알고 있다.

기원 祈願

영적인 지향성을 지닌 사회복지사가 안전하고 효과적으로 아동과 가족서비스 분야에 사용할 수 있는 한 가지 방법은 기원이다. 사회복지사는 자신의 기원의 방법을 발전시키고 클라이언트와 함께 회기를 시작하기 전이나 후에 함께 기원을 사용한다. 예를 들면, 많은 사회복지사에게 그러한 기원은 기도의 형태를 취할지도 모른다. 몇몇의 사회복지사들은 그들 자신의 개인적, 문화적, 또는 종교적 환경에 더 잘 맞을지도 모르는 다른 의식들을 발전시킬 수도 있다.

회기 시작 전에 사회복지사는 클라이언트에게 기원을 제공할 수 있다. 그런 의식을 하는 데 정확한 방법은 없다. 하지만 몇 가지 일반적인 기원의 원리는 명확하다. 사회복지사는 클라이언트의 높은 가치를 향한 의도를 가질 수 있다. 사회복지사는 또한 클라이언트가 고통으로부터 배우고 고통을 경감시킬 의도를 가질 수 있다. 사회복지사는 클라이언트를 돕는 데 필요한 지혜와 관용과 기술을 사용할 수 있다. 사회복지사는 또한 전문적이거나 문외한인 클라이언트의 삶을 몇 가지의 방법으로 타인에게서 축복을 받도록 할 수 있다.

많은 사회복지사들은 그들이 클라이언트의 허락 없이 클라이언트를 위해 사적으로 기도하는 것이 적절한지 아닌지에 대해서 궁금해 한다. 몇몇의 사회복지사들은 이 윤리적 문제를 클라이언트와 의논하고 실제로 허락을 구한 뒤에 다룰 필요가 있다. 다른 사회복지사들은 클라이언트의 최고선을 향한 순수한 의도를 가지고 클라이언트를 위해 기도하는 것은 항상 적절하다고 결정한다.

회기 동안 사회복지사는 클라이언트를 위해 기도했을지도 모른다. 이런 환경에서, 클라이언트를 중재하는 사례에서 사회복지사는 클라이언트의 필요와 욕구에 민감했다. 사회복지사는 클라이언트에게 기도에 대해 어떻게 느끼고 생각하는지 물었고, 클라이언트의 동의를 받으면 이런 방법에 착수할 것이다. 회기에서 사용한

사례연구 16-1

회기를 시작하기 전에 기원하기

아동보호서비스기관에서 근무하는 사회복지사는 사무실에 앉아 있었다. 그녀는 조사해야 할 어린이 학대 보고에 대해서 한 부모와 이야기하기 위해 집으로 갈 준비를 하고 있다. 사회복지사는 하느님에 대한 강한 믿음이 있었고, 어린 시절부터 기도해 왔다. 그녀는 사무실 문을 닫고 눈을 감고 기도하기 시작했다. 그녀는 말하길, "하느님, 당신이 알듯이 또 다른 가족을 위해 일하러 나갑니다. 저에게 최고의 선이 이 어린이와 그 아이의 어머니를 향한 것임을 알 수 있는 지혜를 주십시오. 제가 옳은 결정을 내리고, 그들을 위해 하는 내 모든 일들에 관용과 민감함을 갖고 행할 수 있도록 도와주십시오. 또한 나의 슈퍼바이저, 판사, 경찰들, 그리고 이 가족과 함께 일해야 할지도 모르는 모든 다른 전문가들이 그 가족에게 최고의 선을 베풀 수 있도록 축복해 주십시오. 마지막으로, 최고의 선은 그들의 고통으로부터 올 것이라는 것을 이 가족에게 희망을 전해주시고, 만약 그들의 고통이 그들 자신의 영적인 발전으로 진행했을 때 줄어들 수 있다면, 그대로 내버려 두십시오."

대화는 클라이언트에게 법정에서 사용될 수 있는 방법들을 창조할 기회를 줄 뿐만 아니라 또한 이것은 그녀가 미래에 다른 사람들과 더욱더 효과적으로 대화할 수 있도록 클라이언트를 위한 영적이고 종교적인 대화의 방법들을 모델로 삼을 수 있다.

> **사례연구 16-2**
> **회기 동안의 기원**
>
> 입양을 담당하는 사회복지사는 20살에 임신한 여성과 그녀의 동갑내기 남자친구를 함께 만났다. 그들은 아기의 입양 가능성에 대해 의논해왔다. 젊은 커플은 둘 다 눈물을 흘렸고, 사회복지사는 그들이 자신의 감정과 울분에 대해 이야기하도록 했다. 가장 크게 드러내 보이는 주제는 그들이 아이를 위해 옳은 일을 했다는 데 초점이 있다. 커플들은 지역의 교회에 속해 있고 둘 다 기도의 힘을 믿는다는 것을 알게 된 사회복지사는 그들에게 함께 보호와 지원을 위해 기도할 것인지를 물었다. 그들 둘 다 동의를 하자 사회복지사는 어떻게 기도하길 원하는지 물었다. 그들은 함께 원모양으로 둘러 앉아서 차례로 한마디씩 말하기로 결정했다. 아기의 엄마는 "우리는 오늘 하느님, 당신께 미래의 우리의 아름다운 아기를 위해 기도하고 우리가 그를 위해 최선의 결정을 내릴 수 있도록 당신의 보호를 구합니다"라고 말하면서 기도의식을 시작했다. 남자친구는 다음으로 "우리는 당신의 뜻이 무엇인지 알아서 옳은 의견을 찾을 수 있도록 구합니다"라고 말했다. 사회복지사는 "우리는 두 명의 훌륭한 부모에게 지혜와 힘뿐만 아니라 마음의 평화로 축복해주시기를 간구합니다"라고 말했다. 그리고 나서 아이 엄마가 몇 마디 더 말했다.

회기 후의 기원은 회기 전의 기원과 유사하다. 사회복지사는 더 이상 다시 신체적으로 그의 클라이언트와 있고 싶지 않았지만, 영적으로 그들과 관계하기를 원했다. 사회복지사는 그런 환경에서 혼자 간청하거나 또 다른 전문가나 또는 적절한 사람과 의식을 행할 수도 있다.

사례연구 16-3
회기 후의 기원

사회복지사는 가정방문을 할 때, 슈퍼바이저와 함께 갔다. 그 방문에서 사회복지사는 주(州)의 양부모 활동에 지원했던 두 남성을 만났다. 사회복지사는 게이 남성이 양부모 활동에 지원한 사실에 대해 당황했었으며, 자신은 정말로 두 남성을 좋아했지만 게이라는 이유로 신청이 거절당할까봐 두려웠다고 수퍼바이저에게 이야기했다. 부족공동체에서 자랐던 사회복지사는 부족 안에서, 게이 부부는 공동체에 의해 받아 들여졌다는 말을 더했다. 사회복지사는 약간의 마른 허브를 태우고 그녀의 할머니로부터 들었던 옛날이야기를 되풀이함으로써 그 남성들을 위해 간단한 의식을 행하도록 결정했다.

슈퍼바이저는 사회복지사의 전통을 존중했고, 그녀가 어떻게 한 소년이 훌륭한 전사로 태어났는지에 대한 이야기와 그의 신부 이야기를 할 때, 그녀는 조용히 사회복지사와 함께 앉아 있었다. 그 전사는 어머니와 어린아이를 홀로 남겨둔 채, 사냥을 하다가 목숨을 잃었다. 결혼할 수 있는 다른 남자들이 없었지만, 마을에 홀로 살았던 또 다른 여성이 있었다. 그래서 그 어머니는 그녀와 함께 살기 위해 이사하기로 결정했다. 두 여성은 그의 아버지보다 더 훌륭한 전사로 자란 소년에게 훌륭한 부모였을 뿐만 아니라 스스로 전사가 되었다. 어느 누구도 두 여성이 실제로 연인이었는지 확실히 알지 못했다. 그리고 아무도 그들이 함께 사는 것이 그들에게 물어볼 정도로 충분히 문제가 된다고 생각하지 않았다. 사회복지사는 위대한 영(Great Spirit)에게 공동체가 이 두 남성을 받아들이고 훌륭한 부모로써 이들을 환영할 것인지를 기도함으로써 이야기를 끝냈다.

통합적인 가족 가치 위계 Family Values Hierarchy

모든 사회사업실천은 본질적으로 사회복지사 자신의 사정과 개입intervention과 평가를 이끄는 방법들에 영향을 미치는 사회복지사들의 신념이라고 할 수 있는 의식에 가치기반을 둔다. 영성 지향적 사회복지사는 중요한 위계 내에서의 속성특징으로서의 가치를 깨닫는다. 그리고 항상 다른 사람들이 소유한 가치뿐만 아니라 사회복지사들 자신의 개인적인 가치 위계personal hierarchy를 소중하게 여긴다.

한 가치 위계는 사람들의 공동체에 의해서뿐만 아니라 개인에 의해 유지될 수 있다. 어느 공동체의 사람들처럼 사회복지사들은 전문적인 공동체에서 모든 사회복지사의 공동의 지혜를 서서히 발전시키는 데 기초하면서, 공유된 가치의 위계를 발전시키기 시작했다.

영적인 지향성을 지닌 사회복지사에게 알려줄지도 모르는 가족가치 위계구조는 〈16-1〉에 제공되었다. 계속되는 토론과 대화의 모델로 사용될 수 있다. 이 모델에서 그 기간 가족은 개인의 중요성이나 심지어 확장된 인간 가족뿐만 아니라 개인과 그 또는 그녀의 인간 가족의 삶을 지지하는 생태계를 포함하는 데 사용된다.

영적인 지향성을 지닌 사회복지사는 아동복지체계에서 전문가들에 의해 만들어졌다고 알고 있는예를 들면, 사회복지사들, 판사들, 변호사들, 내과의사들, 심리학자들 등 많은 의견들이 중대하게 개인적으로 가치를 유지하고 있는 전문가들에 의해 영향을 받는다. 사회복지사는 개인적 가치를 소유하는 데 모든 전문가의 권리를 존중하지만, 또한 가치에 기반을 둔 결정들이 필수적으로 클라이언트 아동과 가족의 가장 높은 가치에 있는지에 의문을 품고 있다.

16-1 영적 지향의 사회복지에 도움이 되는 적절한 가족가치 위계

1 (높은 수준)	· 모든 생활을 떠받치고 억누르는 생태계의 장기적 웰빙 · 모든 인간생활과 인간 이외의 생활 그리고 공기, 물, 그리고 땅을 포함한 생태체계
2	· 전 세계와 지역공동체의 장기적 웰빙 · 사람과 그들 인간이 만들어가는 환경을 포함한 공동체들
3	· 스스로를 보호하기 위해 돌볼 수 없는 상처입기 쉬운 사람의 웰빙 · 아동과 청소년, 연약하거나 장애인, 그리고 학대받고 소수집단 인구들을 포함한 사람들
4	그녀 자신의 가치에 따르는 생활을 위한 개인적 삶의 권리
5 (낮은 수준)	다른 사람의 생에 그녀 자신의 가치를 강요하는 개인적인 권리

단지 다른 사람처럼, 영적인 지향성을 지닌 사회복지사는 자신의 가족가치를 강력하게 수용하고 있으며, 자신의 가치위계의 본성(특징)을 강력하게 나타낸다. 그녀는 지속적으로 자신의 심리(가치, 성향, 편견, 두려움)를 만유의 법칙과 혼동하지 않도록 주의하고 있다. 그녀는 다른 전문가들, 단체들, 그리고 공동체들을 또한 같이(앞에서와 말한 것과 같이) 하기 위해 도우려 노력하고 있다. 그녀의 역할은 그녀의 클라이언트들, 실천분야, 또

사례연구 16-4

아동복지 사례에서 가족 가치

사회복지사는 미혼부와 그의 여덟 살 된 아들과 함께 재결합할 계획에 대해 법정에 보고서를 제출하도록 요청받았다. 남성의 아들은 학교적응에 어려움이 있고 약물치료 평가를 받았다. 한 내과 의사가 소년에게 심각한 주의력결핍 과잉행동장애(ADHD)가 있다고 진단을 내린 후로, 보고서에 아이의 아버지는 소년에게 심리치료를 받게 하자는 의견에 대해서 거절했으므로, 소년은 일시적으로 아버지의 보호로부터 벗어난 적이 있다고 기록되어 있다. 사회복지사는 아동의 아버지를 방문해서 그가 아들을 매우 사랑하지만 아이의 치료를 위해서 "양약(洋藥)"이라 불리는 것의 사용을 강하게 금지하거나 제한하는 종교적인 관점을 가지고 있다고 결정했다. 아버지가 아들을 양육하도록 도울 수 있는 다른 가족이 없었다. 소년은 사회복지사에게 아버지가 보고 싶고, 아버지와 함께 집에서 살고 싶다고 말했다. 사회복지사는 법정에서 아버지가 즉시 아들을 방문하는 것과 상담자와 간호사 팀이 아이의 아버지와 약물치료를 위한 절충안 계획을 이행하는 동안, 점차적으로 아들이 아버지에게 돌아가게 해줄 것을 제안했다. 아버지는 계획에 동의했지만, 판사는 공동체의 가족가치가 고려되어야 하며, 아버지는 "종교적 극단론자"이고 소년은 "양 부모가 있는 가정이 필요하다"고 진술하면서, 여러 가지 상황을 고려하여 사회복지사의 제안을 거절했다.

사회복지사는 둘 다 이 가족의 재결합을 향해 움직이도록 돕는 방향으로 계속 활동하였고 장기간 법원이 시정하도록 활동하기로 결정했다. 협력적인 그의 슈퍼바이저와 상담한 후, 사회복지사는 판사의 행동에 대한 불복을 준비했고 결국 재판이 또 다른 판사에게로 넘어갔다. 사회복지사는 아동복지 사례에서와 같이 활동하는 모든 전문가들에게 더 좋은 훈련을 지향하여 노력할 것이며, 타 공동체와 함께 연합해 나가도록 돕는다. 그들은 한 달에 한 번씩 전문가들과 일반인들이 만나는 곳에서 공동체 가치 대화집단을 발전시키고 그들의 공동의 지혜를 통해 발전하는 공동체 가치 위계를 창조하는 방향으로 활동한다.

는 지역사회에 새로운 교훈을 제공하는 것이 아니라 오히려 모든 소리들이 들려질 수 있는 곳에서 영적이고 보편적 다양성을 지닌 공동체를 함께 창조하도록 돕는 것이다. 들려지지 않는 목소리가 있을 때, 그녀는 대변자로써 활동한다.

아동복지 사정Assessments에서 영적이고 종교적인 차원의 중요성

영적인 지향성을 지닌 사회복지사는 아동복지 사례를 위한 사정을 할 때, 영적이고 종교적인 포괄적인 요인들의 중요성을 이해한다. 그는 표준 사정질문을 종교적이고 영적인 질문들로 대체하지 않고, 오히려 사정에 영적이고 종교적인 내용을 포함한다. 〈16-2〉는 평가에 추가할 수 있는 영적이고 종교적인 질문의 몇 가지 예들을 제공한다.

16-2 아동복지 사례 사정에서 영적이고 종교적인 요인을 조사하기 위한 질문들

종교적인 요인들	· 종교가 있다면, 무슨 종교에 부모가 속해 있는가? · 부모는 종교가 양육 실천에 대해 가르친다는 것을 믿는가? · 그렇다면 부모의 종교성이 가족에 보호 요인인가? · 그렇다면 보모의 종교성이 가족에 위험을 증가시키는가? · 부모의 종교적인 공동체가 가족에게 어떤 지원을 제공하는가? · 그렇다면 부모의 종교적인 공동체가 가족을 더 위험한 상태에 놓이게 하지 않는가? · 적어도 그렇다면, 어떻게 부모가 아동에게 종교성에 대해 가르치는가? · 가족의 교회가 영적이며 보편적인 다양성을 지닌 공동체인가? · 가족의 공동체가 영적이며 보편적인 다양성을 지닌 공동체인가? · 가족 스스로가 영적이며 보편적인 다양성을 지닌 공동체인가?
영적인 요인들	· 부모의 생활에서 영성이 얼마나 중요한가? · 부모가 양육에 대해 자신들의 영적인 경험으로부터 무엇을 배우는가? · 그렇다면 부모의 영성이 가족을 보호하는 요인인가? · 그렇다면 부모의 영성이 가족에서 위험을 증가시키는가? · 적어도 그렇다면 부모가 아동에게 영성에 대해 어떻게 가르치는가? · 가족의 교회가 영적이며 보편적인 다양성을 지닌 공동체인가? · 가족의 공동체가 영적이며 보편적인 다양성을 지닌 공동체인가? · 가족 스스로가 영적이며 보편적인 다양성을 지닌 공동체인가?

아동복지 사례를 사정할 때, 사회복지사는 평가될 가족에게서 종교적이고 영적인 요인들 양쪽이 얼마나 독특하게 나타나는지 살펴보아야 한다. 사회복지사는 부모의 종교성이 스트레스와 양육을 효과적으로 다룰 수 있는 능력을 강화하면서 보호적인 요인이 될 수 있으며, 또한 종교성이 스트레스와 양육을 효과적으로 다루는 데 부모의 능력을 약화시키면서 위험한 요인이 될 수도 있다는 것을 알아야 한다. 이처럼, 부모의 영성은 위험하거나 강력한 요인이 될 수 있다. 그러므로 각각의 가족은 독특한 영적이며 종교적인 특성이 있기 때문에, 영성과 종교성의 사정은 사례별로 기초하여 행해져야 한다.

공립학교에서의 활동

학교현장에서 활동하는 영적인 지향성을 지닌 사회복지사는 종종 넓은 범위의 문제들과 함께 많은 인구의 어린이들과 가족들을 다루는 데 도전받는다. 학습과 행동에 문제가 있다고 확인된 아동들은 종종 또한 경제적 문제, 가정, 정신적 건강, 신체적 건강, 또는 법적인 문제가 있을지도 모르는 가족과 살고 있다.

학교사회복지사는 종종 다른 클라이언트들이나 전문가들과 영성에 대한 의사소통을 위해서 다른 언어를 사용하면서, 그 또는 그녀의 문제, 중재, 그리고 사정에서 영성을 포함할 수 있다. 사회복지사는 각각의 클라이언트가 사용하는 언어에 신중하게 귀 기울여야 한다. 그리고 어떤 영적이며 종교적인 상징들이 클라이언트를 편안하게 할 것인지 분명히 하기 위해 질문을 해야 한다. 예를 들면, 만약 한 사회복지사가 근본주의의 종교성이 강한 가족과 만난다면, 사회복지사는 성경이 그들에게 양육에 대해 가르친다고 믿는지를 물었을 것이다. 만약 가족이 자신들은 "New

Age"라고 말하는 믿음을 가졌다면, 사회복지사는 명상과 요가에 대한 책이 그들에게 양육에 대해 무엇을 가르치는지 물어 보아야 할 것이다.

이처럼, 사회복지사는 다른 전문가들이 사용하는 언어와 은유에 민감해야 한다. 몇몇의 전문가들은 영성이나 종교성에 대한 논의에 불편해 했다. 사회복지사는 여전히 〈16-3〉에 설명된 것처럼 더욱 더 형식적으로 도움이 되는 언어를 사용함으로써 영성에 다가갈 수 있다.

영적인 지향성을 지닌 사회복지사는 대부분 아동들의 두뇌를 불균형하게 훈련하려는 경향을 지닌 대부분의 학교체계를 알고 있다. 사회복지사는 단지 전체 사람들과 아동과 가족에 대해서 생물심리사회적-영적-환경적인 웰빙에 책임이 있는 직원들 가운데 유일한 전문가일지도 모른다. 그 결과로서, 교육적인 분야에서 사회복지사가 직접적으로 자신의 클라이언트 아동들과 가족과 활동할 때, 사회복지사는 부모와 다른 전문가에게 BPSSE 웰빙에 대해 교육하고 지원하기 위해서 많은 시간을 써야 했을 것이다. 사회복지사는 부모와 아동들과 함께 시작할 프로그램의 준비를 위해, 1년 전부터 직원들과 훈련을 시작했을지도 모른다. 이 훈련에서 사회복지사는 영적인 다양성을 지닌 공동체에서의 지도자 행동을 모델로 삼았다.

사회복지사는 또한 영적인 내용이 종종 덜 위협적인 방법을 사용하면서 소개될 수 있는 부모들을 위해 연수회를 제공할 수 있었다. 사회복지사는 아동들의 부모와 믿을만한 관계를 발전시키면서 다른 변화의 전략을 사용할 수 있었으며, 항상 영적이고 종교적인 다양성을 존중하는 모델을 사용하였다.

사회복지사는 또한 자신이 속한 학교의 어린이들을 위한 교육적인 경험을 계획하고 실행할 것이다. 가끔 스스로 이 훈련을 할지도 모른다. 그러나 사회복지사는 지속적으로 어린이들의 삶에 중요하고 새로운 리더를 만들길 원하기 때문에, 궁극

16-3 영적인 개념을 설명하기 위한 전통적인 사회복지 용어 사용하기

자존감	아동들은 그들이 만물(universe)에 의해 사랑받는다고 느낄 때, 스스로 사랑하는 것을 배운다.
탄력성(Resiliency)	아동들은 그들이 세상은 친근하다고 느낄 때, 덜 상처를 입는다.
보호요인	아동들은 그들이 자신보다 더 큰 무언가를 믿을 때 더 강해진다.
환경 속의 인간	아동들의 복지는 그들의 세상에서 모든 것과 관련되어 있다는 감각과 관계가 있다.
강점 기반	아동들의 그들 자신과 세상에 대한 신뢰는 그들에게 안전성을 준다.
증거 기반	기도가 중재 효능과 몸과 마음 사이에 연계의 효과를 증가시키는 증거가 있다.

사례연구 16-5

다른 학교 전문가들을 위한 훈련에 영성 소개하기

학교사회복지사는 2개의 학교에서 교사들의 교육을 맡아 줄 것을 요청받았다. 그녀는 영성에 대해서 소개하기로 결정하고 프레젠테이션을 "건강한 공동체를 통한 건강한 가족 지지하기"라고 이름 붙였다. 그녀는 선생님들과 관리자들에게 아동과 부모들이 함께 그들 스스로 돕고 서로 지원하는 내용을 포함하는 새로운 프로그램이 유익할 것이라고 주장했다. 이 프로그램의 원리 중 하나는 현재 가족과 공동체로 나누는 문화와 종교를 가로질러 대화의 실천과 교수법이 될 수 있다. 또 다른 원리는 아동들이 자존감과 탄력성(resiliency)을 발전시키는 데 도움을 줄 수 있는 강점에 기초한 양육관점을 부모들에게 가르칠 수 있다. 잇따른 교육 후에, 사회복지사는 더욱 더 영성을 그녀의 활동에 도입하기 위해 〈16-2〉에 설명된 몇 가지 접근법을 사용했다.

적인 목적은 선생님들과 부모들이 이 훈련을 습득하도록 하는 것이다. 그러므로 교육적인 경험은 이미 설립된 교육현장에서 가장 잘 통합될 수 있다.

사례연구 16-6
부모 훈련에 영성 도입하기

학교사회복지사는 가을학기 초에 초등학생 자녀를 가진 부모들에게 한 지역 음식가게가 기부한 간단한 저녁 식사를 제공함으로써 "건강한 공동체를 통한 건강한 가족 지지하기" 프로그램을 시작했다. 사회복지사는 부모들을 환영하며, 각각에게 2장의 빈 종이와 크레파스를 나눠주고 2개의 그림을 그릴 것을 요청했다. 첫 번째는 그들이 초등학교에 다녔을 때 세상이 얼마나 친근하게 보였는지를 나타내는 그림이었다. 부모들이 그림을 다 그렸을 때 사회복지사는 부모들에게 자신들이 생각하기에 오늘날 그들의 어린 자녀들에게 세상이 어떻게 보일지를 그림으로 그려줄 것을 요청했다. 그런 뒤에 사회복지사는 그들이 서로의 그림을 알지 못하고 공유하지 못한 사람들과 앉게 했다. 그들이 이야기를 나누기 전에, 그 한 쌍의 부모들이 어느 것이 부인(또는 남편)을 나타낸 그림이고 어느 것이 그 아이를 나타내는 그림인지 추측하게 했다. 이 활동은 매우 효과가 있었고 사회복지사는 새로운 프로그램에 성공적인 시작과 더불어 새 학기를 시작할 수 있었다.

사례연구 16-7
아동들의 경험학습에 영성을 도입하기

사회복지사는 아동들의 영성훈련을 위한 교과과정(curriculum)을 발전시켰다. 그 중요한 개념은 공동체 안에서 문화와 종교적 차이를 포괄하는 모든 환경에 민감해지도록 설계되었다. 그녀는 "건강한 공동체를 통한 건강한 가족 지지하기" 프로그램을 이끌고 가르치는 데 도움을 주는 자원봉사할 부모들과 선생님들로 구성된 집단을 만났다. 그들은 주제가 당신 스스로를 사랑하는 것, 다른 사람들을 돌보는 것, 자연환경을 돌보는 것, 대화를 통해 차이를 다루는 것, 그리고 사회에서 긍정적인 차이를 만드는 것을 포함해야 한다고 결정했다. 자발적인 수업(부모와 아동은 허가 받아야함)은 참여한 아동들에게 소량의 설탕, 지방, 흰 밀가루(여전히 아동들에게 많은 설탕, 지방, 흰 밀가루로 만든 점심을 제공하는 학교급식소와는 반대로)로 만든 건강하고 맛있는 점심을 제공하는 시간이 시작되었다. 음식은 지역 건강식품 시장에 의해 기부되었다. 수업은 모두 경험적이었으므로 아동들은 놀이와 창조적인 활동을 통해서 개념을 익힐 수 있었다. 그 수업은 곧 충원되었고 대기자 목록이 생겼다.

성인과 노인 서비스 활동

영적인 지향성을 지닌 사회복지사는 영적인 발달에 취약한 성인들, 노인과 가족에 대한 활동에 시선을 돌렸다. 그리고 그들이 가족과 교육기관과 공동체에서 영적이며, 보편적인 다양성을 지닌 교재를 함께 만들어 나가도록 도왔다. 사회복지사는 클라이언트들이 공공사회서비스가 자신들 삶과 관련이 있게 되었을 때, 종종 다양한 삶의 문제를 갖게 되고 굴욕스런 감정을 경험했다는 것을 알게 되었다. 따라서 사회복지사가 많은 클라이언트와 함께 해야 할 최초의 작업은 그들이 고통을 이해하고 벗어나도록 돕는 것이다. 어떤 클라이언트도 그들이 언젠가 공공 사회복지사의 비자발적인 클라이언트가 될 것이라고 예상하지 않았을 것이다.

사회복지사는 클라이언트를 수용한다. 대부분의 사람들은 나름대로 자신이 처한 환경하에서 할 수 있는 한 최선을 다한다는 것을 인식하면서, 사회복지사는 클라이언트들을 향해 관용적인 태도를 취한다. 사회복지사는 또한 가장 강력한 변화를 초래하는 방법은 수치를 통해서가 아니라 클라이언트를 급진적으로 수용하는 것임을 알고 있다. 급진적 수용radical acceptance은 사회복지사가 사랑받을 가치가 있는 영적인 존재로서 클라이언트를 보는 것을 의미한다.

사회복지사는 또한 대부분의 성인들은 그들이 직장과 관계에서 성공을 경험할 때 자신에 대해 긍정적으로 생각한다는 것을 알았다. 사회복지사가 본 대부분의 클라이언트들은 그들의 삶에서 생각하는 것보다 더욱 더 고립되어 있다. 사회복지사는 클라이언트들이 다른 사람들과 함께, 그리고 그들 자신과 창조적 영과 함께 재연결할 방법을 찾도록 도왔다. 사회복지사는 또한 대부분의 사람들이 직장에서 또는 봉사를 실천하면서 의미를 찾는다는 것을 알았기 때문에 클라이언트들이 세상으로 돌아가는 방법을 찾을 수 있도록 돕기 위해서 노력한다.

영적인 지향성을 지닌 사회복지사는 종종 성인 클라이언트들에게 그들의 영적인 관점에 대한 직접적인 질문을 할지도 모른다. 정확한 시간에 바로 클라이언트에게 요구되었을 때, 그런 질문들은 치료와 변화하는 과정을 용이하게 할 수 있다(〈16-4〉 참조).

> **사례연구 16-8**
>
> **성인보호서비스(APS) 클라이언트와 함께하는 활동**
>
> 성인보호서비스 활동을 하는 사회복지사는 혼자 살고 있는 70세의 남성의 집을 방문했다. 한 가정급식 서비스 프로그램(Meals on Wheels Program)의 배달자가 노인의 집에 갔을 때, 집안에 많은 양의 음식찌꺼기가 있는 것을 보고 걱정이 되어 그를 APS에 위탁했었다. 사회복지사가 그 집에 도착했을 때 노인은 처음에는 사회복지사가 집으로 들어가도록 허락하기를 달가워하지 않았다. 사회복지사는 음식물 운반차량의 운전사가 노인이 어떻게 지내는지 살펴보고 그의 사유지 차도에 있던 꽃에 대해 물어보길 원한다고 설명했다. 그들은 정원 가꾸기에 대해서 대화를 하기 시작했고, 노인은 눈에 띄게 안정되었다. 노인은 사회복지사에게 한 번도 본적이 없는 대서양 연안에 살고 있는 아들 외에는 가족이 없다고 말했다. 사회복지사는 노인이 현관에 쌓아 둔 모든 종류의 물건을 확인하기 위해서 문안으로 들어갈 수 있었다. 사회복지사가 현관에 들어서자 오래된 신문더미와 우유와 주스 껍데기, 편지들, 다양한 크기와 모양의 상자들을 볼 수 있었다. 그녀가 노인에게 말하길, "저, 지금 저를 초대하길 원하지 않으신다는 걸 알아요. 할아버지가 제게 전화하실 수 있도록 전화번호가 적혀 있는 제 명함을 남겨둘게요. 제가 나중에 할아버지께서 잘 지내고 계신지 확인하러 와도 괜찮을까요?" 노인은 안도하는 것처럼 보였고 알았다고 대답했다.
>
> 다음 주에 사회복지사는 그 노인의 집을 다시 방문했고, 함께 현관 바깥에 앉아서 몇 분 동안 이야기를 나누자고 제안했다. 그녀는 노인에게 누구든지 연락하며 지내는 사람이 있는지 물었고 그는 없다고 답했다. 사회복지사는 그가 어떻게 시간을 보내는지, 그리고 어떤 종류의 일이나 봉사를 하길 좋아하는지에 대해 물었다. 그는 기분이 좋을 때 정원 가꾸기를 좋아하고, 사람들과 함께 정원을 가꾸는 법에 대해 이야기하기를 즐긴다고 말했다. 사회복지사는 노인에게 왜 정원 가꾸는 것이 그렇게 중요한지에 대해 물어보았다. 그는 아내가 욕심 많은 정원사였고, 5년 전에 아내가 죽기 전까지는 정원 가꾸는 일이 자신에게 전혀 중요한 일이 아니었다고 말하면서 눈물을 흘렸다. 사회복지사는 "제게 당신이 가장 좋아하는 식물을 몇 가지 보여 줄 수 있나요?"라고 요청했다. 사회복지사는 노인과 함께 정원을 걸으면서 아내

에 대해 좀 더 질문을 했다. 사회복지사는 노인에게 뒤엉킨 큰 슬픔, 자신이 더 좋은 남자가 아니었다는 죄의식, 아내가 자기보다 먼저 죽었다는 사실에 대해서 분개하고 있다고 단정지었다.

사회복지사가 클라이언트를 지원한 2달 동안, 노인이 아내에 대해 좀 더 편안한 마음을 찾도록 지원했다. 대개 여성이 남성보다 더 오래 살기 때문에 노인에게서 하느님이 아내를 먼저 데려갔고 그를 살게 놔뒀다고 생각하는 이유를 물었다. 노인은 "어쩌면 내가 일하고 배워야 할 것이 더 많아서였을 거예요. 그녀는 나보다 더 좋은 사람이었어요"라고 말했다. 사회복지사의 제안으로 노인은 자신의 감정에 대해서 편지를 쓰기로 결심했다. 편지는 그의 아내 앞으로 썼다. 그는 사회복지사와 함께 이웃의 정원으로 내려갔고, 사회복지사는 노인이 정원 가꾸는 지식을 활용하여 근처 센터에서 다른 이들을 가르칠 수 있도록 자원봉사자로 세웠다. 90일 이후 사례를 마무리할 때, 그는 여전히 어지럽게 흩어져 있는 집에 살았다. 그러나 그는 치료하고 봉사와 관계를 발전시켜 나가기 시작하고 있다.

16-4 성인 클라이언트를 위한 영적 질문의 예시

1	당신의 관점에서 성인기의 목적은 무엇인가?
2	영적인 관점에서 어린이와 성인 사이에 차이는 무엇인가?
3	당신이 어렸을 때와 비교해 본다면, 현재 삶과 죽음을 어떤 점에서 다르게 바라보는가?
4	왜 사람들은 죽는가?
5	왜 사람들은 몹시 슬퍼하는가? 그/그녀가 슬퍼할 때 사람은 무엇을 하는가?
6	영적인 관점에서 왜 당신은 무능력이나 아픔을 갖고 있다고 생각하는가?
7	고통이란 무엇인가?

16-5 공공사회서비스 분야에서 변화촉진을 돕는 방법들의 예시

과거와 미래에 대한 깨어있기	클라이언트는 어떻게 그녀의 조상들이 예전 시대를 다루었는지 검토한다.
깨어있는 일상생활	클라이언트는 아동들의 영적인 발달을 촉진하기 위해 양육의 본래의 목적을 조사하기로 결정한다.
가슴에 있는 영성	클라이언트는 삶에서 자신에게 상처를 입힌 사람에게 용서와 동정을 보여 준다.
종교적 자아	클라이언트는 삶의 문제를 처리하기 위해 믿음과 의식을 채택함으로서 믿음과 그가 성장했던 공동체의 종교적 의식을 재발견한다.
구현된 영(spirit)	클라이언트는 자신의 충동절제의 목적을 위해, 요가나 무도(武道)와 같은 육체적 훈련에 관여한다.
공동체 의식	클라이언트는 가족, 교회 또는 공동체를 영적 다양성을 지닌 공동체로 만드는 데 돕는 방향으로 일한다.
생태계 의식	클라이언트는 자신의 가족, 교회 또는 공동체를 보편적인 다양성을 지닌 공동체로 만드는 데 돕는 방향으로 일한다.

공공사회서비스에서 실천의 패러다임 사용하기

영적인 지향성을 지닌 사회복지사는 독특한 클라이언트의 상황에서 가장 적절한 방법을 찾기 위해 조사하면서, 모든 영적인 실천 패러다임으로부터 변화의 방법을 이끌어 냈다. 패러다임으로부터 이끌어낸 방법의 예들은 〈16-5〉에 제시되어 있다.

| 연구 질문 |

1. 무엇이 기원(supplication)인가? 왜 대부분의 문화와 종교가 기원을 이용하는가? 당신 자신의 개인적 기원의 의식이 있는가? 그것이 당신의 삶을 변화시켰는가? 왜 그러한가? 아니라면 왜 그렇지 않은가?

2. 얼마나 기원이 공공사회서비스 분야에 사용되었는가? 당신은 이것을 그런 분야에서 사용했는가? 왜 그러한가? 아니라면 왜 그렇지 않은가?

3. 어떻게 영적인 지향성을 지닌 사회복지사가 더 포괄적인 관점으로 가족 가치의 개념을 바라보는가? 이러한 개념에 대해서 당신은 어떻게 생각하고 느끼는가?

4. 〈16-1〉에 주어진 가족가치의 위계에 대한 당신의 반응은 무엇인가? 어떻게 당신 자신의 개인적 위계로 가치를 재배열할 것인가?

5. 〈16-2〉에서 과제에 종교적, 영적인 요인들의 포괄에 대한 제안을 복습하시오. 〈16-2〉에 있는 질문에 대한 당신 자신의 반응을 설명하시오.

6. 영적인 개념을 설명하기 위해 사회복지사가 어떻게 전통적 용어를 사용하는지에 대한 예시를 몇 가지 제시하시오. 어떤 상황에서 사회복지사가 이것을 하길 원하는가?

7. 어떤 훈련을 학교사회복지사가 계획하고 시행하길 원하는가? 당신은 어떤 훈련을 사회복지사가 아동과 청소년으로서 당신이 있는 공립학교에서 시행하길 소망하는가?

8. 당신 스스로에게 〈16-4〉에 있는 영적인 질문을 물어보시오.

자료

American Psychiatric Association. (2000). *Diagnostic and Statistical Manual of Mental Disorders-IV-TR*. Washington, DC: American Psychiatric Association.
　　Religious or spiritual problems have been added to the text.

CHAPTER 17

커플을 위한 영적인 지향의 실천

　영적인 관점에서 커플활동의 목적은 커플의 영적인 발달과 함께 사람들이 영적이며 보편적인 다양성의 관계를 공동창조하도록 돕는 것이다. 그런 관계는 더 큰 공동체에서 다른 부부에게 건강한 모델이 될 수 있다. 영적으로 건강한 부부는 또한 많은 방법으로 큰 공동체와 지역생태계가 상호 연결되어 있고, 봉사, 종교적 의식, 그리고 리더십과 같은 활동을 통해서 상호 교류를 할지도 모른다.

　커플을 위한 영적인 실천은 부부치료의 전통적인 방법들로 되돌아가지 않는다. 오히려, 부부를 위한 전통적인 커플활동에 영적인 차원을 더한다. 파트너의 영혼의 신호로 부부에게서 최초로 나타나는 증상은 사회복지사에 의해 조사되어진다. 영혼은 그들의 삶과 관계의 영적인 본성에 대해 커플에게 메시지를 보내고 있다. 사회복지사의 의무는 일부분, 배우자들이 그들 자신의 영적인 방향과 어떻게 그들의 방향이 관계를 유지해 나가는지 발견하도록 돕는 것이다.

영적인 관점에서 관계의 성적인 차원은 영적인 친밀의 가능성과 파트너들에 대한 영적인 발달을 증진시킨다. 그러므로 성적인 관심은 각 개인의 삶에서 영적인 성장을 위한 잠재적인 강한 촉진제가 될 수 있다. 영성과 성적인 관심은 서로 연결하는 힘이 있으며, 성적인 관심은 또한 사람들이 그들 자신의 몸과 다른 사람들, 창조적인 영과 연결할 수 있도록 돕는 영적인 표현의 형식으로 볼 수 있다. 영적인 관점에서 성적인 매력은 변형하는 영적인 선물처럼 고통과 황홀함 둘 다를 가져다 줄 수 있는, 신이나 창조적인 영으로부터 받은 선물이다.

깊은 성적인 관계

성적인 매력은 깊은 성적인 관계로 이끌 수 있다. 깊은 성적인 관계deep sexual relationship는 서로의 웰빙을 위한 동정심, 다차원적인 친밀감의 발달을 위한 지속적인 의지, 수직적이고 수평적인 공존가능성의 선물, 그리고 각자의 지고의 선을 향한 상호 헌신으로서 특징지어진다.

열정의 공유 Com-passion

열정의 공유는 각 사람이 파트너와 고통과 황홀경을 경험할 수 있는 사랑에 빠지는 것이다. 열정의 공유는 한쪽 파트너가 황홀경에 빠져있을 때, 함께 즐길 뿐만 아니라 한쪽의 파트너가 고통에 처했을 때, 그와 함께 고통을 나누는 것이다. 이런 친밀감은 개인의 본심과 마음과 영혼이 그런 격렬함에 개방되어 있는 만큼 강하게 연결되어 있다. 사랑하기 위해 빠지는 것은 탈동일시와 개인의 한계를 초월한 과정과 유사하게, 창조적인 영이나 하느님에 대해 빠지는 것처럼 보일 수 있다(제7장 참조).

많은 사람들은 그들의 신이나 창조적 영의 선물로서 성애적인 사랑erotic love의 시작을 경험한다. 우리의 조상들은 종종 그런 경험을 강력하고 갑작스러운 개인의 절제나 힘의 손실에 비유했다. 그 힘은 그때 사랑의 신이나 여신의 손에 달려 있었다. 어쩌면 그것은 사람들이 여전히 그들은 사랑에 "빠진다"라고 말하는 이유이다. 이런 맥락에서, 강한 영적인 경험이 있는 사람들은 또한 종종 그들의 힘을 더 위대한 힘이나 하느님에게 포기하겠다고 말하기 때문에, 성적인 친밀감은 또한 영성과 유사하다.

영적인 지향성을 지닌 사회복지사는 한 사람이 사랑에 빠질 때, 그 경험은 항상 그 사람을 위한 무언가를 의미한다는 것을 알고 있다. 어쩌면 그 경험은 놀라운 전 생애의 결혼으로 이끌 것이다. 어쩌면 누군가와 사랑에 빠진 사람은 그다지 좋지 않거나 서로를 위해 적합하지 않은 사람일 수 있다. 어느 쪽이건, 배우게 되는 중요한 영적인 삶의 교훈이 있다.

동정의 선물은 의식의 어떤 또는 모든 수준에서 일어날 수 있다. 전인격적인 수준에서, 클라이언트는 완전하게 자아ego가 사랑에 빠지는 흥분 상태또는 고통를 즐기기를 원할지도 모른다. 의식의 인격적인 수준에서, 클라이언트는 성적인 느낌뿐만 아니라 자신이 가진 영적, 정서적, 인지적, 사회적 경험들을 검토하길 원할지도 모른다. 클라이언트는 어떤 사람이 정말 그녀가 사랑할 사람인지 더 잘 알기 위해서, 그리고 사랑의 경험이 그녀에게 무엇을 의미하는지 이해하기 시작할 수 있도록 하기 위해서 검토를 할 것이다. 이 과정은 몇 시간 또는 몇 년이 걸릴 수 있다. 최종적으로, 초인적Transpersonal 수준에서 클라이언트는 의식의 변형을 가질 기회로 성적인 경험을 사용할 수 있다. 가슴, 마음과 영혼이 종종 영적인 성장을 위해 특별한 기회의 창문을 만들면서 모두 개방되기 때문에 그런 의식의 변형이 가능하다. 사회복지사의 의무는 클라이언트를 위해 창조하거나 재창조하려고 노력하지 않는 것이다. 오히려 클라이언트를 영적인 과정으로 지원하는 방식으로 열정을 드러내거나 표현하도록 도와야 한다.

다차원적인 친밀감

성적인 친밀감은 인간이 경험할 수 있는 가장 깊은 친밀감의 촉진제이다. 제6장(〈표 6-3〉 참조)에서 설명한 것처럼, 깊은 친밀감은 다차원적, 수직적, 수평적이다. 깊은 성적인 친밀감 또한 다차원적, 수직적, 수평적인 친밀의 형태이다. 수직적인 성적 친밀감은 어떻게 사람의 성적인 친밀감이 그를 자신의 몸—정신—영—환경의 연결을 깊게 하는 데 도울 수 있느냐에 관한 것이다. 수평적인 성적 친밀감은 어떻게 사람이 성적으로 또 다른 사람과의 연결을 깊게 할 수 있는지에 관한 것이다. 성적인 친밀감은 다차원적이다. 왜냐하면 성적인 친밀감은 발달의 모든 차원의 공유를 촉진하도록 도울 수 있기 때문이다(〈17-1〉 참조).

사회복지사의 의무는 클라이언트들이 필요로 하는 다차원적인 친밀감을 발달시키는데 도움을 주는 데 있다. 각각의 클라이언트들은 다른 이들보다 어떤 특성에서 더 친밀감이 필요할지도 모른다. 사회복지사는 클라이언트들이 그들에게 가장 중요한 친밀감을 알 수 있도록 도울 수 있다.

수직적이고 수평적인 공존

영적인 관점에서 다른 사람과의 공존 가능성은 창조적인 영이나 하느님으로부터의 선물이다. 공존 가능성의 전통적인 시각은 평생 동안 안전하게 지내려는 경향이 있는 인간 특성이 있고, 만약 두 사람이 오늘날 공존하지 않는다면 그들이 공존하려고 노력하는 것에 관계없이 미래에도 공존할 수 없을 것이다. 그러므로 수평적 공존성은 그 사람이 좋아하고, 안전하게 함께 살고, 그리고 그녀 또는 그의 커플을 받아들이기 위한 능력에 관한 것이다. 수평적인 공존성은 〈17-1〉에 설명된 친밀함의 어떤 특성을 지나 공존성을 포함하고 있다.

사회복지사의 역할은 수평적인 공존을 강화하는 것이 아니라, 클라이언트가 더욱 더 어떤 공존을 필요로 하는지, 누가 클라이언트 자신과 공존하는지, 그리고 자신의 경험의 영적인 의미가 무엇인지 알도록 돕는 것이다. 사회복지사는 클라이언트가 많은 사람들에게 유혹을 받을 것이고, 그 사람들 중 몇몇 사람들은 다른 이들보다 그녀와 더욱 더 공존할 수 있을 것이라는 것을 알고 있다. 사회복지사는 클라이언트가 때때로 자신과 맞지 않는 사람들에게 끌리는 이유를 이해할 수 있도록 돕고, 연애생활에 좋지 않은 사람들에게 끌리는 건강하지 못한 양식을 그만두도록 돕기 위해 노력한다.

또 다른 종류의 공존은 한 사람이 그 자신과 관계를 갖도록 하는 것이다. 이 수직적 공존은 사람이 좋아하고, 같이 살고, 그리고 자신을 받아들이는 능력에 관한 것이다. 한 사람이 수평적 공존의 가능성을 가진 것보다 더 많은 수직적 공존의 가능성을 가질 수 없다.

수직적 친밀감은 한 사람이 항상 "그가 심어진 곳에 개화"해야 한다는 것을 의미하지 않고 그들이 함께 나누는 수평적 공존의 수준과 상관없이 파트너와 머물 수 있다. 그러나 영적인 관점에서, 개인은 그의 연인뿐만 아니라 그 자신과 함께 둘 다 공존할 수 있을 때, 장기간의 관계에서 행복하게 지내고 싶어 하는 몸-마음-영혼-환경적 존재이다. 사회복지사는 클라이언트가 자신과 공존할 가능성이 있는지 느끼

17-1 다차원적인 (깊은)친밀 그리고 건강한 성적인 친밀감의 표현

영적인 친밀함	영혼(souls)을 함께 나누기
신체적 친밀함	몸을 함께 나누기
정서적 친밀함	가슴(hearts)을 함께 나누기
인지적 친밀함	마음(minds)을 함께 나누기
사회적 친밀함	친구를 공유하기
환경적 친밀함	자연를 공유하기

사례연구 17-1

수직적이고 수평적인 친밀감 있는 활동

35살 된 여성이 지역가족상담센터에 사회복지사를 만나러 왔다. 그녀는 "제 아버지는 알코올 중독자였고, 첫 번째 남편도 알코올 중독자였어요. 저는 그들과 할 수 있는 한 최선을 다했다고 생각해요. 하지만 지금 제가 약혼한 남자도 알코올 중독자라는 것을 알게 되었어요. 제가 알코올 중독자를 좋아하는 여자라는 광고를 나의 등에 써 붙여야 하나요?"라고 말했다. 사회복지사는 여성이 초기 삶에서 입은 외상(trauma)이 남자들과 건강한 관계를 맺지 못하게 한다는 점을 인식하도록 도왔다. 사회복지사는 여성에게 영적인 시각으로 삶의 패턴을 살펴보라고 요구했다. "왜 당신의 삶을 반복되는 패턴으로 살았다고 생각하나요?" 사회복지사가 물었다. 여성이 말하기를, "글쎄요, 이건 때때로 내 영혼이 가장 원하는 것을 갖기 위한 유일한 방법으로 정확히 정반대의 사람을 첫 번째로 다루어야 할 것처럼 보이네요." 그 여성은 자신을 사랑하기를 원하고 사랑하는 관계에 있길 원한다고 말했다. 그들은 처음으로 그녀가 자신에 대해 싫어하는 것을 확인함으로서, 그녀의 수직적인 친밀감과 공존이 가능한 활동을 하기로 결정했다. 그녀는 자신이 얼마나 많은 부끄럼을 타는지, 그리고 그녀는 자신을 사랑하는 남자를 만날 자격이 있다는 걸 전혀 느끼지 못하고 있다는 사실을 깨닫기 시작했다. 그들의 활동 후에, 그녀가 더 건강한 새로운 남자와 데이트하기 시작할 때, 그녀는 "나의 본심은 정말 내가 함께 공존할 수 있는 사람과 상처받을 수 있기" 때문에 그와 가까워지는 걸 얼마나 두려워하는지에 대해 이야기했다. "맞아요." 사회복지사가 동의했다. "그리고 당신이 이미 알듯이, 당신이 가까워지길 원한다면 그 위험을 피할 방법은 없어요."

는 정도를 인식하도록 도울 수 있고, 그리고 그의 관계에서 수평적인 친밀감의 결핍이 자신의 "부분"과 맞지 않기 때문이라는 것을 인식하도록 도울 수 있다.

커플 사이의 최고선을 위한 상호 간의 헌신

결국 깊은 성적인 관계에서 두 사람은 서로의 최고선을 지원하기 위해서 생각하고 행동하기 위해 서로 간의 헌신을 나눈다. 그러므로 깊은 성적인 관계는 또한 다른 사람을 사랑하기 위해서 계속되는 선택이다. 사회복지사는 "사랑한다"는 말은 "좋아한다"는 말과 같은 뜻이 아니라는 것을 알아야 한다. 한 사람이 그녀가 사랑하길 원하는 사람을 선택하는 반면, 그녀는 사람들 중에 그녀가 가장 좋아하거나 싫어하는 사람을 선택할 수 없다. 바닐라보다 초콜릿을 더 좋아하는 사람처럼, 한 사람은 그녀의 사랑하는 사람에게서 다른 특성들보다 그 이상인 어떤 특성을 더 좋아할 것이다. 한 사람이 커플을 사랑하기 위해 헌신할 때, 커플과 자신에 대해 싫어하는 것을 초월할 수 있을지도 모른다. 그리고 사랑하는 과정에서 그녀 자신과 창조적인 영이나 심지어 하느님을 보다 더 사랑하길 배울 수 있을지도 모른다. 사회복지사의 과업은 촉진하거나 낙담시키는 것이 아니라, 클라이언트들이 서로를 위한 그들의 헌신의 수준을 소통하고 계속해서 인식하도록 돕는 것이다.

성교육

인간의 성적인 실천에 관심 있는 영적인 지향성을 지닌 사회복지사는 성교육 수업을 설계하고 제공하기를 결정할 수 있다. 사회복지사는 단지 자신의 지식과 관점으로 학습자들의 머리에 지식을 "채우는" 과정보다는 사람들 안에 있는 영적인 지혜를 "끌어내는" 과정으로 영적인 교육을 생각하며, 성sexuality에 대한 클라이언트의 종교적 또는 정치적인 견해를 존중해야 한다. 성교육에 있어서 사회복지사의 주요한 목표는 클라이언트의 종교적 혹은 정치적인 의견을 바꾸는 것이 아니라, 오히려 영적인 발달의 도구로서 성을 사용하도록 돕는 것이다.

오늘날 성교육의 대부분은 "불건전한 성교육"이라 불릴 수 있다. 학생들은 단지 부모나 선생님들이 학생들이 갖게 되길 바라는 깊은 성적인 관계를 발전시키기 위해 필요한 것들의 반만 받아들인다. 그들이 항상 받아들이는 반은 원하지 않는 임신을 피하는 법과 남녀 사이에 전염되는 병STD; Sexually Transmitted Disease을 피하는 방법이다. 종종 교과 과목은 결혼할 때까지 성교를 억제하는 방법을 가르친다. 이러한 교육의 이익은 만약 그 교육이 성공적일 때 개인이 임신과 STD로부터 벗어날 수 있다는 것이다. 또한 그 위험은 개인이 성관계를 피하는 법을 배운다는 것이다.

종종 행방불명되어 버리고 마는 성교육의 반은 '건전한 성욕'이라고 불릴 수 있다. 건전한 성교육은 사람들이 그들의 삶에서 원하는 성적으로 깊은 친밀한 관계를 함께 창조할 수 있도록 그들 자신의 인식, 관계, 그리고 친밀을 위한 능력을 발달시키는 것을 배울 수 있도록 돕는다. 영적인 지향성을 지닌 사회복지사는 깊은 성적인 관계에서 사람들은 더 효과적으로 부모나 이웃과 시민들을 사랑하려는 경향이 있다고 믿는다.

건전한 성이란 무엇인가? 무엇보다 이것은 다차원적이며, 성은 육체적, 정서적, 인지적, 사회적, 영적, 환경적인 차원과 상호 관련되어 있다는 의미이다. 두 번째, 건전한 성은 성이 개인 안에서 몸-마음-영과의 연관을 촉진시킨다는 점에서 수평적, 수직적이고, 또한 다른 사람들과 환경과 개인이 연관될 수 있다. 세 번째, 건전한 성은 절대 남용되지 않고 항상 임신이나 STD전염의 불필요한 위험을 피하는 데 책임을 다할 수 있다. 마지막으로, 영적인 지향성을 지닌 사회복지사는 교육은 정말 그들이 필요한 지식으로 사람을 "채우는 것"이라기보다는, 이미 그 사람 안에 있는 지혜를 "끌어내는" 과정이라고 믿는다. 이러한 관점에서 최상의 성교육 수업은 넓게 논의되고 경험에 근거해서 설계되어야 한다. 학생들은 자신의 진실을 위해 무엇이 진정으로 건전한 성인지에 대해 발견하도록 요구된다.

성적인 외상 치료하기

영적인 지향성을 지닌 사회복지사는 대부분의 사람들이 어떻게 성적인 외상을 경험했는지 알고 있다. 이런 외상은 어린 시절 성적 학대, 성폭행, 부부강간과 같은 고의적이고 직접적인 학대의 결과이다. 성적인 외상은 또한 사람이 대중매체나 교육기관, 가족, 친구, 연인으로부터 받을 수 있는 사람의 몸, 마음, 그리고 영에 대한 부정적인 메시지와 같은 덜 고의적이고 덜 집적적인 경험들과 관련이 있을 수 있다.

문화 안에서 많은 외상과 더불어 성적인 외상은 성적인 건강보다 기준 이상이다. 그리고 개인들은 그들 자신의 상처를 인식하지 못할지도 모른다. 사회복지사의 초기 과업은 종종 "클라이언트에게 그 자신의 상처를 알아챌 때까지 그가 아픈 곳을 보여주는 것"이다. 클라이언트가 자신에게 무슨 일이 일어났는지 알고 외상이 그에게 초래한 장기간 또는 단기간의 상처를 알고 난 후, 그는 또한 그의 외상 경험의 영적인 차원을 조사할 수 있다. 클라이언트는 왜 나의 영혼이 생애 동안 외상을 입어야 할 필요가 있었는가를 물을 수 있다.

영적인 지향성을 지닌 사회복지사는 클라이언트가 성적인 외상이 그의 현재 신체적, 정서적, 인지적, 사회적, 영적, 환경적 친밀을 위한 능력을 체계적으로 조사함으로써 가장 많은 영향을 미치는 것에 신경 쓰도록 도왔다. 사회복지사는 그리고 나서 클라이언트에게 가장 쉬운 부분을 시작으로 다시 이 차원에 자신을 개방하도록 도울 수 있다.

성gender 정체성

영적인 관점에서, 지구촌에 많은 인간 존재들이 있는 것처럼 많은 성이 있다. 각각의 사람은 옳거나 틀리지도 않고, 좋거나 나쁘지도 않은 모든 것인, "여성적"이고 "남성적" 특성이라 불릴 수 있는 독특한 조합으로 축복받아서, 인간 몸 안에 있는 영적인 존재로 보일 수 있다. 성은 단지 생식기에 관한 것이 아니라 사람들을 몸-마음-영-환경적 존재로 만드는 모든 것에 관한 것이다. 대부분의 우리 조상들은 문화 속에서 남성적이고 여성적인 특징들을 사람에게서뿐만 아니라 다른 생물체와 무생물체에서 보았다. 많은 문화는 남성적이고 여성적인 성의 이중성을 넘어서면서, 다양한 성정체성을 위한 기간을 갖고 있다. 여성적이고 남성적인 특징을 가진 사람들은 이런 문화에서 건강한 존재 또는 전체로서 보이고, 때때로 그들의 공동체에서 치료자 또는 지도자가 되기도 한다.

사회복지사는 〈표 17-1〉에 설명된 것처럼, 성 조사표gender worksheet를 활용하여 클라이언트가 얼마나 남성적이거나 여성적으로 그녀가 생각하기에 여러 가지 범주와 하위 범주에 속해 있는지에 대한 이해를 발전시키는 데 도움을 주기 위해 사용할 수 있다. 이 조사표에서 클라이언트는 5가지 성 척도에 따라 다양한 차원으로 그의 남성성과 여성성을 평가하기 위한 질문을 받게 된다. 사회복지사는 클라이언트가 가능한 한 정확하게 자신을 볼 수 있는 곳에서 안전하고 수용할만한 치료상의 분위기를 제공할 수 있다.

표 17-1 성(Gender) 조사표

	주로 남성적	더 남성적	동등하게 남성적/여성적	더 여성적	주로 여성적
신체적					
정서적					
인지적					
사회적					
영 적					
환경적					

예를 들면, 신체적 수준에서 특별한 남성 클라이언트는 그의 외모, 신체적 활동과 성적 활동에 기초하여 "대개 남성적인" 존재로 자신을 확인했다. 그러나 정서적인 수준에서 그는 완전한 범위의 정서에 다다를 수 있고 그가 원할 때 자유롭게 모든 것을 표현할 수 있기 때문에 그는 자신을 "동등하게 남성적이고 여성적인" 존재로 평가했다. 인지적인 수준에서 그 남성은 양성兩性의 환상을 갖고 있을 뿐만 아니라 또한 지적으로 권위적이고 개방된 마음을 지닐 수 있기 때문에, 그는 또한 "동등하게 남성적이고 여성적"이라고 말했다. 같은 남성은 다른 사람들과의 관계에서 매우 배려하고 헌신적이기 때문에 사회적인 수준에서 "더 여성적"으로 자신을 평가했다. 그는 또한 삶에서 창조적인 영을 매우 잘 받아들이기 때문에 영적인 범위에서 "주로 여성적"으로 자신을 평가했다. 마지막으로, 환경적인 수준에서 그는 다른 생물체와 생태계를 매우 배려하고 그는 신성한 외부의 환경 에너지에 매우 개방적이기 때문에 자신을 "더 여성적"으로 보았다.

영적인 지향성을 지닌 사회복지사는 정직한 방법으로 그녀의 성gender 정체성을 볼 것이고, 그녀의 삶에서 영적인 선물로서 이 정체성을 받아들이도록 활동할 것이다. 그녀는 모든 정체성을 동등하게 가치 있게 여기고, 세상에서 모든 사람이 그 또는 그녀의 독특한 특성에 상관없이 유용한 역할을 하는 곳이 있다고 인식한다.

어린 시절과 청소년기의 성sexuality

영적 지향성을 지닌 사회복지사는 젊은 사람들이 데이트를 시작하기 전에, 안전하고 신뢰할 수 있는 방식으로 그들의 성을 발견하고 긍정하도록 돕기 위해서 활동한다. 많은 젊은 사람들은 성을 부끄러워하기 때문에 그들 자신으로부터 그리고 큰 부분에 있는 다른 사람들로부터 종종 관계가 끊어진 채, 그들이 필요하거나 원하는 것보다 더 멀리 떨어져서 혼자서 살고 있다. 데이트할 준비가 되지 않았거나 데이트에 실패한 젊은 사람들은 종종 그들 자신에 대해 기분나빠하고 부적절하게 반응하거나 움츠릴지도 모른다. 이성애가 지배적인 공동체에 맞지 않는 젊은이들은 특히 우울증이나 자살에 취약성이 있다. 그러므로 섹슈얼리티성윤리 문제와 관련해서 영적인 실천의 중요한 부분은 성적 소수자에 속하기 때문에 위험성이 있는 젊은 사람들을 지지하는 것이다.

사회복지사는 또한 젊은 사람들이 지원support, 자원resources, 정보, 그리고 그들의 섹슈얼리티를 통하여 사랑의 욕구를 이루고, 그들의 가족, 친구들, 학교, 공동체와의 관계에서 잘 지낼 수 있도록 돕기 위해서 활동한다. 사회복지사는 이러한 목적을 성취하기 위해서 여러 가지로 도움을 제공했을지도 모른다. 그녀는 아마도 적절한 성적인 행동에 대한 "그들의 지혜를 끌어내기" 위한 교육적인 모델을 사용해서 젊은 사람들과 개인 또는 집단회기를 진행했을 것이다. 그녀는 어려운 청소년과 초기성

사례연구 17-2
위험에 처한 젊은 사람과의 실천

한 어머니와 아버지가 13살 소년을 아동보호 클리닉에 있는 사회복지사에게 데려왔다. 문제는 소년이 방에서 여장(女裝)을 하고 자위행위를 하다가 부모에게 들켰다는 것이다. 사회복지사는 처음에 소년이 매우 당황하고 또한 꽤 우울해하며, 자살충동으로 불안해한다는 것을 알아냈다. 소년은 기꺼이 자살방지 계약에 동의할 것이다. 부모는 또한 걱정했다. 어머니는 기분부전장애를 지니고 있고, 아버지는 일주일에 50시간 이상 일하는 성공한 행정관이었다.

사회복지사는 처음에 가족치료를 시도했다. 그는 다른 형제들(남동생과 여동생)을 모임에 초대했다. 치료사는 각각의 가족 구성원이 그 또는 그녀의 삶에 대해 이야기 하라고 했다. 사회복지사는 그 가족들이 바라는 것보다 더 혼자이고 스트레스를 받고 있다는 것을 알았다. 중간 아이인 12살 소녀는, 사회적 기술 부족과 자존감이 매우 낮았으나 전 과목 A를 받은 학생이다. 가장 어린 소년은 주의력결핍과잉행동장애 진단을 받았고 집과 학교에서 빈번하게 부적응적 행동을 나타냈다.

다음으로 사회복지사는 개인회기에서 13살 소년을 관찰했다. 사회복지사는 소년이 매우 창조적이고 활동적이라는 걸 알아냈다. 10대 소년은 왜 여성의 옷을 입고 싶어 하고, 그의 성적인 행동에 대해서 엄청난 부끄러움과 죄의식을 느끼는지 자신을 이해하지 못했다. 소년은 동성애에 매력을 느끼지 못하고, 여자아이들에게 끌린다고 말했다. 소년은 데이트 경험이 없고, 사회기술이 부족한 것처럼 보였다. 사회복지사는 소년에게 어떤 고대 무당들이 남성적이고 여성적인 세계를 "이도 저도 아니(betwix and between)"라고 이해한 이성용 복장(cross-dressers)을 하는 사람이있는지에 대해 이야기 했다. 소년은 그와 같은 다른 사람의 역사가 있고, 그들을 항상 병적이라고 보기보다는 오히려 치료자로 보았다고 배우는 데 흥미 있어 했다.

사회복지사는 몇몇의 회기동안 소년의 아버지와 어머니를 만났다. 사회복지사는 부모들에게 아들과 그들의 삶에 대한 가장 큰 두려움에 대해 이야기하도록 했다. 그러자 소년의 부모는 비록 이성의 복장을 입는 사람들이 주류문화로부터 그들의 욕구를 숨겨야 할지라도, 이성의 복장을 입는 대부분의 사람들이 평범한 삶을 바르게 사는지를 설명했다. 사회복지사는 부모에게 왜 그들의 하느님이 아들과 가족에게 고통스럽고 잠재력 있는 즐거움의 선물을 주었는지 생각해 보라고 요청했다. 결국, 부모들은 아들을 바꾸려고 하기보다는 아들과 관계를 유지하기 위해 노력하기로 동의했다.

인기 동안 어린 자녀들과 관계를 유지하기 위해 부모들을 돕는 데 목적을 둔 수업을 했다. 가족치료는 가족이 그들의 가족을 영적인 다양성을 지닌 공동체로 만드는 데 도움이 필요할 때(제18장 참조), 많은 상황에서 매우 도움이 될 수 있다.

성적인 환상 sexual fantasies

영적인 지향성을 지닌 사회복지사는 영혼의 표현과 하느님의 선물로서 성적인 환상을 바라본다. 많은 클라이언트들이 종종 성적인 환상에 대해 부끄러움과 죄의식을 느끼면서 그들의 성적 환상과 분투한다. 사회복지사는 클라이언트가 자신의 환상을 이해하고 받아들이도록 돕기 위해 노력하고, 성적인 환상의 의미를 이해하려고 한다. 이러한 과정은 많은 사람들이 자신의 환상을 그들의 삶에서 가장 가까이 있는 사람들에게마저 은밀하게 숨기기 때문에 클라이언트들에게 어려울지도 모른다.

데이트

오늘날, 생의 단계를 가로질러 모든 연령대에 많은 독신 성인이 있다. 이러한 많은 사람들은 연인을 찾아 결혼하길 소망한다. 사회복지사는 데이트의 진전을 위해 애쓰는 클라이언트들을 만날 수 있었다. 클라이언트들 가운데 몇몇은 포기한다. 그들은 낙담하거나, 연인 또는 결혼 상대를 만날 수 있을지 의심할지도 모른다. 다른 이들은 데이트 경험에 불만족해하며, 잘 맞는 파트너를 찾으려고 노력한다. 영적인 지향성을 지닌 사회복지사는 클라이언트가 데이트 과정을 통해 사람들을 찾도록

사례연구 17-3

성적인 환상작업

25살 남성이 대학상담센터에 사회복지사를 방문했다. 현실적인 문제는 클라이언트는 자신이 생각하는 것보다 더 우울하다는 것이다. 사회복지사는 클라이언트가 꽤 우울하지만 자살할 생각을 갖고 있지 않다고 판단했다. 치료과정에서 남성은 그가 "정말 고통스러운" 성적인 환상을 가졌다고 넌지시 알렸다. 사회복지사는 그에게 만약 준비가 된다면 당신의 성적인 환상에 대해 이야기 나눌 수 있다고 알려 주었다. 그는 마침내 "두 명의 여성이 서로 사랑을 나누는 생각에 사로잡혔었다"고 말했다. 사회복지사는 그러한 환상을 표준적으로 다 그렇다고 하고, 남성에게 이 환상은 남성들 사이에서 보기 드문 것이 아니라고 말했다. 그리고 나서 사회복지사는 클라이언트에게 그의 영혼이 그에게 이 환상을 준 이유에 대해 생각해보라고 요구했고 그들은 함께 이 질문을 탐구했다. 결국, 클라이언트는 그가 "더 여성처럼" 사랑을 나누고 싶을 뿐만 아니라, 그의 삶에서 여성적인 면을 표현하고 싶은 것이라고 해결했다. 그는 삶에서 실제로도 모든 활동에 "내가 정말 느끼는 것보다 더 남성적으로" 행동해야 한다고 느꼈었다는 것을 깨달았다. 그 대신에 그는 성공, 부, 권력을 얻는 것에 덜 집중하고 싶고 "단순하게 살아있는 존재"로서 더 개방되길 원했다. 그 남성이 성적인 환상의 의미를 이해할 때, 그 환상은 더 이상 그에게 문제가 되지 않는다는 것을 깨달았다.

지원하기 위해 노력할 뿐만 아니라 클라이언트가 자신의 생활환경의 의미를 이해하고, 고통 가운데 의미를 발견하고, 영적인 변형을 위한 촉진제로서 독신의 경험을 사용하도록 돕는다.

결혼 전 상담과 교육

영적인 지향성을 지닌 사회복지사는 결혼을 고려하고 있는 커플들을 대상으로 결혼 전 상담을 제공하기를 원할지도 모른다. 몇몇의 경우에, 사회복지사는 교회를

사례연구 17-4

오래된 사랑 패턴을 변형시키기

정신건강기관에서 일하는 사회복지사는 45살의 여성을 만났다. 클라이언트는 의기소침했고, 눈물을 흘리며 그녀는 남편과 이혼한 후 5년 동안 독신으로 어떻게 지내왔는지에 대해 이야기했다. "끔찍한 결혼이었어요. 그는 술주정뱅이였고 나는 그를 더 이상 사랑하지 않았어요." 그녀가 말했다. "하지만 나는 혼자 사는 것이 더 힘들어서, 그와 다시 살아야 할지 고민하기 시작했어요." 클라이언트는 인터넷에서 만난 남자들과 지내야 하는 데 얼마나 실망했는지를 이야기했다. "젊은 사람들은 재미있지만 미성숙하고, 나이 많은 사람들은 너무 늙어 보여요." 그녀가 말했다. "나는 나를 기다리는 사람이 밖에 있을 거라 생각하지 않아요." 사회복지사는 클라이언트가 어렸을 때로 돌아가서 관계에서 깊은 좌절의 오랜 내력이 있을 거라고 판단하였다. 그들은 그녀의 과거와 현재의 고통에 대하여 영적인 관점을 조사하기 시작했다. 처음에 그녀는 분노를 푸는 데 노력했다. 그녀는 어릴 때 얼마나 성적인 학대를 받고, 그녀의 삶에서 반복적으로 상처받도록 내버려 둔 하느님에게 화가 났는지를 이야기하기 시작했다. 회기 중에 클라이언트는 아마 한번쯤 자신의 생존을 위해 싸울 수 있게 도울 필요가 있는, 남성들과 하느님에 대한 분노가 더 이상 그녀를 괴롭히지 않는다는 것을 깨닫기 시작했다. 그녀는 차츰 자신의 분노를 풀도록 결심했고 그녀의 삶에서 무언가에 대한 감사의 순간을 찾기 시작했다.

통해 개인 커플이나 커플집단을 대상으로 결혼 전 상담서비스를 제공할지도 모른다. 이런 서비스는 물론 특별히 그 교회의 일원들을 격려할지도 모른다. 다른 사회복지사들은 종교적인 기초가 깔린 게 아니라 영적인 기초가 깔린 결혼 전 상담을 제공할지도 모른다. 이런 서비스는 교회 일원이 아닌 클라이언트들에게 대안이 될지도 모른다. 결혼 전 상담은 커플에게 비공개적인 세팅에서 그들 자신의 독특한 문제를 탐구할 기회를 제공할지도 모른다.

사회복지사는 젊은 사람들이 결혼의 단계_{로맨스, 힘 다툼, 그리고 서로 수용하기} 동안 부딪치게 될 다양한 영적인 문제와 기회들을 예상하도록 돕기 위해, 결혼 전의 교육 수업을 제공할 수 있다. 결혼 전의 교육은 장기간의 결혼의 행복에서 영성의 중요한 역할을 알려줄 것이고 참가자들에게 그들 자신의 영적인 발달에 대해 교육할 수 있다. 다양한 친밀의 범위는 커플의 현재 수직적이고 수평적인 친밀감의 질에 따라 탐구될 것이다. 사회복지사는 또한 사랑에 빠지는 과정을 미화하고, 장기간의 관계의 측면에 대한 보상을 무시하는 경향이 있는 대중매체들의 메시지에 저항하는 클라이언트를 도울 수 있다.

결혼과 재혼

영적 기반의 관계

영적인 지향성을 지닌 사회복지사는 두 사람이 서로의 영적인 발달을 지원하도록 하기 위해서 깊은 성적인 관계를 진전시키는 기회로서 결혼유형marriage-type 관계를 살펴보아야 한다. 한 사람의 영적인 발달이 그녀의 파트너를 위협하는 방향으로 그녀를 이끌지도 모르기 때문에 종종 사람들은 그러한 영적인 기반에 근거한 관계를 창조하는 것에 대해서 두렵게 생각한다. 영적 기반의 결혼에서 가장 중요한 관계는 각 사람의 창조적 영또는 그나 그녀의 하느님과의 관계이며, 결혼은 연결로 표현이 된다. 이런 결혼에서 각자는 머무르거나 떠나는 데 구속이 없고, 그들이 서로에 대한 사랑을 통해 가족과 공동체 안에서 모두의 최고의 선을 지지할 수 있기 때문에 커플은 함께 하기를 선택한다.

수치심과 두려움에 기초한 관계

　대조적으로 두려움과 수치심에 기초한 결혼유형 관계에서 양쪽 파트너는 그들의 창조적 영과의 관계를 넘어 서로에 대한 그들의 관계를 우선시킨다. 이러한 관계에서 파트너들이 헤어지는 결과를 두려워하기 때문에 그들은 종종 함께 머물려 한다. 그들은 또한 자신에 대해 좋게 생각하지 않고 그들이 건강한 관계를 가질만다고 느끼지 않는다. 그의 두려움과 수치심 때문에 개인은 그의 파트너의 영적인 발달을 조절하거나 혹은 자신의 영적인 능력을 포기하려는 경향이 있다. 이런 관계에서 그들의 가족이나 공동체에서 다른 사람들의 최고선을 지원하기 위한 각 사람의 능력은 제한되어 있다.

　영적인 지향성을 지닌 사회복지사는 실천에서 커플상담의 전통적인 모든 방법론들의 사용과 함께 영적인 방법론을 추가했다. 사회복지사는 함께 활동하는 커플들이 영적인 기반에서 관계를 발전시키도록 용기를 북돋아주었다.

　영적인 지향성을 지닌 사회복지사는 모든 커플들이 그들의 성적인 지향성이나 성 정체성gender identities과 상관없이, 함께 창조하는 영적인 관계들이 잠재력을 가졌다고 보았다. 사회복지사는 또한 각각의 커플이 그들 자신의 독특한 강점, 한계, 그리고 환경적인 조건을 다루어야 한다는 점을 인식했다. 게이, 레즈비언, 그리고 트랜스젠더와 활동한 커플은 종종 주류 문화에서 클라이언트의 경험에 대한 편견어린 생각을 포함한다.

사례연구 17-5

결혼 상담

집 바깥에서는 성인아이(adult children)로 살고 있는 두 사람의 이성애 커플이 개인적인 일로 사회복지사를 찾아왔다. 그 여성이 첫 번째로 말한 것은 "우리의 결혼생활은 순탄치 않아요. 하지만 이혼은 옵션이 아니잖아요."였다. 사회복지사가 물었을 때, 남편은 아내의 주장에 동의했다. 사회복지사는 그들이 ○○○교회에 속해 있다는 것과 성직자가 그들의 결혼생활에 도움을 주기 위해 사회복지사에게 의뢰했었다는 것을 알게 되었다. 남편은 이미 부인과 별거하여 시내의 작은 아파트에서 살고 있었다. 그들 관계에는 잦은 어려움이 있었고 서로 헤어졌다는 것이 밝혀졌다. 남편은 아내가 성적으로 불감증이라고 불평했고, 아내는 남편이 냉랭하고 무관심했다고 불평했다. 사회복지사는 그들의 어느 쪽도(그들의 말로) 자유롭게 무엇이 그들의 결혼에 대한 "하느님의 뜻"인지를 알지 못하는 것 같다고 말했다. 부인은 남편이 휴가 동안 집에서 멀리 떠나있을 때까지 옵션으로 이혼을 고려하지 않았다. 그러나 그 순간, 그녀는 이혼을 고려하기로 결정했고, 남편은 결혼조정을 위한 물음에 반응했다. 그 시점에서, 사회복지사는 부부를 위해서 건전한 결혼생활을 할 수 있도록 도울 수 있는지 보려고 개입하였다.

"당신 둘 다 이제 힘 다툼에 지쳤고, 정말 서로 사랑하도록 배울 수 있는지 보기 원하는 것처럼 보이는군요." 사회복지사가 말했다. 그들은 그 질문에 대해서 생각하기 시작했다. 부인과 남편 둘 다 이혼의 두려움과 섹스에 대한 수치스러움 때문에 결혼생활은 유지한 채, 얼마나 멀리 떨어져 있게 만들었는지를 발견했다. 그들은 함께 영적인 기반에서 결혼이 무엇 같은지 조사하기 시작했다. 남편은 직업을 갖기 위한 아내의 욕구를 지원할 필요가 있고, 또한 자신이 아내에게 느끼고 있는 것들을 말할 필요가 있다고 결정했다. 아내는 본심을 남편에게 표현할 필요가 있고, 자녀들의 복지에 대해 많이 걱정하는 대신에 그녀 자신의 필요에 더 많은 관심을 기울일 필요가 있다고 결심했다.

사례연구 17-6

결혼 상담

상담센터에 있는 사회복지사가 17년 동안 함께 살고 있는 게이 커플을 만났다. 마크는 53세이고 그의 연인 빌은 51세이다. 그들의 현실적인 문제는 그들이 서로에게 성적인 욕구를 충분히 느끼지 못한다는 점이다. 사회복지사는 각 남성의 친밀한 관계의 내력을 조사했다. 그녀는 마크가 10년 동안 결혼생활을 했었고, 그가 "커밍아웃"하기 전에 아내와의 관계에서 2명의 자녀를 두고 나서 빌과 만나기 시작했다는 것을 알았다. 그러나 빌은 사춘기 이후로 게이로 살아왔고 다른 남자들과 성적으로도 활동적이었다. 빌은 마크를 만나기 전에 다른 사람과 오랫동안 관계를 맺어 왔다. 두 남자 모두 그들의 삶에서 가족, 공동체, 종교로부터 상당한 편견에 시달렸다고 했다. 사회복지사는 그들의 성적인 욕구 부족은 이런 요인과 관련이 있다고 추측했다.

사회복지사는 처음에 두 남성의 경험을 표준화했다. 그녀는 대부분의 커플이 그들의 관계의 초기에 느꼈던 강렬함이 약해지는 경험을 한다고 설명했다. 그녀는 또한 대부분의 게이, 레즈비언, 트랜스젠더들이 그들의 전 생애 동안 경험하는 편견에 의해 외상을 경험해 왔다고 보도록 도왔다. 그녀는 그들에게 다시 함께 데이트를 하는 등 같이 시간을 보내보도록 노력할 것을 요구하면서 또한 그들에게 서로에 대한 분노에 대해 논의하라고 했다.

그리고 나서 사회복지사는 커플에게 둘의 관계를 영적인 관점에서 본 적이 있는지 물었다. 그들은 그녀의 질문에 관심 있어 했고, 그녀가 의미하는 것에 대해 알고 싶어 했다. 그녀는 그들에게 영적인 관점으로 변형을 위한 기회로서 한 사람의 삶에서 일어나는 모든 것을 조사할 수 있다고 설명했다. 빌과 마크는 이 활동을 시도해 보기를 원했고, 그래서 사회복지사는 그들에게 첫 번째로 그들이 이 생애에서 게이 남성이 되기로 결정한 이유에 대해 고려해 볼 것을 요구했다. 이 문제에 대해 고려해 본 후에, 그들은 각각 다른 답을 내렸다. 빌은 그의 성적인 정체성이 그를 더 좋은 사람이 되도록 이끌었다고 느꼈다. 마크는 그가 속한 공동체에서 치료사가 되기로 결정되어 있었기 때문에 게이가 되기로 결정했다고 생각했다. 그리고 나서 사회복지사는 지금 그들의 삶에서 욕구의 부족이 있다고 결정한 이유에 대해 생각해 보라고 요구했다. 마크가 웃으면서 말하길, "아마도 우리를 다시 가까워지게 하려고"라고 말했고, 빌은 동의하며 고개를 끄덕였다. "맞아요, 그리고 효과가 있네요."

이혼

오늘날 다수의 커플들이 그들의 삶에서 최소한 한 번은 이혼을 경험한다. 영적인 지향성을 지닌 사회복지사는 영적인 변형을 위한 또 다른 기회로서 이혼을 바라본다. 이혼은 배우자와의 헤어짐뿐만 아니라 경제적 안전, 가족관계, 심지어 단체와 공동체 수용의 손실을 포함한다. 그러한 깊은 손실은 이혼한 사람이 자신의 집, 부,

사례연구 17-7

이혼한 커플과의 활동

이혼하는 커플이 그들의 변호사에 의해 사회복지사에게 의뢰되었다. 두 여성이 함께 들어왔다. 그들은 둘 다 어떻게 12년간의 관계가 끝나고 있는지에 대해 이야기하면서 울었다. 그들은 2명의 어린이를 양육하고 있었다(두 여성 모두 이전 결혼으로부터 한 아이씩을 두고 있었다). 하지만 이제 그들은 움직일 필요가 있다는 걸 알았다. "나는 당신들이 이 문제를 논의하기 위해 함께 왔다는 사실에 큰 감동 받았습니다." 사회복지사가 말했다. 그 여성들은 사회복지사에게 아이들이 가장 걱정된다면서 이혼이 어린아이에게 미칠 영향을 최소화하는 방법을 찾을 필요가 있다고 했다. 사회복지사는 그들의 불행한 결혼유형 관계가 이혼을 가져왔다기보다는 아이들의 영적 삶에 더 많은 부정적인 영향을 미친다고 믿는 이유를 물었다. 여성들은 여전히 죄의식이 있고 남편과 이혼한 것과 연인으로서 함께 산 것에 대한 부끄러움을 느낀다고 치료를 통해 털어놓았다. 사회복지사는 그들의 감정을 표준화했고, 그들 둘 다 그들의 아이들을 사랑하고 있으며, 아이들에게 영향력 있는 부모역할을 지속할 수 있기를 원한다는 걸 알려 주면서 지지해 주었다. 사회복지사는 아이들은 완벽한 부모가 필요한 것이 아니라 오히려 자신들의 불완전함을 알고 있는 부모들을 필요로 한다고 말했다. 두 여성은 이혼 동안 아이들에게 어떻게 성인이 큰 고통으로부터 영적인 변화를 겪을 수 있는지 보여줌으로서 자녀들의 영적인 성장을 계속해서 지원할 수 있는지 이야기했다. 그리고 나서 그들은 이혼이 어떤 의식의 변형을 자신들에게 열어 주었는지를 논의했다.

사회적 역할, 안정성, 믿음으로 이룬 동일시를 없앨 수 있다. 이 급격한 비동일시 과정은 이혼한 사람의 삶이 더 안정되게 유지된다면, 자신이 한 번도 가져보지 못했을 영적인 통찰의 가능성을 줄 수 있다. 사회복지사는 그 사람이 영적인 발달이 계속될 수 있도록 돕기 위해 노력한다.

성적인 관계에 대한 활동에서, 영적인 지향성을 지닌 사회복지사는 모든 변형의 패러다임paradigms transformation으로부터 그려진 방법을 사용했다. 방법의 예들은 〈7-2〉에 제시되어 있다. 예를 들면, 공동체의식 패러다임에서 사회복지사는 교회, 학교, 사

사례연구 17-8
화가 난 사람과의 이혼상담

34살의 남성이 클리닉에 상담자를 만나러 왔다. 그 남자는 매우 화가 난 것처럼 보였고 상담자에게 이혼하길 원하는 아내에게 얼마나 화가 나 있는지 이야기했다. "아내는 결혼한 이후로 내게 심술궂은 여자였어요." 그가 말했다. 상담자는 그 남자가 회기의 반 동안 불평을 하게 내버려 두었고 그리고 나서 그에게 물었다. "왜 당신은 그런 여자와 결혼했고 당신이 결혼생활을 한 만큼 아내와 살았다고 생각하나요?" 그가 대답했다. "음, 그녀는 우리가 데이트를 할 때 그녀 자신이 아닌 누군가처럼 행동했어요." "당신은 그녀가 당신을 사랑했다고 생각하지 않나요?" 사회복지사가 물었다. 남자가 말하길, "난 그것을 의심하지 않아요." "당신이 그녀를 사랑했던 것처럼 들리네요. 그리고 아직도요." 사회복지사가 반응했다. 그는 눈물을 참으면서 말했다. "난 지금, 그녀가 싫어요." 사회복지사가 말했다. "당신의 결혼생활에서 너무 많은 실망을 하는 것은 어려운 일임에 틀림없어요." "당신은 몰라요." "당신이 옳아요, 그것에 대해 내게 말해 봐요." 사회복지사가 말했다. 그 남자가 아직 화를 풀 준비가 되지 않았다는 걸 깨닫고, 사회복지사는 그에게 얼마나 그의 아내뿐만 아니라 다른 많은 사람들이 그를 낙담시켰는지 더 이야기해 보라고 했다.

타이밍이 좋았을 때, 사회복지사는 다시 그 남자가 다른 감정 등을 느끼도록 도우려고 노력했다. 사회복지사는 남자에게 자신의 심장 그림을 그려보라고 했고, 그림을 완성한 뒤에 설명해 달라고 했다. 심장을 묘사한 그림은 총탄에 의해 갈기갈기 찢어졌고 무섭게 피가 흐르고 있었다. 그러고 나서 사회복지사는 그에게 심장을 치료할 무언가를 그림으로 그려보라고 요구했다. 그는 혈액수혈 그림을 그렸다. "당신의 심장이 총에 맞았을 때, 심장이 무엇을 쏟아냈고, 두 번째 그림에서 무엇이 당신으로 돌아가고 있나요?" 사회복지사가 물었다. "나는 첫 번째 그림에서 희망을 잃어버렸고, 그리고…… 나는 두 번째 그림에서 희망을 얻고 있어요." 그가 답했다. 매혹된 채, 사회복지사는 그에게 희망에 대해 이야기 해보라고 했다. 그는 세상에는 자신을 위한 장소가 있고, 일이 잘 되어 갈 거라고 믿었었다고 말했다. "제가 볼 때 당신의 화는 실제로 당신의 아내나 어머니나 상사보다는 하느님에게 더 있는 것처럼 보이네요." "당신이 그렇게 말할 수도 있겠네요." 그가 말했다. "난 그 말이 옳지 않다는 걸 알아요." "하느님에게 화나는 건 괜찮아요." 사회복지사가 대답했다. "아마 모두가 그들의 삶에서 어떤 부분에 있지만, 이제 당신은 자신이 설계한 감옥 안에 머무르길 원하는지 결정해야 해요." "그게 무슨 말이죠?" 사회복지사가 대답했다. "음, 당신이 원한다면 우리는 당신이 수년 동안 화를 유지하는 것에 지불할 가격을 볼 수 있어요." 클라이언트는 한번 그가 인생의 전투에서 싸울 수 있도록 도와주었던 분노가 이제 어떻게 그의 영적 경로에서 한 곳에 "열중"할 수 있게 하는 방법을 보기 시작했다.

17-2 성적인(sexuality) 관계에 대한 활동에서 변형을 촉진하는 방법의 예

영적인 힘	클라이언트는 조상들과 후손들이 지닌 다양한 성적인 관계를 조사한다.
깨어있는 일상생활	클라이언트는 그의 성이 몸-마음-영-환경과 얼마나 연관되어 있는지 깨어있는 일상생활을 발전시킨다.
가슴의 영	클라이언트는 얼마나 자신의 성에 대해 느끼는지 알고 표현한다.
종교적 자아	클라이언트는 몸을 치료하기 위해 자신 및 다른 종교의 의식(rituals)을 사용한다.
몸 의식	클라이언트가 자위행위를 행하는 것과 같은 몸-마음-영의 표현을 통해 자신의 성을 발전시킨다.
공동체 의식	클라이언트가 특별히 성적 다양성을 존중하는 영적 다양성을 지닌 공동체를 촉진시키도록 돕는다.
생태계 의식	클라이언트가 특별히 성적 다양성을 존중하는 보편적 다양성을 지닌 공동체를 촉진시키도록 돕는다.

법체계와 같은 기구들을 모든 사람에게 그들의 성sexualities에 관계없이 평등권과 힘을 인정하는 다양성을 지닌 공동체로 바꾸는 것을 돕기 위해 일할지도 모른다.

| 연구 질문 |

1. 영적인 커플 활동의 목적은 무엇인가? 어떻게 활동이 전통적인 커플상담과 관련이 있는가?

2. 깊은 성적인 관계란 무엇인가? 개념에 대해 어떻게 생각하고 느끼는가?

3. 왜 동정이 깊은 성적인 관계에서 중요한가?

4. 다차원적인 친밀에서 원리는 무언인가? 모든 수준에서 친밀한 관계를 갖는 것이 가능하다고 생각하는가? 왜 또는 왜 그렇지 않은가?

5. 누군가의 최고선을 위한 헌신은 무엇인가? 무엇이 최고선인지를 어떻게 아는가?

6. 오늘날 대부분의 성교육에서 빠진 것은 무엇인가?

7. 당신 자신의 건강한 성(sexuality)의 정의를 제시하시오. 건강한 성에 대한 당신 자신의 개념을 어떻게 배웠는가?

8. 왜 성적 외상(sexual trauma)이 매우 일반적인가? 어떻게 성적 외상을 치료하는가?

9. 어떻게 한 사람이 많은 성정체성(gender identifications)을 가질 수 있는가? 어떻게 2개 이상의 성(gender)이 존재할 수 있는가?

10. 어떤 종류의 성적인 행동이 몇몇 어린이와 청소년들을 특별히 위험하게 만드는가?

11. 왜 대부분의 사람들이 최소한 그들의 성적인 환상을 숨기려 하는가? 사람들이 특히 가장 부끄러워하는 그들의 성적 환상으로부터 무엇을 배울 수 있는가?

12. 개인적으로 데이트의 영적인 목적이 무엇이라 생각하는가? 또는 결혼은? 또는 이혼은?

13. 당신과 다른 영적인 또는 종교적인 믿음의 형태를 가진 누군가와 데이트, 결혼, 그리고 이혼에 대해 일할 수 있는가? 왜 또는 왜 그렇지 않은가?

자료

Deida, D. (2002). *Finding God through sex: A spiritual guide to ecstatic loving and deep passion for men and women*. Austin, TX: Plexus.
  This book offers a perspective on how sexuality and religion can be seen as related.

Raphael, D. (1999). *Sacred relationships: A guide to authentic loving*. Novato, CA: Origin Press.
  This text is one of a number of books that describe spiritual aspects of romantic relationships.

CHAPTER 18

가족과 집단에 대한 영적인 지향의 실천

가족치료

영적인 관점에서 가족치료의 목적은 가족들이 모든 구성원의 영적인 발달을 지원하기 위해서 영적이고 보편적인 다양성의 가족을 함께 창조하도록 돕는 것이다. 이런 가족은 더 큰 지역사회에서 다른 가족들에게 건전한 모델이 된다. 영적으로 건강한 가족은 또한 더 큰 공동체와 지역 생태체계와 다양한 방법으로 상호 관련되어 있고, 봉사, 종교적인 의식ceremony, 그리고 리더십과 같은 활동을 통해 연결될지도 모른다.

가족과의 활동에서 변형 방법

영적인 지향성을 지닌 가족치료는 기존의 전통적인 방법론을 대체하자는 것이 아니라 평가, 중재, 그리고 사정방법에 영성을 추가한다. 가족 가운데 한 사람이 영적으로 변형을 겪을 때, 나머지 가족들은 자신의 영적인 경로의 다음 단계를 밟도록 도전받는다. 〈18-1〉에 설명한 것처럼, 영적인 지향성을 지닌 가족치료는 영적인 변형의 패러다임 방법을 사용할 수 있다. 사회복지사는 그녀 또는 그가 가족체계의 필요에 가장 알맞은 방법을 찾으려고 노력할 때, 그 가족에 알맞은 영적인 방법을 결합하여 사용할 것이다.

영적인 지향성을 지닌 기본적인 가족실천 방법

영적인 지향성을 지닌 사회복지사는 가족의 더 깊은 영적인 문제의 증상으로서 각각의 현존하는 문제를 본다. 많은 경우에 가족치료에서 현존하는 문제는 클라이언트로 지목된 아동들 중 한 명의 행동이다. 이 아동은 게다가 자신 및 다른 사람들에게 해를 끼치는 행동에 관련되어 있을 수도 있다. 그러나 단순히 아동이 그의/그녀의 영혼에 충분히 연결되어 있기 때문에 무엇이 가족들 사이에서 계속되고 있는지 표현하기 위해, 영적인 전망으로부터 확인되는 클라이언트는 종종 가족들 사이에서 아주 건강한 아동이다.

사회복지사는 구성원들이 실로 무엇이 가장 깊은 영적인 단계에서 가족들에게 진행되고 있는지 발견하도록 돕기 위해 설명한다. 그녀는 구성원들이 시간과 공간을 넘어 다른 가족들에게서 사람들의 경험을 탐구하면서, 그들의 문제에 대해서 가장 넓은 관점을 갖도록 함으로써 도울 수 있다. 그녀는 또한 가족원들에게 각 방향의 영적인 과정에 대한 주의를 증가시키도록 요구할 수 있다. 또한 그들은 때때로 가족 전체가 모든 가족이 영적인 경험을 겪지 않았음에도 불구하고, 영적인 목적을 공유하며, 그런 경험이 종종 일시적이다 영적인

18-1 영적인 변형의 패러다임에서 가족치료 방법의 예

영적인 힘	가족은 그들의 조상과 후손들을 영적이며 신앙심이 깊은지 함께 탐구한다.
깨어있는 일상생활	가족은 영적인 발달에 유념하고 가족 각자의 현재의 영적인 문제를 함께 발전시킨다. 가족 구성원들은 서로의 영적인 발달을 지원하는 것을 실천한다.
가슴의 영	가족 구성원들은 그들 자신에 대해, 서로에 대해, 그들의 영적인 생활에 대한 느낌을 나눈다.
종교적인 자아	가족은 각자의 영성을 촉진시키기 위해 그들 자신 및 다른 종교의 의식(儀式)을 사용한다.
몸 의식	가족 구성원들은 하이킹, 요가, 춤 등과 같은, 공유된 몸-마음-영의 실천을 통해 그들의 영성을 발전시킨다.
공동체 의식	가족은 모델링, 봉사, 종교적인 활동, 그리고 리더십 활동을 통해 영적인 다양성을 지닌 공동체를 촉진시킨다.
생태 의식	가족은 모델링, 봉사, 종교적인 활동, 그리고 리더십 활동을 통해 보편적인 다양성을 지닌 공동체를 촉진시킨다.

목적을 공유했다는 것을 깨달았다. 이 새로운 통찰과 관점으로 가족은 서로에 대해 생각하고 행동하는 방식에 약간의 변화를 주기로 결정한다.

때때로 영적인 가족치료는 여기-그리고-지금 생각과 어떻게든 아동의 품행이 나쁜 행동을 보상하고 있는 것처럼 보이는 행동에 집중한다. 사회복지사는 가족들이 더 건강한 태도와 행동을 함께 창조하도록 돕기 위해서 명상의 방법들을 가르치는 것뿐만 아니라 현존하는 문제들의 영적인 차원의 인식을 촉진시키기 위해 창조적인 표현을 사용할지도 모른다.

사례연구 18-1

가족치료: 한부모 가족의 십대를 위한 통과의례

한 아버지가 이제 17살이 되는 아들 프랭키를 데려왔다. 소년은 우울했고 아버지는 아들의 방에서 죽고 싶다고 쓰여 있는 쪽지를 발견했기 때문에 걱정했다. 사회복지사는 초기에 자살조짐에 대해 이야기했고, 소년은 자살서약에 동의했다. 회기 중에 사회복지사는 프랭키가 기분부전장애* 징후가 있지만, 많은 강점, 높은 지식, 글쓰기에 대한 창조성, 그리고 몇 가지 악기를 연주할 능력이 있다고 단정지었다. 소년은 우울증상으로 지쳐 있었고, 끝이 보이지 않는 것처럼 보인다고 말했다. 사회복지사는 많은 한부모들처럼, 프랭키의 아버지는 아마 아들과 지나치게 밀착되어 있을 것이라고 평가했다.

사회복지사가 사용한 중재 가운데 하나는 영적인 구성요소였다. 사회복지사가 말했다. "저는 청소년기의 소년이 성인남자가 될 때 맞는 변화를 당신의 조상들은 어떻게 했는지 궁금합니다." "그게 무슨 말이죠?" 프랭키가 물었다. "글쎄, 프랭키, 모든 17살 소년이 그런 것처럼 당신은 지금 소년과 남자 사이에 있어요. 과거엔, 공동체 전체가 변화과정 중에 있는 당신과 같은 소년들을 돕기 위해서 관여해 왔었죠. 수천 년 전의 근원으로 돌아가도록 제정된 의식이 있었어요. 오늘날, 이것은 당신 스스로가 알아내야 할 당신과 당신의 아버지의 일이에요. 그러니 다른 시대에 17살 소년들이 겪었을 일들을 생각해 보도록 해요." 사회복지사가 아버지와 아들에게 Great Basin부족에 살았던 젊은 남자의 이야기를 들려 주었다. 소년은 17살을 넘어가고 있었고, 6일 밤낮 동안 스스로 비전 탐색을 위해 사막으로 나가기 위해서 준비하고 있었다. 그에게 주어진 것은 칼과 사발과 약간의 먹을 견과류였다. 소년은 날마다 시냇가 위의 벼랑에 앉아서 지나가는 구름과 동물들을 바라보았다. 그는 꿈을 위해 기도했다. 3일째 날에 소년은 뱀에게 왼쪽 손을 물렸다. 그는 물에 누워서 죽을지도 모른다고 걱정하면서 상처를 씻었다. 물속에서 송어 한 마리가 소년에게 다가와서 지느러미로 시원한 물을 튀기면서, 그의 손 주위를 헤엄쳤다. 소년은 고마워하면서, 물고기를 잡아다가 그날 저녁을 해먹었다. 그는 송어가 자신의 생명을 구했다고 믿으면서, 살아서 마을로 돌아갔다.

사회복지사와 소년과 그의 아버지는 그 이야기가 그들 각자에서 무엇을 의미하는지 논의했다. 이야기 끝에 프랭키는 비전 탐색을 할 필요가 있다고 단정지었다. 프랭키는 캠핑 여행을 떠나기로 결정했다. 그는 스스로 여행을 계획하고 아버지는 프랭키가 도움이 필요할 경우에 연락이 가능하도록 휴대폰을 가지고 가게 했고, 여행을 떠날 출발 지점까지 데려다 주었다. 여행은 프랭키에게 도움이 될 것이고, 영적으로 의미 있는 경험이 될 것이다. 프랭키는 상담회기가 끝나갈 무렵에 아버지에게 고등학교를 마치면, 집을 떠나 살고 싶다고 말할 것이다. 사회복지사는 소년의 계획을 그의 아버지로부터 구별 짓도록 지원하고 아버지가 아들을 "떠나게 내버려두도록" 하기 위해서 준비하도록 도왔다.

사례연구 18-2
가족치료: 어린 아동들의 창조적인 표현

사회복지사는 클리닉에 온 새로운 가족과 자리에 앉았다. 그 가족은 2명의 아이를 둔 2명의 어머니 가족으로서 수잔과 머시는 5년 동안 프레디(7세)와 마크(10세) 두 명의 아이를 입양하여 양육해 왔다. 현존하는 문제는 마크가 학교에서 잘 지내지 못한다는 것이다. 마크는 성적이 좋지 않고 교실에서 대부분의 시간을 과제에서 벗어나 있었다. 집에서 마크는 특히 텔레비전이나 컴퓨터 앞에 앉아 있을 때는 잘 하는 것처럼 보인다. 부모는 마크를 학교심리학자에게 테스트를 받게 했는데, 주의력결핍 과잉행동장애(ADHD) 진단을 받았고, 마크가 흥분제(stimulant; 항우울제)를 먹고 상담을 받으러 갈 것을 추천했다. 어머니들은 약물치료를 기다리고 아들이 상담을 받도록 하기로 결정했다. 사회복지사는 가족 모두에게 2장의 흰 종이와 크레용을 나눠 준 뒤에 각자 2장의 그림을 그리도록 지시했다. 첫 번째는 가족과 세상과 사는 것이 지금 어떤지 그리는 것이다. 두 번째 그림은 얼마나 그 사람이 그 또는 그의 삶에 대해 느끼길 원하는지에 대한 것이다. 모두들 그림을 그렸다. 프레디는 점수를 획득하려고 하는 축구팀의 그림을 그렸고, 두 번째 그림은 게임에서 결승 골을 득점하는 것을 보여주었다. 마크는 자신을 제외한 모두가 웃고 있는 가족을 그렸다. 두 번째 그림에서 그는 멀리 가고 있었다. 그는 그림에 대해 질문받았을 때, 자신이 모두에게 문제가 되고 싶지 않으며, 모든 사람이 행복해질 수 있도록 움직이고 싶다고 말했다. 두 어머니는 아이들에 대해 걱정하는 그림을 그렸고, 더 잘하고 걱정할 일이 없으면 좋겠다는 욕구를 드러냈다.

사회복지사는 걱정이란 주제에 대해 함께 다루기로 결정한 뒤에 "가족들은 매우 현명하지만 걱정을 많이 하는 것처럼 보여요"라고 말했다. 그들은 모두 고개를 끄덕였다. 사회복지사가 물었다. "왜 사람들이 걱정을 할까요?" "나쁜 일이 생길까 봐요." 프레디가 대답했다. "하지만 그건 아무런 도움이 안 돼, 그치?" 수잔이 말했다. 가족들이 지역 교회에 다닌다는 것을 알고 사회복지사가 말했다. "왜, 누군가 나쁜 일이 일어나게 해달라고 기도할까요?" 마크가 쳐다보면서 말했다. "그건 멍청해요." "하지만 걱정한다는 것은 부정적인 일이 일어나기를 바라는 것과 같지 않을까요?" 사회복지사가 물었다.

그리고 나서 사회복지사는 모든 텔레비전과 컴퓨터와 비디오 게임을 꺼놓은 곳에서 매일매일 가족 명상을 실천하기 위해 가족을 초대했다. 명상하는 동안 가족은 모두 손을 잡고 눈을 감은 채 그들이 하느님의 손에 잡혀 있고 돌보아진다고 상상했다.

---

* 기분부전장애(dysthymia): 일정기간 동안 심한 우울증상을 보이는 주요 우울장애와는 달리, 만성적으로 경도의 우울증상이 지속되는 상태를 말한다. 환자들은 언제부터인지 명확하지는 않지만, 어릴 때 혹은 청소년기부터 내내 우울해 왔다고 이야기한다. 대부분의 환자들은 20대 이전에 발병한다. 이들은 우울증상을 자신들의 성격 혹은 인생의 일부라고 느낀다. 기분부전장애 환자의 약 20%는 주요 우울장애로, 다른 20%는 양극성 장애로 진단이 바뀌기도 한다. 예전에는 기분부전장애는 치료에 잘 반응하지 않고 만성적인 것으로 생각되었지만, 최근에는 비교적 치료에 잘 반응하며, 예후도 비교적 좋은 것으로 개념이 변하고 있다. - 역자 주

영적인 지향성을 지닌 가족가치 실천

영적인 지향성을 지닌 가족치료사는 때때로 부모들이 실제로 양육이 무엇이며, 어떻게 해야 하는지에 대한 그들의 관점을 더 깊이 생각하도록 돕기 위해서 활동한다. 만약 부모의 기본적인 의무가 어린이의 영적인 발달을 양육하는 것이라고 믿는다면, 그의 모든 양육 개입은 그러한 믿음으로부터 나올 것이다. 영적인 발달이 우선순위일 때, 부모는 아이가 되기 원하는 것에 그 자신의 환상을 떨쳐버리고 싶어 하고, 창조적인 영 또는 신의 의지에 양보할 것이다. 〈18-2〉에 설명한 것처럼, 영적 지향성을 지닌 사회복지사는 대안적인 가족 가치를 제공할 수 있다.

떠나보내기 Letting Go

영속하지 않은 세상에서 생의 단계를 가로질러 지속될 것처럼 보이는 양육의 임무는 떠나보내는 일이다. 예를 들면, 아기가 태어날 때 어머니는 아기가 개별적인

18-2 부모를 안내할 수 있는 대중성 대 대안적인 영적 지향의 가족가치

완벽(외적인 수용을 추구)	충분한(내면적인 자아 수용의 삶)
부(정신적 풍요 밖의 것을 추구)	질 높은 자유 시간(내적 풍요를 지님)
힘(다른 사람을 통한 통제와 표현)	자아 역량강화(자아조절과 표현)
성공(다른 사람보다 위에 서려 함)	떠나보내기(모두가 성공하도록 돕기)
명성(널리 알려지고 드러내기 위해서 애씀)	지혜(자기 지식을 발전시키고 적용하기)
아름다움(밖으로 들어내려고 노력함)	지혜(자기 지식을 발전시키고 적용하기)
전쟁(우리가 악을 계획하고 파괴)	자기사랑(그림자와 빛 모두에서 신성함을 봄)
소비(자연을 감소시킴)	자연보호(자연과의 조화)

존재로 삶을 살아가도록 어린이를 그냥 두어야 하고, 아기가 어머니의 몸 밖으로 나와서 탯줄이 잘릴 때 놓아주어야 한다. 아이가 유치원이나 초등학교에 가기 위해 집을 떠날 때, 부모는 아이가 새로운 학습 환경에서 새로운 경험을 시작할 수 있도록 놓아주어야 한다. 아이가 더 사회적이고 마침내는 성적으로 활동적이기 시작할 때, 부모는 아이가 새로운 관계를 맺을 수 있고 어쩌면 자신의 가족을 만들 수 있도록 하기 위해 아이를 놓아주어야 한다.

놓아주는 과정은 영적인 차원을 가지고 있다. 부모가 아이를 놓아줄 때, 어머니는 아이가 하고 싶고 되기를 바라는 것에 대해 갖고 있는 환상으로부터 탈동일시할 줄 알아야 한다. 그 대신에 어머니는 아이에게 기본적인 수용을 제공해야 한다. 그것이 아이에게 있는 독특한 영적인 경로를 위한 지원이다. 놓아주기의 의무는 균형 잡힌 행동이다. 한편으로는, 부모가 아이를 너무 빨리 놓아줄 수도 있다. 예를 들면, 부모가 어린아이를 돌보는 데 실패할 수 있고, 그 결과 아이가 거리로 나와 다칠 수 있다. 또 다른 한편으로는 부모가 빨리 놓아주어서 실패할 수도 있다. 이런 상황에서 부모는 아이가 스스로 무언가를 하거나 자신이 스스로 의사를 결정하기 위해서 준비를 할 때를 인식하는 데 실패할지도 모른다. 그리고 부모는 너무 강압적이고 초조해 하거나 걱정함으로써 아이를 고의성 없이 무력하게 만들 수 있다. 예를 들면, 아마 아이가 무능력하다거나 세상은 위험하다는 내용의 메시지를 아이에게 보내면서, 부모가 청소년 자녀의 친구들이 어떠하다거나 아이가 어떤 학교에 가고 싶어 하는지에 대해서 아이 스스로 의사결정을 내리도록 내버려 두는 데 실패할지도 모른다.

부모가 항상 아이의 변화하는 필요에 잘 맞게 완벽하게 균형 잡힌 방법으로 지속적으로 떠나가게 내버려두고 보호할 줄 아는 지혜를 가진 사람은 아무도 없을 것이다. 실제로 영적 관점에서 모든 아이들은 불완전한 부모가 있는 불완전한 세상에 태어나길 선택한다. 그리고 아이는 부모가 완벽하거나 완벽해지도록 노력할 필요가 없다.

그러므로 사회복지사의 의무는 부모가 양육 접근에서 완벽함에 도달하도록 돕는 것이 아니다. 그 대신에, 사회복지사의 의무는 부모가 자신의 불완전함과 강점을 보게 돕는 것, 그리고 자신의 자아인식, 자아수용, 양육의 지혜를 점진적으로 향상시키도록 돕는 데 있다. 예를 들면, 사회복지사는 부모가 그의 양육에 대하여 명상하는 것을 배우도록 도울 수 있다. 사회복지사와 부모는 부모가 더 많은 지혜와 강점을 배우게 기도할 수 있다. 사회복지사는 부모가 아이와 함께 상호작용하는 새로운 방법을 계획하고 실행하도록 도울 수 있다. 사회복지사는 항상 부모를 지원하고, 그리고 부모가 자신을 사랑하고 아이를 위해 영적으로 지향된 삶을 모델화하도록 돕는다.

사례연구 18-3
아이를 데리고 있는 것과 떠나보내기 사이의 균형 찾기

사회복지사는 8명의 어린이가 있는 대가족을 양육하고 있는 두 명의 부모를 돕고 있다. 부모들은 여러 가지 어려운 문제가 있지만, 그들은 여자아이 두 명에 대해서 가장 걱정스러워 한다. 가장 어린 케이츠는 6살이다. 그녀는 막 이번 가을에 학교에 다니기 시작했지만, 사회성 발달에서 지체를 가지고 있는 것처럼 보이기 때문에, 케이츠는 학교사회복지사에 의해 상담을 제안 받았다. 케이츠는 친구가 없고 친구들에게 미성숙하게 행동했다. 밀리는 12살이고 학교에서 모든 수업에 낙제했었지만, 친구들과 방과 후에 운동을 할 때는 활동적이다. 사회복지사는 가족의 전통을 평가하고, 소녀가 가족 외상의 내력이 있거나 학습, 사회적, 정서적인 문제에 대한 어떤 특별한 유전적 기질이 있는 것처럼 보이지 않는다고 말했다.

부모들이 매우 걱정하며 죄의식을 느끼는 것을 보면서 사회복지사는 부모들에게 가족치료가 아이들의 문제에 대해 부모들에게 책임이 있다고 탓하는 것이 아니라, 부모들이 아이를 도울 수 있도록 변화시킬 수 있는 것을 변화하도록 돕는 것에 관한 것이라고 설명했다. 사회복지사는 부모와 아이들을 떠나보내는 것과 놓아두는 것에 관여하는 개념에 대해 이야기했다. 사회복지사는 부모들의 자녀 양육이 케이츠와 밀리에게 얼마나 불균형적으로 작용했는지 고려해 볼 것을 요구했다. 그들은 함께 깊이 생각하며 의논했고 부모들이 케이츠에게 약간 과도하게 보호적이었고 더욱 더 그녀를 내버려 두어야 할 필요가 있다고 결론지었다. 그들은 부분적으로 이 일을 효과적으로 행할 것이고(태도의 변화) 부분적으로는 그녀를 그들이 원하는 만큼 집에 머무르게 하기보다 안전하고 통제된 상황에서 다른 아이들과 더 많은 시간을 보내도록 내버려둠으로써 실천될 것이다. 그들은 또한 조금 더 밀리를 보호하고 관심을 가져야 할 필요가 있다고 결정했다. 밀리에 대한 그들의 행동계획은 학교를 위해 그 선생님을 데려다가 편안한 방식(쇼핑하러 가기 또는 외식하러 나가기와 같은 방식)으로 더 많은 시간을 보내는 것이다. 사회복지사는 그들 자신의 한계를 보고 그들의 딸들의 영적인 성장을 지원하는 데 충분히 강해진 것을 축하한다.

성인자녀 양육하기

오늘날 많은 부모들은 자녀들이 몇 번씩 집을 떠났다가 돌아오곤 한다고 밝혔다. 이 과정 동안 부모들은 자녀에 대한 그들의 태도와 행동을 재균형화하도록 도전받는다. 자녀들은 성장해가면서 대개 더 적은 관심을 필요로 하고 원한다. 그러나 때때로 집, 돈 또는 사랑을 요구하면서 자녀들을 다시 집으로 불러들이는 실업이나 결혼 같은 삶의 위급한 상황이 있다. 부모는 건강하지 못한 의존이나 다른 건강하지 못한 생각과 행동의 장려 없이, 성인 자녀들에게 필요한 것을 도와줄 때, 정확한 양을 줄 필요가 있는 지혜를 구하거나 생각할 필요가 있다. 혼합가족에서는 두 부모가 종종 다른 관점을 가졌기 때문에 문제가 증대된다. 대개 친부모는 양부모보다 아이들에게 더 호의적이다.

사례연구 18-4
부모의 양육행동에 대한 영적 관점

58세인 밥과 56세인 베티는 밥의 아들이자 베티의 양아들인 마크를 어떻게 대할지 결정하려고 노력하고 있다. 베티와 밥은 5년 전에 결혼했다. 현재 함께 살고 있진 않지만, 둘 다 다른 결혼으로 인한 자식들이 있다. 불행히도 10년 동안 헤로인에 중독되었던 마크는 33살이었다. 최근에 마크는 건강이 악화되어 파트타임 직업과 살고 있는 아파트를 잃었다. 마크는 아버지에게 다시 돈을 요구하기 시작했고, 밥은 비밀스럽게 베티가 며칠 전에 이 사실을 알 때까지 몇 개월 동안 마크에게 "용돈"을 주었다. 2년 전에 밥이 베티에게 그가 마크에게 더 이상의 돈을 주지 않겠다고 약속했기 때문에, 그녀는 그들이 이 문제에 대해 상담자를 만나야 한다고 주장했다. 게다가 마크는 그가 "몇 달 동안" 집으로 돌아 갈 수 있는지 밥에게 물었고, 밥은 베티에게 말도 없이 마크의 오래된 방을 청소하기 시작했다.

사회복지사는 밥과 베티를 만나서 그들의 이야기를 들어보았다. 베티는 밥에게 화가 나서 말하길, "비록 우리가 충분히 좋은 결혼을 했고 난 밥을 사랑하지만, 나는 그가 다시 마크가 집으로 돌아오도록 허락한다면 이혼할 것이고, 난 그럴 의도가 충분히 있어요"라고 말했다. 사회복지사는 밥에게 대답을 요구했다. 그는 어깨를 들썩이며 웃었다. 사회복지사가 물었다, "밥, 당신이 어깨를 들썩이며 웃는 건 무슨 의미죠?" 밥이 바닥을 내려다보며 말했다, "베티는 마크를 전혀 좋아하지 않아요. 하지만 당신은 그녀가 1년 전에 그녀의 딸에게는 차를 사준 것을 알잖아요." "그건 달라, 그리고 당신도 그걸 알잖아." 베티가 대답했다. 그녀는 사회복지사 쪽으로 돌아서서 말을 이었다. "내 딸은 힘들게 일하는 사람이고 전혀 약을 하지 않아요. 그건 지금 딸의 남편은 떠났고, 내 딸은 일을 해야만 하는 것 뿐이에요." 사회복지사는 밥과 베티에게 다른 많은 커플이 그들의 결혼생활에서 같은 종류의 문제들을 겪고 있고, 만약 그들이 생각하고 서로에 대해 행동하는 방식에서 약간의 변화를 도모하지 않는다면, 그들은 남은 생애 동안 자식들의 문제로 싸움을 계속해야 한다고 말했다. 사회복지사는 밥과 베티에게 아마 마크에 대한 다툼에 의해 일어나고 있는 더 깊은 문제가 있을 것이라고 주장했고, 사회복지사는 그들에게 이 문제들을 가지고 활동할 것인지 물었다. 밥과 베티는 영적인 관점으로 이 문제들을 보는 데 동의했다. 그들이 이 활동을 하는 동안, 사회복지사는 마크를 만나서 중독치료와 피해 회복서비스를 포함하는 도시에 있는 자원에의 연결을 그에게 제공하는 것에 동의한다.

먼저 사회복지사는 베티가 지켜보고 듣고 있는 상태로 밥과 진행했다. 그녀는 밥에게 마크의 인생이야기를 들려달라고 했고, 곧 밥이 여전히 마크의 어머니와 이혼한 것에 대해 죄의식을 느끼고 있다고 이해했다. 사회복지사는 밥이 왜 그가 여전히 마크에 대해 많은 책임을 지려고 하는지 더 깊은 이유를 들여다 볼 것을 요구했고, 밥은 결국 그의 행동이 모두 "너무 죄의식을 느끼는 것으로부터 벗어나려고 계획되었고, 물론 마크에게 진정 그가 가장 필요한 것을 주는 것 대신에, 내가 좋은 아빠였다는 걸 증명하기 위해 계획되었다"는 것에 동의했다. 밥은 자기 용서(self-forgiveness)를 위한 작업을 시작했고, 마

> 크의 최고선을 지원할 수 있도록 그가 할 수 있는 것을 반영하도록 합의했다.
> 이제 밥이 지켜보고 듣고 있는 채로, 사회복지사는 베티에게 그녀의 인생 이야기를 들려달라고 부탁했다. 베티는 모두가 그녀를 결국 실망시킨다고 느끼고 있다고 이야기했다. 그녀는 밥을 완전히 신뢰하지 않았고, 밥이 그녀보다 자식에게 더 신경 쓴다고 느꼈다. 베티도 또한 여전히 15년 전에 그녀의 남편을 떠난 것에 대한 죄의식을 느끼고 있었다. 그리고 그녀는 종종 "내가 나의 아이들에게 주었던 고통을 보충하기 위해" 딸이 진정으로 필요한 것 이상으로 무언가를 채워주기 위해 애쓰고 있다고 말했다. 베티 또한 자기용서를 위한 활동을 하기로 했고 "나의 삶에 최종적으로 내적인 평화를 찾도록 노력하기로" 합의한다. 그녀가 말했다. "내가 정말 신뢰하지 않았던 사람은 하느님이고, 나는 또한 나 자신을 신뢰하지 않는다고 생각해요."
> 결국, 밥과 베티는 서로에 대한 그들의 사랑을 다시 확인했다. 그들은 얼마나 많이 아이들을 도울 것이고, 얼마나 그들이 그러지 않을 것인지에 대한 대화를 계속하기로 합의했다.

노인과 취약한 가족 구성원 돕기

나이가 들면서 한 사람의 부모는 성장하는 아이와 늙어가는 부모 사이에서 자신을 발견한다. 그녀는 아마 삶의 선두에 있었고, 가족들에게 줄 수 있는 위치에 있기 위해서 축복을 받았다. 이런 경우에 그녀는 가족의 최고선에 대한 최상의 의사결정을 내리도록 요구받는다. 그녀는 사람들이 점차 서로 단절된 문화에서 살고 있고, 그녀의 취약한 가족들을 돌보기 위해서 조상이 한때 하던 것처럼, 확대가족이나 종족을 더 이상 의지할 수 없다는 것을 알았다.

양육과 같이 취약한 가족 구성원들을 돌보는 것은 영적인 구성요인을 가지고 있다. 다른 사람에게 봉사하는 것은 공통의 영적 필요에서부터 다른 이들의 고통을 경감시키는 데까지 돕기 위해 온다. 게다가 병자, 장애를 지닌 사람들과 아이들을 돌보는 사람은 또 다른 사람의 최고선을 지원하도록 요구받는다. 이것은 영적인 관점과 지혜를 요구한다. 돌보는 사람은 많이 주는 것과 충분히 주지 않는 것 사이의 균형을 찾으려고 한다. 만약 많이 준다면, 돌보는 사람은 지치고 병들 수 있다. 만약 충분히 주지 않는다면, 취약한 가족 구성원은 불필요하게 고통 받는다. 결국, 가족이 나타내는 문제는 종종 가정에서 성인여성_{항상 돌보는 역할이 주어진 사람}은 과도한 책임감_{개인적 의식}이나 부족한 책임감_{전인격적 의식} 중 하나에 머물러 있다는 것이다.

사례연구 18-5

가족 보호자 돌보기

마운틴 정신건강 프로그램의 노인팀(Aging Unit of the Mountain Mental Health Program)에 근무하는 사회복지사가 지역 병원에 있는 의사에 의해 의뢰된 가족을 만났다. 화이트 씨와 그의 부인은 회기에 참여했다. 그들이 나타내는 문제는 화이트 씨의 어머니인 베르사가 최근에 세 번째 발작을 일으켰고, 지금은 이전보다 더 많은 간호가 필요하다는 것이다. 베르사는 4년 동안 화이트 씨의 아파트 아래층에서 살아왔다. 하지만 지금은 화이트 씨의 부인이 그녀를 위해 요리하고 청소할 수 있도록 함께 살고 있다.

이 회기에서 사회복지사는 화이트 부인(63세)이 인격적 의식의 단계에서 우선 작용하고 있고 화이트 씨(67세)는 전인격적인 의식의 단계보다 더 높은 데서 작용하고 있다고 보았다. 화이트 씨는 자원해서 퇴직했고 좋은 건강상태를 유지하고 있을지라도, 가능한 한 어머니를 피하는 것처럼 보인다. 그리고 그의 아내가 어머니를 도맡아 보살펴주기를 원한다.

사회복지사는 화이트 씨나 그의 부인을 판단하지 않았지만, 그들이 모든 의식의 단계에서 활동할 수 있도록 능력을 확장하기를 원했다. 사회복지사는 그들이 영적으로 성장할 수 있는 기회로서 베르사에 대한 그들의 문제가 무엇인지를 살펴보았다. 그리고 첫 회기에 부부에게 이 개념을 설명했다. "화이트 씨와 화이트 부인, 전 서로에 대한 사랑과 베르사에 대한 사랑에 감명 받았습니다. 저는 가족 모두가 영적으로 성장하기 위한 기회로서 베르사의 고통을 들여다보기 위해 두 분을 초대하고 싶습니다. 저는 베르사와 가족에 대한 옳은 의사결정을 내리는 데 당신을 지원하고 싶습니다. 또한 이다음에 당신의 삶이 어떨지 알아보도록 지원하고 싶습니다."

사회복지사는 화이트 씨가 골프게임으로 인한 불행했던 순간을 보았고 인생에서 놓쳤던 평안한 마음과 성취를 회복하는 데 충분하지 않았다는 것을 깨닫도록 돕는다. 사회복지사는 화이트 부인이 모두에 대한 그녀의 책임감과 그녀 자신의 느낌, 필요, 한계를 인식하는 데 부족함이 있다는 것을 알고 그것을 능가하도록 돕기 위해 부인과 함께 활동했다.

사회복지사의 의무는 종종 취약한 가족 구성원들을 돌보는 사람들을 지원하는 것이다. 사회복지사는 클라이언트 또는 가족의 요구를 영적인 차원과 연관되도록 돕는다. 그리고 그녀의 가족은 영적인 차원으로부터 도전하고 생계와 지혜를 찾도록 돕는다. 사회복지사는 또한 가족 안에 있는 각각의 성인이 가장 "열중"되는 경향이 있는 의식의 단계를 평가한다. 그리고 각각의 구성원들이 그 또는 그녀의 의식이 더 유동적이 되도록 도우려고 노력한다.

집단 활동

영적인 지향성을 지닌 사회복지사는 클라이언트들의 영적인 발달을 촉진하기 위해 집단 활동을 이용했다. 집단 활동 부부와 가족활동을 포함해서은 클라이언트들에게 영적이고 보편적인 다양성을 지닌 공동체를 발달시키고 운영하는 것을 이행하기 위해 특별한 기회를 주었다. 부부와 가족치료에서 사회복지사는 또한 부분적으로 다른 사람과 그들의 상호 교류를 탐구함으로서 클라이언트들을 평가할 수 있다. 종종 사람들은 사회복지사와 상호 교류를 할 때보다는 그들 동료들과의 상호 교류로부터 더 많은 이득을 얻을 수 있다. 숙련된 사회복지사는 클라이언트들이 그들의 영적인 활동에서 서로를 돕도록 원조할 수 있다.

사별 지원 집단

사회복지사는 사랑하는 사람과의 이별로 몹시 슬퍼하는 클라이언트를 돕기 위해 영적인 집단 활동을 이용할 수 있다. 점진적으로 사회복지사는 클라이언트들이 이별을 극복할 뿐만 아니라 그들 전체의 삶과 죽음을 재시각화하도록 돕기 위해 클라이언트들이 그들의 영성을 이용할 수 있도록 돕는다. 사회복지사는 집단을 구성하지만 클라이언트들은 보통 "방해가 되지 않는 방법으로" 서로를 지원하는 방법을 배울 수 있다.

사례연구 18-6
사별한 클라이언트들과의 집단 활동

호스피스 사회복지사는 새로운 사별집단을 시작했다. 이 집단에는 6명의 여성과 2명의 남성이 참여했다. 여성 한 명을 제외하고는 모두 50세 이상이다. 집단성원들은 모두 최근 6개월 이내에 배우자와 사별했다. 사회복지사는 초기에 클라이언트들에게 자신들의 이야기를 말해달라고 부탁했다. 그리고 집단성원들은 한 명씩 돌아가면서 자신이 사랑했던 배우자와의 이별에 대해 이야기했다.

사회복지사는 사별에 슬픔을 느끼는 것을 알고, 집단성원 가운데 한 건강한 사람에게 감정은 부정되고 "사라지지 않는" 대신에 "행동으로" 남아 있게 된다고 설명했다. 사회복지사가 집단들에게 물었다. "슬픔이 무엇입니까?" 그리고 집단원들은 죽음을 통한 이별이 탄생에서부터 삶의 일부인 것처럼 생각하는지에 대해 이야기했다. 한 여성이 말하길, "하느님께 가장 가까워진 것처럼 보일 때가 제가 슬플 때였습니다." 다른 이들도 동의했고, 또 다른 클라이언트가 말하길, "아마도 고통은 우리를 하느님께로 이어주는 것입니다." "음, 어떤 일이 잘 되어갈 때, 난 때때로 기도하는 걸 잊어버려요." 또 다른 사람이 말했다. 한 클라이언트가 "나는 때때로, 특히 밤에 집에서 내 남편의 존재를 느낀다."고 말했을 때 사회복지사는 처음에 뭐라 말을 해야 할지 몰랐다. 사회복지사는 책에서 많은 살아 있는 사람들이 그 같은 경험을 겪을 수 있다고 읽었지만, 그 책은 전문가가 그런 말에 어떻게 반응해야 하는지 설명해주지 않는다. 그러나 곧, 또 다른 클라이언트가 자신도 유사한 경험을 겪었다고 말했고, 그리고 나서 또 다른 클라이언트가 그녀의 사망한 남편에 대한 경험들을 공유했다. 사회복지사는 그 집단 자체가 치료자가 된다는 것을 깨닫기 시작했고, 사회복지사의 역할은 참가자들이 서로를 돕는 데 있어 안전한 "그릇(container)"으로서 활동하는 것이다.

부모 집단 활동

사회복지사는 또한 부모들을 지지하기 위해 한 집단의 영적인 치료의 힘을 이용할 수 있다. 가끔씩 양육 교육이 가장 필요한 부모들은 아마 그들이 무능한 것처럼 보여질까봐 두려워하기 때문에, 그런 교육에 참석하기를 꺼린다. 그러므로 자발적인 양육 교육에서 사회복지사의 첫 그리고 가장 힘든 임무는 부모들이 활동할 수 있는 곳에 안전한 환경을 성공적으로 만드는 것이다. 사람들이 도움을 받기 전에 진단을 받아야 하기 때문에 많은 전문적인 구축에서 사용된 질병모델disease model은 그런 꺼림에 기여한다. 그러므로 부모들은 특히 도움을 받게 되었을 때 불충분하다고 평가받을까봐 두려워한다. 영적인 모델은 영적인 발달의 구도자로서 클라이언트와

사례연구 18-7

밤에 모이는 부모 지지집단 사례

사회복지사는 처음으로 저녁 부모수업에 오는 참가자들을 위해 지역단체의 기부로 마련된 간단한 저녁 식사를 준비하도록 도왔다. 그녀는 모두가 음식을 먹고 소개 훈련을 하도록 한 뒤에 모두를 환영했다. 그리고 나서 그녀는 말했다. "저는 여러분이 전에 했던 것과는 다른 관점으로 당신의 자녀들을 고려하도록 정중히 부탁합니다. 저는 여러분의 삶에 자녀들이 중요한 영적인 선물이거나 혹은 선물을 가져다 주었기 때문에, 여러분의 영혼이 당신으로부터 태어난 자녀들을 선택했다고 상상해 보길 원합니다. 저는 여러분이 앞에 있는 종이를 한 장씩 가져다가 당신의 자녀들이 가지고 있고, 당신의 삶에서 당신에게 가져다 주었거나 가져다 줄 영적인 선물을 그려주시길 바랍니다. 모든 예술가는 자신의 가치관을 갖고 있고 그 자신을 위해 이미지를 창조하는 사람이기 때문에 모두가 예술가가 될 수 있습니다." 부모들이 그림을 다 그린 후, 사회복지사는 그들이 모르는 다른 부모들을 만나서 한 쌍씩 그들의 그림에 대해서 나누도록 했다.

첫 번째로 각각의 부모는 그의 파트너의 그림을 보고 그의 그림에서 무엇이 보이는지 나누도록 했다. 그러고 나서 각각의 부모는 그림을 그릴 때 원래 목적이 무엇이었는지, 그리고 이제 그녀가 그녀 자신의 그림에서 무엇이 보이는지 설명했다.

돕는 사람 둘 다를 존경하는 강점에 기반한 관점이다. 이런 모델에서 우리는 모두 영적인 방식을 함께 공유하고 있기 때문에 도움을 요청하는 데 부끄러움을 느낄 필요가 없다.

커플 집단 활동

영적인 지향성을 지닌 사회복지사는 많은 부부들이 그들이 살고 있는 공동체나 다른 커플들과 교류하고 있지 않다는 것을 알았다. 사람들은 종종 어느 정도 그들과 관계있고 다른 생활문제들이 그들의 지역에서뿐만 아니라 세계적인 공동체에 있는 부부들에 의해 공유된다는 것을 알지 못했다. 이러한 고립은 수많은 문제를 일

사례연구 18-8
커플 집단 사례

사회복지사는 다시 12주 동안 매주 만나기로 계약한 4쌍의 부부를 만났다. 사회복지사는 집단원들에게 영적인 활동을 위해 집단 내에서 함께 할 파트너를 찾아보라고 요청했다. 그리고 나서 그들에게 서로 제시된 질문에 대해 이야기하라고 했다. "왜 당신의 영혼(soul)은 당신이 배우자와 사랑에 빠지길 원했다고 생각합니까?" 약 20분의 나눔 후에 집단은 다시 함께 모였고, 사람들은 전체 집단과 그들의 경험을 논의할 기회를 가졌다.
한 여성이 말했다. "저는 여러분의 질문에 대한 반응으로 제가 제안한 것에 놀랐습니다. 앤은 비록 나의 모든 보호를 통해 내 영혼을 볼 수 있기 때문에 내 영혼이 앤을 원한다고 깨달았습니다." 그러자 한 남자가 말했다. "제가 놀랐던 것은 제가 아직 왜 내 영혼이 아내와 사랑에 빠지게 만들었는지 알지 못한다는 것입니다. 사실, 전 제가 모른다는 것을 알지 못했습니다. 하지만 이제 전 알고 싶습니다." 사회복지사가 대답했다. "전 당신이 당신의 관계에서의 신비(mystery)를 인정할 수 있다는 점이 자랑스럽습니다. 전 우리의 모든 관계에서 신비의 원리가 있다는 걸 짐작할 수 있습니다. 아마 당신은 관계의 영적인 문제에 대해 더 배우도록 돕는 데 이 집단을 이용할 수 있을지도 모릅니다."

으킨다. 몇몇의 가족에서 학대, 중독, 그리고 다른 파괴적인 행동들이 은밀히 발생하고, 그러한 가족의 가해자들과 희생자들 또한 그들의 문제를 집단적으로 부인denial 또는 과소평가하므로 고통 받는다. 많은 다른 가족에서 커플들이 그들의 경험, 생각, 행동들이 독특하다고 믿기 때문에 커플들은 그들 자신에 대해서 불필요한 죄의식과 부끄러움을 느낀다.

영적인 지향성을 지닌 커플 집단의 목적은 고립을 줄이는 것이며, 그렇게 하면서 사람들이 그들 자신, 서로서로, 그리고 그들의 공동체를 치료하도록 돕는 것이다. 사회복지사는 커플들이 그들의 관계의 영적인 문제를 조사하도록 격려한다.

남성들 그리고 여성들의 영성집단

영적인 지향성을 지닌 사회복지사는 남성들이나 여성들을 위한 영성집단을 운영한다. 그런 집단은 특히 관계를 찾거나 그들의 생물학적 성gender을 공유하고 있는 다른 사람들과 영성을 탐구하기를 원하는 성인들을 도울 수 있을지도 모른다. 그런 집단의 동기가 또한 족장이 지배하지 않거나, 계층적이지 않거나, 반면 소수민족에게 가혹하지 않은 지혜 전통을 찾거나 창조할지도 모른다. 사회복지사가 남성들이나 여성들의 집단을 조직화하기를 원할 때, 사회복지사는 클라이언트가 이런 문제들을 고려하도록 요구할 것이다.

1. 왜 당신은 당신의 영혼이 여성의(또는 남성의) 몸으로 이 세상에 오길 원했다고 생각하는가?
2. 가족, 학교, 종교 그리고 당신이 성장한 공동체가 어떻게 남성들과 여성들을 다르게 대우했는가? 이런 선입관에 대해 어떻게 생각하나?
3. 만일 당신이 하느님을 믿는다면, 당신은 신이 어떤 성(gender)을 가지고 있다

고 믿는가? 왜 그런가, 또는 왜 그렇지 않은가?
4. 당신의 성(gender)과 관련 없이, 당신은 어느 정도 여성적이고 남성적인 특성을 계발했는가? 이런 발달이 당신의 영적인 성정과 얼마나 연관되어 있는가?

| 연구 질문 |

1. 이 장에 주어진 집단 활동의 영적인 목적에 대해 어떻게 생각하고 느끼는가?

2. 어떤 변형의 방법들(〈18-1〉)이 당신을 가장 편안하게 했는가? 어느 것으로 할 때 가장 불편했는가? 이유를 설명하시오.

3. 한 아이 또는 10대의 변화의 관례는 영적인 시각으로 어떻게 보이는가? 당신 자신의 삶에서 예를 들어보시오.

4. 〈18-2〉에 주어진 가족 가치에 대해 어떻게 생각하고 느끼는가? 어떻게 설명된 가치를 수정할 것인가?

5. 영적인 과정으로 가게 놓아주는 과정은 어떤가? 이것이 양육과 어떻게 연관되어 있는가? 당신 자신의 삶에서 가게 두는 것의 중요성은 무엇인가?

6. 의식의 전인격적 단계에 "머물러" 있는 도우미(caretaker)가 보살핌이 필요한 부모와 어떻게 행동하는지 설명하시오. 똑같이 의식의 인격적 수준과 초인적 수준(transpersonal levels)에 있는 사람의 경우도 비교하고 대조하시오.

7. 어떻게 집단 활동이 영적인 발달을 촉진시키는가? 당신이 집단을 운영하는 데 얼마나 편안한가? 이유를 설명하시오.

자료

Dalai Lama. (2000). *Dzogchen: The heart essence of the great perfection.* Ithaca, NY: Show Lion Publications.
    Another of the books by the Dalai Lama that has advice that may be useful to caretakers.
Vaughan, F., & Walsh, R. (1983). *Gifts from a course of miracles.* New York: Penguin Putman.
    A wonderful summary of key concepts from the "Course of Miracles" that can be inspirational to caretakers.

CHAPTER 19

개인적 변형에서 영적인 지향의 진보적 실천

이 장에서는 개인 변형과 더불어 진보적인 영적 실천의 몇 가지 방법들이 다루어질 것이다. 위험 상태에 처한 세 가지 다른 모집단으로서 중독된 사람들, 고지식한 백인 남성들, 죽어가는 사람들이 검토되었다.

중독된 사람들

힘 Momentum

영적 관점에서 중독은 부정적인 영적 힘으로 생각될 수 있다. 예를 들면, 사람이 그녀 자신의 다차원적인 발달적 치료와 성숙으로 나아갈 때, 그리고 더 깊이 그녀 자신과 세상을 사랑하기를 배울 때, 그리고 영적이고 보편적인 공동체의 공유를 창조하는 데 참여할 때 힘은 더 긍정적이다. 예를 들면, 사람이 자기 자신과 자신 세계 일부와의 사랑하는 관계를 잃을 때 더욱 더 퇴보하고, 발달의 어떤 단계에 머무르게 될 때, 인간, 다른 생물체와 모든 삶을 지탱하는 생태계의 다양성에 대한 공경을 잃었을 때 힘은 더욱 더 부정적이다.

중독은 고통과 기쁨이 있는 개인의 관계에 원인이 있고, 중독에 대한 영적인 지향성을 지닌 활동은 그런 관계를 개선시키는 방향으로 향한다. 대부분의 인간은 음식을 먹을 때, 섹스를 할 때, 음악과 춤에 심취될 때 경험할 수 있는 것처럼 기쁨을 갈구한다. 우리는 또한 신체적인 고통의 경험, 예상되거나 실제의 손실, 우리 자신과 세상과의 단절의 느낌과 같은 고통을 피하기를 원하는 것처럼 보인다.

기쁨을 누리고 고통을 피하려는 우리의 욕구는 이해할 만하고 인간적이다. 사회복지사는 클라이언트를 위해 그런 활동을 규범화할 수 있다. 하지만 대부분 세계의 지혜전통이 가르치는 것처럼 기쁨은 항상 일시적이고 고통은 피할 수 없는 삶의 일부이다. 영적인 관점으로 기쁨과 고통은 영혼의 가장 위대한 스승으로 생각되어질 수 있다. 예를 들면, 기쁨에 대한 우리의 목적이 비영속성에 대해 가르칠 수 있고, 고통에 대한 회피가 집착에 대해 가르칠 수 있다.

대부분의 중독은 단순히 기쁨을 증가시키거나 고통을 감소시키는 활동으로서 시작된다. 심리학적 수준에서 절제가 있는 중독은 단순히 대처전략, 강점, 또는 탄력성resiliency 요인으로 생각될 수 있다. 또 다른 방식으로 말하자면, 불안정이 발생할 때 어떤 강점이 또한 약해질 수 있고 어떤 대처전략이 건전하지 못한 습관이 될 수 있으며 어떤 탄력성의 요인이 취약성이 될 수 있다. 예를 들면, 처음에는 휴식을 취하고 건강을 촉진시키기 위해 노력하였던 한 여성이 심각할 정도로 자신의 건강에 손상이 갈 때까지 무리한 거리를 매일 달리기 시작했다. 또한 소년일 때 다른 사람들의 이야기를 잘 듣는 좋은 청취자였던 남성은 성인이 되면서 친밀한 관계에서 자신에 대해 많은 것을 이야기하기를 회피하게 되었다.

한편으로는 이 중독과 대처, 강점, 탄력성 사이의 관계는 돕는 과정에서 혼란스러울 수 있다. 클라이언트들은 세상에서 대처하기 위한 그들 최고의 노력이 불균형 상태가 됨으로써 중독을 일으킬 수 있다고 이해하지 않았다. 다른 한편으로는 이 관계를 이해하는 것이 또한 돕는 과정을 지원할 수 있다. 사회복지사는 중독성 있는 행동이 치료와 건강을 위한 욕구에 근거한다는 것과 여전히 클라이언트가 찾는 몸-정신-영-환경적 건강을 성취하기 위한 또 다른 방법을 찾을 수 있다는 것을 클라이언트가 알도록 도울 수 있다. 클라이언트는 모든 사람이 대처기술, 강점, 탄력성을 발전시킬 수 있는 잠재력뿐만 아니라 그의 삶에서 무언가에 중독될 수 있는 잠재력을 가지고 있다는 사실을 깨달을 때 희망을 갖게 된다.

창조성 Creativity

중독을 위한 영적인 처방은 무엇인가? 한 가지 처방은 창조성이다. 만약 중독이 습관적 활동으로 생각된다면, 한 가지 반대의 중독이 창조하는 활동일지도 모른다. 비록 습관적인 활동은 예측 가능해서 원래 고통을 줄이고 기쁨을 증가시키는 것처럼 보일지라도, 과하게 행해졌을 때 그런 행동은 모든 개인의 경험을 둔화시키는 경향이 있다. 비록 창조성 있는 활동이 예측 불가능해서 더욱 더 놀라울지라도, 더 많은 성장을 끌어내는 경향이 있고 더 흥미로우며, 클라이언트에게서 생존감의 보편적인 경험을 촉진시킨다. 사회복지사는 중독된 클라이언트에게 모든 신체적, 정서적, 인지적, 사회적, 영적, 환경적 차원에서 습관적 활동과 창조성 있는 활동 사이에 클라이언트의 삶을 재균형화하기 위해 노력할 것을 제안했다. 〈표 19-1〉에 있는 예에서 설명한 것과 같이 습관적인 활동들이 같은 차원에서 보다 더 창조적인 활동에 의해 대체될 수 있다.

균형 Balance

중독을 위한 또 다른 처방은 균형이다. 사회복지사는 클라이언트가 〈표 19-1〉에 제시된 발달적 문제뿐만 아니라 일과 놀이, 수입과 지출, 개인과 공동체 문제 사이의 긴장과 같이 이런 상호 연관된 범위를 포함한 클라이언트 삶의 모든 범위에서 균형에서 벗어난 것을 직면하도록 돕는다. 균형을 잡는다는 것은 한 번의 시도로 성취

표 19-1 발달적 차원에 놓여있는 습관적 활동과 창조적인 활동의 예

차 원	습관적 활동	같은 차원에서 대안적인 창조적 활동
신체적	물질남용	자신과 다른 이들을 변화시키고 치료하기 위해 약을 이용하기
	과식	자신과 다른 이들을 치료하기 위해 음식을 이용하기
	성 중독	자신과 다른 이들을 치료하고 축하하기 위해 섹스를 이용하기
정서적	분노중독	자신과 다른 이들을 치료하고 용서하기 위해 마음을 이용하기
	격분	자신과 다른 이들을 사랑하고 동정하기 위해 마음을 이용하기
인지적	걱정	자신과 다른 이들의 최고선을 위해 기도하기
	완벽주의	자신과 다른 이들을 근본적으로 수용하기 위해 연습하기
	좁은 생각	다른 생각에 대한 유념(mindfulness)과 관용을 확장하기
사회적	사회적 철회	창조적인 정신에 개방하는 방식으로 사회적 위험을 감수하기
	홀로 있지 못함	창조적 정신을 알기 위한 방식으로 자신을 알기
영 적	영적	개인적, 영적인 발달로부터 비동일시하기
	나르시즘	행동에 대한 순수한 동기를 발전시키기
환경적	과소비	자연에서 취하는 것보다 더 주기

되는 것이 아니라 클라이언트가 자신의 문제를 바로 직면할 때 이루어질 수 있다.

변화가 지속된 이래로, 클라이언트는 지속적으로 균형에 들어맞거나 벗어나는 것을 찾을 것이다. 균형을 찾는 것은 유념성mindfulness, 의지, 창조성이 필요하다. 규정 시간 외에 클라이언트는 재균형의 창조적인 습관으로 중독성 있는 습관을 대체시킬 수 있다.

절제 temperance

중독을 위한 또 다른 처방인 절제는 오늘날 드물게 쓰이는 구식 용어이다. 아마 그건 우리의 소비자 중심주의와 소비의 시대에 우리가 우리의 삶에 절제의 욕구에 대해 생각하길 원하지 않기 때문이다. 절제는 "적당한 때에 적당한 혼합"을 찾는 것이다. 클라이언트는 불필요한 낭비와 서두름 없이 자신, 가족, 공동체, 생태계를 돌보는 것을 배운다. 예를 들면, 모든 가족 여행은 비싼 리조트로 수천 마일 멀리 떨어진 곳까지 갈 필요가 없다. 또한 클라이언트가 12월에 어떤 선물도 사지 말라고 가족에게 연락해서 대신에 그들이 가난한 사람들에게 쓸 수 있는 모든 돈을 기부할지도 모른다. 또한 클라이언트가 더 간단한 음식을 먹기 시작하고, 덜 비싼 새 옷을 사기 시작할 수 있다.

마음의 평정 Equanimity

중독과 관련된 또 다른 처방은 마음의 평정이다. 사회복지사는 클라이언트에게 더 냉정함으로 삶에 접근하도록 가르친다. 클라이언트가 자신의 몸, 다른 사람들, 또는 세상과의 관계에서 경험할 고통에 반응하는 것 대신에, 평온과 냉정으로 자신의 고통에 접근하도록 선택한다. 이런 변화는 쉽지 않다. 그리고 사회복지사는 침착하게 고통과 예상된 고통에 대한 자신의 반응을 이해하고, 더욱 더 침착하고, 집중되고, 사전 대책을 강구한 삶의 접근으로 고통에 대해서 두려워하는 반응을 대체하기 위한 활동에 참여하도록 클라이언트를 지지한다.

포기 Surrender

포기는 영적인 발달과정의 일부이다. 한 사람이 자신_{심리학적 용어로, ego's}의 의지를 포기하기로 선택하고, 그 대신에 창조적 정신_{또는 어떤 종교에서 신의 의지}을 따른다. 학생에게 그의 방에 새로운 것을 위한 공간을 만들기 위해 모든 가구를 비우라고 말하는 수도사의 이야기처럼, 한 사람이 다른 무언가를 얻기 위해 무언가를 포기해야 한다는 인식이 있다. 비록 그 학생이 처음에는 오래된 가구에 집착하길 원할지라도, 그는 결국 그가 궁극적으로 각각의 영적인 포기를 경험한 것처럼, 그가 잃은 것보다 더 많이 얻을 것이란 것을 깨닫게 된다. 사회복지사는 대부분의 클라이언트들이 그들의 "가구"를 내버려두길 원하지 않는다. 그것이 그들의 통제, 일 중독, 걱정 또는 술이든 아니든, 중독이 되기 쉬운 과정에서 사람은 기쁨 및 고통을 피하기 위한 욕구를 포기한다.

중독 단계에서는 또한 무언가가 잃어지고 얻어진다. 그리고 중독이 더 강해지면서 개인은 궁극적으로 자신이 얻는 것보다 더 포기한다. 고통의 경감과 중독을 통한 기쁨의 경험은 일시적이기 때문에 그 사람은 단기간의 즐거운 상태를 맛보기 위해 다시 중독성 있는 활동으로 돌아가려고 한다.

전인격적 수준의 중독 Prepersonal-Level Addictions

의식의 전인격적 수준에서 일반적으로 활동하는 사람들은 종종 정서적 고통으로부터 즉각적인 육체적 기쁨과 안도를 주는 중독에 중독되는 경향이 있다. 아이 자아 상태(제1, 4장 참조)는 전인적 단계의 통제 안에 있다. 그리고 책임감, 명랑함, 음주, 또는 성적 행동의 과도한 결손으로서 그런 젊은 성향을 반영하는 경향이 있다. 전인격적 단계 중독을 위한 영적 처방은 증가된 인격적 인식과 개인의 한계를 초월한 인식이다. 이것은 클라이언트가 벗어난 자신의 전인격적 과잉을 균형 잡도록 도울 것이다. 종종 전인격적 수준의 중독은 개인의 삶에서 다른 사람들이 걱정하게 될 때까지 다루어지지 않는다.

사례연구 19-1
전(前)인격적 중독에 대한 활동

사회복지사는 음주상태와 UDI(음주운전) 비용의 기록이 있는 법원 조정을 받은 클라이언트를 만났다. 클라이언트는 처음에는 사회복지사의 이야기에 매우 저항했지만 결국 이야기를 들으려 하였다. 사회복지사는 공식적인 테스트와 자아심리학적-영적-환경적인 평가에 기초하여 클라이언트에게 알코올 의존과 기분부전장애 진단을 내렸고, 법정에서 여성이 매주 개인치료와 집단치료를 받을 것을 추천했고, 판사도 동의했다.

사회복지사는 클라이언트에게 알코올 중독에 대한 피드백을 주었고, 전인격적인 중독이 무엇인지에 대해 말해주었다. "당신은 기쁨을 찾아왔고 모든 사람처럼 고통을 피하려 했지만 당신이 해왔던 방식은 당신의 삶을 오히려 술이 취하지 않았을 때보다 더 악화되게 만들었어요. 당신의 작업해야 할 한 부분은 중독 증상이 시작되기 전에 당신의 고통이 무엇이었는지 기억해 보는 거예요. 당신은 마치도 불에 타버릴 위기에 처해서 불을 끄기 위해 냇가로 뛰어들어서 지금은 물에 빠진 여성과 같아요. 그런데 왜 물에 뛰어들었는지를 잊어버린거죠." 클라이언트가 대답했다, "네, 하지만 난 술을 끊으려고 할 때마다 한 달이나 두 달 정도 술을 끊을 수 있었어요." 사회복지사가 말했다, "알았어요, 그래서 당신 자신을 단지 있는 모습대로, 더 사랑할 수 있는 짧은 기간의 목표를 정합시다. 그리고 다시 당신 자신이 모든 것-즐거움과 고통을 느껴보세요." "어떻게 내가 그걸 해야 하나요?" "글쎄," 사회복지사 말했다, "우리는 어떤 부분에서 시작해야 해요. 처음부터, 나에게 당신의 삶의 이야기를 얘기해 주는 건 어때요." 치료하는 주가 지나서까지 클라이언트는 자신의 이야기를 하고 나서, 사회복지사와 더욱 친밀하게 되었다.

> 그들의 치료목적의 관계가 발전하기 시작하면서, 사회복지사는 집을 떠났던 클라이언트의 두 십대 자녀를 만나도록 하였고, 다른 사람에 대한 더 많은 책임(전인격적 의식)을 질 수 있도록 도왔다. 클라이언트 또한 자아탐색을 발전시키기 위해서 매주 화요일 저녁마다 집단활동 수업으로 요가(초인적인 의식)를 배우기 시작하였다.

인격적 수준의 중독 Personal-Level Addictions

일반적으로 의식의 인격적 수준에서 활동하는 사람들은 종종 그들이 과도한 책임을 통해 고통을 피하도록 돕는 중독에 빠지는 경우가 있다. 부모 자아상태parent ego state(제1, 4장 참조)는 인격적 수준의 통제하에 있다. 그리고 지나친 과잉은 과도한 책임, 업무, 심각성, 자존심, 그리고 의무와 같이 그런 부모의 성향을 반영하는 경향이 있다. 인격적인 수준의 중독을 위한 영적인 처방은 증가된 전인격적이고 초인적인 의식이다. 이것은 클라이언트가 지나친 개인의 과잉을 균형잡도록 도울 것이다. 종종 인격적 수준의 중독은 클라이언트의 삶에서 다른 사람들이 관여하게 될 때까지 다루어지지 않는다.

> **사례연구 19-2**
>
> **인격적 중독에 대한 활동**
>
> 사회복지사는 40살의 여성과 그녀의 50살 된 남편인 프랭크와 부부활동을 한다. 프랭크의 아내인 메리는 그녀가 점점 더 결혼생활에서 외로움을 느끼기 때문에 남편이 결혼상담가를 만나러 왔다고 주장했다. 사회복지사는 프랭크가 일 중독증이 있다고 평가했다. 도시에서 잘 나가는 의사로서, 그는 대학 병원에서 자신의 업무와 그의 경영상의, 그리고 학문적 의무로 일주일에 거의 평균 60시간을 일한다.
> 사회복지사는 부부상담을 하는 것과 더불어, 프랭크의 일 중독을 치료하기 위해 도와야 한다고 깨달았다. 프랭크는 상담하러 오는 걸 기뻐하지 않았다. 그가 말하길, "난 이 회기 동안 중요한 오늘밤의 모임

을 그리워했어요. 난 정말 그 일보다 상담에 더 많은 시간을 낼 수 없어요. 전 상담이 필요 없어요." 메리가 대답했다. "그 말은 당신은 우리의 결혼생활에 대해 조금의 시간도 낼 수 없다는 의미군요." "아냐, 그건 내가 의도한 게 아니야. 왜 항상 당신은 말을 만들어서 몰아세우는 거지?" 사회복지사가 말했다. "프랭크, 당신의 일이 결혼생활에 문제가 되는 것처럼 보이네요. 이 시점에서 당신이나 메리가 옳고 그른지에 대해 논쟁하기보다, 오히려 이렇게 상담을 받아보는 게 어떨까요?" 프랭크는 마지못해 동의했고, 메리는 4번의 회기를 거친 후에 재평가하는 계획을 수용했다.

4번의 회기 동안 사회복지사는 프랭크가 다시 그의 피로, 슬픔, 화와 갈망을 느끼기 시작하도록 도왔다. 프랭크가 지적으로 축복받았기 때문에 사회복지사는 그에게 그 자신과 세상에 대한 새로운 사고방식을 제공하면서 그를 도울 수 있는 의식적인 힘을 이용할 수 있었다. "프랭크, 당신의 위대한 힘은 아마 당신의 가장 큰 약점이 될 수도 있을 거예요." "그게 무슨 말이죠?" 그가 답했다. "난 당신의 인내에 대해 이야기하고 있어요, 그건 비범하고 당신이 하는 모든 것을 잘 할 수 있도록 하지요. 그러나 당신의 인내는 또한 당신이 대부분의 사람들이 하는 것보다 더 오래 당신을 중독 상태에 머물도록 할 수 있어요." "그건 무얼 말하는 거죠?" "그게, 일하려는 당신의 욕구는 헤로인과 같아요. 이것은 당신이 더 높이 도달하도록 하지만 닳아 없어지고, 당신은 더 많은 약물을 계속해야 하죠. 당신은 대부분의 사람들이 할 수 있는 것보다 더 열심히 일해야 하기 때문에 그럴 수 있어요." 프랭크는 웃으면서 이해했다. 그는 결국 그가 그의 삶에서 무엇을 원하는지 알아낼 필요가 있다고 결정 내렸다. "나는 성공했지만 지금의 나는 그저 기계일 뿐입니다. 만약 내가 누구인지 알았더라면 난 일을 잊어버렸을 거예요." 사회복지사는 프랭크의 결정이 그의 삶에서 영적인 분기점이 될 것이라는 걸 알았다.

사회복지사는 메리가 또한 원래 의식의 인격적 수준에서 활동한다는 것을 알았다. 사회복지사는 모든 관계가 두 사람에 의해 만들어지고, 메리 또한 문제가 있음에 틀림없다는 걸 알았다. 사회복지사는 메리가 결혼 첫 해에 우선적으로 그녀 자신보다 프랭크의 필요를 기꺼이 먼저 챙겼다고 결론 내렸다. 그러나 그녀가 자신의 생각과 감정에 더 주의를 기울이게 되면서 그녀 또한 프랭크에게 결혼생활에서 그녀가 원하는 것과 원하지 않는 것을 말하는 데 더 독단적이게 되었다. 이 시점에서 그녀는 남편과 원하는 관계를 가질 수 없게 될까봐 매우 두려워한다. 사회복지사는 그녀에게 "부부관계에서 많은 부분 어디서 남편의 책임이 끝나는지 그리고 어디에서 당신의 책임이 시작되는지에 대해 더 염려하는 과정"이라는 것을 상기시켰다. "바꿔 말하면," 메리가 대답했다. "내가 얼마나 나의 큰 외로움이 나 자신의 삶의 행적에서 왔는지 그리고 얼마나 많이 프랭크가 누구와 관련이 있는지 아는 것은 좋은 것이죠." "옳아요." 사회복지사가 말했다, "그리고 당신이 이 사실이 무엇인지 결정 내렸을 때, 당신은 무엇을 할 필요가 있는지 더 잘 알게 될 거예요." 메리가 그녀의 외로움의 본성을 더욱 더 유념하게 될 때, 그녀는 비록 전 생애에서 그녀가 원한 것보다 더 홀로 있었을지라도, 프랭크가 그녀가 원하는 것을 주고 싶지 않았다는 것을 깨달았다. 또한 사회복지사는 메리의 증대하는 인식이 그녀의 계속적인 발달에 촉매작용일 수 있었다는 것을 알고 있다.

초인적 중독 Transpersonal Addictions

일반적으로 의식의 초인격적 수준에서 활동하는 사람들은 종종 기쁨을 주고 자신과 세상으로부터 과도한 철회를 통해 고통을 경감시키는 중독에 빠지는 경향이 있다. 관찰하는 자기 자아상태Observing Self ego state(제1, 4장 참조)는 초인격적 수준의 통제하에 있다. 그리고 많은 과잉은 과도한 사회적 철회, 의식儀式의 실천, 다른 것에 대한 민감성의 결여, 그리고 자아와의 단절과 같은 그런 성향을 반영하는 경향이 있다. 초인격적 수준의 중독을 위한 영적인 처방은 전인격적이고 초인격적 의식의 증가이다. 이것은 클라이언트가 초인격적 과잉을 평균화하도록 도울 것이다. 종종 초인격적 수준의 중독은 그 사람의 삶에서 다른 사람들이 걱정하게 될 때까지 다루어지지 않는다.

예를 들면, 초인격적 수준에서 활동하는 몇몇의 클라이언트들은 성性 중독을 발전시킬지도 모른다. 그런 중독은 다른 많은 중독들보다 더 쉽게 숨겨질 수 있다. 그리고 그들의 인생에서 경험하는 고통을 줄여주고 편리한 즐거움과 안도감을 줄 수 있다. 몇몇의 종교적이며 영적인 집단의 지도자들은 그들의 추종자들과 성적인 관계를 가질 수 있다. 그리고 영적 지향성을 지닌 사회복지사는 항상 성적인 경계sexual boundaries가 침해될 때 공동체의 복지를 염려한다.

사례연구 19-3
초인적 중독에 대한 활동

마시는 성인을 위한 명상센터에서 일한다. 그녀는 지역사회에서 실력 있는 명상가이자 선생님으로서 알려졌다. 그녀와 그녀의 전 남편은 10년 전에 이혼했고, 그녀는 아파트에서 혼자 살고 있으며 일주일

> 에 4일씩 두 아들을 돌보고 있다. 마시의 아들들은 지난해부터 점점 그녀에 대해 적대적인 태도를 보였고, 그녀는 그 이유가 무엇인지 알아내기 위해 아이들을 사회복지사의 사무실에 데려왔다.
> 회기 중에 그녀의 큰 아들인 존이 말했다. "엄마, 엄마는 하루 종일 명상을 하거나 아파트를 청소해요." 존의 형제인 빌리가 말을 덧붙였다. "맞아요, 그리고 엄만 점점 더 이상해지고 있어요, 엄마." "빌리의 말이 무슨 뜻이니?" 사회복지사가 물었다. 빌리가 대답했다. "아저씨가 엄마랑 얘기할 때 엄마는 아저씨를 쳐다만 보고 아무 말도 안했어요." 소년이 이야기할 때, 마시는 거의 말하지 않았다.
> 사회복지사는 마시와 은밀히 앉아서 그녀의 이야기를 말해달라고 요청했다. 그녀가 지난 10년 동안 점점 사회로부터 소외되기 시작했고, 이제 그녀와 친한 사람이 아무도 없다고 밝혀졌다. 그녀는 전문직을 유지해 왔지만, 사생활은 고립되어 있었다. 마시는 사회복지사에게 말했다. "난 날 화나게 한 아이들을 비난하지 않아요. 나는 나한테 화가 난거예요. 난 내가 모든 사람들을 실망시킨 것처럼 느껴져요. 난 때때로 심지어 내 자신의 일마저 믿지 못하겠어요. 하지만 그건 이제 내가 가진 모든 것이죠." 사회복지사가 그녀를 위로하면서 말했다. "당신은 어쩜 너무 멀리 혼자서 당신의 영적 여정의 길을 떠나 왔어요. 나는 당신이 자신의 영적인 과업을 알아야 하고, 그리고 당신의 명상과 가르침이 자신의 모든 것이라고 믿어야 한다고 생각합니다. 하지만 마시, 당신은 그런 것들보다 더 가치 있어요. 당신의 아이들은 이제 당신의 영혼이 필요한 것이 무엇인지 상기시켜주는 선생님과 같아요." 마시는 다시 그녀의 의식의 전인격적이고 인격적인 수준에 다시 접근하기 위한 활동에 노력할 것을 동의했다.

다시 신성한 약 만들기 | Making Medicines Sacred Again

영적 관점에서 현실의 고통스럽고 제한적인 측면으로부터의 물질남용은 불안, 죄의식, 수치심 없는 더 자유로운 마음 상태로 의식을 변화하기 위한 본성적인 욕구에 근거한 행동으로 볼 수 있다. 인류의 역사를 통틀어, 우리의 많은 조상들은 치료의식을 돕거나 그들의 개인적이고 집단적인 웰빙과 영적인 발달을 강화하기 위해 신성한 처방을 사용하였다. 사람들이 신성한 처방을 사용했을 때, 그들은 대개 그들의 경험이 영적인 과정을 촉진시키는 목적으로 여기고, 그들은 사랑하는 부족의 노인들, 치료자들, 또는 영적인 성장을 위한 그들의 목적을 촉진하는 주술사들을 동반했다. 대조적으로, 오늘날 사람들이 처방을 사용할 때 그들은 고통으로부터 몇 분 또는 몇 시간 동안 벗어나게 하고, 몇 분간의 기쁨을 얻는 목적으로 여긴다. 그리고 사람들은 고통에서 벗어남으로써 그들의 일시적 도피 과정을 조장하는 다른 사람과 동반한다.

오늘날 영적 지향성을 지닌 사회복지사는 사람들이 술, 코카인, 텔레비전, 스포츠용 자동차SUV, 인터넷 포르노, 전자 게임, 그리고 쇼핑 같은 그런 기분전환을 통해서 고통을 피하고 일시적인 기쁨을 맛보기 위해 많은 "약"을 사용한다는 걸 깨달았다. 영적인 지향성을 지닌 사회복지사는 그런 전환에 반대하지 않지만, 신성한 목적 없는 그러한 것들의 사용에 반대한다. 개인은 자신의 생각과 행동의 목적으로서 자기 자신의 영적인 변화와 자신의 최고선, 공동체, 생태계를 생각할 때 신성한 목적을 가진다.

사회복지사는 모든 클라이언트가 물질이나 다른 "마약"이나 "약"을 영적인 변화를 촉진시키기 위해 사용해야 한다고 믿지 않는다. 하지만 몇몇의 클라이언트들은 신성한 목적으로 사용했을 때, 신성한 약의 사용으로부터 이득을 얻을 수 있다고 알고 있다. 사회복지사는 부정적인 힘momentum을 만들 수 있는 물질의 중독성 있는 사용과 더 긍정적인 힘을 만들 수 있는 신성한 물질의 사용 사이에 차이점을 클라이언트가 알도록 돕는다.

성공한 백인 남성들 STRAIGHT WHITE MALES; SWM

특권과 영성

영적 지향성을 지닌 사회복지사는 집단으로서 성공한 백인 남성들SWM이 경제적, 사회적 그리고 정치적 특권이 있는 이 분야에 축복받았을지라도 그런 특권은 종종 영적 가난을 동반한다고 인식한다. 대부분 세상의 지혜 전통wisdom traditions이 가르치듯, 과도한 부와 권력은 중독성을 지닐 수 있다. 그리고 부와 권력 경쟁에서 "승리한" 그리고 "Alpha남성"이 되는 SWM들이 그들의 영혼과 전 인류와의 관계를 잃어버릴 위험에 처할지도 모른다. 부와 권력의 경쟁에서 결국 비교적 열등하게 되는 "패배한" 고지식한 백인 남성들은 여전히 물질적인 특권의 세상과 영적 가난 사이 어딘가에서, 아마 물질세계에서 패배자가 된 부끄러움과 물질의 "승자들"에 대한 분노로 가득 찬 채 살아갈 것이다.

영적 지향성을 지닌 사회복지사는 모든 인류에 동정적이다. 그리고 그들이 누리는 특권 때문에 SWM 클라이언트에게로 쉽게 돌아서는 걸 부정한다. 그녀는 만약 자신의 SWM 클라이언트들이 잠재력 있는 지도자로서 그들의 영적인 힘을 변화시키도록 도울 수 있다면, 그들은 고통스러운 세계에 경제적이고 분배의 정의와 평화를 가져올 수 있다는 것을 알고 있다. 원래 성공한 백인 남성들은 "그들의 머리로" 살았기 때문에, 그들과 함께 영적인 활동이 마음과 생태인식 패러다임과 함께 영으로부터 끌어낸 방법을 포함한다. 이런 활동에서, 클라이언트는 그의 마음과 몸을 다시 인지하도록 요청받는다. 그리고 나서 사회복지사는 클라이언트가 남성의 성공에 대한 대안적인 전형을 제공할 것이다. 이것은 일상의 깨어있는 생활 패러다임

(〈표 19-2〉 참조)의 더 나은 방법이다.

표 19-2 성공의 현재와 대안적인 남성 전형의 예시

현재의 전형	성공에 대한 현재 전형의 묘사	대안적인 전형	대안적인 전형의 묘사
CEO	경쟁자보다 더 많이 돈을 번다.	자원봉사자	다른 이들과 시간을 보내면서 봉사한다.
미식축구 코치	경쟁자보다 더 많은 시합을 이긴다.	아버지	그들의 영적인 방식으로 자녀들을 부양한다.
군대 대장	경쟁자들보다 더 많은 전쟁에서 이긴다.	남편-연인	배우자-연인의 영적 행로를 지지한다.
정치인	많은 선거에서 이기고 경쟁자보다 더 많은 권력을 쥔다.	보호자	가족과 공동체에 있는 다른 이들을 돕는다.
학자	경쟁자보다 많은 논문을 쓴다.	거리 예술가	다른 이들과 예술을 공유하거나 나누어준다.
교외에 사는 집 소유자	다른 데보다 민들레가 적지만 더 큰 집과 차를 소유한다.	(환경) 보호주의자	더 효율적인 집, 차, 그리고 물을 효과적으로 사용하는 잔디를 소유한다.

여성공포증Femiphobia 과 영성

남성들의 영적인 발달을 위한 또 다른 일반적인 장애물은 여성공포증이다. 이것은 여성스러워지는 것의 두려움으로 정의된다. 여성공포증은 동성애 공포증보다 더 깊고 더 큰 두려움이다. 또한 다른 남성들과의 친밀성에 대한 두려움이 작용하기도 한다. 여성스러움의 두려움은 현대 문화가 남성들에 대해 가진 기대에서 최근의 원인을 찾을 뿐만 아니라 우리의 부족 조상의 지도력 전통과 용사勇士에게서 고대의 근원을 둘지도 모른다. 여성공포증은 영성 발달이 항상 남성적인 변화와 여성적인 변화 양자 모두를 포함하기 때문에 영적인 발달을 방해할 수 있다. 〈표 19-3〉에 설명된 것처럼 여성적이고 남성적인 변화가 어느 남성이나 여성에 대한 영성의 한 부분이 될 수 있다.

영적인 관점에서 이 모든 변화는 모두 동등하게 중요하다. 불행히도 우리의 문화에서 대부분의 남성들은 그들의 여성스런 영적인 변화를 자유롭게 표현할 수 없다. 사회복지사는 한 남성이 영적인 존재가 되기 위해서 그의 남성적인 변화를 포기해야 하거나, 동성애자가 되어야 한다고 믿지 않는다. 하지만 사회복지사가 만약 남성또는여성이 그의 인간성의 많은 부분을 경험하고 표현하는 데 자유롭지 않다면, 그는 자신의 영혼이 너무 작은 상자에 갇혀서 살게 된다는 것을 알 것이다. 우선 사회복지사는 클라이언트가 어떤 변화를 편안하게 느끼고 발달해왔는지, 그리고 그가 여전히 불편하다고 느끼는 변화들에 더 주의하도록 도왔다.

사회복지사의 다음 임무는, 남성 클라이언트가 특히 억압되었던 것과 그의 남성적이고 여성적인 영적 변화의 많은 부분을 경험하고 표현하는 데 수용적이 되도록 돕는 것이다. 사회복지사는 모델링, 가르치기, 그리고 이러한 변화를 지지하는 활동을 통해서 클라이언트의 변화를 도울 수 있다.

표 19-3 여성적이고 남성적인 영적 변화의 예시

여성적인 변화	남성적인 변화
신에게 복종한다.	종교에 관해 설교한다.
애착을 내려놓는다.	교회를 이끈다.
다른 이들에게 동정을 베푼다.	의식(儀式)을 조직화한다.
다른 이들을 용서한다.	성서(경전)를 해석한다.
신비(mystery)에 개방적이다.	규칙을 세운다.
어려운 이들을 양육한다.	교회 구성원을 훈련한다.

사례연구 19-4
자발적인 남성 클라이언트와 함께 여성적인 변화를 확장하기

비공식적인 실천으로 사회복지사는 치료를 목적으로 온 45세의 남성과 관계가 원만하지 못한 그의 아내와 함께 활동하기 시작했다. 남성은 치료사에게 말했다. "그녀는 마치 내가 나쁜 사람인 것처럼, 내가 나가길 원한다고 말했어요." "그녀가 헤어지기 원하는 이유가 뭐라고 말하던가요?" 사회복지사가 물었다. 남성이 대답했다. "그녀는 내가 그녀를 떠났던 유일한 남자였다고 느꼈고, 그녀는 저를 더 이상 친근하게 느끼지 않는다고 해요. 난 돈을 많이 벌었어요. 난 매주 초과 근무를 했고, 그녀에게 아름다운 집도 주었어요. 난 그녀가 뭘 원하는지 모르겠어요." "당신은 무엇을 원하나요?" 사회복지사가 물었다. "몰라요." 남성이 말했다. 관계의 끝은 종종 더 깊은 영적인 활동을 위한 고통스런 촉매작용이 된다는 걸 알기 때문에, 사회복지사는 물었다. "당신은 알아내길 원하나요?" "네." 클라이언트가 대답했다.

사회복지사는 클라이언트가 여성들과의 관계뿐만 아니라, 그의 삶에 대해서도 더 관심을 갖도록 도왔다. 그들은 몇 가지 그 남성의 삶에 대해서 조사하기 위해서, 얼마나 그가 소년으로서, 젊은 남자로서 느꼈는지, 그리고 30년 동안 살아온 삶에서 그의 첫 분기점이 무엇이었는지에 대한 조사를 함으로서 시작했다. 비록 남성이 가족을 "단단한 연"이라고 묘사했을지라도, 그의 아버지가 "항상 직장에"만 몰두했고, 어머니는 "어린 동생들을 돌보기에 바빴"을 때, 그의 가족의 내력을 이어가면서, 반복적으로 사랑에 대한 좌절을 경험했다. 사회복지사는 그가 얼마나 "많은 돈을 벌고" 컴퓨터 엔지니어가 되기 위해 열심히 일했고, 그리고 그가 성장한 교회에서 얼마나 활동적이기 위해 애썼는지를 이야기했다. 사회복지사는 클라이언트가 비록 매우 신실할지라도, 그는 많은 영적인 생활을 누리지 못했다는 걸 발견했다. 남성은 삶에서 깊은 신앙심보다 다른 사람들처럼 자신의 영성에 대해 생각해보지 않았다. 하지만 그는 자신의 가장 깊은 자아와 주위의 세상과 교류가 거의 없었다는 걸 깨닫기 시작했다. 그가 말했다. "모두가 나로 인해 만족해하는 것처럼 보였어요. 그리고 내가 나 자신의 영혼을 잊었다는 것을 깨닫게 된 것은 아내가 나 때문에 불행을 느낄 때였죠. 난 여전히 그 이유를 모르지만 알아 낼거예요."

이것은 사회복지사가 클라이언트에게 명상을 실천할 것을 요청하면서, 그런 연습이 그가 지금 원하는 통찰을 줄지도 모른다고 설명했다. 클라이언트는 여전히 명상훈련을 어려워하지만, 사회복지사는 그가 자신에 대해 느긋해지도록 장려했다. "나는 어느 누구도 당신의 인생에서 함께 참을성 있게 견디도록 해주지 못했다고 생각해요. 그래서 당신은 참을성이 있으려면 어떻게 해야 하는지 모릅니다. 동시에, 사회복지사도 또한 클라이언트에게 자신의 의식(儀式)을 행할 것을 요구했다. 그는 옷 주머니를 담배로 채우게 했다. 각각의 주머니가 그의 삶에서 내려놓길 원하는 무언가를 나타낸다. 남성은 6개의 주머니를 채웠고 그들은 나가서, 불을 피워서, 의식을 행했다. 하나씩, 그 남성은 주머니를 불에 던져 넣으면서 그의 삶에서 내려놓길 원하는 것을 말하게 했다. 그는 걱정, 과업, 그의 잔디를 푸르게 관리해야 하는 것, 매년 새 자동차를 사는 것, 다른 사람들을 기쁘게 하는 것, 그리고 휴양시간을 가져 보지 못한 것을 내려놓기로 결정했다. 사회복지사가 말했다. "이제 당신은 자신의 삶에서 더 많은 여유가 있다고 예상 할 것입니다. 아마도 당신은 자신에게 점점 어떻게 당신이 그 시간을 사용하길 원하는지 발견하도록 허락했습니다."

사례연구 19-5
비자발적인 남성 클라이언트와 함께 여성적인 변화를 확장시키기

클라이언트는 사회복지사의 사무실로 들어서면서 말했다. "난, 왜 내가 여기 있어야 하는지 모르겠어요. 만약 당신이 내가 여기 왔다고 서류를 써서 판사에게 제출한다면 당신에게 돈을 주고 우리 둘 다 제 갈 길을 갈 수 있을 텐데요." 그 남성은 폭력혐의로 체포된 후 법정에 의해 기관으로 위탁되었다. 사회복지사는 남성에게 그는 그런 식으로 하지 않을 것이고, 모든 클라이언트들이 그들의 문제를 풀기 위해서 활동하기를 기대한다고 설명했다. 클라이언트는 격노했지만, 그가 상담을 받을 것을 법정이 명령했다는 것을 알기 때문에 곧 단념했다.

사회복지사는 단지 클라이언트가 몇 번의 회기 동안 그의 삶이 얼마나 불공평했는지에 대해 불평하도록 내버려 두었다. 그 남성이 아내가 "항상 잔소리"했고, 그의 지붕 사업(roofing business)에서 그와 일하는 사람들 모두가 얼마나 "게으름뱅이"였는지, 그 판사가 얼마나 독선적인지, 도시의 운전자 모두가 얼마나 "바보같이 운전"하는지, 그의 아이들이 얼마나 "모두 자기중심적"인지, 그의 이웃들이 모두 얼마나 "게으른지"에 대해 불평할 때 사회복지사는 침착하게 들어주었다. 사회복지사는 분명히 큰 고통에 처한 남성에게 연민을 느꼈다. 그리고 사회복지사는 클라이언트의 인생에서 모두가 나쁘다고 여기는 그의 생각에 동의하지 않은 채 그의 영혼에 좋은 점이 있다는 것을 지지했다.

한 회기에 클라이언트가 들을 준비가 되었다고 생각했을 때, 사회복지사가 말했다. "그럼, 당신의 '장난스러운 마음'이 당신으로부터 영적인 권한을 훔친 것처럼 들리네요." "그게 무슨 말이죠?" 클라이언트가 물었다. 사회복지사가 말했다. "당신은 자신의 외부 사람들에 대한 당신의 모든 고통이 비난 받을 때, 전적으로 본인이 할 수 있는 것이 전혀 없고, 불완전한 세상이 돌아가는 대로 따르고 있군요." "그 밖에 내가 무엇을 할 수 있죠?" 클라이언트가 물었다. "당신 자신을 사랑할 수 있어요." "난 이미 그렇게 하고 있는데요!" 클라이언트가 불평했다. "아니요, 당신은 그렇지 않아요." 사회복지사가 대답했다. "당신이 그랬다면, 삶이 발전할 수 있도록 자신의 불완전성을 스스로 인정했을 거예요. 대신에, 당신은 다른 모든 사람들의 인정을 받기 위해 완전한 척 해야 했어요." 클라이언트가 몇 분 동안 말이 없다가 미소 지으면서 말했다. "이 방에 당신이 나쁜 사람이라고 생각하는 오직 한 사람이 있어요. 그리고 그건 내가 아니에요."

> 다음 한 주 동안, 클라이언트는 그가 모든 삶에서 입었던 인격의 갑옷을 내려놓는 데 활동했다. 그가 다른 이를 향한 약간의 화를 내려놓을 때, 그는 얼마나 슬프고 홀로 있다고 느꼈는지 깨닫기 시작했다. 그는 자신의 삶에서 잠재력 있는 분기점에 이른 것이다.

임종과 죽음

물론 모든 클라이언트들은 결국 죽음을 맞이하게 된다. 생존하고는 있지만 많은 클라이언트들이 충분히 삶을 누리고 있다고 볼 수는 없다. 영적인 지향성을 지닌 사회복지사는 클라이언트들과 일할 때 이러한 사실을 계속 제기해야 한다. 사회복지사는 죽음의 필연성과 생명의 신비로운 본성, 그리고 모든 순간이 소중한 기회일 수 있다는 것을 클라이언트들에게 일깨우면서 매 회기마다 어떤 형태로든 삶과 죽음의 실제를 다루려고 노력한다. 사회복지사는 죽음은 언제나 가능하며, 요약하면 눈 깜짝할 사이라는 것을 클라이언트가 자각할 때, 매 순간마다 보다 완전히 살아 있을 수 있다고 믿는다.

일부 클라이언트들은 확실히 죽음에 가까이 있는 것처럼 보인다. 그들은 말기진단을 받고 사회복지사가 관계되는 말기환자 프로그램에 참여할 수도 있다. 일부의 경우 사회복지사는 임종기의 클라이언트와 함께 할 기회가 있다. 그러한 상황에서 사회복지사는 클라이언트의 영적인 과정과 현 순간, 클라이언트가 무엇을 가장 필요로 하는지에 초점을 맞춘다. 클라이언트가 적극적으로 임종을 받아들이거나 아직도 젊어서 죽음과는 거리가 있을 경우 사회복지사가 죽어가는 클라이언트에게 할 수 있는 일부 방법을 변형의 패러다임으로 제시할 수 있다(〈19-1〉참조). 사회복지사의 책임은 클라이언트의 독특한 종교적이며, 영적인 전통에 특별히 대응하고 이를 존중하는 데 있다. 또한 사회복지사는 임종 과정이 삶의 가장 강력한 변형의 기회일 수 있다는 것과 그것은 매 순간 일어난다는 것을 인식할 수 있어야 한다.

19-1 임종 클라이언트들에서의 변형을 조성할 수 있는 방법의 예

영적인 힘	클라이언트로 하여금 평화를 찾고 과거를 수용하며, 자신의 삶과 임종의 힘을 기를 수 있도록 도와준다.
깨어있는 일상생활	클라이언트로 하여금 다가오는 죽음이 그의 여생의 진정한 영적 교사가 되기 위하여 남아 있는 순간을 보다 충분히 생존할 수 있도록 도와준다.
가슴의 영	클라이언트로 하여금 자신의 사랑과 애정, 자신과 타인에 대한 용서하는 감정을 고취하도록 도와주고, 자신의 죄책감, 수치심, 두려움, 분노를 수용하도록 도와준다.
종교적인 자아	클라이언트가 생을 정리하고 죽음의 변형으로 임할 수 있도록 클라이언트 자신의 종교적인 의식, 신앙 그리고 교리를 이용한다.
생물학적 의식	클라이언트로 하여금 육신의 굴레로부터 해방될 수 있도록 어떻게 그의 육신이 영혼을 담는 것보다는 그의 영혼이 육신을 거두는지를 경험하도록 도와준다.
공동체 의식	클라이언트에게 가장 의미가 있는 공동체 관계와 참여를 지원함으로서 클라이언트를 탈바꿈시킨다.
생태의식	클라이언트에게 가장 중요한 생태계 관계와 참여를 지원함으로서 클라이언트를 탈바꿈시킨다.

| 연구 질문 |

1. 중독에 대한 영적인 관점을 설명하시오. 어떻게 그러한 관점이 심리적인 또는 생물학적인 관점과 유사한가? 어떻게 다른가?

2. 어떻게 많은 사람들이 중독이 되는가? 당신의 경우 무슨 중독을 느끼고 있는가? 중독자와 같이 일할 때 어떤 느낌을 받는가?

3. 영적인 지향성을 지닌 사회복지사는 중독된 클라이언트에게 무슨 "약품(처방)"을 사용할 수 있는가? 어떤 것이 가장 효과가 있다고 생각하는가? 왜 그렇게 생각하는가? 당신의 클라이언트에게 효과가 없어 보이는 약품을 사용할 만큼 융통적일 수 있는가?

4. 아래 개념을 설명하고 당신의 생활에 어떻게 작용을 하는지를 설명하시오.
    a. 창조성
    b. 균형
    c. 절제
    d. 평정
    e. 포기

5. 다음의 의식 수준에서 기대할 수 있는 중독의 형태를 설명하고 그러한 경우 당신이 사용할 수 있는 변형의 전략을 설명하시오.
    a. 전인격적
    b. 인격적

c. 초인

6. 현대문명에서 약품은 어떻게 그 신성불가침성을 상실했는가? 사회복지사는 클라이언트가 그들 자신의 신성한 약품을 조성하도록 어떻게 도와줄 수 있는가? 당신 자신의 가치관이 어떻게 이러한 질문에 대한 응답을 제시하는가?

7. 왜 성공한 백인 남성(Straight White Males)이 위험한가? 그러한 클라이언트를 봉사한 느낌이 어떠했는가?

8. 성공한 백인 남성의 특권이 때때로 어떻게 그들의 영적인 빈곤함에 기여를 하는가? 당신이 개인적으로 알고 있는 사람 중에서 이런 관계를 본적이 있는가? 설명하시오.

9. 여성혐오증이란 무엇인가? 동성애 혐오증과 무슨 관계가 있는가? 인간의 영적인 현상과 어떻게 관계가 있는가?

10. 남녀의 영적인 과정은 무엇인가? 〈표 19-3〉에 설명된 과정 중의 어느 것이 ―만일 있다면― 당신의 영적인 발달의 일부분인가? 그리고 어느 것이 아닌가? 당신은 왜 이것이 사실이라고 생각하는가?

11. 임종을 다룰 때 사회복지사가 사용할 수 있는 일부 진전된 변형의 방법은 무엇인가? 일곱 가지 변형 패러다임의 각각으로부터 도출된 방법을 설명하시오.

자료

Anderson, M. (2001). *Sacred dying: Creating rituals for embracing the end of life*. Roseville, CA: Prima Publishing.
 This book has many useful suggestions about how helpers can help people in the dying process.
Fremantle, F. (2001). *Luminous emptiness: Understanding the Tibetan book of the Dead*. Boston: Shambhala.
 This text is perhaps the best description of the *Book of the Dead* currently in English. An understanding of death and dying seems essential to understanding adult psychology and spirituality.

CHAPTER 20
집단적 변형에서 영적인 지향의 진보적 실천

집단적인 힘과 집단적인 변형

단지 개별적으로 영적인 힘이 있을 뿐만 아니라, 또한 가족이나 지역이나 세계 공동체도 영적인 힘을 가질 수 있다. 우리가 우리 자신, 상호 간, 다른 생물체, 그리고 우리가 최근에 많은 부분이 측정되고 공유하는 지구의 생태계를 대하는 방식에 의해, 인류의 집단적인 영적인 힘은 발전의 공유된 방향이다. 거시적 수준에서 사회복지 중재의 목적은 인간 사회에서 영적이고 보편적인 다양성을 지닌 공동체의 공동창조로 특성화된, 그리고 집단적인 힘으로 이동하도록 유발하는 집단적인 변형을 만들도록 돕는 것이다. 이런 변형들은 사회복지 자체의 전문성에서, 지역 공동체에서, 국가적인 수준에서, 또는 세계적인 공동체를 포함한 많은 수준에서 발생할 수 있다.

거시적 수준과 미시적 수준의 영적인 실천

영적인 지향성을 지닌 사회복지사는 소위 미시적 수준개인, 부부, 가족, 집단과 거시적 수준지역과 세계 공동체와 생태계을 포함하는 사회복지의 모든 수준에서 일하게 된다. 이것은 영적인 관점이 실제 모든 수준 사이의 연결을 찾는 넓고 단일화된 관점이기 때문이다. 이런 관점은 미시적 수준과 거시적 수준의 양쪽 모두에서 실천하는 사회복지의 생태학적 관점과 상황 속의 인간 이해와 일치된다. 이 장에서는 거시적 수준의 복지에서의 진보적 방법이 소개되고, 실천과 연구 양자의 관련을 설명한다. 거시적 수준과 미시적 수준의 관점을 단일화한 영적인 관점은 어쩌면 클라이언트뿐만 아니라 사회복지 전문가를 위한 치료인 것이다.

제1장에서 언급된 것처럼, 사회복지의 미시적 수준과 거시적 수준 사이에 부적절한 실천적이고 이론적인 분열이 있었다. 비록 오늘날 실천현장에서 일하는 많은 사회복지사들이 미시적 수준의 사회복지현장에서 활동할지라도, 학문적인 사회복지의 세계는 박사학위 수준 프로그램미래 지도자 양성을 위한에서 실천 내용의 부족과 많은 학교에서 사회적 정책을 강조하고, 오늘날 사회복지에서 대학교수 또는 박사학위Ph.D 수준의 직접 실천가들이 상대적으로 부족함을 반영함으로써, 수년간 거시적 수준의 관점에 의해 지배되었다. 실천의 모든 수준 간 균형 잡힌 강조는 사회복지 실천가, 교육자, 그리고 클라이언트에게 더욱 더 유익할 것이다.

광범위한 생존 위협

인류는 스스로가 만들어낸 광범위한 생존 위협 Global Survival Threats; GSTs 때문에 인류뿐만 아니라 행성에 있는 대부분의 생물 생존이 최근에 위험에 직면해 있다. 영적인 지향성을 지닌 사회복지사에게 이러한 생존 위협은 모든 사람들과 생물체의 웰빙을 위협하기 때문에 그들이 참여할 수 있는 더 절박한 거시적 이슈이다. 그리고 또한 이 조건들이 점점 나빠짐에 따라 최근 그러한 문제들로부터 고통 받는 사람들은 가난한 자와 특권을 박탈 당한 사람들이다. 예를 들면, 유해한 공기를 흡입하고 질병이 득실거리는 물을 마시면서 세계의 가장 오염된 지역에 사는 사람이 바로 가난한 사람들이다.

물질적인 수준에서 오늘날 인류에 대한 대부분의 기본적 문제는 "사느냐 죽느냐" 하는 것이다. 영적인 수준에서 우리의 생존문제와 지구생명의 생존은 가장 큰 관점으로 보여진다. 사회복지사는 여기에 주어진 것처럼 이런 큰 관점의 질문들을 물을 수 있다. 그리고 이런 질문에 기초해서 논의를 이끌어 나갈 수 있다.

광범위한 생존에 대한 논의를 위한 질문
1. 우리가 전개했던 생물체와 인류의 세대에 대한 우리의 의무는 무엇인가?
2. 아직 탄생하지 않은 생물체와 인류의 세대에 대한 우리의 의무는 무엇인가?
3. 현재 광범위한 생존 위협의 위기를 만드는 데 일조하지는 않지만 상태가 악화되면 죽게 될 생물체나 사람들에 대한 우리의 의무는 무엇인가?
4. 현재 광범위한 생존 위협의 위기와 연관된 종류로서 당신의 집단적인 영적 진화 또는 힘은 어떤 방식인가?

5. 지구의 생명과 인류의 생존이 최고선인가?(또는 신의 뜻에 있는가?)

사회복지사는 큰 집단이 각 질문에 의해 발생된 문제에 대한 그들 자신의 집단적인 지혜를 찾도록 도울 수 있다. 영적인 지향성을 지닌 사회복지사는 이 노력들이 행성에 있는 모든 사람들에게 동등한 보호를 제공할 때, 광범위한 생존에 대한 위협을 제거하기 위한 노력을 지지한다.

전쟁, 테러, 그리고 진정한 평화

인간 역사의 대부분이 그러했듯이, 일반적으로 세계는 전쟁 속에 있다. 비록 세계의 학문 전통은 폭력이 결코 폭력을 해결하지 못한다는 것을 가르칠지라도, 다른 국민과 문화를 연결하는 방식으로 전쟁의 계속적인 인기에 기초해 보면, 사람들은 여전히 전쟁에 중독되어 있는 것처럼 보인다. 전쟁 무기가 점점 치명적이고 더 용이해지고 있기 때문에 전쟁은 점점 세계의 생존에 위협이 되고 있다. 만일 현재의 경향이 계속되면, 결국 모든 국가는 대량 살상의 여러 가지 무기를 접하게 될 것이다. 불행히도, 만일 국가에 대한 정신건강 진단이 있다면, 가장 전투적인 국민은 양극성과 반사회적이며, 편집증적 특징과 더불어 정신분열증으로 분류될 수 있을 것이다.

영적인 지향성을 지닌 사회복지사가 전쟁의 위협을 감소시키기 위해 무엇을 할 수 있는가? 하나의 전략은 비폭력을 모델로 삼고 가르치는 것이다. 사회복지사들은 배타적으로 가르치고 전쟁을 찬양하는 텔레비전 다큐멘터리와 학교 교과, 책, 영화를 수용하는 최근의 많은 어린이들과 청소년들에게, 일반 교육과 매체들이 제시하는 해답과 상충하기 위해서 비폭력적인 접근에 대해 교육을 이끌 수 있다. 또 다른 전략은 교회, 비영리 단체, 사회조직기구와 같은 공공정책의 의제에 영향을 미칠 수 있는 현존하는 시설을 짓고 지원하도록 돕는 것이다. 세 번째 전략은 그들을 분류하는 이슈에 대한 비폭력주의적인 토론을 촉진하면서 현재 그들 자신의 적을 고려하는 사람들의 집단 사이에서 대화모임을 조직하는 것이다.

영적인 지향성을 지닌 사회복지사는 전쟁과 테러리즘을 포함한 모든 폭력의 근원을 폭로하고 처리하는 데 관심을 가지고 있다. 폭력의 순환은 전쟁과 테러와 유사하다. 폭력이 지닌 문제는 항상 "패한" 쪽에 대한 한쪽의 "승리"에 있다. "패한" 쪽에 대해 "이기는 것"의 총체적인 개념은 미래 세대 사이의 투쟁을 위한 목적이다.

개인이나 그의 가족과 종족이 다른 이들에 의해 공격받았을 때 보복과 비난에 대한 방안이 있는가? 한 가지 대안은 치료받아야 할 필요가 있는 정신적 외상과 고통의 표현으로서 공격을 보는 것이다. 고통에 처한 누군가에 대한 적절한 사회복지의 반응은 동정어린 치료를 제공하는 것이다. 영적인 지향성을 지닌 사회복지사는 지역과 세계 공동체가 동정어린 치료로 공격에 반응하도록 돕는 것이다. 사회복지사가 개인적으로 어떻게 치료를 시도하고 다른 이들을 위해 효과적으로 그런 행동을 모델화하기 전에, 비난 없이 공격에 반응할 수 있는지를 배워야 한다는 것을 알았기 때문에, 복지는 사회복지사 자신의 가슴, 마음, 영에서 시작된다.

결국, 사회복지사는 진정한 평화를 모델화하고 가르칠 수 있다. 진정한 평화는 폭력의 부재不在와 다른 이들을 향해서뿐만 아니라 자기 자신을 향한 동정어린 치료의 반응이다. 진정한 평화의 개념은 진정한 평화를 추구하는 사람 또한 지지자들과 교사들에 의해 모델화 되었을 때, 지식적인 개념보다 더 중요하다.

인구 과잉, 과소비와 생태계에 대한 책무

지구는 명백히 유한하다. 영적인 지향성을 지닌 사회복지사는 지구에 의해 생성되는 공기와 물과 음식에 감사해 왔다. 그리고 모든 생물을 부양하는 생태계와 인간생명을 지지하는 동물과 식물에 좋은 청지기가 되길 원했다. 또한 그는 어쩌면 우주 전체와 지구를 공유하는 동물과 식물, 생명의 모든 종족과 함께하는 인간 혈족 관계를 느낀다. 염려스럽게도 사회복지사는 현재 지구가 얼마나 과잉 인구 상태인지, 수년 동안 지구의 가장 열악한 지역에서 많은 인구 성장이 계속되어 왔는지를 알고 있다. 게다가 사회복지사는 행성에 사는 가장 부유한 사람들이 수년 동안 불균형적으로 지구 자원의 더 많은 몫을 소비하고 모으기를 계속하고 있으며, 이러한 인구 과잉과 과소비 현상은 지구에서 가장 가난하고 가장 힘없는 사람들에게 영향을 미치기 때문에 사회복지의 이슈가 된다는 것을 알고 있다. 인구와 소비의 활동에서 거시적 실천의 목적은 사람들이 모든 사람들에게 지탱할 수 있는 높은 질의 삶을 부양하는 영적이고 다양성을 지닌 공동체를 함께 만들도록 돕는 것이다.

인구 과잉과 관련된 거시적 실천은 인구를 적절한 수준으로 유지하도록 하는 정책을 함께 개발하는 데 초점을 둔다. 인구가 감소하고 안정될 때, 사회복지사들은 이용 가능한 자원이 권력과 부를 소유한 인구집단의 부를 더욱 증가시키기보다는, 오히려 가장 필요한 곳에 있는 인구의 질 높은 삶을 돕기 위해 자원의 재분배를 주장할 필요가 있다. 이런 정책은 관대하거나 보수적이지 않고, 민주적이거나 공화주의적이지도 않다는 것을 알아야 한다. 이것들은 인류와 지구의 동정어린 치료를 위한 진실한 욕구에 기초된다.

우리의 전쟁 활동에 대한 준비뿐만 아니라, 인구 과잉과 사람들의 과소비는 지구의 모든 생명을 부양하는 생태계의 점진적이고 지속적인 악화에 기여한다. 영적인 지향성을 지닌 사회복지사는 자신의 행동을 통해 모든 지역과 전 세계 생태계의 책무를 표현하는 자연 세계와의 강한 연대감과 책임감을 느낀다. 책무는 사람들이 지구가 직접적으로 인류의 과잉으로 고통 받는다는 정신적 외상에 만들 수 있는 동정 어린 치료반응이다.

비록 더 오래된 과학적 연구가 인류의 활동이 거주지의 파괴, 지구 온난화, 수질오염과 대기오염과 토양오염, 그리고 종자種子의 멸종에 얼마나 기여하고 있는지 더 자세하게 보여 줄지라도, 어떤 염려하는 사람이 우리가 점차 지구의 생태계를 파괴하고 있다는 것을 알고 있다. 영적인 지향성을 지닌 사회복지사의 목적은 지역과 국제적인 공동체가 증가하는 생산성, 소비, 그리고 물질적 부와 같은 목적에 대한 모든 생물체와 생태계의 최고선을 평가하는 영적이고 보편적인 다양성을 지닌 공동체가 되도록 돕는 것이다.

영적인 지향성을 지닌 사회복지사는 많은 수준에서 환경에 대한 책무stewardship를 실천하고 개인적 수준에서 설명할 수 있다. 그는 더 많은 환경 파괴를 유발할 수 있는 생산품의 불필요한 구입을 하지 않으며, 가능한 한 모든 상품과 쓰레기를 재활용한다. 가능하면 걷거나 자전거 또는 대중교통을 이용하고, 지역 생산품을 먹으며, 또 마당에 정원을 꾸미고 채소를 기른다.

공적인 수준에서 사회복지사는 사람들을 자연적인 다른 생물체와 생태계와의 생물심리사회-영적인 관계에 대해 교육하도록 돕는다. 교육이 "끌어내다"라는 의미를 가지기 때문에, 효율적인 사회복지사는 사람들이 이 관계를 조사하는 동안 경험을 구상하여 가르친다. 사회복지사는 사람들을 야외나 황폐한 지역으로 데려가고, 예를 들면, 그들에게 자신들의 몸, 마음, 그리고 영혼이 날씨와 계절 변화에 반응하는 방법을 반영하도록 요구함으로써 이것을 할 수 있다. 사회복지사는 또한 학생들에게 "생태학적 봉사"예: 해안식물에 의해 생산된 산소와 "생산품의 실제 생태학적 가격"예: 환경에 대상재배

농사의 효과과 같은 새로운 개념을 학생들이 경제학과 생태계 건강 사이의 관계를 이해하도록 돕기 위해 제공할 수 있다. 결국 사회복지사는 아이들이 다니는 공공 또는 종교학교의 교육과정에 있는 내용을 포함하도록 활동할 수 있다. 이러한 교육은 결국 지구에 있는 모든 생물의 웰빙을 보호하는 데 도움을 줄 미래 세대의 모든 생물체를 위한 시민권리 운동을 유발할지도 모른다.

사회복지사는 사람들이 자신보다 큰 문제에 대해 무언가를 하고 행동하는 데 전념하려 할 때, 그들은 몸, 마음, 영혼에 이득을 얻으려는 경향이 있다는 걸 알았다. 예를 들면, 간단한 절제의 행동은 사람들이 사는 곳에 생태계의 건강에 대해 걱정하는 사람들에게 역량을 부여한다. 예를 들면, 사람들이 절제하며 살 때, 그들은 결국 더 큰 집이 필요하지 않다거나 또는 대형 새 스포츠용 자동차SUV를 갖지 않고도 잘 살 수 있다고 결심했다.

사회복지사들은 또한 직접 공공정책을 바꾸기 위해서 활동하면서 행동가가 될 수 있다. 예를 들면, 사회복지사들은 사람들이 에너지사업, 교외의 스프롤 현상불규칙한현상, 또는 고속도로 건설과 같은 야생의 대륙에 대한 관심 때문에 불필요하게 파괴하는 것을 승인하지 못하도록 대표자나 판사를 선출하도록 도울 수 있다. 사회복지사들은 또한 지역과 전 세계의 생태계 보호를 위한 더 좋은 정책을 개발하기 위해서 현존하는 공공조직과 민간조직들을 동원하도록 돕는 활동을 할 수 있다.

세계적인 시장과 경제 민주주의

사회복지사들은 대개 심리학에 대한 관심만큼 경제에 관심이 없다. 그리고 시장의 세계화는 부적절하지 않다면, 복잡하고 저항할 수 없는 것처럼 보인다. 하지만 아무리 세계 경제가 복잡할지라도, 영적인 지향성을 지닌 사회복지사가 다루어야 할 몇 가지 명백한 이슈가 있다. 가장 중요한 것은 전 세계적으로뿐만 아니라 미국에서도 부유한 사람들과 가난한 사람들 사이의 경제적 불평등이 증가하는 추세라는 사실이다. 비록 사회복지사들이 세계적인 경제에 이렇게 증가하는 불균형을 비난할 수 없을지라도, 적어도 세계적인 경제의 대세를 거스르도록 돕고 있지도 않다는 점은 점점 명백해 보인다. 또 다른 관심은 점차 힘 있는 국제협력이 지역적이고 세계문화와 정치 분야에서 증대되는 영향력에 있다. 이것은 특히 협력을 위한 영향력의 본래 동기는 일반적으로 약한 사람들의 최고선을 위한 것은 아니지만, 그들 자신의 경제적 이익 때문에 사회복지사들을 힘들게 한다. 협력은 직접적인 정치 기여, 뉴스 매체의 통제와 구입을 포함해서 많은 방식으로 정책에 영향을 미칠 수 있다. 그리고 이것들을 헐값에 판매함으로써 지역사업에 압력이 가해진다. 많은 사람들은 점차 세계문화가 "미국식으로" 되어 가므로, 지역이 "문화적 중심지"로서의 역할을 잃어가는 것에 대해서 점차 염려한다.

사회복지사는 특히 클라이언트의 복지에 대한 제조製造산업과 개인보험 산업의 영향에 대해 관심이 있다. 이 산업들이 유익하고 이익을 추구하는 주식회사이기 때문에, 사회복지사는 건강에 대한 그들의 직접적이고 힘 있는 영향이 항상 건강과 정신건강 서비스를 찾는 사람들의 최고선에 있는지 질문해야 한다. 텔레비전, 잡지, 다른 매스미디어를 통한 의약품의 증가된 마케팅 또한 유사한 이유로 사회복지사가 관심을 가져야 할 대상이다.

영적인 관점으로 이 모든 관심이 주어져서 사회복지사의 목적은 성장하는 경제적 불평등의 대세에 거부하고 세계적인 경제와 이익보다 최고선을 평가하는 영적이고 보편적인 다양성을 지닌 공동체로 국제적인 협력이 변화하도록 돕는 것이다. 이런 공동체는 또한 경제 민주주의로 여겨질 수 있다. 이것이 거대한 목표인가? 그렇다. 그러나 증거는 여론이 그런 변화를 지지하는 쪽으로 흔들리고 있다고 주장한다.

사회복지사는 소비자 교육과 조직이 지방자치단체의 정책에 영향을 미칠 수 있다고 깨달았다. 사람들은 구매행위가 자신들에게 힘을 실어준다고 이해했을 때, 많은 이들이 평등을 위해 활동하는 기업으로부터 상품구입과 서비스를 받고, 미디어 민주주의를 지지하는 텔레비전 채널을 보려고 결정할 것이다. 사회복지사는 또한 타임달러time-dollar systems와 보완적인 통화complementary currencies*와 같은 최근에 생겨난 실천들을 조사한다. 이것은 지역 공동체에 그들 자신의 생물심리사회적-영적-환경적인 문제를 해결하기 위해 증가된 힘을 줄지도 모른다. 영적인 지향성을 지닌 사회복지사는 이익, 자유무역, 그리고 세계경제에 반드시 대항해야 하는 것은 아니지만 명백하게 인류의 빈곤과 불필요한 고통의 제거에 찬성하는 입장을 분명히 한다.

---

* 타임달러와 보완적인 통화: 지역사회 중심의 대안화폐 통화운동을 말한다. 자본주의 사회에서는 모든 것들이 상품화되고 가치는 시장경제 원리로 결정된다. 산업화와 자본주의체제의 발전으로 인간은 물질적인 풍요와 편안함을 누리게 되었으나 양극화와 불평등, 환경파괴, 인간소외현상 등 역기능적인 사회문제를 양산시키고 있다. 이러한 위기를 극복하기 위한 대안사회운동 중에 하나가 지역화폐운동이다. 현대사회는 먹을 것과 상품이 쌓여 있고 유능한 노동력이 거리에 넘쳐나지만 이들은 화폐가 없기 때문에 빈곤에 시달리게 된다. 이러한 모순을 극복하기 위한 방안으로 지역화폐운동이 등장했다. 이것은 중앙은행에서 발행하는 화폐가 아닌 지역 단위에서 발행하는 인간적인 얼굴을 가진 화폐라고 할 수 있다. 지역화폐란 현대적 의미의 "다자간(多者間) 품앗이" 제도로 각자가 지닌 기술과 자원을 필요한 사람에게 제공하고, 대신 그 대가로 자신에게 무엇인가 필요할 때 언제든지 타인의 기술과 자원을 제공받을 수 있는 법정화폐를 대체하는 목적은 아닌 지역운동과 생태운동이 결합된 지역통화 창출운동이다.
보완적 통화운동의 목적은 자본주의 경제의 세계화가 지역사회의 삶을 좌우하는 것을 막고 지역 시장을 창출하려는 노력의 일환으로 지역사회의 자립적인 삶 추구, 지역사회 자조 네트워크 창출, 탈이윤, 연대성과 평등성, 생태주의 등을 추구한다. 지역화폐운동 유형에는, 레츠, 아워즈, 타임 달러가 있다.
타임달러는 상호신용에 의해 창출되는 간편한 지역화폐제도로서 일종의 자원봉사은행의 성격을 띤다. 타임달러 시스템에 참여하는 사람은 지역사회에 토대를 둔 비전문적인 서비스를 교환한다. 각 거래의 단위는 한 시간 동안의 지역사회 봉사이다. 한 시간 동안 지역사회 봉사를 한 사람은 1타임달러를 얻는다. 어떤 일을 하든지 시간당 노동의 가치는 동일하다. 저축한 자신의 타임달러를 뒷날 자기 자신을 위해 쓸 수도 있고 다른 사람에게 기증할 수도 있다. - 역자 주

종교적인 분야에서 영적인 행동주의

　영적인 관점으로 모든 종교의 공통분모는 친절이 될 것이다. 영적인 지향성을 지닌 사회복지사는 교리의 다양성, 의식儀式, 세계의 종교에서 찾아지는 믿음의 다양성을 존중하고 모든 종교가 영적인 발달을 촉진하거나 저해할 수 있다고 믿는다. 사회복지사는 전혀 개인 또는 공동체의 종교를 바꾸려고 노력하지 않는다. 하지만 종교가 더 영적이고 보편적인 다양성을 지닌 공동체가 되도록 돕기 위해서 활동한다. 사회복지사는 "신앙심"을 행하지 않는다. 또한 개인 혹은 집단을 종교에 기초하여 평가하지 않는다. 그러나 개인 또는 집단의 독특한 종교의 표현을 평가한다.

　공적으로 지원된 "믿음에 기반을 둔" 사회적 프로그램의 출현은 영적인 지향성을 지닌 사회복지사들이 많은 클라이언트들에게 잠재적으로 도움이 될 수 있는 프로그램에 영향을 미칠 수 있는 기회를 제공한다. 사회복지사는 프로그램을 제공할 때, 모든 클라이언트와 사회복지사들에 의한 믿음의 다양성을 존중할 영적인 다양성을 지닌 공동체가 되도록 믿음에 기반을 둔 프로그램을 원한다. 믿음에 근거한 사회 프로그램을 지도해야 하는 정책을 통해 생각할 때, 영적인 지향성을 지닌 사회복지사는 종교적인 체계와 영적인 믿음 체계를 분별한다. 믿음체계는 종교적이거나 본질적으로 영적일 수 있다. 사회복지사는 사람들이 특별한 관점으로 "믿음"을 가질 때, 그들이 렌즈를 통해 세상을 좋게 또는 나쁘게 보게 된다는 것을 알았다. 믿음이 기반된 프로그램에서 직접 실천을 할 때, 영적인 지향성을 지닌 사회복지사는 클라이언트가 주요 종교의 구성원인지, 종교가 있든 없든지 간에 클라이언트가 가진 종교적 믿음체계를 존중한다. 그 영역에도 불구하고 사회복지사는 클라이언트들이 특정한 종교적인 편견이 있는 어떤 프로그램에 참석할지 안 할지에 대해 알려지고 자유로운 선택을 해야 한다고 믿는다. 사회복지사는 어떤 공적으로 지원하는 프로그램을 통해서 클라이언트의 종교에 영향을 미치거나 변화를 주려고 해서는 안 된다.

대조적으로 사회복지사는 클라이언트의 영적인 믿음체계를 존중해야 한다. 그리고 클라이언트에게그녀가 어떤 실천분야에서 한 것과 같이 그 자신의 영적인 성장과 변화를 위해 활동할지 물어볼 것이다. 클라이언트들이 영적인 다양성을 지닌 공동체를 어떻게 만드는지 배우도록 돕기 위해, 사회복지사는 또한 그들이 판단하거나 서로를 변화시키려고 하지 않고, 그들의 경험과 믿음이 기반된 시각을 나누는 것을 실천하는 곳에서 종교적인 대화(제7장 참조)에 어떻게 참여하는지 배우도록 도울 것이다.

영적 지향의 사회복지사는 정책 입안자들과 종교적이고 영적인 활동과 종교적 대화 사이의 차이에 대해 믿음이 기반된 프로그램을 실천하는 기관을 교육하려고 노력한다. 사회복지사는 클라이언트들이 그들의 영적인 발달과 변화를 위해 활동할 기회를 제공하는 곳에서 영적인 다양성을 지닌 공동체의 모델이 되도록 모든 믿음이 기반된 프로그램으로 돕기 위해서 노력한다.

개인적인 실천은 공적인 실천이다

영적인 지향성을 지닌 사회복지사는 자신의 개인 실천을 공적公的인 실천으로 만든다. 사회복지사는 상대를 편안하게 해주는 것이 자신의 서비스에 값을 지불할 수 있는 사람에게 도움을 준다고 느낀다. 하지만 사회복지사는 비용을 지불할 수 없는 사람들에게도 도움을 준다. 사회복지사는 또한 그녀가 살고 있는 지역과 전 세계의 공동체와 생태계에 책임감을 지닌다. 그러므로 영적인 지향성을 지닌 개인적인 실천은 대개 미시적인 사회복지 활동으로 생각되어지고 항상 그것은 거시적인 구성

요소를 갖고 있다. 예를 들면, 사회복지사는 자신의 개인 상담사무실에 클라이언트와 함께 있는 것처럼 시장 사무실에서 도시계획 집행모임에도 참여하는 것을 볼 수 있다.

실천의 거시적, 미시적인 수준 둘 다에서 활동함으로써 공공의 실천에서 사회복지사는 지역의 사람들을 돕는 데 성공적일 뿐만 아니라 삶을 영위하는 데 성공적이기 쉽다. 공공 실천 사회복지사는 학회와 공동체와 더불어 자신의 활동에서 개인, 커플, 가족, 집단을 세분화하길 거부하며, 자신의 동기부여가 가장 높은 가치를 촉진시키는 것과 사랑하는 것을 지원하는 데 충분한 번영을 가져다준다고 믿는 것을 의미하는 순수한 의도에서 한다.

학문적 영역에서 사회복지

몇몇의 영적인 지향성을 지닌 사회복지사들은 사회복지에서 학문적인 경력을 발전시키는 것을 선택한다. 영적인 차원에서 학문과 가르침은 여전히 비교적 학문적인 영역에서 부족하기 때문에 전문적인 지도자가 필요하다. 그리고 사회복지사들은 그들의 영적인 실천을 알리는 데 도움이 되는 더 많은 훈련, 연구, 모델의 발전을 원한다. 많은 학문이 영적인 것과 과학적인 연구 상호 간에 배타적인 관심을 표현하지만, 영적 지향의 사회복지사는 과학과 영성이 전체적으로 양립할 수 있는 지식의 방법이라는 것을 인식한다. 사회복지사는 과학적인 연구의 가치를 존중하고 영적인 연구로 그것을 대체하려고 하지 않는다. 그러나 그가 모든 인간의 경험에서 중요한 영성차원의 역할을 높이 평가하기 때문에, 그는 그의 학문에 영적인 차원을 포함하려고 추구한다. 학계에서 영적인 지향성을 지닌 사회복지사는 영적인 차원을 정의하고 설명하는 것뿐만 아니라 영성과 과학의 영역 사이에 가교를 놓는 방법을 찾는다.

증거 기반의 실천 Evidence-Based Practice

사회복지 분야에서는 앎knowing에 대한 과학적때때로 남성적, 경험적, 이성적이라 불리는 방식과 예술적인때때로 여성적이고, 직관적, 감각적이라 불리는 방식 사이에 적절치 못한 분열이 있어 왔다. 영적인 지향성을 지닌 사회복지사는 "증거에 기반을 둔" 실천이 이루어져야 한다고 동의하지만 무엇이 실천의 증거를 이루는지에 대해서 정의가 제한되어 있고 의견이 달랐다. 대신에 사회복지사는 앎의 모든 방식을 포함하는 증거의 더 포괄적인 정의를 선호한다. 영적 지향의 사회복지사는 과학적인 연구가 스스로 실천을 알릴 수 없고, 가장 효율적인 사회복지사는 실천에서 평가하고 중재할 때, 자신의 두뇌뿐만 아니라 몸-마음-영혼-환경적인 존재 전체를 사용할 필요가 있다고 인식한다. 영적인 지향성을 지닌 사회복지사의 임무는 앎에 대한 영적인 방법을 설명하는 것뿐만 아니라 어떻게 앎에 대한 영적인 방식과 과학적 방식 모두를 실천에서 함께 사용할 수 있는지를 보여 주는 것이다.

교육

사회복지에서 영적인 내용이 교육과정의 중요한 과목예: 사회복지에서 영성에 대한 필수 과목이거나 중요 전공의 차원예: 영적이고 종교적인 문제들이 연구되고 있는, 새로운 사회정책과 연관 있다고 고려되는 정책수업으로 가르쳐질 수 있다. 또한 영적인 내용도 필수과목이나 선택과목이 될 수 있다.

모든 사회복지 문제와 그것의 다양한 해결을 위한 영적인 차원이 있다. 영적인 지향성을 지닌 사회복지사는 모든 선택과목과 필수과목에 연구, 정책, 사회적 환경에서의 인간행동, 그리고 실천에 영적인 내용을 포함하도록 주장한다. 영적인 내용은 또한 사회복지학사B.S.W, 사회복지학 석사M.S.W, 그리고 박사Ph.D과정(〈표 20-1〉 참조)에 사회복지 교육의 모든 수준에 포함되어야 한다.

연구

영적인 지향성을 지닌 사회복지사는 실천에서 영적인 이슈를 연구하기 위해 현존하는 양적 방법론과 질적 방법론을 이용하며, 특히 연구대상 인구와 방법론을 선택하는 데 유용할 추가적인 방법론을 발전시키고 이용할 것을 위임받는다.

예를 들면, 영성이 개인적인 과정이기 때문에 사회복지 연구자들은 그들의 삶에서 중요한 분기점에 특별한 주의를 두면서, 특히 주민들또는 클라이언트의 이야기를 드러내는 데 관심이 있다. 영성이 힘의 변형과 변화에 관한 것이기 때문에, 사회복지사는 특별히 사람들이 대부분 사회복지의 모집단populations이 다양한 고통을 경험했을

표 20-1 세 수준을 넘어 사회복지 교과과정에서 영적인 내용을 포함할 수 있는 자료의 예시

	실천	HBSE	정책-행동주의	연구	실습과목
사회복지학사과정	영적인 사례관리와 사회봉사	다차원적인 발달	교회와 국가관계에 대한 역사 이해	영적인 사례관리 평가하기	사회복지학사 수준 배치에 영성을 포함하기
사회복지석사과정	변형의 패러다임	영적인 차원 평가하기	영적인 관점으로 압력단체 활동	클라이언트의 영적 발달의 단일주제 연구	사회복지석사 수준 배치에 영성을 포함하기
박사과정	실천 슈퍼비전 모델 확립 연구교육	영성교육과 연구전략	영적인 학문에 대한 프로포절 작성하기	영적 이슈에 대한 연구 방법들을 발전시키고 사용하기	교육보조자 또는 연구보조자로서 영적인 내용 사용하기

때 영적인 변화를 경험한 사람들의 이야기를 연구하는 데 관심이 있다. 그런 연구는 클라이언트들의 변화하는 성장을 지원하기 원하는 사회복지사들에게 도움이 될 것이다.

더구나 또한 영성이 집단의 변형에 대한 것이기 때문에 사회복지 연구자들은 또한 영적이고 보편적인 다양성을 지닌 공동체를 함께 만드는 데 성공적이었던 부부, 가족, 집단, 지역사회를 연구하기를 원한다.

종교 전쟁의 시대에 그런 연구자들은 특히 그들이 하는 방식으로 어떻게 활동하고, 왜 활동하는지 단정 짓기 위해 비폭력을 실천하는 종교와 국가를 연구하고 싶어 할지도 모른다. 유사하게 사회는 자연을 회복시키기보다는 오히려 자연에 대해 고려하기를 거부하기로 또한 조사되어진다. 그러한 연구는 역사, 인류학, 사회학, 종교적 학문, 정치학, 평화와 분쟁에 대한 연구와 같은 훈련의 방법론이 모두 포함된 과정을 이해하는 데 매우 유용할 것이기 때문에 다학문 분야에 걸친 접근이 요구된다.

사회복지의 사명을 검토하기

사회복지는 영적인 뿌리가 있다. 그 뿌리는 역사적이다. 첫 사회복지사들은 일반적으로 다른 이들을 돕는 데 자원한 종교단체 소속의 여성들이었다. 그 뿌리는 또한 동기부여에 있다. 미국이 매우 종교적인 국가가 되려고 했고 많은 사회복지사들이 그들의 활동을 영적인 근거를 갖는 것으로 본다고 보고했다. 전문가는 영성이 생태학적, 상황 속의 인간 관점의 한 부분으로 받아들여지는 데 주의했다. 하지만 과학이 점차 영성과 생물심리사회적 기능 사이에 강한 관계를 나타내었다. 후 10년간,

실천에서 사회복지사들은 영적인 차원을 구체화하는 사정, 개입, 평가의 방법을 발전시켜 나가기 위해서 선도적으로 노력하였다.

비록 사람들의 정서나 사회적인 기능이 충분히 개발되지 않고 간과될지라도, 모든 사람은 영적인 차원을 가지고 있다. 영성이 점차 종교에 의해 나누어지는 세상에서 문화가 사람들에게 "영적 굶주림"이 있다고 제안하도록 몇몇의 관찰자들을 자극하면서, 영적인 관점이 보편적이기 때문에 우리의 문학, 영화, 예술 분야에서 영성은 매우 대중적인 주제가 될 것이다. 그리고 영성에 대한 공적인 굶주림은 조만간 사회복지 분야에 긍정적인 영향을 미칠 것이다. 또한 사람들은 고대의 조상들이 오늘날의 우리보다 더 그들의 몸과 환경이 연관된 삶을 살았을 것이라고 생각할지도 모른다. 그러나 우리는 고대의 조상들이 낙원이 아닌, 오히려 무섭고, 오늘날 우리처럼 예측 불가능한 세상에 살았다고 볼 수 있다. 심지어 우리가 갈 수 없는 그 때로 돌아간다면, 우리는 그들의 삶이 우리와 같이 고통으로 가득 차 있다는 것을 알 수 있을 것이다. 아마 우리의 가장 큰 집단적인 망상은 우리가 고통을 피할 수 있다는 생각이다. 그런 두렵고 예측 불가능하며 종종 고통스러운 세상을 벗어나기 위해 우리가 사회복지사이거나 클라이언트이든 아니든, 지금 주로 마음 안에서 살고 있다. 대부분은 우리가 병에 걸리거나 죽어갈 때 우리의 몸을 기억한다. 우리는 해일이나 허리케인이 있을 때, 우리의 환경을 기억한다. 다시 말하면, 우리가 우리에게 맞춰 활동하도록 고안된 것처럼 보이는 몸-마음-영혼-환경이 각각 분리된 삶을 살다가 생의 국면에서 고통에 직면할 때, 우리의 몸-마음-영혼-환경이 서로 연결된 관계에 있다는 것을 깨닫게 된다.

그러나 우리의 조상들, 또는 적어도 그들의 일부는 희열에 넘치며 활기에 찬 삶을 산 것처럼 보인다. 그러한 삶은 고통으로부터 벗어날 수는 없지만 기쁨을 주었을 것이다. 오늘날 사람들, 또는 적어도 우리의 성장하는 구성원들은 다시 고통과 기쁨으로 가득 찬, 희열에 넘치고 감정이 충만한 삶을 살 수 있다는 희망이 있다. 변화 속에서 살아있는 이런 사람들은 영적이고 보편적인 다양성을 지닌 내일의 공동체를 세우고 싶어 한다. 이런 공동체는 우리의 전체적인 존재를 위협하는 위험을 줄이고, 모든 생명체들과 생명들을 지지하는 생태체계의 최고선을 증가시키는 경향이 있다.

| 연구 질문 |

1. 집단적인 변형은 무엇인가? 집단적인 힘은 무엇인가? 이것이 어떻게 연관되어 있는가? 이런 변형이 있었거나 경험한 적이 있는가? 어떻게 경험하였는가?

2. 왜 영적인 실천이 미시적 수준과 거시적 수준 모두를 지향하는가?

3. 전 세계의 생존 위험은 무엇인가? 어느 것이 당신에게 가장 영향을 미치는 것처럼 보이는가? 사회복지사가 세계적인 생존과 복지에 대한 인식의 집단적인 변화를 촉진하도록 어떻게 돕는가?

4. 책무가 과소비를 치료하는 데 어떻게 도움이 되는가? 어떤 방식으로 당신은 과소비를 하는가?

5. 왜 영적인 지향성을 지닌 사회복지사가 생태계 보존에 대해 걱정하는가? 어떤 거시적인 방법이 자연환경을 보호하도록 도울 수 있는가?

6. 영적인 행동주의가 종교 단체 안에서 어떤지 설명하시오.

7. 영적인 지향성을 지닌 사회복지사가 공적인 실천(public practice)을 왜 그리고 어떻게 갖게 되는가?

8. 영적인 지향성을 지닌 사회복지사는 학문적 사회복지 내에 어떤 종류의 집단 변형을 만들기 원하는가?

9. 영적인 지향성을 지닌 사회복지사가 증거가 기반된 실천의 개념을 어떻게 확장하는가?

10. 영적인 관점으로부터, 사회복지의 사명을 어떻게 변형시킬 수 있는가? 이 장의 제안에 대한 당신의 반응은 무엇인가?

자료

Adbusters
    This journal offers the reader alternative views of the global economy, militarism, and politics that can help inform social work practice.

Drezotes, D. S. (2005). *Revaluing social work: Implications of emerging science and technology*. Denver: Love Publishing.
    This book describes the global survival threats and possible social work responses to them.

옮긴이의 글

인류는 집단의 번영과 행복을 추구해 왔고, 소유의 확대와 욕망실현이 삶의 만족을 가져다 줄 것이라고 생각하는 경향이 있다. 그러나 오늘날 우리는 그 어느 시대보다 물질적으로 풍요한 삶을 누리고 있지만 정신적으로 결핍된 삶을 살아가고 있는 것 같다. 더불어 살아가야 한다는 공동체적 가치는 무너지고 인간은 풍요 속의 빈곤을 경험하고 있다.

세상은 하루도 갈등과 분쟁이 끊일 날이 없으며, 자연과학의 진보는 인간의 삶을 평온하게 만들어 주기보다는 불안과 긴장에 처하게 만들고 있다. 인간과 인간, 인간과 자연환경의 조화로운 관계가 무너지면서 세계 곳곳에서 끊임없이 자연재해가 발생하고 있으며, 우리에게 구원과 희망을 가져다주겠다고 시작된 종교마저도 인간 정신을 왜곡시키고 위험하게 만들고 있다. 인류의 희망과 구원은 어디에서도 찾아보기 힘들 정도로 세상이 어둡기만 하다.

진정한 세상의 변화는 인간이 변화할 때 가능할 것이다. 그렇다면 인간의 참 좋은 변화는 어떻게 가능할까? 그것은 사랑과 영성의 회복에 있다고 생각한다. 나는 요즘 생의 전환기를 맞이하여 '사랑과 영성'의 중요성을 실감하고 있다. 아마도 인간사랑에 대한 확신이 없었거나 영성에 대한 추구가 없었다면, 정신세계가 척박해졌을 뿐만 아니라 하루하루를 견뎌내기 어려웠을 것이다. 그런 점에서 사랑하고 사랑받을 수 있는 사람이 있다는 것에 대해서 감사하며, 공부하는 과정에서 영성이란 주제를 붙들게 된 것은 퍽 다행스러운 일이라고 생각한다.

2년이란 긴 시간 동안 '영성과 사회복지실천'을 우리말로 옮기면서 줄곧 생각해 온 것은 인간문제였다. 학생들에게 강의를 하면서 진정한 공부란, 우리가 살아가고 있는 세상을 이해하고, 지금 우리가 어디에 서 있으며, 어디로 가고 있는지를 고민하면서 보다 나은 세상을 만들기 위해 열정을 품어야 한다고 말해 주곤 했다.

또한 마음의 병을 앓는 사람들을 상담하면서 내가 할 수 있는 일은 함께 고통을 나누는 것 외에 달리 도움이 되지 못한다는 생각에 절망감을 느낄 때가 많았다. 그럴 때마다 세상의 구조가 바뀌면, 모든 사람이 행복하게 살 수 있지 않을까 하는 생각을 하곤 했다. 그러나 아무리 생각해 봐도 세상은 쉽게 바뀔 것 같지가 않다.

결국 내가 얻은 중간 결론은 사람 하나하나가 내면으로부터 변형될 때, 세상의 구조가 바뀔 수 있으리라는 점이다. 사람들을 돕는 전문직인 사회복지사나 종교인들, 교육자나 상담자들은 인간 안에서 희망의 빛을 발견할 수 있는 눈을 가져야 한다. 그렇지 않고서는 자신이 하는 일을 지속적으로 그리고 바르게 밀고나갈 수가 없을 것이다.

내가 공부하는 이유는 현존하는 세상이 마음에 들지 않기 때문이다. 세상과 인간의 변형을 바라는 마음에서 공부하는 것이고, 인간성 변형의 가능성을 먼저 한 인간인 나 자신의 변형으로부터 찾고 싶고, 나 자신이 변형될 때, 사람들이 변형될 수 있을 것이고, 사람의 변형으로부터 세상이 변형될 수 있을 것이라고 생각한다.

'Spiritually Oriented Social Work Practice'는 Derezotes가 연구하고, 가르치고, 자신의 일로 통합한 영적인 실천방법(methods of spiritual practice)들을 적절하게 범주화하고, 요약하고, 간단하게 설명한 내용물이다.

책의 내용은 2부로 나누어져 있다. 1부는 영적인 지향성을 지닌 사회복지실천의 기초방법론을 다루고 있으며, 2부는 인간발달 단계에 따른 아동·청소년·가족, 성인 및 노인, 커플을 대상으로 한 영적 지향의 실천기법과 사례를 다루고 있을 뿐만 아니라 실천분야인 신체건강 및 정신건강 분야, 범죄 분야, 공공사회서비스 분야에서의 영적 지향의 실천방법을 적용하면서 풍부한 사례를 제시하고 있다.

지금까지 여러 권의 영성 관련 책들이 출판되었지만, 대부분의 책들이 영성이론만을 다루는데 그쳤다면, 이 책의 장점은 영성이론과 더불어 다양하고 풍부한 실천 사례들을 제시하고 있다는 점이다. 독자들이 이 책의 이론과 사례들을 잘 활용한다면, 자신의 분야에서 보다 더 효과적인 실천을 할 수 있게 될 것이다.

이 책을 옮긴이들은 신학과 철학 및 심리학, 사회복지학을 전공한 비교적 학문의 지평이 넓지만, Derezotes의 글이 매우 폭이 넓고 주관적인 면이 없지 않은데다가 다양한 영역을 다루고 있기 때문에 번역에 어려움이 많았다. 가능한 원문에 충실하려고 애썼으며, 전문적인 개념들은 옮긴이가 역주를 달아 읽기 수월하게 하려고 노력하였다.

옮긴이들로서는 최선을 다했지만, 독자들이 보기에는 부족한 점이 많을 것이다. 그러나 영성연구가 미흡한 우리 현실에서 이 책이 영성에 관심을 지닌 이들에게 도움이 되기를 바라는 마음에서 번역 출판하게 되었다.

이 책이 나오기까지 수고하신 도서출판 나눔의집 편집부의 양송희 선생님께 고마운 마음을 전한다. 그리고 번역 내용을 읽고 교정하면서 뜻이 잘 통하지 않는 문장을 고쳐달라고 수없이 요구할 때마다 불편해하지 않고 협력해 준 김승돈, 정현태, 최금주 교수께 고마운 마음을 전한다. 이들은 모두 영성 관련 연구자들로, 대학에서 강의를 하면서 바쁜 시간을 쪼개어 Derezotes의 글을 우리말로 옮기는 데 참여한 이들이다.

바라기는 '영적인 지향성을 지닌 사회복지실천'을 다룬 이 책이 영적인 내용을 자신의 실천업무에 적용하기 원하는 사회복지사들이나 교육자, 심리상담자들에게 풍부한 정보를 제공하고, 지지와 도움을 줄 수 있기를 바란다. 여러분 모두 순간순간 행복하시기를 바라며……

옮긴이들을 대신해서 김용환

참고문헌

■ 인터넷 사이트

http://www.csp.org/
  The Council on Spiritual Practices
http://sehd.binghamton.edu/affprograms/sssw/
  The Society for Spirituality and Social Work
http://www.spirituality-and-social-work.net/
  International Symposium on Spirituality and Social Work
http://www.ecosocialwork.org/
  Global Alliance for a Deep Ecological Social Work
http://www.cswe.org/spirituality
  CSWE's Social Work and Spirituality Resources

■ 도서

Bart, M. (1998). "Spirituality in Counseling Finding Believers." Counseling Today, 41(6), Ⅰ, 6.
Carroll, M. M. (1997). "Spirituality and Clinical Social Work: Implications of Past and Current Perspectives." Arete, 22(1), 25-34.
Doherty, W. J. (1999). "Morality and Spirituality in Therapy." In F. Walsh(Ed.), Spiritual resources in family therapy. New York: Guilford Press.
Ellerman, C. P. (1999). "Pragmatic Existential Therapy." Journal of Contemporary Psychotherapy, 29(1), 49-64.
Ellison, C. G. (1993). "Religious Involvement and Self Perception among Black Americans." Social Forces, 71, 1027-1055.
Ellison, C. G. & George, L. K. (1994). "Religious Involvement, Social Ties, and Social Support in a Southeastern Community." Journal for the Scientific Study of Religion, 33(1), 46-61.
Furman, L. D., Perry, D., & Goldale, T. (1996). "Interactions of Evangelical Christians and Social Workers in the Environment." Human Services in the Rural Environment, 19(3), 5-8.
Genia, V. (2000), "Religious Issues in Secularly Based Psychotherapy." Counseling and Values, 44, 213-221.
Haight, W. L. (1998), "'Gathering the Spirit' at First Baptist Church: Spirituality as a Protective Factor in the Lives of African American Children." Social Work, 43, 213-221.
Hodge, D. R. (2000). "Spiritual Ecomaps: A New Diagrammatic Tool for Assessing Marital and Family Spirituality." Journal of Marital and Family Therapy, 26, 229-240.

Hodge, D. R. (2000), "Spirituality: Towards a Theoretical Framework." Social Thought, 19(4), 1-20.

Hodge, D. R. (2000). "Spiritual Assessment: A Review of Major Qualitative Methods and a New Framework for Assessing Spirituality." Social Work, 46, 203-214.

Hodge, D. R. (2004). "Spirituality and People with Mental Illness: Developing Spiritual Competency in Assessment and Intervention." Families in Society, 85, 36-44.

Pargament, K. I. (1997). The Psychology of Religion and Coping. New York: Guilford Press.

Perry, B. G. F. (1998). "The Relationship between Faith and Well-Being." Journal of Religion and Health, 37(2), 125-136.

Sheridan, M. J., Bullis, R. K., Adcock, C. R., Berlin, S. D., & Miller, P. C. (1992). "Practioners' Personal and Professional Attitudes and Behaviors toward Religion and Spirituality: Issues for Education and Practice." Journal of Social Work Education, 28, 190-203.

■ 학술자료

Beit-Hallahmi, B. (1996). Psychonalytic studies of religion. Westport, CT: Greenwood Press.

Boorstein, S. (1997). Clinical studies in transpersonal psychotherapy. New York: State University of New York Press.

Clarkson, P. (2002). The transpersonal relationship in psychotherapy. London: Whurr Publishers.

Corrogan, J., Crump, E., & Kloos, J. (2000). Emotional and religion: A critical assessment and annotated bibliography. Westport, CT: Greenwood Press.

Horovitz-Darby, E. G. (1994). Spiritual art therapy: An alternate path. Springfield, IL: Charles C. Thomas.

Koening, H. G. (1994). Aging and God: Spiritual pathways to mental health in midlife and later years. New York: Haworth.

Palmer, M., & Finlay, V. (2003). Faith in consevation: New approaches to religions and the environment. Washington, DC: World Bank.

Richards, P. S., & Bergin, A. E. (1997). A sporotia; strategy for counseling and psychotherapy. Washington, DC: Americal Psychological Association.

Sperry, L. (2001). Spirituality in clinical practice: Incorporating the spiritual dimension in psychotherapy and counseling. Ann Arbor, MI: Brunner-Routledge.

찾아보기

B
BMS / 178, 183
BMSE / 214
BPSSE / 38, 137, 269, 289

ㄱ
가슴 / 53
가족치료 / 370, 372
가치 / 70
가치 위계 / 327, 328, 329
감독자아 / 112, 277
기도 / 296
기원 / 324
깨어있는 일상생활 / 60, 62, 99, 261

ㄷ
다양성 / 94, 95, 96, 138, 162
동정의 마력 / 130

ㅁ
마음 / 53, 175
명상 / 105
몸 / 171
몸-마음-영-환경 / 208
몸-마음-영 / 165, 259

ㅂ
변형 / 59, 151, 196

불안 / 275

ㅅ
사랑의 마력 / 128
사회적 성숙 / 39
상상력의 여행 / 78
생명애 / 211, 212
생명영지 / 212
생물의식 / 265
생물학적 의식 / 60, 63
생태 대화 / 215
생태애 / 211, 212
생태영지 / 212
생태의식 / 60, 65, 207, 266
생태체계 / 162
성 조사표 / 350
성 정체성 / 350, 352
성교육 / 347
성극 / 242, 243
신성한 연속성 / 91
신체적 성숙 / 39

ㅇ
양극성 장애 / 279, 280, 371
여성공포증 / 400
역전이 / 65, 124
영 / 11, 176
영성 / 12
영적 렌즈 / 107, 109
영적 성숙 / 39
영적 파트너십 / 125

영적 힘 / 60, 61, 260
영적인 가치관 / 57, 58
영적인 변형 / 53
영혼 / 53
용서 / 131
우울 / 275
윤리 / 70
의식 / 70
의식적 근본주의 / 201
의식적 대화 / 191
의식적 서비스 / 193
의식적 친밀감 / 188
의식적 행동주의 / 194
인격적 의식 / 38
인지 성숙 / 39
인지지도 / 154

ㅈ

자가 활동 / 317
자기애성 인격장애 / 281
재연결 / 92
재진입 / 82, 87
전이 / 65, 124
전인격적 의식 / 21
전초오류 / 36
절제 / 54
정서적 마력 / 127
정서적 성숙 / 39
정체성 / 47
조력자 / 24
종교의식 / 137

종교적 자아 / 60, 143
주의-개방 방법 / 105
주의-집중 방법 / 105
주의력결핍 과잉행동장애 / 279
지역사회 의식 / 60, 64
직관 / 31
집단의식 / 187

ㅊ

창조적 영 / 14
초인의식 / 21
최고선 / 22, 101
출생 이전 게임 / 85

ㅌ

탈동일시 / 103

ㅍ

패러다임 / 59
평정의 마력 / 134
프랙탈 / 41
프랙탈 패턴 / 31

ㅎ

합의 의식 / 145
행동주의 / 110, 114
환경프랙탈 / 32

영성과 사회복지실천
- 영성 이론과 사례 중심-

초판 1쇄 발행 2011년 9월 9일

지 은 이 | David S. Derezotes
옮 긴 이 | 김용환, 김승돈, 정현태, 최금주
펴 낸 이 | 박정희

기획편집 | 권혁기, 이주연, 최미현, 양송희
마 케 팅 | 김범수, 이광택
관   리 | 유승호, 양소연, 김성은
디 자 인 | 하주연, 김윤희, 이지선
웹서비스 | 이지은, 양채연, 이동민, 윤지혜

펴 낸 곳 | 사회복지전문출판 나눔의집
등록번호 | 제25100-1998-000031호
등록일자 | 1998년 7월 30일

서울시 금천구 가산동 60-3 대륭포스트타워 5차 1105호
대표전화 | 02-2103-2480   팩스 | 02-2624-4240
홈페이지 | www.ncbook.co.kr / www.issuensight.com

ISBN: 978-89-5810-241-0(93200)

책값은 뒤표지에 있습니다.
잘못된 도서는 구입하신 서점에서 교환해 드립니다.